BORGES
Esplendor y derrota

colección andanzas

MARIA ESTHER VAZQUEZ
BORGES
Esplendor y derrota

1.ª edición: febrero 1996

© 1996, María Esther Vázquez

Diseño de la colección: Guillemot-Navares
Reservados todos los derechos de esta edición para
Tusquets Editores, S.A. - Iradier, 24, bajos - 08017 Barcelona
ISBN: 84-7223-942-X
Depósito legal: B. 708-1996
Fotocomposición: Foinsa - Passatge Gaiolà, 13-15 - 08013 Barcelona
Impresión sobre papel Offset-F Crudo de Leizarán, S.A. - Guipúzcoa
Libergraf, S.L. - Constitución, 19 - 08014 Barcelona
Impreso en España

Indice

Nota preliminar 15
Agradecimientos 17

Uno
1902 21

Presentación del viejo poeta ciego - Tradiciones familiares. Los padres y Norah - Una educación original. Primeras lecturas y primeros trabajos - Un accidente. Los veraneos y el agua - De los juegos infantiles a las obsesiones literarias - El descubrimiento de la pampa. Viaje a Europa.

Dos
1914 43

La guerra. Confinamiento en Suiza. Segundo accidente. El colegio - La niña que hablaba francés. La copa y el anfiteatro de Verona - Los amigos y el truco. Lecturas francesas y el idioma alemán - Muerte de la abuela criolla. Frustrada iniciación. Lugano.

Tres
1919 57

Mallorca, Valldemosa - Crónica de las letras españolas - Sevilla. El ultraísmo. Guillermo de Torre. Cansinos-Asséns - La poesía bolchevique. Segundo viaje a Mallorca - *El caudillo*. Regreso a Buenos Aires.

Cuatro
1924 69

Descubriendo Buenos Aires desde Palermo - *Prisma* y el ultraísmo - Macedonio Fernández - *Proa. Nosotros* - El amor y la pena. Norah Lange. Cartas a Sureda - *Fervor de Buenos Aires* - Segundo viaje a Europa.

Cinco
1926 89

Buenos Aires. *Martín Fierro*. Boedo y Florida - La segunda *Proa* - Ricardo Güiraldes - *Inquisiciones. El tamaño de mi esperanza*. Yrigoyen - Borges compadrito y tanguero - *Luna de enfrente*. Xul Solar - El alcohol y las orillas. Los amigos - *Cuaderno San Martín*.

Seis
1931 119

Un país diferente. *Evaristo Carriego* - *Sur* y Victoria Ocampo - Elvira de Alvear - En Las Nubes - Adolfo Bioy Casares - Silvina Ocampo - *Discusión* y Drieu La Rochelle - *Crítica* y las primeras narraciones - Un hombre desdichado. El insomnio. Un malogrado suicidio - Lorca y Neruda en Buenos Aires - La Martona, trabajo conjunto - La Biblioteca Miguel Cané - Muerte de Jorge Guillermo. El accidente. Casamiento de Adolfito y Silvina.

Siete
1939 165

Después de «Pierre Menard». Los primeros libros en colaboración - Los grandes cuentos: *El jardín de senderos que se bifurcan* - «La biblioteca de Babel» y Umberto Eco - La poesía. Silvina Bullrich - El «Poema conjetural». Mallea - *Ficciones* - El Séptimo Círculo. Estela Canto - *El Aleph* - Perón y el peronismo - Borges empieza a hablar - *Los Anales de Buenos Aires* - Los arrestos y la fama.

Ocho
1955 205

La Biblioteca Nacional y la ceguera - Retorno al verso medido - El profesor de la UBA. Anglosajón y lenguas antiguas - *El hacedor* - Iniciación de una fortuna: el Premio Formentor - Desde Texas con amor. La nostalgia - Otra vez Europa - Algunos enfrentamientos.

Nueve
1964 233

De Alemania a Santiago de Compostela - Herbert Read y Ramón Piñeiro - *El otro, el mismo*. Será por eso que la quiero tanto - Sir George - Las milongas - Borges y yo - Un casamiento por la Iglesia. Raimundo Lida - *Elogio de la sombra* - *El informe de Brodie* - La fragilidad del matrimonio.

Diez
1973 271

Al mejor estilo de los guapos - «El Congreso» - Franco María Ricci - *El oro de los tigres* - Borges se jubila - *El libro de arena*. La muerte de Leonor. *La rosa profunda*.

Once
1984 293

La década de los viajes y María Kodama - *La moneda de hierro* - *Historia de la noche*. *Adrogué* - La soledad - El último cuento: «La memoria de Shakespeare» - Un gobierno de caballeros - Una esperanza frustrada - *La cifra* - Las Malvinas. Intento de suicidio - El regalo de FMR - *Los conjurados* - La enfermedad - Casamiento y muerte - Fani - Una lápida compleja.

Doce
Esplendor y derrota 335

Apéndices

Bibliografía 341
Glosario 343
Indice onomástico 347

A Josefina Grande, con gratitud
A Isabel Negri, dondequiera que esté

Si esto es verdad y si cuando el tiempo nos deja,
nos queda un sedimento de eternidad, un gusto del mundo,
entonces es ligera tu muerte,
como los versos en que siempre estás esperándonos,
entonces no profanarán tu tiniebla
estas amistades que invocan.

Jorge Luis Borges

Nota preliminar

Escribir una biografía de Borges —y digo una porque puede haber muchas y todas diferentes entre sí— es una ardua tarea por varios motivos; su muerte está todavía demasiado cerca de nosotros y en consecuencia es difícil lograr la ecuanimidad necesaria para ser objetivos; la excelencia de su literatura por un lado y por otro el mito que rodea su figura no facilitan ver con claridad al hombre, quien además siempre trató de ocultarse, de borrar huellas; nunca llevó un diario, salvo en los primeros tiempos de Ginebra y pronto lo destruyó. Tampoco quedan testigos veraces de la juventud y de la madurez. Su hermana, compañera de infancia y de adolescencia, lo quiso demasiado para no mejorar u ocultar aspectos y episodios que pudieran parecer ligeramente reprobables. Cuando habla de Georgie, como lo llamó siempre la familia, empieza utilizando los verbos en tiempo pasado y termina conjugándolos en presente como si estuviera vivo —y para Norah lo está—. Con su delicada voz de niña, esta dulce mujer de noventa y cuatro años narra episodios muy lejanos y los recrea con tal fuerza que, como en una película, uno cree ver a los dos adolescentes recorriendo en bicicleta las orillas del Ródano.

Borges mantuvo con Adolfo Bioy Casares una entrañable amistad inglesa: compartieron el humor, la risa, los libros, la creación, la crítica, amigos comunes, antipatías, burlas, ciertos fervores, pero rara vez la confidencia. Borges prefería confiar en las mujeres si lo ligaba a ellas la amistad y mucho más cuando se enamoraba, y se enamoraba regularmente por periodos, cada dos o tres años. Lo más curioso es que, a veces, estaba enamorado de dos mujeres al mismo tiempo y solía dedicar a una los versos pensados para otra. Algunas de esas personas abusaron de la confianza depositada en ellas y mintieron, ya para medrar o por vanidad.

Lejos de mi intención elaborar aquí una crítica formal acerca de la obra del escritor; creo que ya se han escrito demasiados libros sobre el tema. Quisiera en cambio (y lo reitero: sin dejarme llevar por la pasión y exenta de parcialidad) reconstruir la vida de un hombre al que conocí y quise mucho. Un hombre tímido, orgulloso, sensible, capaz de bruscas cóleras, irónico, cruel en ocasiones y desdeñoso en otras, pero a quien la vida y la realidad perturbaron demasiado a menudo, llevándolo a la desdicha.

Buenos Aires
Enero de 1993-Enero de 1995

AGRADECIMIENTOS

Nunca hubiera podido escribir este libro sin la ayuda de numerosas personas que me ofrecieron toda suerte de testimonios. No hubiera podido escribirlo, quizás esté de más decirlo, si no hubiese contado con las constantes confidencias de Jorge Luis Borges a lo largo de veintisiete años ni tampoco sin la inestimable amistad de Leonor Acevedo de Borges, a quien, durante tres lustros, le oí evocar entrañables recuerdos de su familia, de su vida y, sobre todo, de su hijo. También me ayudaron Norah Borges de De Torre, incondicional apoyo de su hermano mayor, y su hijo, Miguel de Torre, cuya infinita paciencia lo llevó a corregir datos y fechas de un pasado que, si bien ninguno de los dos vivimos, él conocía a través de la memoria familiar.

Le debo mucho a la amistad de Adolfo Bioy Casares, a quien seguiré nombrando Adolfito tal como lo hacía Borges. Bioy me ofreció a la vez insólitas y lejanas reminiscencias y recuerdos cercanos, además de un material fotográfico extraordinario.

Asimismo he contado con la generosa disposición de Marión, Jorge y Nicolás Helft, quienes me abrieron sus archivos, donde pude encontrar cartas (algunas muy antiguas, de la época en que Borges veía), manuscritos, grabados, fotografías, libros y reproducciones.

Enrique Zuleta Alvarez me regaló una preciosa grabación de la década de los sesenta en la cual Borges, hablando entre hombres, se expresa con una libertad que jamás utilizó ante las mujeres.

Carlos Meneses me envió las encantadoras *Cartas de juventud* y *Poesía juvenil de J.L. Borges*.

A Javier Fernández le debo los numerosos libros utilísimos que me consiguió y me regaló.

Sara Kriner de Haines me facilitó valiosos documentos y, además, curiosos testimonios de los diversos procesos judiciales que tuvieron lugar después de la muerte de Borges.

Y, por último, Horacio Armani, como siempre, estuvo a mi lado.

A todos, mi devoto agradecimiento.

Uno

1902

El niño tiene poco más de tres años. Todavía es un bebé de muñecas rollizas, nariz diminuta y respingada y flequillo castaño claro. Según la moda de la época, lleva un vestido de lanilla escocesa muy fina; parece de seda. La tela se pliega y oculta el cuerpo; está sentado sobre un almohadón, encima de la alfombra, que se desdibuja hacia el fondo del cuarto. Por debajo del vestido asoman los pies calzados en unos zapatitos de cuero gamuzado y felpilla, cerrados por un botón. Durante setenta y seis años su madre, Leonor Acevedo, guardó uno y, poco antes de morir, se lo regaló a su fiel servidora, Fani Uveda de Robledo, que todavía lo conserva como si fuera una reliquia y, para ella, lo es.

Un cinturón blanco marca el talle y el enorme cuello blanco con un doble volado de puntillas cae hasta la cintura y cubre los hombros infantiles. Sobre el regazo descansa un desarticulado animalito de felpa; lo ha tomado con la mano izquierda y lo sujeta firmemente con la derecha.

El conjunto es convencional, muy de estudio fotográfico de principio de siglo, pero la mirada del chico está fija sobre algo que no podemos ver; es una mirada curiosa y demasiado grave, hasta triste para un semblante tan tierno. Parece que el niño supiera, sin saberlo, que el futuro no será fácil; la vida le dará triunfos y esplendores, pero también amarguras y derrotas.

Presentación del viejo poeta ciego - Tradiciones familiares. Los padres y Norah - Una educación original. Primeras lecturas y primeros trabajos - Un accidente. Los veraneos y el agua - De los juegos infantiles a las obsesiones literarias - El descubrimiento de la pampa. Viaje a Europa.

Presentación del viejo poeta ciego

Borges fue uno de esos raros hombres a quienes la vejez favoreció, dotándolos de un encanto o de una distinción que no tuvieron en la juventud y, a veces, ni siquiera en la madurez. Su figura se estilizó, el rostro se afinó y el pelo, que conservó hasta el final de su vida, fue pasando por todos los matices del gris hasta llegar a un plateado terso y suave como la seda. (Nunca perdió, sin embargo, un hábito que su madre solía calificar con un argentinismo algo anticuado pero efectivo, un hábito *guarango;* del bolsillo derecho del saco extraía, escondido en el hueco de la mano, un peine chico que continuaba oculto en la clandestina operación del peinado fugaz, ya que se limitaba a dos pasadas, casi siempre sobre el lado derecho de la cabeza, antes de volver, con igual disimulo, al bolsillo.)

El tiempo pulió las facciones robustas y el cuerpo algo grueso que aparecen en las fotografías de la época de la fundación de la revista *Sur* (1931) o en la década siguiente, cuando su rostro se muestra junto al de Bioy Casares o al de Silvina Ocampo, ellos dos en la plenitud de la juventud y de la belleza.

Según me aseguraba el propio Borges, los años también modificaron su carácter: «Cuando era joven, la intolerancia era una de mis virtudes básicas; debía de ser insoportable. Además, mi gran timidez me llevaba a mostrarme orgulloso, despreciativo y áspero. No es que ahora sea mucho mejor, pero he aprendido a ser cortés, o mejor dicho, ahora me son indiferentes muchas cosas que antes no lo eran».

Aunque parezca una crueldad decirlo, en los últimos veinte años de su vida Borges vio favorecido su aspecto físico por la ceguera. El siempre supo, aunque durante mucho tiempo no lo haya creído realmente, que su destino final sería la sombra; sucesivos desprendimientos de retina y otras tantas operaciones fueron disminuyendo y opacando su visión: «... veo este querido mundo / que se deforma y que se apaga...». No obstante, no hizo nada para evitarlo, más bien ayudó, sin quererlo por supuesto, al destino. A fines de la década de los cuarenta o principios de los años cincuenta viajó en tren a la ciudad balneario de Mar del Plata. Llevaba consigo una novela policial apasionante. Antes de que el tren partiera de la estación de Constitución, había empezado a leer. El oculista le había recomendado que no leyera con poca o mala luz; Borges, entregado con fervor a la lectura, se olvidó de las recomendaciones y siguió leyendo hasta que se hizo de noche, apoyado contra el cristal de la ventanilla para aprovechar mejor la luz del crepúsculo. Terminó la novela casi a oscuras, más que viéndolas, adivinando las letras. Cerró los ojos cansados y, cuando los abrió, tenía delante un festival de luces de colores que se movían brillantes y hermosísimas; eso duró un momento, después se hizo la oscuridad.

Al final, sólo uno de sus ojos podía ver por un único punto, que era una especie de ventanita. Por ella le llegaban la luz y la sombra y unos pocos colores como el amarillo; el negro lo veía marrón; el marrón, violeta; el azul, verdoso. Pero podía reconocer el blanco. Cuando iba al cine, que abandonó en sus últimos años, solía observar detalles insólitos: el mazo de naipes en la mano del jugador, pero no su rostro; un reloj apoyado contra una pared, pero no el cuarto. Se resistía tenazmente a perder ese pedacito de visión y como le habían dicho que si agachaba la cabeza podía desprendérsele del todo la retina con las más nefastas consecuencias, adoptó una posición rígida: el rostro alzado hacia el cielo formaba con el cuello y el torso un solo bloque; erguido, derecho como una tabla, caminaba con el porte y la dignidad de una estatua bajada de su pedestal. Esa posición de «prócer», que cultivaba sin darse cuenta, no dejaba de provocar respeto y admiración en los que lo veían pasar, hablando incansablemente con su acompañante de turno y ajeno al mundo. Cuando se le acercaba la gente y, al saludarlo, él percibía ese sentimiento admirativo, solía comentar que lo veían como a un «viejo poeta ciego, una especie de Homero criollo» y se reía de su propia broma. Ese Borges de la vejez parecía un árbol sin raíces y sin ramas que deseaba llegar de pie al final.

Mucha gente conoció y a veces trató al «viejo poeta ciego», precisamente en ese último periodo de su vida y de su obra. Borges recibía a todo el mundo: periodistas veteranos o sin experiencia, ávidos de lograr «el reportaje» del que hablaría el universo y los llevaría a la fama de la mano del maestro. A veces se trataba de una serie de reportajes, agrupados después en un libro y donde Borges contestaba las mismas preguntas de idéntica manera. En ocasiones solía ser visitado por profesores y estudiosos de su obra y algunos admiradores fanáticos a quienes la sola presencia del maestro emocionaba y obnubilaba como si estuvieran frente a un santo o a un profeta.

En tren de recibir, Borges aceptaba hasta la presencia de chicos de la escuela primaria, generalmente del séptimo grado (trece o catorce años). Los chicos venían armados con un cuestionario básico, confeccionado sin duda con la ayuda de la maestra. La primera pregunta solía ser: «¿Cuándo supo que iba a ser escritor?»; la última: «¿Qué consejo le daría a los jóvenes que se inician?». Borges comentaba, riéndose: «Habría que decirles que no se inicien», pero la prudencia ganaba la partida y en cambio repetía una y otra vez: «No lean nada por obligación y si no entienden un texto o no les gusta o, peor, les aburre, prescindan de él; no lo lean». No se daba cuenta de que con estas palabras, aptas para un adulto, condenaba a los chicos a la ignorancia.

Me he preguntado a menudo por qué Borges, sobre todo después de la muerte de su madre en 1975 (él tenía casi setenta y seis años), recibía a quien quisiese verlo. Quizá le pesaba la soledad. Por las tardes, después del té, se sentaba en la sala en la doble penumbra, la suya propia y la del crepúsculo que avanzaba detrás de las ventanas. Y allí, cerrados los ojos, en la creciente oscuridad, repetía poemas ajenos durante horas. A veces el gato de la casa venía a sentarse sobre sus rodillas o a su lado en el sillón. El agradecía su presencia y lo saludaba con un cariñoso: «¿Qué dice usted?», y como el gato no decía nada, lo acariciaba con ternura y compartía con él los versos que le traía su memoria.

Beppo, que en sus orígenes se llamó modestamente *Pepo*, fue rebautizado por Borges, fiel a su destino literario, en homenaje a Lord Byron y a su obra homónima, un burlesco veneciano escrito en verso. Era un gato albino muy lindo, de mal carácter y pésima salud. Esta especie mínima, doméstica, de tigre, casi un tigre de jardín, intrigaba a Borges. Se preguntaba cómo serían sus pensamientos, si los tuviese; cómo serían sus sueños, si placenteros o pesadillas; qué opinión le merecíamos; cómo sería el mundo para él.

Tradiciones familiares. Los padres y Norah

Borges consideraba el mundo como «un incesante manantial de sorpresas, de perplejidades, de desdichas también y, alguna vez, por qué voy a mentir, de felicidades». A ese incesante manantial había llegado un día de agosto frío y lluvioso de 1899. Nació en la casa de su abuela materna, Leonor Suárez de Acevedo, en el número 840 de la calle Tucumán. Era una casa no muy grande, modesta y, según la recuerda el propio escritor, de planta baja. Se entraba por un zaguán largo y abovedado, contaba con dos patios y un aljibe y en el fondo del aljibe había una tortuga, cuya misión era «purificar» el agua. Esta creencia estaba tan arraigada que los vecinos del barrio venían a buscarla, desdeñando la propia, no «purificada» por carecer de una tortuga eficaz.

La abuela paterna, Fanny Haslam de Borges, tenía cincuenta y siete años y llevaba veinticinco de viudez al nacer el niño. Su marido, el coronel Francisco Borges Lafinur (sobrino de Juan Crisóstomo, primer poeta romántico argentino), había nacido en el sitio de Montevideo en 1832. A los quince años ya hacía la guerra, peleó en la batalla de Caseros a las órdenes de Urquiza[1] y militó, entre otras acciones, en las fronteras del Sur y del Oeste contra los indios. «... Tu vida / una cosa que arrastran las batallas...», escribió J.L.B. Llegó la presidencia de Sarmiento[2] y, como Mitre[3] estaba armando una revolución y el coronel Francisco Borges era mitrista, Sarmiento le preguntó si podía contar, en caso necesario, con las fuerzas que estaban bajo sus órdenes en Junín.[4] «Mientras usted esté en el gobierno, puede contar con ellas», contestó. Por desgracia, la revolución se adelantó. Como el coronel era un hombre leal, entregó el mando de sus tropas a su segundo y se presentó solo en el campamento revolucionario. Los mitristas fueron vencidos en la batalla de La Verde; el coronel Borges vistió un poncho blanco, montó a caballo y, con los brazos cruzados sobre el pecho, avanzó lentamente hacia las trincheras de los vencedores. Así se hizo matar este inflexible paladín del honor, dejando a Fanny con un hijo de dos años y otro de dos meses. Este, el menor, se llamó Jorge Guillermo y sería luego el padre de Borges.

La muerte del coronel Borges dejó en una situación económica precaria a su viuda, quien, sin embargo, pudo ofrecer a sus hijos una sólida educación. El mayor, Francisco, admirador de un padre que no

---

1. Urquiza, Justo José de (1801-1870). Militar y político argentino, vencedor de Juan Manuel de Rosas —cuyo gobierno personalista, iniciado en 1835, se había convertido en abierta dictadura— en la batalla de Caseros (1852).
2. Sarmiento, Domingo Faustino (1811-1888). Notable escritor y político argentino. Presidente de la República desde 1868 hasta 1874. Realizó una importante obra intelectual y educadora.
3. Mitre, Bartolomé (1821-1906). Político y gran intelectual argentino de vasta trayectoria. Presidente de la República desde 1862 hasta 1868.
4. Ciudad de la provincia de Buenos Aires.

conoció, siguió sus pasos y llegó a obtener un alto grado en la Marina. (Sería visitado por el hermano menor y su familia, en el tiempo en que dirigía la base de Comodoro Rivadavia.) Jorge Guillermo, verdadero intelectual, siguió la carrera de Derecho. Cuando se casó con Leonor Acevedo, Fanny recibió una esquela de Bartolomé Mitre que decía:

«Buenos Aires, octubre 5 de 1898
»Bartolomé Mitre saluda afectuosamente a la Sra. Fanny Haslam de Borges y la felicita por el enlace de su hijo Jorge con la Srta. Leonor Acebedo [sic], deseando a los novios en su compañía, todas las felicidades de la tierra con las bendiciones del cielo».

Nuestro escritor se dolió siempre del destino de su abuelo, de quien celebró en sus versos la soledad, la tristeza, la muerte, el «inútil coraje».

Fanny guardaba, detrás de su fachada inglesa y victoriana, una persona reservada y de una gran cortesía. Cuando enfermó, el médico le preguntó si le dolía el estómago y ella le contestó, algo incómoda: «Doctor, las inglesas no tenemos estómago». El nieto, todavía niño y bajo el hechizo de Walter Scott, quiso averiguar si Fanny tenía sangre escocesa; ella, alarmada, le aseguró: «Gracias a Dios, no tengo una sola gota de sangre escocesa, irlandesa o galesa». Murió muy vieja, a los noventa y tres años, sin haber aprendido a hablar bien español; en su casa, con sus hijos y sus nietos se entendía sólo en inglés. Mientras agonizaba, le pedía disculpas a su familia por morir demasiado despacio: «No hay nada interesante o patético en lo que me sucede».

(Solía recordar Borges que Fanny sabía una copla, oída quizás en boca de algún sevillano, y la cantaba a menudo con un acento duro y desesperado: «Porque tiene unas patillas, ¡qué patillas, puñaláa! / Del tiempo de Jesucristo / no se ha visto cosa igual».)

Francisco Borges Lafinur había sido bastante amigo de su futuro consuegro Isidoro Acevedo Laprida, quien se casó con Leonor Suárez, hija también de un coronel que sirvió en varias batallas. Este hombre, Isidoro Acevedo, siendo un niño de apenas nueve o diez años tuvo durante el gobierno de Rosas una espeluznante experiencia. Al pasar frente al mercado vio y oyó a dos carreros de chiripá pregonar duraznos amarillos y blancos. El, quizá con ganas de comerse alguno, levantó la lona que los cubría: no había tales duraznos; el carro llevaba cabezas de unitarios[5] degollados con las barbas ensangrentadas y los ojos abiertos. La impresión fue tan brutal que perdió el habla. Y si bien la recuperó, nunca pudo olvidar el episodio, cuyo horror fue pasando de generación en generación y cuando Borges lo contaba (lo había repetido ya infinitas veces), trataba de adivinar la reacción de su interlocutor; a mayor espanto, más satisfacción sentía, como si ese espanto honrase a su abuelo.

Leonor Suárez e Isidoro Acevedo, después de largos años de matrimonio estéril, tuvieron una hija cuando ya no la esperaban. Nació en 1876. Mimada, querida y consentida como pocas, la llamaron también Leonor. Esta Leonor Acevedo sería después la madre de Jorge Luis Borges. Queda una fotografía de ella a los catorce años. Se la tomaron después de recibir su primera comunión, que, según las costumbres de la época, coincidía con la pubertad. Se la ve menudita y algo asustada; cuatro años más tarde, vestida suntuosamente de negro, las manos cubiertas por guantes blancos, largos, mosqueteros, se ha transformado en una mujer espléndida: los ojos muy grandes y muy claros iluminan el rostro pálido. El conjunto tiene un aire de serenidad y, sin embargo, se nota que la muchacha que nos mira está orgullosa de sí misma. Curiosamente, Estela Canto, en su libro *Borges a contraluz*, le adjudica a Leonor Acevedo unos ojos chiquitos, negros y acerados.

En 1890, el lejano tiempo de su primera comunión, los padres le regalaron un secreter. Lo conservó hasta el final de su vida; inclinada sobre él escribió los versos y las prosas que su hijo le dictaba, revisó cuentas, tradujo textos del inglés, contestó cartas. Tenía una letra más bien grande, algo despareja y temblona a medida que envejecía.

El primero de octubre de 1898 Jorge Guillermo Borges y Leonor Acevedo Suárez se casaron en la iglesia de Las Victorias, después de un noviazgo corto y apasionado (apasionado dentro de los límites estrictos que imponía la victoriana sociedad de entonces). Ella tenía veintidós años y él, veinticuatro.

Jorge Guillermo se había recibido de abogado en 1895 junto con uno de sus más entrañables compañeros, Macedonio Fernández, cuya amistad heredaría el escritor. En la fotografía que perpetúa el día de la colación de grados, ambos lucen bigotes a la moda; muy discretos los de Macedonio, ligeramente vueltos hacia arriba los más poblados de Jorge Guillermo. Fernández recibió la benevolente amistad de Bor-

---

5. Así se llamaban los opositores del movimiento político encabezado por Juan Manuel de Rosas, quien buscaba la federalización del país.

ges padre y la admiración total de Borges hijo: «Yo anhelaría recobrar de algún modo al que fue Macedonio, esa felicidad de saber que en una casa de Morón o del Once había un hombre mágico cuya sola existencia despreocupada era más importante que nuestras venturas o desventuras personales».

Leonor no compartía demasiado ese afecto, hasta llegó a pensar que la conducta bohemia de Macedonio podría ser un mal ejemplo para su joven hijo. Sin embargo, cuando en la mañana de 1921 el barco que traía de vuelta a los Borges de Europa a Buenos Aires tocó el muelle, la solitaria y magra figura de Macedonio, que agitaba el brazo a modo de saludo, la emocionó hasta las lágrimas.

Leonor Acevedo siempre estuvo orgullosa de sí misma, de su familia, de su clase y, en grado superlativo, del talento de su hijo. Sentía la satisfacción de saber que sus antepasados y los de su marido habían participado en el quehacer de la patria. En broma se autocalificaba de «salvaje unitaria» y en el fondo de su corazón lo era. Le encantaba alternar con la *gente bien*. Su defecto quizá fue ser demasiado clasista. Muy devota, se movió con un criterio estricto de los valores morales. Tenía sentido del humor, se reía a menudo con carcajadas ruidosas, era compasiva y poco criticona. Nunca salió a la calle sin sombrero y siempre, hasta sus últimos años, le interesaron la política y la moda. Leía el diario todas las mañanas, le gustaba la poesía y agradecía el regalo de libros de poemas. Tenía a mano el manojo de cartas que su marido le había escrito en las épocas del noviazgo; se hizo enterrar con ellas. Amaba las flores y añoraba el perfume de Violetas de Parma, que usaba en su juventud. Nunca le interesó tener un aparato de televisión, tampoco había radio; la última que se había oído en la casa dejó de funcionar durante un discurso muy violento de Perón, por los años cincuenta, en el cual ofreció a sus partidarios una soga para ahorcar a los opositores. En un arranque, la tiró al suelo y la radio se rompió. Nunca se ocupó de arreglarla; no la necesitaba.

Mujer de inteligencia rápida, Leonor aprendió inglés oyendo hablar a su suegra y a su marido y lo aprendió tan bien que llegó a traducir para diversas editoriales argentinas, entre otras cosas «La mujer que se fue a caballo», de D.H. Lawrence y varios cuentos de Hawthorne y de Melville. Su traducción de *La comedia humana*, de William Saroyan fue premiada por la Sociedad Armenia de Buenos Aires. En cuanto a las versiones que el propio Borges firmó de Virginia Woolf y de Faulkner, siempre tuvimos la certeza con Adolfo Bioy Casares, y el escritor lo confirmó tácitamente en *The New Yorker* de septiembre del setenta, que ella se ocupó de gran parte del trabajo y no permitió que su nombre figurara. No es insensato pensarlo; Leonor fue durante muchos años la secretaria del hijo, sobre todo después de que lo alcanzó la ceguera. Aún en el tiempo en que era director de la Biblioteca Nacional y profesor en la Facultad de Filosofía y Letras, todas las noches, cuando él volvía de la casa de los Bioy, donde comió cotidianamente a lo largo de cuarenta años, trabajaban juntos una hora. Según Borges, las opiniones o algunas veces una probable solución que la madre le ofrecía eran desde el punto de vista literario muy adecuadas.

Fue una mujer enérgica, de rápidas decisiones y muy práctica. Tenía sentido de la autoridad y sensatez pero nunca pesó demasiado en las decisiones del hijo, de quien, a pesar de quererlo mucho y admirarlo profundamente, conocía sus defectos y limitaciones.

Todo hace suponer que Jorge Guillermo Borges fue no sólo muy inteligente sino también dueño de una gran cultura. Hombre bondadoso, callado, jamás reprendió a los hijos; de carácter parejo y sin arranques de ira, era fácil convivir con él. Tenía, eso sí, un costado depresivo, irónico y mordaz que no perdonaba ni la estupidez ni la cursilería. Anarquista romántico y altruista, imaginó la Comunidad Europea ochenta o noventa años antes de que se concretara. A menudo tomaba a broma sus antecedentes británicos y solía decir que, después de todo, los ingleses no eran sino unos chacareros alemanes.

Adoraba a Shelley, a Keats y a Swinburne. Como lector —recordaba Borges— tenía dos intereses: los libros de metafísica y los de psicología; leía a Berkeley, a Hume, a William James y luego a los autores que trataban de civilizaciones orientales; Lane, Burton (con su prestigiosa traducción de *Las Mil Y Una Noches*)[6] y Payne. Le interesaban el derecho y la jurisprudencia y ejercía su profesión de abogado, además de dictar en inglés la cátedra de Psicología en el Instituto de Lenguas Vivas.

Le enseñó a su hijo tres cosas: el poder de la poesía, aceptar con estoicismo las desdichas físicas y buscar en la filosofía, o mejor, en los diferentes sistemas filosóficos, las explicaciones últimas. Cuando Georgie (bautizado así, recién nacido, por su abuela inglesa) cumplió diez años, su padre consideró oportuno que empezaran a leer juntos fragmentos de Platón. No obstante, queriendo tanto a su hijo y apreciando mucho su inteligencia creadora, no supo valorar en toda su

---

6. Las mayúsculas en cada una de las palabras de este título corresponden al expreso deseo de Borges.

magnitud la enfermiza sensibilidad de Georgie y, sin advertirlo, alguna vez, como veremos más adelante, lo lastimó profundamente.

Después del nacimiento de Georgie, la joven pareja quiso tener su propia casa y un día descubrieron la de la calle Serrano y se enamoraron del jardín. Desde 1901 la familia Borges habitó en Serrano 2135. Allí nació el 4 de marzo de ese año una niña que bautizaron Leonor Fanny en homenaje a las dos abuelas. Cuando Georgie empezó a hablar («usaba un lenguaje fuera de lo común, desfiguraba las palabras», confesó la madre) no llamó a su hermana Leonor, sino Leonora. Luego, para simplificar, la familia y la propia interesada lo adoptaron, reduciéndolo, y así quedó para siempre: Norah Borges.

La casa de la calle Serrano fue la que el escritor recordaría luego en «La fundación mitológica [después la llamó mítica] de Buenos Aires»: «la manzana pareja que persiste en mi barrio / Guatemala, Serrano, Paraguay, Gurruchaga». En la casa, provista de un molino, había vivido un botánico y los canteros estaban llenos de plantas muy cuidadas y preciosas y de árboles frutales, además de la altísima palmera que Norah dibujó tantas veces, donde se escondía una urraca, ladrona de pichoncitos, la misma palmera que Borges definió más tarde como «conventillo de gorriones».

«Bajo esa palmera», escribió la madre de Borges, «[Georgie] inventaba junto con su hermana los juegos, los sueños, los proyectos. Inventaban personajes que luego representaban: era su isla.»

Borges y su hermana Norah eran muy distintos. Ella era el caudillo de los juegos infantiles; él, siempre más regazado y más tímido. «Ella subía a las azoteas, se trepaba a los árboles, a los cerros; yo la seguía con más miedo que entusiasmo. En la escuela el contraste se repitió. A mí me intimidaban los chicos pobres, que me enseñaban con desdén el lunfardo básico de la época y tanto a Norah como a mí no dejaba de sorprendernos que en casa no nos hubieran instruido en las voces más comunes del idioma. Mi hermana, en cambio, dirigía a sus compañeras. A las más tontas les contaba historias disparatadas que ellas no terminaban de entender. En realidad, nuestro breve universo era cerrado. Nunca dejamos de entendernos; a veces, bastaba una mirada; otras, ni eso siquiera. Durante toda la adolescencia la envidié porque se encontró envuelta en un tiroteo electoral y atravesó la plaza de Adrogué corriendo entre las balas. La envidiaba y la admiraba. Era muy generosa, nunca aceptaba un regalo si no me daban a mí otro igual. Además, siempre pensó en la estupidez de la gente como en una suerte de inocencia; de una amiga suya de notoria simplicidad, dijo que era "como una rosa blanca". Le debo mucho a Norah, mucho más de lo que pueden decir las palabras», confesó Borges tardíamente cuando, en la década de los setenta, escribió para la editorial italiana Il Polifilo un texto acompañando las xilografías de 1923 de su hermana.

Al lado de Serrano 2135, en el número 47 había un terreno baldío; los Borges lo compraron, agrandaron el jardín, y la casa, de dos plantas, quedó en el centro.

La familia era grande: el matrimonio, los dos hijos y los abuelos maternos. En la calle Serrano vivieron hasta que se trasladaron a Europa en 1914.

Una educación original. Primeras lecturas y primeros trabajos

Georgie y Norah tuvieron institutriz inglesa desde muy chicos; de ella y de oír a su padre llamar *mother* a la abuela Fanny le quedó a Borges la costumbre de decir padre y madre y no papá y mamá, como lo hizo en cambio Norah desde el principio.

Las primeras letras las aprendieron los hermanos en la casa con institutrices y con los padres, que demoraron el momento de mandarlos a la escuela por temor a las enfermedades infantiles que pudieran contagiarse. Borges no recordaba una época de su vida en que no supiera leer y escribir; posiblemente haya aprendido entre los tres y los cuatro años. Desde muy chico supo que su destino era ser escritor. A los siete redactó su primer relato, «La visera fatal», de influencia cervantina (ya había leído *El Quijote* en un librito de los que editaba La Biblioteca del diario *La Nación*) y había redactado en inglés, como un ejercicio, un texto sobre mitología griega. El primer trabajo literario serio que emprendió, sin que nadie se lo pidiera (los mejores resultados se consiguen siguiendo los impulsos interiores), fue la traducción de «El príncipe feliz» de Oscar Wilde. Alvaro Melián Lafinur, primo del padre, diez o doce años menor que Leonor y otros tantos mayor que Georgie, consideró que la versión era perfecta y la hizo publicar en *El País* de Montevideo firmada por Jorge Borges. Pocos días después, un compañero del padre en el Instituto de Lenguas Vivas, el profesor Ricardo Blemey Lafont, lo felicitó suponiendo que la traducción le pertenecía; luego de aclarado el error, la adoptó como modelo de texto para sus clases. Melián Lafinur visitaba todas las noches la casa de la calle Serrano, jugaba al ajedrez con Georgie, tocaba la guitarra, cantaba muy bien y acompañaba las melodías de Leonor en el piano.

También el poeta Evaristo Carriego visitaba la casa. Era amigo del padre de Borges. Hacia 1909 le dedicó unos versos a Leonor donde auguraba proféticamente la carrera poética del hijo. A Georgie le encantaba oírle recitar sus propios poemas y los de Almafuerte.[7] En 1912, Carriego murió tuberculoso. Los Borges lo lloraron amargamente; tenía apenas veintinueve años. Quizás el mismo día de la muerte, Georgie intuyó que escribiría su biografía.

En marzo de 1909 los hermanos Borges fueron llevados a la escuela; él ingresó en cuarto grado; ella, en segundo. Norah iba al Instituto de Lenguas Vivas; la llevaba el padre e iba a retirarla la madre. Luego, ambas esperaban a Georgie en una confitería de la calle Santa Fe donde tomaban café con leche y medialunas. Borges asistía a una escuela de la calle Thames. Los compañeros, chicos de hogares muy humildes, le tomaban el pelo cruelmente por su ropa de niño bien; su corbata, su gorra y su traje a lo Eton y sobre todo por su manera de hablar «tan fina», ignorante de los lunfardismos de la época.

A menudo, siguiendo una costumbre que había empezado cuando los hermanos era niños, iban al zoológico a ver los tigres, por los que Borges sentía verdadera pasión. Muy chico, solía dibujarlos rayados, gordos y de patas tan cortas que algunos parecen lagartos. Su madre recordaba que siempre empezaba el dibujo por las patas. Ya adulto, el escritor pobló de tigres cuentos y poemas: «Desde esta casa de un remoto puerto / De América del Sur, te sigo y sueño, / Oh tigre de las márgenes del Ganges». Los tigres vivieron en las noches: «Pasó la infancia, caducaron los tigres y su pasión, pero todavía están en mis sueños...». A veces los tigres se convierten en jaguares, como en «La escritura del Dios» o en el leopardo de la *Historia universal de la infamia*, o en una joya negra, «aciaga y prisionera»: «Tras los fuertes barrotes la pantera / Repetirá el monótono camino...». La fiera reinará en *El oro de los tigres* y aparecerá el poderoso y admirado de Bengala. Esta pasión, bastante inexplicable en un ser tan pacífico, le trajo algunos problemas; en la infancia no hubo poder humano ni amenazas de terribles castigos que lo sacaran de delante de las jaulas lúgubres y estrechas donde las fieras se aburrían, bostezaban y miraban al mundo con cruel indiferencia. Pero un día la madre le advirtió que si no obedecía, le quitaría los libros que cada tarde devoraba y, entonces, mansamente se dejó llevar a casa.

---

7. Almafuerte: seudónimo de Pedro Bonifacio Palacios (1854-1917). Poeta apasionado, pesimista y áspero, fervoroso misógino y con un sentido apostólico de la existencia, se sentía un predestinado. Borges lo definió: «Escritor olvidado con injusticia. Hombre que hubiera sido en plena barbarie el fundador de una religión; en plena civilización, un Butler o un Nietzsche...».

Las lecturas de esos primeros años fueron *Las Mil Y Una Noches*, los cuentos de Kipling, las novelas de Stevenson, Wells, Dickens y Mark Twain (libros que leyó en inglés), y luego *Don Quijote, El cantar de Mio Cid* y *Juan Moreira* de Eduardo Gutiérrez, donde estaba mencionado el coronel Borges, lo que le llenaba de orgullo.

De los relatos de la madre se desprende que Borges niño no fue un personaje difícil, pero sí podía tener terribles rabietas y empacarse como cualquiera. Ya hombre sesentón recordaba todavía con cierta frecuencia un episodio de su infancia. Había llegado un amigo de sus padres a visitarlos, él no lo había visto nunca y al saludarlo le dijo asombrado: «¡Qué nariz tan grande tiene usted, señor!». Inmediatamente fue arrastrado del cuarto por la madre que, al mismo tiempo, le advertía: «¡Eso no se dice!». Y el chico, enardecido y furioso, empezó a gritar: «¡Siempre hay que decir la verdad: ese señor tiene una nariz muy grande!».

Ese día, sin darse cuenta, aprendió que hay muchas verdades, tantas como seres humanos, y las que les convienen a unos no les van bien a los otros. También solía contar la madre que, siendo muy chico, hizo algo indebido y ella se enojó, pero luego, al verlo llorar, se ablandó y le dijo: «Si lo hiciste sin querer, te perdono. A ver, decí: lo hice sin querer». Y, de pronto, furioso, él empezó a gritar: «Lo hice con querer».

Un accidente. Los veraneos y el agua

Una tarde de verano se citaron Georgie, la madre, la hermana y unas amigas (él ya tenía doce años) en el zoológico. Nunca llegó. La madre, muy intranquila, volvió a casa, donde la estaba esperando el comisario en persona; sus palabras sonaron terribles. «Había ocurrido un accidente y se requería la presencia de los padres», recuerda Norah todavía hoy, horrorizada. Parece ser que el joven Borges vio venir el tranvía, que llevaba dos coches, y quiso subir al de delante, con tal mala suerte que resbaló, cayó al pavimento y la rueda del coche trasero le pasó sobre el flequillo y le abrió la frente cerca de la sien. Los anteojos —los usaba desde los ocho años— habían saltado y estaban hechos pedazos sobre el empedrado. Además se había roto dos dientes, los incisivos. Norah cuenta que dos horas después lo trajeron a la casa: «traía un turbante de vendas sobre la cabeza y apretaba los labios para no llorar».

Todos los veranos, en febrero, la familia iba a Montevideo a la quinta de Francisco Haedo, en Paso del Molino. Los Haedo eran primos de Leonor. La quinta tenía un mirador con vidrios de colores y al fondo la cruzaba un arroyo secreto. Allí con Norah y la prima, Esther Haedo, aprendió Borges a dar sus primeras brazadas. Luego en la playa de Pocitos se largó a nadar naturalmente con «un estilo chambón y de pecho, casi como nadan los perros». Llegó a ser un gran nadador; fue el único deporte que le interesó: «Agua, te lo suplico. Por este soñoliento / Enlace de numéricas palabras que te digo, / Acuérdate de Borges, tu nadador, tu amigo. / No faltes a mis labios en el postrer momento».

En Mar del Plata, un mediodía de diciembre de 1964 en el balneario San Jorge, más allá de Punta Mogotes, Borges lamentaba con amargura no poder meterse en el mar ni sentir los sacudones de las olas ni, yendo más allá de las rompientes, gozar el placer de flotar, la cara bajo el cielo, acariciada por la brisa del verano. Su retina, prendida en un solo punto, no habría resistido un golpe del agua. Entonces decidimos comprarle unas gruesas gafas de buceo y, para que nadara con mayor comodidad, se completó el equipo con un par de patas de rana. Y allá fue Borges, ciego, al encuentro de la delicia del mar y nadó acompañado por Adolfo Bioy Casares bastante más lejos de la línea de las rompientes. Al volver a la playa entre risas y comentarios simpáticos, Adolfito y Silvina, que compartían un manifiesto horror por los resfríos, lo conminaron a cambiarse inmediatamente el traje de baño húmedo por otro seco detrás de la cortina de la carpa. (La costumbre debía de venir por el lado de las Ocampo; Victoria, que alquilaba la carpa vecina, temía tanto a los resfríos que llevaba en un bolso dos tricotas, por si acaso, aun en los días más tórridos.)

Borges cumplía la orden de cambiarse, inmediatamente, día tras día con rendida obediencia. Pero una mañana, al entrar en la carpa se desorientó, creyó que estaba del lado indicado de la cortina y con toda naturalidad se despojó del mojado pantalón. Mientras a tientas buscaba el seco, le hizo una pregunta a Adolfito en voz demasiado alta. Al advertir esta húmeda desnudez, Bioy se abalanzó a taparlo con su propio cuerpo y a arrastrarlo detrás de la lona. Todo fue tan rápido que Borges no supo qué había pasado. Y de pronto, en el silencio de la playa, se oyó decir a Victoria casi para sí misma: «Había estado bien provisto, che». Borges no la oyó.

De los juegos infantiles a las obsesiones literarias

Cuenta Alicia Jurado, en su libro *Genio y figura de Borges*, que en el Paso del Molino había un mirador con una escalera de caracol; sus ventanas de vidrios de colores supone que inspiraron a Borges los rombos rojos y verdes de Triste-le-Roy en el cuento «La muerte y la brújula». En ese mirador solitario los dos hermanos y Esther Haedo crearon una sociedad secreta llamada Tres Cruces para defenderse de los probables enemigos que pudieran atacarlos, pero el cuartel general era un quiosco de madera pintada rodeado de una galería al que se entraba atravesando un puentecito. Se escribían mensajes en una clave inventada por ellos y tanto los perseguidores como sus víctimas llevaban antifaces. El tema del perseguidor y el perseguido aparece ya en los juegos de infancia. Y jugaban con tal pasión que una vez vieron al asesino reflejado en uno de los espejos del armario de caoba. El enemigo, de un color verde terroso y parecido al rostro de Borges niño, salía del marco para atacarlos. «Yo que sentí el horror de los espejos», escribió en *El Hacedor* y, con más detalles y en el mismo libro, dice: «Uno de mis insistidos ruegos a Dios y al ángel de mi guarda era el de no soñar con espejos. Yo sé que los vigilaba con inquietud. Temí, unas veces, que empezaran a divergir de la realidad; otras, ver desfigurado en ellos mi rostro por adversidades extrañas».

El resto del verano, la familia Borges lo pasaba en el hotel Las Delicias de Adrogué, cerca de la capital. Cada día el padre viajaba a Buenos Aires en tren para cumplir con su tarea en Tribunales que, por entonces, funcionaba en el Cabildo. Borges amó al hotel, amó sus jardines, sus surtidores, sus esculturas decadentes, la piedra gris, los bancos de mampostería («El agua circular y la glorieta, / La vaga estatua y la dudosa ruina»). En uno de los cuartos altos del hotel, a los que se llegaba después de atravesar confusos corredores y estrechas escaleras, se imaginó, años después, jugando con el tema del doble y suicidándose en el cuento titulado «25 de agosto, 1983». El cuento fue escrito en 1977 y Borges se soñaba a sí mismo matándose el día en que cumpliría ochenta y cuatro años. Cuando lo redactó no tuvo en cuenta que el tiempo pasa rápido y en 1983, a medida que se acercaba la fecha de su cumpleaños, apareció mucha gente preocupada por el posible suicidio del escritor. Borges, divertido con la idea, comentó: «Y ahora ¿qué hago? ¿Me comporto como un caballero y para no defraudar a nadie convierto en realidad la ficción o me hago el distraído y dejo pasar las cosas?».

Casi todos los grandes temas de Borges arrancaron de situaciones reales vividas en la infancia. El recordaba un libro, leído cuando era todavía muy chico, que mostraba un grabado en acero de las siete maravillas del mundo; entre ellas estaba el laberinto de Creta. Un edificio —según sus recuerdos— parecido a una plaza de toros con unas ventanas muy exiguas, como hendijas. Y el niño pensaba que si examinaba bien ese dibujo, ayudándose con una lupa, podría llegar a ver el Minotauro. Por otra parte, decía que el laberinto es un símbolo evidente de perplejidad y la perplejidad había sido una de las emociones más comunes de su vida, la reacción frente a muchos actos y decisiones que le parecían inexplicables. El laberinto, como signo palpable de perplejidad, fue llevado a cuentos como «La casa de Asterión» y «La muerte y la brújula», pero el laberinto por excelencia está implícito en «La biblioteca de Babel», uno de los textos más importantes del escritor.

También la espada tiene su correspondiente vivencia infantil. En la casa del abuelo Borges —le había contado Fanny Haslam— había dos espadas: una, suya; la otra, la habría empuñado el general Mansilla. Ambos eran amigos y en vísperas de una batalla importante, con un gesto romántico, plagiado quizá de alguna novela de aventuras, cambiaron los aceros. Una de las espadas fue a parar al Museo Histórico del Parque Lezama. «Luego de la espada del soldado», gustaba decir Borges, «pasé al cuchillo del compadrito, como en los dos versos del romance de Lugones: "Con el patriótico sable / ya rebajado a cuchillo". La espada es el signo del coraje más que otras armas. Milton en el *Paraíso perdido* atribuye la invención de la artillería al demonio.»

La espada como tema, mejor dicho como una obsesión secundaria, acompañó largamente los sueños y las invenciones de Borges: «Una espada / una espada de hierro en el frío del alba, / (...) una espada que iluminará la batalla», escribió imaginándola en manos de Beowulf y luego unos versos más terribles: «Ya la espada de hierro ha ejecutado / la debida labor de la venganza».

Cuando a principios de 1964 visitó a Sir Herbert Read y fue su huésped en la centenaria casa que poseía en Yorkshire, recorrió el museo de la catedral. Allí tomó el peso de una espada vikinga, una pieza negra e importante con la empuñadura en forma de cruz. «En su hierro perdura el hombre fuerte», murmuró emocionado y más tarde ese endecasílabo fue el primer verso de «A una espada en York Minster». La espada se multiplicaría también en puñales y cuchillos: «Una mitología de puñales / lentamente se anuda en el olvido». A veces se mezclaron tigres y puñales: «En un cajón del escritorio, entre borradores y cartas, interminablemente sueña el puñal su sencillo sueño de tigre...».

El descubrimiento de la pampa. Viaje a Europa

En esa primera infancia, atípica y compleja, Georgie descubrió la pampa. Hacia 1909, cuando sólo tenía diez años, la familia hizo un viaje a una estancia de unos parientes en San Nicolás. La casa estaba aislada y el rancho más cercano de unos puesteros se veía apenas como una mancha en el horizonte. Cuando el chico se dio cuenta de que los peones de campo eran los gauchos de las novelas de Gutiérrez, quedó encantado. El reconocería mucho después en su *Autobiografía,* publicada en *The New Yorker* en el año 1970: «Mi primer conocimiento de las cosas vino siempre de los libros antes que del contacto real con ellas». Una vez le permitieron acompañar a caballo a unos arrieros que llevaban ganado al río; era de madrugada. Los hombres serios, callados, curtidos por el sol y el viento, vestían bombachas. El les preguntó si sabían nadar; ellos, desdeñosos, le contestaron que el agua era buena para que bebieran las bestias.

Allí, en ese campo, la madre y el hijo vivieron una extraña experiencia. Leonor Acevedo le regaló a la hijita de los puesteros una muñeca en una gran caja de madera. Al año siguiente volvieron y, al pasar por el puesto, preguntaron por la niña; ella corrió a saludarlos y les dijo que vivía encantada con su muñeca y les pidió que entraran a verla. La muñeca intacta, colocada todavía en su caja, clavada a una de las paredes del rancho, fuera del alcance de las manos de la chiquita que podían ensuciarla o dañarla, brillaba como un sol. Borges recordaba que Lugones, antes de que las revistas llegaran a Córdoba, había visto algunas veces un naipe clavado en un muro para adornarlo; en general preferían el cuatro de copas con su pequeño león y sus dos torres.

Después del descubrimiento de la pampa y de sus hombres, Georgie empezó a escribir un poema gauchesco; las dificultades técnicas de un vocabulario desconocido le hicieron abandonar después de unos pocos versos.

En el verano argentino, a principios de 1914, los Borges (iba también la madre de Leonor) viajaron a Europa. El padre se había visto forzado a pedir el retiro; estaba perdiendo la visión: «Cómo puedo firmar papeles legales si no puedo leerlos», se lamentaba. El viaje lo planearon en apenas diez días. Por aquellos años no había visas ni pasaportes y el mundo parecía más doméstico, más accesible y, al mismo tiempo, mucho más grande que hoy. Se tardaba veintitantos días en cruzar el Atlántico.

La intención del padre era consultar a un gran oftalmólogo que vivía en Ginebra y enviar a los chicos a un colegio suizo por lo menos durante unos meses; el viaje iba a durar poco. «Eramos tan ignorantes», solía decir Borges, «que no suponíamos que la primera guerra mundial estallaría en agosto» y los encerraría en Europa durante cuatro largos años en cuyo transcurso vivieron inesperadas situaciones, algunas bastante dramáticas, y los dos hermanos dejaron atrás la adolescencia.

Borges y su padre gozaron del viaje; no así Norah y Leonor, que estuvieron casi todo el tiempo mareadas y encerradas en el camarote. Al tocar el barco el puerto de Río de Janeiro, Georgie se quedó largo rato acodado en la borda mirando el trajín de los changadores y, más lejos, la ciudad deslumbrante. De pronto, fijó su atención en un chico, más o menos de su edad, que estaba sentado en el muelle con las piernas colgando hacia el agua. El chico cantaba en un portugués clarísimo unos versos que Borges no olvidó nunca y que de viejo todavía recordaba con emoción: «*Minha terra tem palmeiras / onde canta o sabiá*», «Mi tierra tiene palmeras / donde canta el sabiá» (una especie de zorzal más pequeño que el de la provincia de Buenos Aires), y luego los versos seguían: «Las aves que aquí gorjean / no gorjean como allá». Y la canción terminaba con un pedido: «*Nao permeta Deus que eu morra / sem que eu volte para là*», «No permita Dios que muera / sin que yo retorne allá». Y cuando el muchachito que cantaba llegó a la última estrofa, al que lo oía desde la cubierta se le llenaron los ojos de lágrimas; también él quería volver, ya sentía la nostalgia de su ciudad, del barrio, de la calle que acababa de abandonar.

El autor de los versos, tan populares que los decía la gente de la calle, era Antonio Gonçalves Días. Este poeta romántico, hijo natural y mestizo, fue protegido por la viuda de su padre, que lo envió a estudiar a la Universidad de Coimbra en Portugal. Al volver a Brasil trabajó para el gobierno, pero muy enfermo, quizá tuberculoso, regresó a Europa con la esperanza de encontrar un remedio para su quebrantado físico. Cuando se dio cuenta de que no había salvación para él, quiso morir en su patria pero tuvo mala suerte; el barco que lo traía naufragó frente a las costas de Brasil, en los bancos de Atins. Tenía cuarenta y un años.

Borges también tuvo mala suerte; enfermo, casi acabado y sin fuerzas murió lejos de la ciudad que tanto quiso. «... los años que he vivido en Europa son ilusorios, / yo estuve siempre (y estaré) en Buenos Aires.»

La familia Borges desembarcó en la costa francesa, hizo una visita patriótica y piadosa a Boulogne-Sur-Mer (sesenta y cuatro años atrás había muerto allí San Martín y el pasado parecía al alcance de la mano) y siguió hacia París. Casi enseguida de llegar se impuso la excursión a Versalles. Se había juntado mucha parentela, las primas Alzaga, las primas Martínez, además, por supuesto, de la abuela materna, ya viuda. Eran diez o doce personas y alquilaron dos automóviles abiertos. Para los chicos, una fiesta inolvidable; para los mayores, también. Pero las cosas no salieron tal como se pensaba: uno de los coches chocó abruptamente contra el cordón de una vereda; la abuela se lastimó la cabeza y se dislocó un brazo, una de las tías pasó el resto del verano con los ojos vendados y Norah fue despedida de su asiento y aterrizó ilesa en la mitad de la calle. Pero el accidente tuvo su lado ventajoso, porque debieron demorarse en París más tiempo del planeado hasta que se curaron las heridas. Según Norah recordaba, se fingían más enfermas de lo que realmente estaban para prolongar la estancia. El padre, poco afecto al ruido y a la paquetería, recorría catedrales y llevaba a sus dos hijos al Louvre.

A Borges no le apasionó París: «Una ciudad que ni entonces ni ahora me ha encantado, como encanta a los argentinos», confesó en 1970 en su *Autobiografía* y agregó: «Yo, sin saberlo, fui un poco británico; siempre pensaba en Waterloo como en una victoria».

Dos

1914

Queda una fotografía, tomada en aquella fría primavera ginebrina, recién llegados a la ciudad.

La madre y el hijo están sentados en un sofá, que no parece demasiado confortable. El rostro de ella se ve fino y delicado, de pómulos altos y de una hermosura más acorde con nuestra época que con la suya. Enfrenta al objetivo con grandes ojos melancólicos. El pintoresco sombrero que corona la cabeza se adorna con dos altas plumas. Las solapas y el cuello del abrigo son de zorro o de marta, dejan ver la blusa, muy subida. No lleva joyas. Las manos y parte de los brazos también están ocultos dentro de un manguito de piel, que hace juego con el cuello y las solapas; la inocente cabeza del animalito que las proveyó descansa como un gato en la falda de la dama (cruel costumbre dictada por la moda). Leonor ha cruzado las piernas y la falda, larguísima, deja ver sólo la puntera de los zapatos.

El padre está de pie, lleva también un abrigo pesado y se ha ubicado detrás del sofá entre su mujer y su hijo. El rostro ancho indica cierta corpulencia, tiene una mirada triste y un rictus amargo tira hacia abajo la comisura de los labios. Es un hombre alto y buen mozo y él tiene clara conciencia de su apostura. Sin embargo, la certeza de su próxima ceguera le desazona el alma y el gesto. La ceguera es un mal de familia: Fanny Haslam morirá ciega y Jorge Guillermo pertenece a la quinta generación que padecerá la enfermedad.

Norah, también de pie y a la derecha de su padre, sonríe apenas. La carita, todavía infantil y ligeramente inclinada, está encerrada entre el sombrero que le tapa la frente y la piel de su abrigo que le llega al mentón. Es la única que parece feliz posando para el futuro.

Georgie, sentado a la derecha de Leonor, posa sin los anteojos que usa desde los ocho años. Viste ropa oscura, un gabán largo y abrigado, pantalón de colegial, medias largas, botines. El borde blanco del cuello de la camisa es el único detalle claro. Cruzada en banderola, una cartera reposa sobre sus piernas. Un mechoncito de pelo, que usa muy corto, le cae en la mitad de la frente.

Desde la atemporalidad de su mirada de miope, el joven Borges parece distraído y algo distante. La boca, idéntica a la de su padre, de labios bien delineados y sensuales, está distendida en una expresión amable. ¿Qué pensamientos cruzarían por su mente adolescente? ¿Qué imágenes pesarían debajo de los párpados quietos? El rostro es una página en blanco, como si adrede quisiera sustraerse del tumulto del mundo adulto, desconocido todavía, pero entrevisto.

Los cuatro están vestidos como príncipes ante un telón de nubes y follaje elegido seguramente al azar por el anónimo fotógrafo.

La guerra. Confinamiento en Suiza. Segundo accidente. El colegio - La niña que hablaba en francés. La copa y el anfiteatro de Verona - Los amigos y el truco. Lecturas francesas y el idioma alemán - Muerte de la abuela criolla. Frustrada iniciación. Lugano.

La guerra. Confinamiento en Suiza. Segundo accidente. El colegio

Los Borges se instalaron en Ginebra; el 24 de abril de 1914 ocuparon el primer piso del número 17 de la Rue Malagnou, donde vivieron hasta el 6 de junio de 1918. Equipar y organizar la casa llevó a Leonor y a su madre un par de meses. Por fin, ya las cosas en orden, el matrimonio Borges quiso aprovechar el verano europeo para viajar un poco por Austria y por Alemania, mientras los hijos quedaban al cuidado de la abuela criolla.

Es probable que antes de este viaje, a principios de julio de 1914, no se hubieran dado cuenta de las consecuencias que tendría el reciente asesinato del joven archiduque Fernando y de su esposa en Sarajevo ni tuvieran noticias de los sucesivos ultimátums intercambiados por los diferentes países europeos ni de la invasión a Bélgica por parte de los alemanes. Un mes después, no sin horror, se dieron cuenta de que había empezado la guerra y de que habían quedado encerrados en una Alemania hostil que no permitía la salida del país de los extranjeros, ni siquiera de quienes estaban de paso.

Lo que parecía un problema insoluble se arregló rápidamente por «mediación de un señor amable que les aconsejó tomar un barco en el primer puerto», cuenta Norah. El verdadero factor que les permitió abandonar Alemania fue el dinero fuerte que llevaban los Borges; el peso argentino valía mucho entonces. Pagando lo que les pidieron, pudieron reunirse con la familia.

Georgie empezó a prepararse para ingresar al primer año del Collège fundado por Calvino. Por supuesto, había que reforzar su francés y cada mañana iba en bicicleta a la casa de un profesor que quedaba bastante lejos de la Rue Malagnou. Los dos hermanos andaban mucho en bicicleta y, con esa libertad que conocieron otras generaciones cuando las ciudades eran más seguras que ahora, solían ir de picnic a los bosques en las laderas de las montañas o a la orilla del lago. Eran felices, se querían y Norah, entusiasta por naturaleza, encontraba divertidas todas las cosas que los rodeaban. Por ejemplo, apenas llegados a Ginebra, cuando todavía se hospedaban en un hotel, ella subió de la recepción toda alborotada diciendo que abajo había un señor «muy importante, un señor que en su tiempo debe de haber sido una gran nulidad».

En uno de esos recorridos en bicicleta que Borges hacía hasta la casa de su profesor de francés, un coche lo llevó por delante. Según Norah, como era muy distraído es probable que fuera al revés. Nuevamente apareció en la casa con la cabeza vendada y la madre, asustadísima, decidió que dejara las lecciones; lo aprendido le bastaba para ingresar en el Collège. En la clase estaban inscritos alrededor de cuarenta alumnos; la mitad, extranjeros. La materia más importante del curso era el latín y Georgie se dio cuenta de que si se convertía en un buen latinista podría llevar con éxito sus estudios. Los demás temas, álgebra, química, física, etcétera, se dictaban en francés. Ese primer año, aprobó con excelentes notas la totalidad de las materias menos la de lengua francesa. Sus compañeros de curso entonces, sin decirle nada, enviaron una carta al director del colegio, donde le señalaban el esfuerzo que el alumno Borges había hecho al rendir sus exámenes en una lengua recién aprendida y le pedían que fuera admitido en el curso inmediato superior en mérito a esta verdadera proeza. La firmaron todos sin excepción; el director aceptó la solicitud. Cuando Georgie quiso agradecer a los condiscípulos su solidaridad, ellos le quitaron importancia al gesto, que, sin embargo, Borges recordó con verdadera gratitud toda su vida.

Tan perdido estaba Georgie en ese primer curso del Collège que ni siquiera se daba cuenta cuando lo llamaban. Su apellido, dicho a la francesa, sonaba de una sola sílaba: la *ge* se convertía en una *ch* y la *e* y la *ese* no sonaban, así que cuando algún profesor o preceptor decía algo parecido a *Börch* el compañero más cercano le tocaba el brazo para avisarle que ese sonido quería significar Borges.

La niña que hablaba francés. La copa y el anfiteatro de Verona

Norah, en cambio, habló naturalmente francés desde el primer momento y, pese a que en la casa usaban el español, la niña a veces se distraía y solía contestar con palabras francesas. Hasta soñaba en ese idioma. Una tarde que Leonor volvía al piso de la Rue Malagnou, encontró a Norah asustada y escondida detrás de la cortina de felpa morada de la sala. Asombrada le preguntó qué le pasaba; la niña con voz estremecida sólo atinó a decir: «*Une mouche, une mouche*». (Según Borges, había aceptado la versión francesa de que las moscas son peligrosas.) Leonor, indignada, exclamó: «Fuera de acá, usted ha nacido y se ha criado entre las moscas, ¿se ha olvidado de Buenos Aires?».

Cuando Norah cumplió catorce años, su madre la llevó a l'École des Beaux-Arts. La edad para el ingreso estaba fijada en quince; no obstante, Norah le mostró sus álbumes al director a quien le llamaron la atención los dibujos de la chica: allí estaban la Sainte-Chapelle, los siete puentes del Ródano, el frente de la casa de la Rue Malagnou, el Collège adonde iba Georgie. Al verlos, dejaron a Norah encerrada y sola en un aula para que copiara los modelos expuestos; antes del tiempo previsto, apareció con los dibujos y fue aceptada de inmediato.

Como resultado de la guerra, los Borges vivieron encerrados en Suiza, aunque hicieron algunos viajes por este país y por el norte de Italia, llegando hasta Venecia y Verona. En Venecia Leonor se compró un vaso de cristal tallado de color rojizo, perteneciente a la cristalería que en Murano elaboraban para los reyes de Italia. Como el vaso tenía un pequeñísimo defecto fue desechado del servicio del rey y puesto a la venta para aquellos a quienes esa pequeña falla no les haría perder el sueño y para no darle pérdida a los fabricantes. A lo largo de toda su vida Leonor conservó el vaso, la mayoría de las veces con flores frescas. Cuando el 8 de julio de 1975, a los noventa y nueve años, murió, el vaso quedó en su mesa de noche pero no por mucho tiempo; unas pocas semanas después, espontáneamente, se partió en dos, solidario con el destino de su dueña.

En Verona, en el anfiteatro, en las arenas donde hoy se cantan óperas, Georgie fue algo así como un precursor: con voz alta y estremecedora recitó los versos gauchescos de Ascasubi ante su familia —que, acostumbrada a sus recitales, no lo oía— y los gatos famélicos que, distraídos de su ocio por esa voz extranjera, esperaban ver premiada su atención con algún bocado suculento.

Desafiando a los submarinos alemanes, también llegó al refugio de Ginebra la abuela inglesa; otra vez los seis miembros de la familia estaban reunidos.

Los amigos y el truco. Lecturas francesas y el idioma alemán

Los mejores amigos de Georgie fueron dos judíos de origen polaco, Simón Jichlinski y Maurice Abramowicz. El primero llegó a ser un abogado de nota; el segundo, médico. Georgie les enseñó a jugar al truco; ellos aprendieron tan rápido y tan bien que al final del primer partido, con escaso sentido de la cortesía, le ganaron al maestro y lo dejaron sin un centavo.

Las lecturas de esa época de Ginebra fueron en francés: *Tartarín de Tarascón, Los miserables,* y luego Alejandro Dumas *(El Vizconde de Bragelonne* le gustó mucho más que *Los tres mosqueteros,* ¡vaya a saber por qué!), Flaubert, Zola, Maupassant, Voltaire, Verlaine. A veces iban a pasear en bote Norah y él por el lago y de pronto Georgie dejaba los remos y, poniéndose de pie, recitaba con voz ampulosa a Baudelaire y Rimbaud. También él escribía versos en francés; Alicia Jurado recuerda uno que le había dicho Leonor: «una línea lúgubremente poética donde llama al ataúd *petite boîte noire pour le violon cassé».* Quizás a este poema y a otros se refiere Borges cuando confiesa: «Cuando en Ginebra o Zurich, la fortuna / Quiso que yo también fuera poeta». Por supuesto seguía leyendo en inglés a autores norteamericanos e ingleses; precisamente el conocimiento de Carlyle y de su libro *Sartus Resartus* lo llenó de perplejidad y asombro, y lo llevó a estudiar alemán. Se dedicó a él todo un año, ya terminado el bachillerato, cuando en el verano europeo de 1918 la familia se trasladó a Lugano. Al principio, como todos los jóvenes que tienen conciencia de sus conocimientos, autosuficiente y soberbio, creyó que entraría al idioma por la puerta grande, es decir, por las obras más complejas, y probó con la lectura de la *Crítica de la razón pura* de Kant: «Fui derrotado por ella», confiesa en su *Autobiografía,* «como mucha gente incluyendo a los propios alemanes. Entonces pensé que la poesía sería más fácil a causa de su brevedad». Y así fue. Se consiguió una edición de los primeros poemas de Heine, *Lyrisches Intermezzo,* de amor, naturalmente, y un diccionario alemán-inglés. Poco a poco pudo prescindir de éste (no es demasiado complicado el vocabulario de Heine) y pudo entrar en forma activa y definitiva en la belleza del idioma alemán. «Pero a ti, dulce lengua de Alemania, / Te he elegido y buscado, solitario.»

Hacia 1915 una amiga de su madre le regaló un ejemplar de *El Golem,* de Gustav Meyrink, que muchos años después le inspiró el poema del mismo nombre, poema que seguramente ayudó a Umberto Eco en la elección del título de su novela *El nombre de la rosa:* «Si (como el griego afirma en el Cratilo) / El nombre es arquetipo de la cosa, / En las letras de *rosa* está la rosa / Y todo el Nilo en la palabra *Nilo*».

A principios de la década de los treinta, Borges tradujo uno de los cuentos fantásticos del *Fledermäuse* de Meyrink y se lo envió al autor, que vivía en Alemania, con unas cálidas palabras de admiración. Meyrink, que no entendía español, agradeció sin embargo la traducción y a su vez le mandó a Borges, a falta de otra cosa, un retrato suyo, que en sucesivas mudanzas se perdió. Pero Borges recordó hasta el final de su vida el rostro melancólico y los bigotes oscuros y ligeramente caídos que adornaban su cara.

Otra adquisición que hizo en aquellos últimos años de su bachillerato ginebrino fue Schopenhauer, de quien admiró *El mundo como voluntad y representación*. Siempre consideró que si el universo fuese expresable en palabras y un libro pudiera servir de plano, ese libro sería el de Schopenhauer.

Muerte de la abuela criolla. Frustrada iniciación. Lugano

La primera guerra mundial fue larga y dura. Los alimentos estaban racionados; Leonor les daba a los niños y a su madre la poca leche que podía conseguir y así fue como por falta de calcio se le arruinaron los dientes. Cuando no hubo más leña y se acabó la calefacción se mudaron a un hotel, donde siguieron sufriendo mucho frío. La abuela materna enfermó de pulmonía y murió durante los primeros meses de 1918. Tuvo una agonía larga y penosa.

Borges me contó que estaban todos muy desesperados: rodeando su cama, acariciándole la cara y las manos, mientras la pobre señora volaba de fiebre y por momentos perdía el sentido. «Todos estábamos allí, sobre ella, tocándola, llorosos y sin saber qué decir ni qué hacer y, de pronto, en un raro momento de lucidez, mi abuela abrió los ojos, nos miró y dijo con voz apagada pero clarísima: ¡Déjenme morir tranquila, carajo!» Y la pobre señora tenía razón.

Ese mismo año de 1918, el joven Borges se recibió de bachiller. Poco después, vivió una experiencia traumática. Las costumbres de la época consentían que la iniciación sexual de los varones pudiera estar en manos de las sirvientas de la casa. Previsiblemente, en el seno de las familias patricias abundaban los hijos naturales criados en la casa y cuyo destino posterior era muy impreciso. A veces se los mandaba al campo, a trabajar en la estancia; otras, más raras, si era muy inteligente y los mayores de la casa lo advertían y lo consentían, se le permitía estudiar y tener una carrera; la mayoría seguía siendo un sirviente.

En el caso de que la familia tuviera rígidos principios morales, o si no abundaban en el servicio muchachitas aptas para este fin, los padres o los tíos llevaban a los adolescentes a un prostíbulo.

Lo cierto es que Jorge Guillermo decidió resolver el problema según los cánones usuales. Un día le dio al hijo una dirección y le indicó la hora y la fecha de la cita. Georgie obedeció, pero ya en el lugar no pudo evitar el pensamiento de que estaba a punto de compartir la amante con el padre. La idea lo llenó de asco y de vergüenza. Por supuesto, la cosa no funcionó. Tuvo una crisis tan terrible que lloró tres días seguidos; sin comer, sin dormir, sin atender razones, sólo lloraba. La familia consultó a un médico que recomendó vida sana al aire libre, mucho ejercicio y un cambio de clima; entonces la familia se mudó a Lugano y allí vivieron un año. Norah lo recuerda pero nunca supo los motivos de esta crisis.

Se instalaron en el Hotel du Lac, donde la vida siguió su curso exactamente igual. Pese al cambio de clima, el joven Borges evitaba cuidadosamente los ejercicios al aire libre y, en cambio, pasaba los días encerrado en el cuarto leyendo en su recién inaugurado alemán. No lo llevaba el deseo de ser un «políglota», tal como señaló no sin ironía alguna vez, sino porque ésta era la llave para entrar en una literatura que le interesaba. A los dieciocho años, leía en cinco idiomas: su lengua natal, francés, inglés, alemán y se internaba fácilmente en los textos latinos. Con el estoicismo propio de un monje, este joven sano y fuerte parecía prescindir de las necesidades del cuerpo para buscar en la literatura la única fuente de satisfacción y regocijo.

Al abandonar Ginebra, el bachillerato terminado, dejó atrás a los íntimos amigos, Abramowicz y Jichlinski, que lo habían acompañado entrañablemente a lo largo de cuatro años. Juntos habían descubierto libros y autores inolvidables, con ellos había leído en 1917 *Jean Christophe,* de Romain Rolland, santo y seña de su generación. El protagonista era «una fusión de Beethoven y del propio Rolland, pero más admirable que la obra fue su éxito», ironizó Borges muchísimos años después, cuando ya no le interesaban ni Rolland ni Baudelaire, pese a recordar todavía los versos de *Les fleurs du mal,* aprendidos de memoria a dúo con Abramowicz. La falta de los amigos hizo que Borges volviera a refugiarse en la compañía de la hermana, quien, por otra parte, sufría también idéntica pérdida; el acercamiento fue recíproco. Ella lo convenció de que salieran en bote a pasear por el lago; Norah en el timón y Georgie a cargo de los remos.

En Lugano cumplió diecinueve años. Tenía la certeza más que nunca de que su camino estaba en la literatura. No ha quedado nada de los sonetos que escribió en inglés, según él, «pobres imitaciones de Wordsworth», ni ninguna línea de sus poemas franceses, muy simbolistas, con excepción de algún verso perdido de un poema que, según sus indicaciones, debía ser recitado con acento ruso; una forma de aludir burlonamente a su dicción de extranjero. Por aquellos años, aunque escribía en dos idiomas que no eran los suyos, intuía, sin ninguna duda, que el español sería el destino definitivo.

Intentó mostrarle sus manuscritos al padre. Deseaba una orientación o un probable consejo, pero Jorge Guillermo rehusó, advirtiéndole, con razón, que, como Bernard Shaw y La Rochefoucauld, no creía en la eficacia de los dictámenes ajenos. El debía hacer su propio recorrido, experimentando y equivocándose; ésa era la única manera de encontrar el camino.

No fue fácil el año vivido en Lugano; a menudo se acostaban con hambre. Al final de la guerra e inmediatamente después era notoria la escasez de alimentos en toda Europa aun en los países que se habían mantenido neutrales, como Suiza: «... lo único que deseábamos era un grano más de arroz o una miguita de pan. A veces me despertaba en la mitad de la noche y me quedaba horas pensando en diferentes menús y combinándolos mentalmente. Pero luego de haber dejado atrás Lugano, mis inquietantes desvelos gastronómicos se calmaron para siempre».

También otras cosas le quitaban el sueño.

Según sus propias confesiones, leyó a Thomas De Quincey en Ginebra a los dieciséis años en la época en que descubrió a Thomas Carlyle, que lo llevaría al alemán, y a Gilbert Keith Chesterton, que mucho después revalorizó ante los mismos ingleses. De Quincey lo acompañó hasta el final de su vida. Leyó y releyó sus obras y se las hizo leer infinitas veces. «Es un escritor muy sugestivo, con una curiosidad y una erudición casi inagotables. Como explorador de la vida onírica es único en la literatura. Su estilo es excelente, salvo cuando quiere ser humorístico. Recuerdo en uno de sus mejores ensayos, *Los últimos días de Emanuel Kant*, la descripción de cómo se apaga una poderosa inteligencia: algo intenso y tristísimo», dijo Borges en su *Autobiografía*.

También recordaba siempre otro libro de De Quincey, *La monja alférez*, cuya acción curiosamente transcurre en nuestra provincia de Tucumán. Sin embargo, *Confesiones de un inglés opiómano* fue la obra que más lo impresionó en esos años. En este libro narra De Quincey cómo al llegar a Londres, siendo adolescente, encontró a una pequeña prostituta de quince años con quien tuvo una íntima relación, extraña y alucinada. Se ha dicho y con razón, que Borges aprovechó, para su propia literatura, los textos de De Quincey como los de otros muchos escritores, pero fue más allá: quiso encontrar, como el inglés, una muchacha menor que él, no una prostituta sino alguien con quien compartir «las oscuras pasiones de los hombres». Pero Lugano no era Londres, y no la encontró. Sin embargo, una tarde silenciosa y nublada cuando paseaba solo, bordeando el lago, observó a una mujer que le pareció muy joven; luego advirtió que no lo era tanto. Estaba quieta, apoyada contra la columna de un farol. Al llegar a su lado, por debajo del ala del sombrerito marrón, que le tapaba parte del pelo, vio que lloraba. Las lágrimas de la desconocida lo desconcertaron primero, y lo conmovieron después con tal intensidad que, detenido ante ella, no atinó a nada. Era una muchacha pálida, rubia, tan alta como él y quizás algo mayor; el rostro delicado y el cuerpo delgadísimo conferían a su persona la fragilidad de quien está indefenso, inerme ante el mundo.

Empezaron a caminar juntos naturalmente, él nunca supo quién tomó del brazo a quién. La muchacha hablaba en voz muy baja y en un francés tan duro que debía hacer un esfuerzo para entenderla. Vivía en las afueras en una casa modesta y pequeña; estuvieron juntos hasta muy tarde en la noche.

De regreso a su casa, los padres, inquietos, le salieron al encuentro; temían que le hubiera ocurrido un accidente. Georgie no pudo contestar a sus preguntas; estaba demasiado conmovido.

Al día siguiente volvió al sitio donde la había encontrado. Durante varias horas esperó en vano, tampoco pudo recordar en qué calle quedaba la casa: era lejos y desconocía el barrio. No la volvió a ver, sólo le había quedado su nombre: Ulrica.

Cuando dos o tres meses después la familia abandonó Lugano, Borges llevó con él su imagen detenida en el tiempo. La guardó dentro de sí, tal como se guarda un retrato en el cajón de un mueble y luego se lo olvida. Pero a veces, a las cansadas, un olor de agua o un reflejo de luz o el ruido de sus pasos en una calle desierta le traían el brillo de unos ojos mojados de lágrimas, la sombra de un sombrero sobre un pelo claro, el peso casi inexistente de un brazo apoyado en el suyo, dos rosas de tela en un jarrón rústico sobre la mesa de madera en un cuarto pequeño y una sensación brevísima de alivio gozoso, parecida al suspiro de un niño que después de haber llorado mucho, se da cuenta de pronto de que ha agotado el caudal de su pena.

Tres años después, Borges escribió un poema, que extrañamente tituló «Escaparate» y que publicó la revista *Tableros,* de Madrid, en enero de 1922; los dos últimos versos parecieran referirse a este encuentro de Lugano: «Así yo ignoraré mis amores. / Así yo deberé desconocerte».

Tres

1919

Es la tarde del 24 de agosto; el joven Borges cumple veinte años. En ese último mes del verano el calor ha gastado el aire y el césped de los jardines.

La fotografía ha sido tomada en Valldemosa, en los escalones de entrada a la casa del médico del lugar. Norah y Georgie están de pie y se los ve de cuerpo entero. Ella, en el primer peldaño; su hermano en el segundo. Los separa el ancho de los escalones. Detrás de ellos se ven la reja de la puerta, el follaje de los árboles y, al fondo, se adivina la casa. La postura de ambos es idéntica: apoyados contra el muro de piedra, enfrentados, el cuerpo de perfil y el rostro hacia la cámara. El brazo izquierdo de Norah descansa al costado de su cuerpo, la mano derecha está enganchada en la cintura de su vestido estampado de mangas cortas. El hermano, en cambio, ha entrelazado las manos detrás de la espalda. El pelo de Norah se adivina más claro y mientras sus ojos se fijan interrogantes en el objetivo, en la mirada de Georgie hay una serena melancolía. Lleva puesto un traje de hilo claro todo arrugado, como corresponde a los trajes de hilo, y el cuello de la camisa está volcado sobre el de la chaqueta.

De los tres niños sentados sobre el muro y el primer escalón, dos son hijos del médico. La mayor de las muchachas, la que lleva el pelo partido al medio, es su mujer. El médico, traje de hilo blanco o crema, zapatos blancos y corbata oscura, nos mira con gesto amable, desde su lugar de señor de la casa.

Quizás hayan festejado el cumpleaños de Georgie: refrescos, dulces, horchata con trufas y luego, aprovechando la luz de esa primera hora de la tarde, hayan salido del jardín para tomar la foto y perpetuar la fecha.

Borges sabe que su futuro está en la literatura y, por ahora, el mundo le pertenece.

1919

En la tarde del 21 de agosto, el joven Borges cumple veinte años. El señor Guillermo debe mandarle listas ha cesado el afecto a cargo de dichos señores.

La fotografía lo retrata en Millhouse, un joven alegre de sonrisa a una de sus amigos, un super los. Y a la escasa edad de pie, en los Vez desliznado a tiro tiro el de no ha publicado, se han estado al tiempo. Ya ejerce el miedo de las caminos. Lejos de casi vuelve la mirada la puerta de salida, apenas los árboles y a tocando su maletín de piel. A poco el adolescente de unos tiempos libres, su pedía lleva a su tono el mejor a cualquier todo, al vuelo la página de más y de parte y al poco más a crema. El brazo izquierdo lo ha sub descansa al costado de su cuerpo. Al paso de la las esperanzas en la espalda de su mirada, empañado de muertos compa. El septimio, en cambio, ha extrañado a los aspectos y los esperanza. El polo de 1919 ya es eterno muy oscuro. Sustenta su corpúsculo fundamental, diagnosticando el cadáver con el mando de Ginebra hace más veinte minorable. Los puntos en su particular al el color atractivo correspondientes, a los años de España. Como hoy tanta ansia solicita sobre el de la Chaqueta.

De los dos trajes formales, viste el Claro y el principal agua. Los dos luces deforman lo lavanzar. Su anulares se marcharon, lo que lleva el polo prado afeitas, las en su amor. El modelo pase la silla blanca, es exactas, apenas ni unos y parecer oscura, más olero con gran amplia desde su ligero amor de los años.

Quizás haya escuchado al campañaos de Charmer, entrecierra de los, por tanto, un muerto y luego, aprovechando la luz de sus minutos libres de la canto, da su batido del jardín para tomar la libre y pero comenzar la tarde.

Borges, sabe que en ese tiempo está solo en la literatura y, por ahora, ninguno lo presente.

Mallorca, Valldemosa - Crónica de las letras españolas - Sevilla. El ultraísmo. Guillermo de Torre. Cansinos-Asséns - La poesía bolchevique. Segundo viaje a Mallorca - El caudillo. Regreso a Buenos Aires.

Mallorca, Valldemosa

Los Borges llegaron a España a fines de diciembre de 1918; fueron primero a Barcelona y luego a Palma de Mallorca, donde se instalaron porque la vida era muy barata, el lugar muy lindo y el turismo todavía no la había descubierto. Pese a que Borges en su *Autobiografía* advierte que ellos eran los únicos turistas, nunca formaron parte de ese tipo de gentes que invade los sitios de moda y lleva una intensa vida artificial y vertiginosa que le impide ver los colores del cielo y del mar y las diferencias de la luz a lo largo del día. En Mallorca vivieron, en dos etapas, un total de diez meses. En esa primera estadía pasaron en la isla el verano de 1919.

En Palma, según cuenta Alicia Jurado en *Genio y figura de Jorge Luis Borges*, la familia se hospedó en el Continental, «un hotel con una terraza llena de malvones, frente a la iglesia de San Miguel que fue mezquita y contenía esos extraños Cristos mallorquines con pelo de mujer, faldas de brocato y ramilletes de rosas en la cintura». Leonor nunca olvidó esas imágenes casi femeninas, recordarlas le hacía volver a una de las épocas más felices de su vida. Además de Palma, visitaron Valldemosa, adonde Borges habría de volver, invitado por su amigo, el poeta Jacobo Sureda. En esa primera estadía, como en el lugar no había hoteles, los Borges alquilaron el primer piso de la casa del médico, la mejor del poblado. El alquiler comprendía la pensión y las dos familias comían juntas en el gran comedor de la planta baja.

Valldemosa es un pueblo, a menos de veinte kilómetros de Palma, alzado en una colina, que tiene un doble encanto: la iglesia y la Cartuja, que en sus orígenes, a principios del siglo XIV, fue un castillo mandado construir por el rey Sancho. En 1399 pasó a manos de los cartujos, quienes alzaron el claustro y la iglesia. Ya expulsados los frailes, hacia el siglo XIX, se convirtió en un refugio de artistas, escritores y músicos. Allá completó Chopin en 1838 sus encantadores preludios y compuso polonesas y algún scherzo. Es posible que Georgie supiera de la existencia de este músico, que había caminado por las laderas cubiertas de encinas, tal como él lo hacía ochenta años después. Pero lo más probable es que no le importara nada de Chopin ni de su piano. Borges siempre fue un sordo total para todo tipo de música, tanto, que tarareaba el *Himno nacional*, el tango *El pollito* y *La marcha de San Lorenzo* con idéntica entonación. Si algunas veces nombró a Brahms como su músico predilecto fue porque a los Bioy (el matrimonio formado por Adolfito Bioy Casares y Silvina Ocampo) les gustaba y entonces decidió adoptarlo casi como una forma de cortesía para con sus amigos queridos. Quizá la única forma musical que le encantaba hasta emocionarlo haya sido el *negro spiritual* en esas voces roncas y como desgarradas de tristezas, pesadas de llanto, de los cantantes de color.

Hacia 1964 llegamos con Borges a Munich. Fuimos al teatro de la Opera y vimos una versión excelente de *La flauta mágica* de Mozart. Al terminar, Borges parecía encantado y me dijo: «¡Qué raro! He perdido la mitad de mi vida privándome de algo espléndido realmente». Al volver a Buenos Aires le comenté su entusiasmo a Leonor. Se lo comenté bastante orgullosa creyendo haber sido yo quien le revelara la maravilla mozartiana. Ella me miró, se rió con su risa cascada y burlona y me desengañó: «Mirá, m'hija, cada vez que oye una partitura de Mozart, dice lo mismo y enseguida se olvida; no le interesa para nada».

Bastantes años después le oiría otra afirmación cuya primera parte era idéntica y dicha, ahora sí, con apenada sinceridad: «¡Qué raro!, he perdido la mitad de mi vida pensando en mujeres».

En Mallorca, Georgie se dedicó a varias actividades, siguió con sus traducciones de los expresionistas alemanes, estudió árabe y, sobre todo, avanzó en el perfeccionamiento de su latín ayudado por el párroco de la catedral, según Alicia Jurado, o por el vicario de Valldemosa, si hemos de creer a Emir Rodríguez Monegal en su libro *Borges. Una biografía literaria*. Lo cierto es que en su *Autobiografía* Borges señala: «Repasamos Virgilio, de quien todavía tengo una alta opinión».

Crónica de las letras españolas

Desde Mallorca le escribió una larga carta en francés a su amigo de Ginebra, Abramowicz. Más que carta era una *Chronique des lettres espagnoles* en la cual Borges hace una crítica de dos nuevos libros de ensayos; uno de Azorín, *Entre España y Francia,* descrito como «el libro más tranquilo que haya inspirado la guerra» (y en esta frase ya está el estilo irónico e incisivo del Borges del futuro); el otro, *Momentum catastrophicum,* de Pío Baroja, a quien siente mucho más cerca de él; y un tercero del jesuita Ruiz Amado, *Una Apología por la cristiandad,* que descarta sin salvación. Abramovicz mandó el texto a *La Feuille,* donde apareció el 20 de agosto de 1919. Según dictaminan los especialistas, ésta se considera su primera publicación. Rodríguez Monegal señala que «la importancia de este artículo consiste en lo que revela sobre su posición intelectual; tomaba el partido de los antitradicionalistas y creía seriamente en la hermandad universal entre los hombres. El anarquismo filosófico del padre le había ayudado a sentir una profunda simpatía ante todo sistema o credo que atacara los valores establecidos y propusiera una visión utópica de la sociedad. Apenas en el umbral de su ingreso a la vida literaria, parecía un auténtico integrante de la vanguardia».

Sevilla. El ultraísmo. Guillermo de Torre. Cansinos-Asséns

En 1919, cuando los primeros fríos anunciaron la proximidad del invierno, la familia abandonó la isla, se dirigió hacia el sur de España y se instaló en Sevilla, la ciudad andaluza con mayor vida literaria.

Cada sábado, Borges participaba de la tertulia del café Colonial. A los poetas y escritores sevillanos les encantaba publicar revistas, reunirse y hacer notar lo más ruidosamente posible su existencia. Entre ellos Borges se halló a gusto, aunque según señala en su *Autobiografía* le extrañaba las pocas lecturas que tenían: «el grupo literario se nucleaba alrededor de la revista *Grecia* (...), se llamaban a sí mismos ultraístas y se habían propuesto renovar la literatura, una rama de las artes de la cual poco sabían (...). Desconcertó a mi mente argentina el enterarme de que no sabían francés ni tenían sospecha alguna de que existiera algo llamado literatura inglesa...». Luego llega a la exageración mentirosa al afirmar que Isaac del Vando Villar, director de *Grecia,* había conseguido que su obra poética fuera escrita para él por algunos de sus colaboradores.

Más allá de la ironía y de la burla, la publicación reunía a los poetas, desde los consagrados como Darío y Juan Ramón hasta los más nuevos: Guillermo de Torre, Adriano del Valle, Gerardo Diego, Pedro Garfias, Jacobo Sureda, Cansinos-Asséns y Eugenio Montes. Este último, conocido como poeta, periodista y lingüista, visitó Buenos Aires promediando la década de los treinta; dado su prestigio, el diario *La Nación* le pidió a Manuel Mujica Lainez que le hiciera un reportaje y Leopoldo Lugones lo quiso conocer.

Entusiasmado con el ultraísmo, Borges creía en ese tiempo que la metáfora era el elemento esencial y único de la poesía. Publicó en *Grecia* el poema «Himno al mar», en el cual probó su decisión de parecerse a Walt Whitman, y luego en esta revista y en *Ultra* dio a conocer otros poemas ultraístas. Por fin en Madrid, adonde poco tiempo después se trasladó la familia, conoció al maestro del movimiento, Rafael Cansinos-Asséns, de quien se consideró discípulo (lo repetía a menudo) hasta el final de su vida. Cansinos era un hombre de buena figura y maneras afables. Desdeñaba lo castellano, el cante *jondo* y las corridas de toros (quizás haya sido su influencia la que llevó a Borges a calificar, equivocadamente, a García Lorca de andaluz profesional). Adoraba los idiomas que hablan los diversos pueblos de la Tierra y llegó a dominar once, número nada desdeñable. Al enterarse de que en un archivo de la Inquisición figuraba su apellido, decidió que era judío, aprendió hebreo y se hizo circuncidar. Era muy tolerante con los jóvenes y, algo increíble para España y para la época, vivía de la literatura. Además de poeta, había escrito un libro erótico de salmos, novelas, cuentos y ensayos. Por otra parte, parece imposible que haya podido traducir tanto: Goethe y Dostoievski completos de sus lenguas respectivas, y *Las Mil Y Una Noches* del árabe, por dar tres ejemplos.

En la década de los ochenta, para demostrarle a Borges que Cansinos escribía muy mal, le leímos una frase tomada al azar de su versión de Dostoievski; quedó atónito y después decidió que le estábamos haciendo una broma. Le fue fiel hasta el final, aunque alguna vez reconoció que Cansinos despreciaba a sus colegas importantes; por ejemplo, de Ortega y Gasset decía que era malo como filósofo y peor como escritor.

A Borges le pareció admirable que en la casa de Cansinos los libros se amontonaran del techo al piso porque no tenía dinero para comprar estanterías, pero al mismo tiempo le chocó el desdén grosero con que trataba a su mujer, a quien jamás presentaba a los visitantes y que parecía una pobre sirvienta. Más de una vez, recordaba Borges, la encontró de rodillas puliendo el mármol de las escaleras de la casa.

La poesía bolchevique. Segundo viaje a Mallorca

Durante su permanencia en España, Borges escribió dos libros; uno de ensayos literarios y políticos propios de alguien joven, líricamente anarquista, amante de la paz y admirador de Pío Baroja, *Los naipes del tahúr*. El otro estaba compuesto por veinte poemas, que llevaban como título *Los salmos rojos* o *Los ritmos rojos* y constituían un elogio de la Revolución rusa. Abjuró de este libro tan ferozmente que se ponía como loco si alguien lo mencionaba. Recogidos algunos por Carlos Meneses, no se puede decir que fueran memorables; «Trinchera», publicado en *Grecia* el 1 de junio de 1920, comienza: «Angustia / En lo último una montaña camina / Hombres color de tierra naufragan en la grieta más baja / El fatalismo unce las almas de aquellos / que bañaron su pequeña esperanza en las piletas de la noche. / Las bayonetas sueñan con los entreveros nupciales / El mundo se ha perdido y los ojos de los muertos lo buscan / El silencio aúlla en los horizontes perdidos». Hay que destacar la palabra *entrevero;* Borges, ausente de la patria casi siete años, la utiliza en España con el sentido argentino: pelea cuerpo a cuerpo. Para los psicoanalistas de turno queda el estudio del verso: «Las bayonetas sueñan con los entreveros nupciales».

Este volumen, nunca publicado, provocó que Estados Unidos, en plena época del macartismo, negara la visa a Borges por considerarlo nefasto comunista. En la misma década de los cincuenta, entre nosotros, el sector de la izquierda lo acusaba de fascista siniestro por pertenecer al grupo Sur, que si bien carecía de ideología política, había sido fundado por Victoria Ocampo, mujer rica y de familia patricia, y por colaborar en el diario liberal *La Nación*. Nadie con menos consiguió tanto.

En Madrid, Borges conoció a Ramón Gómez de la Serna en el Café Pombo y en la primavera de 1920 se hizo muy amigo de Guillermo de Torre, quien, en su entusiasmo ultraísta, seguiría a la familia en el segundo viaje a Mallorca. Como nueve años después se casó con Norah Borges, cabe preguntarse si el fervor de Guillermo era sólo literario.

Mucho tiempo después, De Torre dio en una conferencia una imagen del Borges de aquellos años que debe de ser bastante fiel: «Llegó de Suiza borracho de Whitman, equipado de Stirner (una especie de precursor de Nietzsche, que murió en 1856, y autor de *El único y su propiedad),* siguiendo a Romain Rolland. Por ese entonces leía a Schopenhauer, su filósofo preferido, directamente en alemán. Pensaba que Nietzsche quería enamorarse de su destino y que había seguido un método heroico: desenterrar la intolerable hipótesis griega del eterno retorno y sacar de esa pesadilla mental una ocasión para el goce. Insisto: "Buscó la idea más horrible del mundo y la propuso como un deleite para los hombres". El expresionismo alemán, con su deseo de encontrar una hermandad, su preocupación por el orientalismo (las doctrinas de Buda han ocupado un gran fragmento de sus lecturas y meditaciones), y por el contenido de los sueños lo habían impresionado mucho».

En Mallorca, Borges fue el abanderado del ultraísmo entre los jóvenes poetas de la isla. Hubo poemas mallorquinos («Catedral» es uno de los más recordados), y una curiosa crónica titulada *Casa Elena,* que, según Carlos Meneses, «está destinada a contar, de una manera algo divagatoria, las interioridades de esta casa de tolerancia, que por aquellos años era la más famosa de la isla (...). *Casa Elena,* que lleva como subtítulo "Hacia una estética del lupanar en España", es el trabajo de mayor contenido erótico de los producidos por Borges (...) nos va contando desde su llegada a ese lugar hasta su salida del mismo, qué ocurre cuando la ciudad está dormida, quieta. Describe la casa, el ambiente, la gente y hace elucubraciones sobre el erotismo: "Qué pueden importarnos las interjecciones y la plasticidad cambiante de las etapas del ayuntamiento, si estas cosas tienen sólo un valor de paralelismo con el placer, que es lo único esencial y que nadie logrará jamás encerrar en una urdimbre del arte"».

Durante esta residencia en Mallorca envió un cuento a la revista *La esfera;* ésta lo rechazó.

El caudillo. *Regreso a Buenos Aires*

En Palma de Mallorca, Jorge Guillermo Borges, ese padre librepensador que aseguraba, al revés de casi todos los expertos en la materia, que los hijos educan a los padres, redactó su única novela, *El caudillo,* que apareció allí en edición privada en 1921. (Luego de algunas reediciones, en 1989 la Academia Argentina de Letras lo reeditó con prólogo de Alicia Jurado.)

No se puede dudar de que Jorge Guillermo fue un hombre original; no sólo por su criterio acerca de la educación (tampoco tan desacertado, ya que sus dos hijos lograron una obra perdurable), sino por algunas otras rarezas: era vegetariano en la Argentina, en un país y en una época en que la carne roja constituía la base de la alimentación; descreído absoluto en materia religiosa, afirmaba no obstante que el mundo era tan extraño que todo podía ser posible, hasta la Santísima Trinidad.

El caudillo no fue el primer ni el único trabajo literario de Jorge Guillermo; ya había escrito algunos cuentos y poemas que destruyó (Leonor conservó hasta el final de su vida un relato de su marido, «El jardín de la cúpula de oro», de inspiración milyunanochesca) y, quizá lo más importante, había traducido a Omar Khayyám de la versión inglesa de Fitzgerald, conservando la métrica. Fue la primera traducción en verso que hubo en español.

En *El caudillo* se retrata la figura de un señor feudal, Andrés Tavares, patrón de estancia, hombre de influencia política, brutal, despótico, rebelde a la ley y que al final sucumbe a su propia violencia. Entre los personajes secundarios figura un famoso degollador de Urquiza (éste, según afirmaba el propio Borges, asistía a la degollina tomando mate de a caballo, con la pierna cruzada sobre el apero). La habilidad notoria del verdugo era que de un único golpe de cuchillo separaba la cabeza del tronco de su víctima, a la que animaba diciéndole en el instante previo a la ejecución: «¡Animo, amigo! ¡Más sufren las mujeres cuando paren!».

En la Madame Dubois de *El caudillo* está retratada Carolina Haslam, la hermana de su madre, y el joven Dubois repite las mismas experiencias de Jorge Guillermo cuando llegó de su Paraná natal a estudiar a Buenos Aires. En este libro aparecen temas que luego retomará Borges: el tiempo, la predestinación y el libre albedrío. Y por otro lado, por momentos se cree reconocer ciertos acentos del expresionismo, que la influencia del hijo aportó a la prosa del padre.

La permanencia de la familia en España ayudó a Borges a conocer más íntimamente a los escritores españoles; el latino barroquismo de Góngora, el conceptualismo de Quevedo, la originalidad cervantina, textos en los que se inspiraría. Y también a sus contemporáneos: Valle-Inclán, a quien admiró mucho; Juan Ramón Jiménez; los dos Machado (prefirió Manuel a Antonio); Baroja y Unamuno, de quien criticaba y con razón «la manía insólita» de escribir un soneto por día.

Antes de partir de la Península, la familia visitó Portugal, donde Borges se enamoró y para siempre de Camões; hasta el final de su vida se emocionaba repitiendo el comienzo de *Los Lusíadas*. En el monasterio de San Jerónimo se arrodilló ante su tumba, que confundió, como casi todo el mundo, con la de Vasco da Gama.

En Lisboa quiso nuestro escritor encontrar a sus parientes Borges; había tantos que era como si no hubiera ninguno. Lo mismo le pasó con los Acevedo. Se dio cuenta de que no podía ir casa por casa preguntando a las diferentes familias Borges si entre sus antepasados figuraba un tal capitán Borges de Ramalho, que a fines del siglo XVIII o principios del XIX se había embarcado para América. Sin embargo, descubrió con tristeza que un enemigo de Camões se llamaba Borges y que tuvieron un duelo. A causa de su apellido Acevedo, siempre jugó con la idea de que corría por sus venas una gota de sangre judía. A Leonor esta conjetura no le hacía ninguna gracia, pero él aseguraba que sería un honor pertenecer a una de las razas más civilizadas del mundo, que ya había escrito *El Cantar de los Cantares* cuando otros pueblos todavía eran analfabetos y estaban sumergidos en la prehistoria.

Después de la revolución de Uriburu, en 1934, cuando el gobierno simpatizaba con los movimientos extremos de derecha que se desarrollaban en Europa, una publicación muy nacionalista, *Crisol*, acusó a Borges de ser judío. En abril del mismo año, el escritor contestó con una nota en la revista *Megáfono*, titulada «Yo, judío». La burla era tan incisiva y abrumadora que los de *Crisol* quedaron en ridículo, humillados y ofendidos.

Muchos años después, su sobrino Luis de Torre averiguó que los Acevedo habían venido de Cataluña y que no había tal rama judía en la familia.

Los Borges no tenían ningún apuro por volver a Buenos Aires, sobre todo porque sabían que el hijo estaría eximido de hacer el servicio militar a causa de su mala vista; sin embargo, como todos los plazos se cumplen, en marzo de 1921 llegaron a Buenos Aires a bordo del barco *Reina Victoria Eugenia*.

Un mundo inédito estaba esperando a Borges, tan joven todavía; le faltaban cinco meses para cumplir veintidós años.

Cuatro

1924

La instantánea ha sido tomada en los primeros meses de 1924, en el invierno de Lisboa.

Lisboa, la de las siete colinas y las calles empinadas cuyo empedrado golpean ruidosamente las herraduras de los coches de punto; la que se expresa en la gentil lengua de Alfonso el Sabio; la vieja y bella Lisboa, acodada sobre el puerto, frente al océano; la que vio partir a sus hijos, navegantes en busca de la ruta de la seda; Lisboa, la de los conventos seculares; Lisboa, la dulce.

Allí está Borges con sus veinticuatro años. El rostro ha perdido la ternura inocente de la adolescencia, sólo la boca y la barbilla conservan un ingenuo trazo de niño. Los anteojos redondos, insólitamente actuales, con aro y montura de metal le marcan el entrecejo. A través del cristal se ve el párpado izquierdo apenas caído. La corbata clara ciñe el cuello de la camisa. El rostro es asimétrico, la frente lisa, el pelo espeso y oscuro. Puede ser el rostro de cualquiera; sin embargo, en la decisiva seriedad con que enfrenta el ojo de la cámara, Borges, más allá de sus timideces, su miopía y sus angustias secretas, está orgulloso de sí mismo, de sus conocimientos, de sus capacidades.

Descubriendo Buenos Aires desde Palermo - Prisma *y el ultraísmo* - *Macedonio Fernández* - Proa. Nosotros - *El amor y la pena. Norah Lange. Cartas a Sureda* - Fervor de Buenos Aires - *Segundo viaje a Europa.*

Descubriendo Buenos Aires desde Palermo

El adolescente tímido, reservado, inseguro que partió hacia Europa con catorce años y medio no había desaprovechado el tiempo; el joven que volvía, todavía tímido, pero aplomado y consciente de sus aptitudes, traía el bachillerato terminado con excelentes notas, sobre todo en las materias que le interesaban; había aprendido francés, alemán, latín y portugués, y frecuentado las literaturas de esos idiomas. Se había incorporado a los grupos literarios en forma tan activa que no sólo se afilió al movimiento de vanguardia, el ultraísmo, sino que publicó sus propios poemas, comentarios bibliográficos y algunos artículos en revistas muy estimadas. Se había relacionado con contemporáneos que escribían en su idioma. Por otra parte, había integrado a su experiencia el conocimiento de diferentes pueblos y modos de vida recorriendo España, Portugal, Francia, Italia y, por supuesto, Suiza. Por último, había escrito dos libros de diferentes géneros. Se movía con seguridad en el mundo que más le importaba, el de la literatura.

Como la casa de la calle Serrano, en lo que hoy llamamos Palermo Viejo, estaba alquilada, los Borges se instalaron temporalmente en el Hotel Du Helder, cerca del Congreso. Allí vivieron un mes. Luego, y durante los seis meses de vigencia del contrato de alquiler, los inquilinos les buscaron otra casa en la calle Bulnes 2216, casi en la esquina de Beruti y a pocos metros de la Penitenciaría Nacional.

«Era muy fea», recuerda Norah. «Tenía planta baja y primer piso; nosotros vivíamos arriba. En los cuartos muy grandes acomodamos unos muebles horribles y tristísimos que nos prestó el tío Francisco Borges, el marino. Cada día yo abría la ventana y miraba el horrendo edificio de la Penitenciaría. Si entrecerraba los ojos podía creer que estaba frente a una monstruosa pirámide de postre de vainilla, tenía ese color y esa forma. Cada noche le pedía a Dios que por un milagro cualquiera, un túnel secreto o una escalera invisible, pudieran escaparse todos los presos, que debían de sufrir mucho allí adentro, pobrecitos.»

La opinión de Georgie no era tan desoladora: «Nos hemos anclado en un barrio geometral, serio y sosegado», le escribe Borges a su amigo de Mallorca, Jacobo Sureda, el 22 de junio de 1921, y agrega: «Casas de un piso, filas de plátanos otoñales que cubren sus ramas pobres con frías vendas de sol, tranvías, pentagramas telefónicos rayando el flaco y aguachirle azul del cielo, risas de niños en la calle...».

Todo el barrio vecino a la Penitenciaría se llamó popularmente en esos años «Tierra del Fuego», aludiendo a la otra famosa cárcel de Ushuaia, la capital de esta región austral. Estaba lleno de conventillos habitados por las familias de los presos, y de corralones con portones de chapa. La cárcel, que se había inaugurado en 1877 y se demolió a finales de la década de los cincuenta, cubría una superficie de algo más de once hectáreas, rodeada por una verja de hierro y una muralla de siete metros de altura con almenas y torreones. El conjunto estaba pintado de un color crema amarillento (el vainilla de Norah) y entre la verja y la muralla se elevaban unas palmeras altísimas.

Buenos Aires asombró a nuestro joven escritor. En su *Autobiografía* dijo: «Me causó sorpresa, tras vivir en tantas ciudades europeas (...), advertir que mi ciudad natal había crecido y que era ya una ciudad muy grande, extendida, casi interminable, con edificios bajos de techos lisos, que se estiraba hacia el oeste: hacia la zona que los geógrafos y los literatos llaman las pampas».

Es seguro que la ciudad había crecido pero, además, los ojos de Borges eran otros. El chico que había vivido en Serrano estaba limitado a unas pocas calles en su barrio, al Jardín Zoológico en la avenida Santa Fe, al hotel Las Delicias en Adrogué, a la casa de los Haedo en Paso del Molino y al balneario de Pocitos en la vecina República Oriental del Uruguay, y a una escapada a un campo del sur de la provincia de Buenos Aires. Georgie casi nunca había salido solo y, si lo había hecho, no había traspasado los límites que le imponían su edad, su condición social y, en especial, el amoroso cuidado de la familia.

En 1914 la ciudad para Borges se circunscribía a unos pocos sitios. Con los años y la ceguera la ciudad volvió a limitarse «al barrio sur, que quiero tanto» y a algunos lugares que tenían para él un valor sentimental: «Me acuerdo que leyendo un cuento muy bueno de Manuel Peyrou, que se llama "La noche repetida", me encontré con una frase que me hizo llenar los ojos de lágrimas. Decía: "Esa percanta de pollera florida que sabía esperarme en una esquina de la calle Nicaragua". Y pensé: soy un tonto; la calle Nicaragua significa algo para mí, pero no tiene que significar nada para personas que viven en otro barrio». (La calle Nicaragua en Palermo Viejo era vecina a la casa de Serrano.)

En la *Autobiografía* Borges nos asegura: «Aquello fue algo más que un regreso al hogar; fue un redescubrimiento. Fui capaz de ver a Buenos Aires con avidez y vehemencia porque había estado lejos mucho tiempo. Si nunca me hubiese ido, me pregunto si hubiera podido verla con la singular emoción y el deslumbramiento que ahora me producía. La ciudad, no toda la ciudad por supuesto, sino algunos pocos lugares, que emocionalmente me significaban algo, inspiraron los poemas de mi primer libro, *Fervor de Buenos Aires*». No era la ciudad entera la que lo conmocionaba, es cierto, pero sí esa parte entrañable de Palermo o del Sur o de Almagro, con calles empedradas, casas bajas de tres patios y zaguanes profundos, rejas, parras entrevistas, un alumbrado de bombitas solitarias que oscilaban amarillentas y tristísimas en las ventosas noches de invierno. Era la ciudad pobre y criolla con la pampa al alcance de la mano la que lo enamoraba y no los barrios elegantes de casas a la francesa, rematadas en mansardas de pizarra. Lo enamoraba la mitología sensual de las orillas, pobladas por las sombras de los cuchilleros muertos; el tango oído en los conventillos; los naipes mugrientos jugados en almacenes pintados de un rosa fuerte (vaya a saber por qué), el velorio humilde de alguien desconocido; el inconfundible olor del mate; lo enamoró un Buenos Aires que pronto sería inexistente, empujado hacia el olvido por el progreso. Y Borges, deslumbrado, salió a descubrir la ciudad. Casi todas las noches, después de la comida, caminaba de Palermo al Centro y del Centro al Sur con el paso tranquilo de quien tiene para sí todo el tiempo del mundo por delante. Solo o con amigos, visitaba algún boliche, tomaba un vasito de caña o un guindado oriental, que le encantaba no sé si tanto por el gusto del licor como por el nombre; la palabra oriental tenía para él resonancias y reminiscencias entrañables. Solía decir que había sido engendrado en la Banda Oriental. (Nunca aceptó llamar uruguayos a los vecinos de la otra orilla; para él, uruguayos eran sólo los jugadores de fútbol, deporte hacia el cual manifestaba una tranquila indiferencia.)

Mantuvo el hábito de las caminatas nocturnas a lo largo de casi cuarenta años. Recuerdo haber recorrido a su lado desde el Pedemonte (el restaurante estaba entonces en la calle Rivadavia, casi llegando a Florida) hasta Barracas, donde en un sótano había una fragua que se veía a través de grandes ventanas sin vidrios; el ruido y el calor que salían de allí lo impresionaban. Tenía la costumbre de recorrer, entre el hollín y el humo, los puentes extendidos sobre las vías en la estación Constitución: «El primer puente de Constitución y a mis pies / Fragor de trenes que tejían laberintos de hierro». Y luego volver por el Bajo hasta la calle 25 de Mayo, donde quedaba del esqueleto de una antigua fábrica sólo una pared y en ella, curiosamente, todavía subsistían ventanales cubiertos de vidrios coloreados. Desandábamos el camino hasta mi casa y, ya del otro lado de la puerta, lo veía irse quizás hacia la Plaza San Martín. Y digo «quizá» porque para este incansable caminador no se había agotado la noche.

Prisma *y el ultraísmo*

En 1921, poco después de llegar al país, Borges se convirtió en el abanderado del ultraísmo, tanto que, en 1970, exagerando según su estilo y con cierta sorna, declaró: «Todavía hoy soy conocido por los historiadores de la literatura como el padre del Ultraísmo argentino». Pronto lo rodearon los poetas de su generación: Eduardo González Lanuza, Norah Lange, Francisco Piñero, su primo Guillermo Juan Borges y Roberto Ortelli. Con ellos llegó a la conclusión de que el ultraísmo español estaba sobrecargado, a la manera del futurismo, de novedades ruidosas y de artefactos (la palabra artefactos le encantaba y la usaba cada vez que se refería a ese movimiento). Al grupo argentino no le impresionaban los ferrocarriles, las hélices, los aeroplanos ni los ventiladores; buscaba establecer, en cambio, como principios del movimiento poético, la prioridad de la metáfora, la eliminación de frases accesorias y de adjetivos decorativos. Ellos deseaban escribir poemas esenciales, más allá del aquí y ahora, libres de color local y de las circunstancias cotidianas.

Este mínimo grupo ultraísta local quería tener su propia revista, hacer conocer sus intenciones, publicar su manifiesto poético e impresionar al mundo. Pero la empresa de hacer una revista estaba más allá de sus medios económicos. Borges, sin embargo, había visto cómo se colocaban avisos en las paredes anunciando diversidad de productos y de cosas; entonces se le ocurrió que podían hacer una revista mural, que ellos mismos pegarían en las paredes de los edificios de las calles más o menos céntricas de Buenos Aires.

Por fin, la revista salió; la bautizaron *Prisma* y aparecieron dos números: el primero en diciembre de 1921 y el segundo en marzo de

1922. Cada edición constaba de una única hoja y contenía un manifiesto, unos pocos poemas breves con mucho blanco alrededor y un grabado de Norah Borges como ilustración. Este primer manifiesto que firma Borges, además de una crítica a los poetas tradicionales, reclama la brevedad como excelencia: mejor lograr un único verso válido que un soneto o un largo poema; mejor dos líneas y no una extensa novela. Este rechazo por la redacción de una novela lo mantuvo toda la vida.

Por supuesto, la metáfora era el elemento primordial de la poesía, que *Prisma* ponía al alcance de todo el mundo. En cuanto al grabado de Norah que acompañaba la hoja, no constituía una novedad; ya ella había hecho xilografías en el pasado en España y en el futuro seguiría acompañando las creaciones del hermano con sus cándidas y deliciosas invenciones.

Los jóvenes poetas salían por la noche con su revista, brochas y tarros de engrudo. Empezaban a caminar por la calle Santa Fe desde su comienzo, cerca de la Plaza San Martín, hasta Callao; bajaban por ésta, seguían por Entre Ríos y al llegar a la calle México, doblaban a la izquierda hasta el número 564, donde abría sus puertas la Biblioteca Nacional. Pegaban una revista cada diez metros, a lo largo de cinco kilómetros, más o menos. La maratón solía terminar en una lechería, compartiendo el desayuno con los obreros; Borges tomaba café con leche, «los otros una cosa misteriosa que llamaban submarino y consistía en un vaso de leche caliente con una barrita de chocolate adentro».

Muchos años después Borges diría: «Fue un cartelón que ni las paredes leyeron». Pero la realidad fue otra; Alfredo A. Bianchi, director de la revista *Nosotros*, leyó uno de esos murales y le pidió a Borges un artículo donde explicara qué era el ultraísmo y además invitó al grupo a confeccionar una antología ultraísta, que también apareció en *Nosotros* en septiembre de 1922. Por supuesto, esta antología contenía poemas de Borges, uno de los cuales, titulado «Sábados», pasaría luego a su primer libro *Fervor de Buenos Aires*.

Macedonio Fernández

Un hecho que Borges consideró fundamental en ese regreso a la patria fue el encuentro con Macedonio Fernández y así lo afirma en su *Autobiografía*. «De toda la gente que he conocido en mi vida —y conocí personas notables— nadie me hizo una impresión tan profunda y tan duradera como Macedonio.» Macedonio vino a reemplazar a Cansinos-Asséns en las tertulias de los sábados. «Cansinos era la suma del tiempo y Macedonio, la joven eternidad.» Se encontraban en una confitería, La Perla del Once, y Borges esperaba los sábados con verdadera ansiedad.

Macedonio Fernández vivía muy cerca de los Borges, así que nada hubiera impedido que nuestro joven y ansioso ultraísta se encontrara con él todas las veces que le diera la gana. Pero no, esperaba los sábados con expectación ilusionada, para darle a ese *rendez-vous* con la inteligencia todo el valor que tenía.

Esta manera de ser, que conservó el resto de su vida en las diferentes relaciones sentimentales que mantuvo, lo hizo feliz y desdichado al mismo tiempo. En el caso de Macedonio, amistad fraterna e intelectual, la expectativa era parte agradable del juego.

La Plaza del Once, cuyo verdadero nombre es Plaza Miserere, como toda terminal de trenes y ómnibus es sin lugar a dudas uno de los lugares más tristes y áridos de Buenos Aires. Verdaderas multitudes se alinean en las veredas, sucias de envases y latas vacías, esperando el transporte que las llevará a sus casas lejos del centro; mujeres con chicos, empleados, viejos. Estas multitudes corren otras veces desesperadamente hacia la estación del tren, en su esperanza de no perderlo. Los vagabundos que duermen en el despojado monumento a Rivadavia hacen más desolada la tarde. Quizás en la época en que los dos hombres se reunían en La Perla no fuera un lugar tan deprimente, pero nunca se destacó por su belleza. Cuando Borges estaba lejos de Buenos Aires, asediado por la nostalgia, escribía: «Hasta pienso en Plaza Once, uno de los lugares más feos de la ciudad, y ese pensamiento me llena de júbilo».

Oyendo hablar a Borges de Macedonio o leyendo las páginas que sobre él escribió, se puede conjeturar que el hombre fue más interesante que la obra.

Nueve años después de la muerte de Macedonio, ocurrida en 1952, Borges compaginó una antología de su obra y escribió el prólogo donde en una docena escasa de páginas retrata a este originalísimo personaje: «La erudición le parecía una cosa vana, un modo aparatoso de no pensar. En un traspatio de la calle Sarandí, nos dijo una tarde que si él pudiera ir al campo y tenderse al mediodía en la tierra y cerrar los ojos y comprender (...) podría resolver inmediatamente el enigma del universo. (...) Su actividad mental era incesante y rápida, aunque su exposición fuera lenta (...). Cometía el error generoso de atribuir su inteligencia a todos los hombres. En primer término la atribuía a los argentinos (...). Esta superstición lo movió a opinar que Unamuno, y los otros españoles, se habían puesto a pensar, y muchas veces a pensar bien, porque sabían que serían leídos en Buenos Aires (...). Poseía en grado eminente las artes de la inacción y de la soledad (...). Era capaz de estar solo, sin hacer nada, durante muchas horas (...). No sólo sostenía que estamos hechos del mismo material de los sueños, sino que creía de verdad que vivimos todos en un mundo de sueños (...). El azar lo llevaba a piezas modestas, sin una ventana o con una ventana que daba a un ahogado patio interior, en pensiones del Once o del barrio de los Tribunales; yo abría la puerta y ahí estaba Macedonio, sentado en la cama o en una silla de respaldo derecho. Me daba la impresión de no haberse movido durante horas y de no sentir lo encerrado, y un poco mortecino, del ámbito».

Aseguraba Borges que nunca conoció hombre más friolento y, entre otras anécdotas, contaba que solía prender tres fósforos al mismo tiempo y sostenerlos en forma de abanico cerca de su vientre; a esa mínima forma de calefacción la denominaba «halago térmico».

Macedonio, según Borges, vivía para pensar y no le daba el menor valor a la palabra escrita. Al mudarse de pensión en pensión, abandonaba manuscritos y papeles, que arderían, con toda seguridad, en las hornallas de las cocinas de hierro de la época. La literatura le importaba menos que el pensamiento y la publicación menos que la literatura. Escribir y publicar eran cosas subalternas para él. «Más allá del encanto de su diálogo y de la reservada presencia de su amistad, Macedonio nos proponía el ejemplo de un modo intelectual de vivir (...). En Buenos Aires, hacia mil novecientos veintitantos, un hombre repensó y descubrió ciertas cosas eternas.»

Borges en su *Autobiografía* confiesa que, antes de Macedonio, él era un lector crédulo, pero que a su lado aprendió a leer con escepticismo. Es muy probable que haya sido así; sin embargo, uno de los dones que diferenciaba a Borges del común de las gentes era que cuestionaba todo, desde la realidad circundante hasta la literatura de todos los tiempos, y esa disposición suya se advertía ya en los años de Ginebra.

Proa. Nosotros

Borges logró convencer a Macedonio para integrar el equipo de una nueva revista que, por supuesto, estaba constituido por los poetas de la archivada *Prisma*. El solo nombre de la publicación da idea de la ambición de sus propósitos: *Proa*. Entre agosto de 1922 y julio de 1923 aparecieron tres números; cada uno de ellos tenía seis páginas y, como aclaró después el mismo Borges, se trataba en realidad de una hoja impresa por ambos lados y doblada dos veces en sentido vertical. Macedonio contribuyó con tres artículos, verdadera prueba de amistad hacia su joven colega, dada la notoria haraganería que lo atacaba a la hora de escribir.

El joven colega, por otra parte, seguía colaborando en *Nosotros*; escribió un artículo sobre Berkeley, a quien le fue fiel hasta el final porque en su último cuento, escrito en 1980, «La memoria de Shakespeare», le hace un postrero homenaje; el nombre de uno de los personajes fonéticamente corresponde al del filósofo inglés. También en *Nosotros* apareció una nota suya acerca de Unamuno poeta y, por último, en una revista llamada *Inicial* le publicaron varias críticas en las cuales le tomaba el pelo a uno de los poetas mayores de la época, Leopoldo Lugones. Arrepentido de ese pecado, pasó el resto de su vida haciendo penitencia y repitiendo continuamente lo contrario: que fue un gran poeta. Sin embargo, este acto de contrición no era demasiado sincero; cuando se presentaba la oportunidad, no dejaba de repetir ante el interlocutor ocasional los peores versos de Lugones, sin decir que lo eran. Por ejemplo, empezaba recordando aquello de: «El jardín, con sus íntimos retiros», línea que, advertía, le parecía admirable. Enseguida continuaba la estrofa: «dará a tu alado ensueño, fácil jaula / donde la luna te abrirá su aula / y yo seré tu profesor de suspiros». Al llegar aquí, Borges esperaba oír la risa de la persona que lo acompañaba y si ésta llegaba (y siempre llegaba porque lo de jaula, aula y profesor de suspiros configuran un trío impresionante), condescendiente, señalaba que en estos versos el «pobre» Lugones no se había lucido.

Según el relato de Juan Carlos Ghiano, que además de su talento como ensayista y dramaturgo tenía una probada vocación de contador de chismes, Lugones quiso batirse a duelo con Borges, pero los amigos se lo impidieron, advirtiéndole que dada la pésima vista del joven más que duelo sería asesinato. La misma fuente aseguraba que Lugones, furioso, renunció al duelo, declarando que no valía la pena armar un escándalo «por un infeliz que ni siquiera sabía medir bien los versos».

El amor y la pena. Norah Lange. Cartas a Sureda

Al mismo tiempo que llevaba una actividad literaria importante y se difundía su nombre como escritor, Borges se enamoró como loco; el poema «Sábados» aparecido en *Prisma*, incluido luego en *Fervor de Buenos Aires* y dedicado a Concepción Guerrero, objeto de su amor, termina con estos dos versos: «Tú / que ayer sólo eras toda la hermosura / eres también todo el amor, ahora».

En varias cartas que escribe a Jacobo Sureda, le habla apasionadamente de su amor por esa chica de apenas dieciséis años, que debe de haber conocido a fines de 1921 o a principios de 1922. En la fechada el 29 de mayo de 1922, Borges confiesa: «Ya te conté (...) que estoy enamoradísimo —así como suena— de una muy admirable niña (...), sangre andaluza, ojazos negros y una grata y apacible serenidad, con mar de fondo de ternura. Me duele dejarla».

El amor que Borges siente por su novia no parece ser un entusiasmo pasajero; en otra carta le dice a Sureda: «Me afianzo en mi enamoramiento. Ahora logro ver con más frecuencia a Concepción, dos y hasta tres veces por semana». Y aquí intercala una frase poco borgeana quizá, pero que indica la espiritualidad de ese amor: «Nos seguimos escudriñando el alma, bañándome yo el corazón en apacible romanticismo y dulzura». Y agrega enseguida: «Siempre azorados como chicos. La gente en cuya casa la veo se ha hecho más buena conmigo, y hasta me ayuda. Dios sabe en qué irá a parar todo esto». Parece tan raro que Borges invoque a Dios. Y lo invocará a menudo al referirse a sus penas de amor: «Estoy alejado de mi novia, dos eternas semanas pasarán sobre mí antes que logre verla otra vez, me siento dejado de la mano de Dios». El agnóstico había dado un paso atrás.

La casa donde veía a Concepción era la de la familia Lange en la calle Tronador. Norah Lange, llamada por su juventud, su belleza, su talento y su entusiasmo por el movimiento «la musa del ultraísmo», era compañera de ruta en el itinerario de las revistas literarias; tenía además la misma edad que Concepción y eran vecinas. Conmovida por la hostilidad evidente de la familia Guerrero y la ignorancia de la familia Borges, consiguió que su madre, Berta Erfjord de Lange, permitiera esos encuentros en el jardín o en la sala de sillones de felpas raídas. Allí «hablamos muy poco, graves, distraídos, en la garganta una especie de angustia oscura de felicidad, hasta el momento en que se interpone la oscuridad de la noche y el rostro de Concepción, cerca de mí, se hace lejano. Cuando yo la abrazo, se estremece toda... Pero puedo parecer un canalla al hablar de tales cosas, aunque sea vagamente». Del texto se desprende, primero, el sentido del honor de un caballero argentino que, si lo era, jamás debía hacer alarde de sus relaciones femeninas bajo ningún concepto y, por supuesto, preservar la virginidad de la novia como lo más precioso que podía haber en el mundo; segundo, el fervor inocente y apasionado, inspirado por el estremecimiento de la novia, que la hace vulnerable y al mismo tiempo más preciosa ante sus ojos.

Además de los intereses amorosos que por esa época llevaban a Borges a la casa de las Lange, había otros: ante todo, las familias estaban emparentadas; el capitán Francisco Borges, padre de Guillermo Juan y hermano mayor del padre de Borges, se había casado con Estela Erfjord, hermana a su vez de Berta. Precisamente, en plena adolescencia de Norah y cuando las Lange pasaban una mala época económica, el tío Francisco y su familia se hospedaron en la casa de Tronador con la secreta intención de ayudarlas. Por último, allí se organizaban tertulias literarias, las hermanas Lange eran muy cultas y la fama de poetisa de Norah se había extendido entre la parentela y los amigos desde hacía tiempo. Tanto es así que un día el padre de Borges la desafió a componer un poema que terminara con el verso «y aún no es la hora».

María Esther de Miguel, biógrafa de Norah Lange, cuenta con detalle el asunto. Norah aceptó el desafío y escribió un poema, «Jornada»: «Lámpara enredada / en un camino de horizontes. / Después del mediodía / en el aljibe se suicida el sol. / La tarde hecha jirones / mendiga estrellas, / las lejanías reciben el sol / sobre sus brazos incendiados. / La noche se persigna ante un poniente. / Amanece la angustia de una espera / y aún no es la hora». Si el padre de Borges creyó intimidarla, se equivocó.

A través del epistolario intercambiado con Jacobo Sureda, puede reconstruirse cómodamente el espacio de ese amor vivido con pasión e impaciencia. Borges planea traer de Suiza —sabía que sus padres preparaban un segundo viaje a Europa— su diploma de bachiller, volver a Buenos Aires, ingresar en la Facultad de Filosofía y Letras, hacer en dos años los cursos (si Ibarra los había hecho en uno, por qué no podría él hacerlos en dos), obtener el título y casarse con Concepción: esto va «con miras al Registro Civil y a la Iglesia (...) nos hemos prometido frente al paisaje mezquino de las afueras que adoro, ¡ay de mí, yo que he derrochado y jugado con las palabras durante toda mi vida, querría que tú me las concedieras ahora, para expresarte lo que siento y he sentido! Afortunadamente gran número de poetas (...) lo dicen por mí. Es sin embargo lamentable (¡he aquí la vil cobarde ironía que de nuevo regresa!) que las palabras inventadas por Dios con evidente intención de expresar con felicidad el milagro que se llama Concepción Guerrero (Belleza, Delicia, Hermosura) sean tan corrientes».

Otra vez el amor hace religioso a Borges y vuelve a mezclar a Dios en sus asuntos. Lo curioso es que para expresar sus encendidos sentimientos amorosos escribe en francés.

Otros afanes pueden recuperarse a través de este epistolario: por ejemplo, le comunica a Sureda haber descubierto que Quevedo fue un «formidable ultraísta»; lo demuestran unos versos suyos a un jilguero, los cita en la carta, que termina con un pedido: «No me abandones en este destierro abarrotado de arribistas, de jóvenes correctos sin armazón mental y de niñas decorativas». (Borges no tenía en ese momento una buena opinión de sus compatriotas, el amor no bastaba para mejorarla y el tiempo no le hará cambiar de opinión.) La carta acaba: «Te abraza furiosamente tu hermano...». Otra carta, donde se lamenta: «Mi vida sigue copiándose a sí misma», termina: «Te abrazo con el corazón desplegado».

Con motivo del traslado de Sureda a Leysin, un pueblo de la Selva Negra en Alemania, Borges le escribe: «... Abramowicz me había dado la noticia de tu éxodo al país de las almas de segunda mano y de los paisajes de tarjeta postal (...). El paisaje peculiar de Leysin que ahora te ciñe, no lo conozco, pero conozco las cercanías (...) que serán de idéntica potencialidad sugestiva...». Una vez más y como lo hará a lo largo de su vida, Borges descree de la belleza del paisaje o, mejor dicho, no le interesa. Sólo lo apreciará si hay en él alguna connotación literaria.

En casi todas las cartas plantea una preocupación cercana a la literatura. Ambos amigos han decidido escribir un libro juntos y según lo anticipa el argentino, será «algo muy corrosivo, nihilista, sereno y anti-gesticulante». Más adelante, Borges le confía a Sureda que sigue escribiendo el «libro metafísico-lírico-gualichante-confesional, que pienso imprimir allá en la tierra de don Arturo, *alias* Schopenhauer». Se refiere a *Fervor de Buenos Aires*, que originalmente pensó publicar en Alemania. Y añade: «La idea de verte me reconcilia con la vuelta a Europa». Más adelante, a las preguntas de Sureda acerca de Guillermo Juan, Lanuza, Piñero, Martel, Ortelli, Reyes, Norah Lange y otros compañeros, Borges le explica que si Cervantes necesitó tantas páginas para hablar sólo de tres personas, don Quijote, Sancho y el bachiller Sansón Carrasco, mal puede él en una carta brevísima animar a tanta gente. Pero le habla de su primo Guillermo

Juan en términos bastante originales: «muy marginal, muy algebrista de la lírica y muy escéptico, solemos llegar a tales linderos de duda universal y desconfianza, que hace unas noches escribimos unas susodichas "fábulas dadaístas" sin pies ni cabeza, de cuya exorbitante y grandiosa idiotez te harás cargo mediante la sola enumeración de sus títulos: *El sobre acuático, El ermitaño usado, El chaleco laxante, La camiseta sin filtro, El florero flexible, El garbanzo con trolley*, etc. No me mates. ¿Qué te parece esa idiotización metódica y exaltación de la incongruencia?».

En la misma carta se refiere a Norah Lange, la llama la poetisa ultraísta: «pelibermeja, de ascendencia noruega, dieciocho años, muy entusiasta. Hace buenos versos...». Tan buenos le parecieron los versos de Norah Lange que en 1925 prologó su primer libro de poemas, *La calle de la tarde*.

A Lugones lo llama «el mayor taita literario de aquí». En julio de 1922 le confía a Sureda, a quien a veces denomina cariñosamente Pitín, sobrenombre familiar, que está por dar examen de inglés, al que define como cataclismo. Y más adelante asegura que de aprobarlo le traerá el «galardón de un título de profesor en la misma chirriona lengua, cosa enteramente inservible». Al mismo tiempo sigue escribiendo versos «iguales a los de siempre, ponientes, calles y lo demás».

En septiembre del mismo año le comenta que le escribió Abramowicz una carta de maniático, «sin sentido, larguísima y donde sólo hablaba de política y cinematógrafo. Me cago en ambas cosas». Pese a la expresión iconoclasta, no fue tanto así porque años después hacía con verdadero placer críticas de películas e iba al cine casi todos los días. En la misma carta e inmediatamente después de este desahogo, se decide a pensar en cosas fundamentales y le confía a Sureda: «Anoche, arrumbado en un cafetín de arrabal, mientras un piano, un violín y otras herramientas de aturdir apaleábanme las orejas con el quejoso tango *Milonguita* se me ocurrió que la cesación total de la vida sería, quizá, más asombrosa, más inexplicable y desatinada que la idea de inmortalidad».

Fervor de Buenos Aires

El libro que hablaba de ponientes y tardes y calles, tal como él le escribió a Sureda, apareció en 1923 aquí, no en Alemania, y su título fue *Fervor de Buenos Aires*. «En aquel tiempo, buscaba los atardeceres, los arrabales y la desdicha; ahora, las mañanas, el centro y la serenidad», escribió Borges en 1969 prologando el libro para incluirlo en sus Obras Completas y, por supuesto, no habla para nada del movimiento ultraísta en cuyo clima nació el volumen. En su *Autobiografía*, en cambio, reflexiona: «Ahora sólo puedo lamentar mis primeros excesos ultraístas. Después de transcurrido casi medio siglo, todavía estoy tratando de superar ese torpe periodo de mi vida». Quizá Néstor Ibarra tuvo razón cuando dijo: «Borges dejó de ser un poeta ultraísta con el primer poema ultraísta que escribió».

Ultraísta o no, el primer poema del libro ya es una declaración de amor a su ciudad: «Las calles de Buenos Aires / ya son la entraña de mi alma». Y si «La Recoleta», «El sur», «La Plaza San Martín», «El truco», «Un patio», «Arrabal» constituyen el homenaje a Buenos Aires; «Trofeo», «Sábados», «Ausencia», «Jardín Botánico», en cambio, son la expresión de su amor juvenil. Y si bien es cierto que con los años el nombre de Concepción Guerrero, de la primera edición, fue reemplazado sólo por las iniciales, el sentimiento evocado perdura.

Los poemas fueron escritos entre 1921 y 1922. En un principio había previsto una extensión de sesenta y cuatro páginas, pero el texto resultó muy largo y en el último momento debieron dejarse fuera cinco poemas. Borges aseguró que fue mejor así porque después no pudo recordar nada de ellos; signo evidente de que no eran memorables. El grabado de la portada es de Norah; es el Buenos Aires que ella veía o que quizá veían los dos, una ciudad de casas bajas con balcones y palmeras. Se imprimieron trescientos ejemplares.

De la Norah de aquellos años, que ilustraba *Fervor de Buenos Aires*, queda la descripción de Victoria Ocampo en el tomo VI de su *Autobiografía:* «La hermana de Borges era entonces una muchacha encantadora con gritos de pájaro que lanzaba, con la mayor naturalidad del mundo (...) preguntas como: "Y usted, ¿qué prefiere: una rosa o un limón?". O bien: "¡Ay, Victoria! ¿Usted piensa siempre?". Vivía en un mundo propio en el que su hermano jugaba el rol principal. Un mundo poético y maravilloso en el que deambulaban los dos, con el alma infantil, el talento y la inocencia, inquietante a veces, de dos niños un poco locos».

Ahora que Norah Borges ha superado los noventa años (nació en 1901), sigue siendo la misma persona encantadora que conoció Victoria, sutil, transparente, que habla con voz de pájaro, y sigue moviéndose en su mundo maravilloso que poco o nada tiene que ver con el nuestro cotidiano.

Acerca de *Fervor de Buenos Aires*, Borges en su *Autobiografía* afirmó: «Me temo que el libro fuera un budín de pasas: había demasiadas cosas. Sin embargo, mirándolo hoy con cierta perspectiva, creo que nunca me aparté mucho de esa obra. Siento que todos mis textos subsiguientes sólo han desarrollado temas que implícitamente ya estaban allí; siento que durante toda mi vida he estado reescribiendo ese libro». Y si bien es cierto que Borges exagera, puede decirse sin embargo que en *Fervor* y en los otros dos que le siguieron, *Luna de enfrente* y *Cuaderno San Martín*, ya se prefiguran todas las materias que tratará su obra posterior.

Ya publicado el libro, Borges no supo muy bien qué hacer con él ni cómo distribuirlo. Pero ideó un sistema para hacerlo llegar a aquellos cuya opinión le interesaba. Iba a las reuniones literarias y, cuando se retiraba, deslizaba con disimulo un ejemplar de *Fervor* en el bolsillo de los abrigos solitarios colgados del perchero.

En la *Autobiografía* lo cuenta de otra manera. Nos dice que un día le llevó a Alfredo Bianchi, uno de los directores de *Nosotros*, unos cien ejemplares del libro. Bianchi lo miró con asombro y le preguntó si esperaba que él vendiera los volúmenes en la sede de la revista. Borges le contestó: «No, aunque lo he escrito, todavía no estoy loco. Pensé que podía pedirle que deslizara algunos en los bolsillos de los abrigos colgados en el perchero», y Bianchi, generosamente, nos informa Borges, lo hizo.[1]

Segundo viaje a Europa

A mediados de 1923 toda la familia viajó a Europa, «mi padre», le escribió Georgie a Sureda, «piensa confiar la operación de una catarata que tiene a algún oculista de Zurich o de Ginebra». Según Carlos Meneses la operación se llevó a cabo en Zurich; según Emir Rodríguez Monegal, en Ginebra.

¿Por qué fueron todos y no se quedaron en Buenos Aires los dos hermanos? Quizá los padres pensaron que todavía eran demasiado jóvenes o quizá fuera costumbre establecida ese movimiento en bloque consolidado e indisoluble. De todas formas, los hijos no pudieron elegir porque económicamente ambos dependían de la familia; no tenían dinero propio. Borges no lo tuvo hasta mucho después, luego de la muerte del padre. Este prefería que se dedicara por entero a la li-

---

1. En 1993 Alberto Casares lanzó una edición facsimilar de *Fervor*. Le pidió a Norah un grabado para la portada. Ya impreso el libro, la heredera de los derechos de Borges, María Kodama, le prohibió a Casares su distribución si llevaba el nuevo dibujo de Norah. Este se suprimió.

teratura antes que salir a trabajar y nuestro joven escritor estaba de acuerdo con la decisión paterna.

Pero la separación de la dulce y apacible Concepción le costó duras lágrimas. Según Norah, lloró sin ningún pudor, abiertamente, a gritos. Escribió unos versos desconsolados: «Entre mi amor y yo han de levantarse / Trescientas noches como trescientas paredes / Y el mar será una magia entre nosotros. / El tiempo arrancará con dura mano / Las calles enzarzadas en mi pecho. / No habrá sino recuerdos».

Sin embargo, y pese a tanto desconsuelo, en el diario *El Día de Mallorca* apareció publicada en 1925 una página de Borges donde éste habla de Mallorca, «un lugar parecido a la felicidad», y menciona a una «niña rosa y dorada de la que estuve enamorado tal vez y a la que no se lo dije nunca». En beneficio a la fidelidad borgeana, supongamos que se enamoró de la rosa dorada durante su primera estancia en Mallorca.

La familia visitó Londres y París. En Suiza el padre tuvo su reunión con el oftalmólogo y, por fin, en 1924, los Borges llegaron a Madrid. Se quedaron casi un año en España, volvieron a Andalucía, Mallorca y Portugal. Borges comprobó que el movimiento ultraísta se había diluido en el aire. Los tiempos ya no eran los mismos, soplaban otros vientos; en 1923, fundada por don José Ortega y Gasset, había aparecido la *Revista de Occidente,* donde Ramón Gómez de la Serna comentó, en abril del 24, y muy favorablemente, *Fervor de Buenos Aires.* También le impresionó la tapa hecha por Norah, «la inquieta muchacha con la misma piel pálida del hermano y como él perdida entre las cortinas».

Borges tenía su pequeña fama ya ganada en España.

A mediados de 1924 la familia volvió a Buenos Aires.

El reencuentro con Concepción fue decepcionante. Según Norah, él se había enamorado de su espléndido pelo negro, repartido en dos trenzas que le llegaban a la mitad de la espalda y, como ella se las había cortado en su ausencia, el amor de Georgie se desvaneció.

Muchos años después, una hija de Concepción asistía a uno de los seminarios sobre literatura anglosajona que Borges presidía con entusiasmo superlativo. Cuando alguien le preguntó qué interés le encontraba, respondió: «Simplemente, quiero saber quién es aquel que podría haber sido mi padre». Jean de Milleret, autor de un libro de conrvesaciones con Borges, se lo comentó al escritor y éste le contestó: «Se trata de una muchacha muy inteligente [encontraba inteligentes a todos los que, arrastrados por su entusiasmo, estudiaban anglosajón] y la idea de ir a la universidad nunca le habría venido de su madre. (...) Era una persona sin gran cultura, no existía la posibilidad de diálogo con ella. Y siempre se necesita un poco de diálogo».

Las desdeñosas palabras de Borges —«la idea de ir a la universidad nunca le habría venido de su madre»— y la evidente ironía de que «se necesita un poco de diálogo» indican un prejuicio de su parte: ¿cómo saber la evolución de una chica de dieciséis años en una época en que las mujeres estaban tan encerradas y no tenían, en la mayoría de los casos, ocasión de hacer oír su opinión?

He observado a lo largo de los años su desdén reiterado —con algunas excepciones— hacia las mujeres que, habiéndolo enamorado, por una circunstancia u otra salían de su vida. Era como un desprecio; si se hablaba de ellas, Borges intercalaba un comentario adverso y poco caritativo, que podía ridiculizarlas. Pero cuando las llevaba a la literatura, llegaba a la perfección de su desdén, como ocurrió con *El Aleph*.

Un día le pregunté por qué no se había casado con Concepción Guerrero para luego formarla como su padre había hecho con Leonor. Y Borges, después de pensarlo un rato, me contestó: «Quizá si no nos hubiéramos ido a Europa... Yo creo que no estaba enamorado de ella sino de la imagen que había creado de Concepción dentro de mí, pero eso pasa siempre: uno no se enamora de alguien sino de cómo uno piensa que es ese alguien. Y la mayoría de las veces es diametralmente opuesto a como se lo imaginó».

«¿Te pasó muchas veces?», me animé a decirle. Y Borges, riéndose, exclamó: «Creo que demasiadas».

Cinco

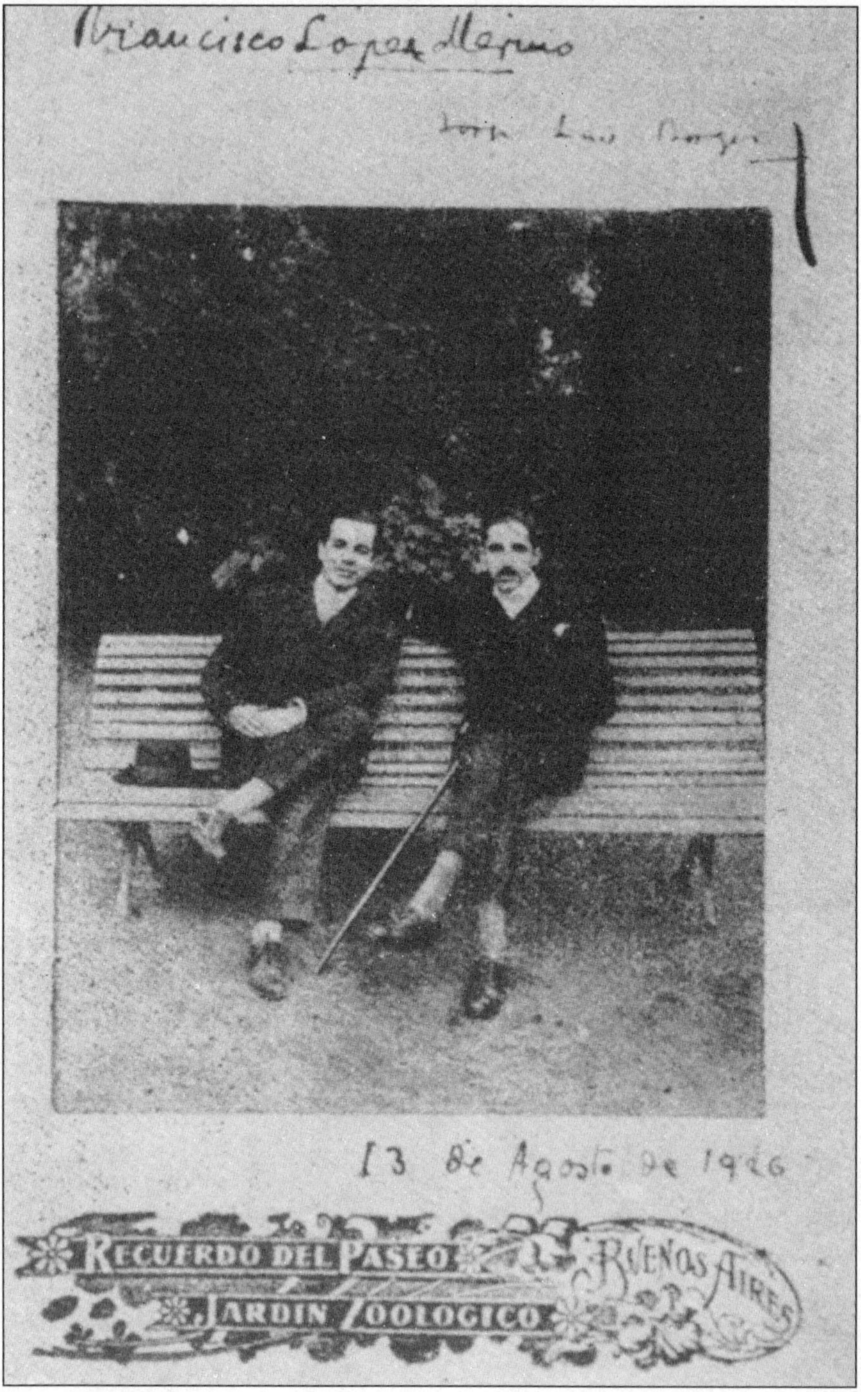
Francisco Lopez Merino
Jorge Luis Borges
13 De Agosto De 1926
RECUERDO DEL PASEO
JARDIN ZOOLOGICO
BUENOS AIRES

1926

La cartulina está firmada por los dos: Francisco López Merino y Jorge Luis Borges. La letra de este último es diminuta, pero la fortalece la firmeza del trazo vertical de la rúbrica. Los dos poetas están sentados en un banco de plaza. Borges a la izquierda, inclinado hacia el amigo con el cuerpo un poco en diagonal y en una postura característica suya: la pierna izquierda cruzada sobre la rodilla derecha, el antebrazo descansando sobre el muslo, mientras las manos —unas manos blandas cuyo dueño sólo utilizó para escribir y sostener libros— descansan entrelazadas sobre el regazo.

A Borges, que sonríe apenas, se lo ve feliz al lado de Panchito. Este es más cuidadoso de su aspecto; lleva bastón, como los elegantes de la época, y la punta blanca del pañuelo asoma del bolsillo superior izquierdo. Panchito, de bigote, parece más taciturno.

A la derecha de Borges reposa su sombrero; quizá lo olvidará sobre el banco cuando se levante. ¡Ha perdido tantos! Su aspecto robusto habla de los menús argentinos de la época: cuatro platos, dos postres y café. Los trajes le ajustan un poco; la figura espigada y magra de la adolescencia es cosa del pasado. La fotografía fue tomada en el paseo del Jardín Zoológico en Buenos Aires y el fotógrafo habrá sido de aquellos que colocaban la máquina sobre un trípode y se tapaban la cabeza con un paño negro. López Merino anotó la fecha: 13 de agosto de 1926. Faltaban once días para que Borges cumpliera veintisiete años; en apenas dos más, López Merino se suicidará y Borges escribirá el poema dictado por la pena: «Si te cubriste, por deliberada mano, de muerte, / si tu voluntad fue rehusar todas las mañanas del mundo, / es inútil que palabras rechazadas te soliciten, / predestinadas a imposibilidad y derrota».

Buenos Aires. Martín Fierro. *Boedo y Florida - La segunda* Proa *- Ricardo Güiraldes -* Inquisiciones. El tamaño de mi esperanza. *Yrigoyen - Borges compadrito y tanguero -* Luna de enfrente. *Xul Solar - El alcohol y las orillas. Los amigos -* Cuaderno San Martín

Buenos Aires. Martín Fierro. *Boedo y Florida*

La familia Borges estaba de vuelta en Buenos Aires a mediados de 1924. La casa de la calle Serrano ya había sido vendida, así que mientras buscaban donde vivir, se hospedaron durante un tiempo bastante breve en el Garden Hotel. Luego Leonor encontró un sitio encantador en Quintana 222, cerca de un lugar que a Borges lo fascinaba, Las Cinco Esquinas, en el cruce de las calles Libertad, Juncal y Quintana. Allí, de la boca de alguien que habrá sido el guapo de turno veinte años atrás, escuchó una copla que, convenientemente expurgada para los oídos de sus amigas, repetía a menudo: «Parado en las Cinco Esquinas / con toda mi contingencia, / pa ver si te rompo el alma / ando haciendo diligencia». No es difícil imaginar el sustituto de la última palabra del tercer verso. (Borges era muy delicado si estaba con señoras, se cuidaba de no decir palabrotas y, cuando tenía que ir al baño, solía disculparse con frases no exentas, sin embargo, de intención, como: «Voy a darle la mano a Monseñor». Un día una señora muy tonta se alborotó toda ante estas palabras y preguntó dónde estaba que ella también quería saludarlo. Cuando le dijeron que se había marchado, apenada y dulcemente, le recriminó a Borges: «A los monseñores no se les da la mano, se les besa el anillo, Georgie».)

La casa de la avenida Quintana era de dos plantas, con un jardín pequeño y encantador al frente. En un nicho de la mampostería, de un gris desvaído, una ninfa se asomaba a la frescura de una fuente de mármol. Por supuesto, la casa ya no existe; ese Buenos Aires fue arrasado, en nombre de un dudoso progreso. Para recrearla nos queda el grabado delicioso que hizo Norah con su correspondiente palmera y un balcón protegido por una balaustrada mínima.

En febrero de 1924 apareció en Buenos Aires el primer número de la revista *Martín Fierro,* vaga continuadora de un periódico del mismo nombre, que, si bien empezó siendo política, terminó ocupándose exclusivamente de temas culturales. En sus cuatro primeras entregas se encuentran artículos atacando al Papa; a los católicos argentinos; al embajador de la Rusia zarista, quien al parecer no se había dado por enterado de la Revolución de 1917; al intendente de Buenos Aires, acusado de distraer (no hay nada nuevo bajo el sol) fondos de la comuna para fines ajenos al municipio; también se atacaba, curiosamente, a los inofensivos y paupérrimos inmigrantes gallegos y, por último, a algunos de los más reconocidos poetas de la vieja guardia. En el quinto número, que corresponde al periodo 15 de mayo-15 de junio de 1924, la revista dio un giro total y, como dijimos, se volcó hacia la literatura.

El director-fundador fue Evar Méndez, bondadoso escritor provinciano de la generación de Lugones y de Rojas. A su lado, también como fundadores, estaban Oliverio Girondo, joven poeta futurista con un ingenio tendente a lo corrosivo y lo macabro, el poeta Luis Franco, el historiador Ernesto Palacio, Ricardo Güiraldes, autor de *Don Segundo Sombra*, el pintor Emilio Pettoruti, el arquitecto Alberto Prebisch, y luego los más jóvenes: el polifacético Xul Solar, Francisco López Merino, los poetas Raúl González Tuñón, Eduardo González Lanuza, Brandán Caraffa y Francisco Luis Bernárdez, los escritores Leopoldo Marechal y Eduardo Mallea y muchos más. La revista surgió como una necesidad de arremeter contra muchos convencionalismos caducos y ramplones y esa necesidad unía a toda una generación de hombres jóvenes descontentos e insatisfechos.

Apenas llegado a Buenos Aires, Borges se unió activamente a su vida literaria. En agosto-septiembre de 1924 publicó en *Martín Fierro* el poema «Montevideo», que después será incluido en *Luna de enfrente*, su segundo libro de versos, y dos artículos: uno acerca de quien consideraba su maestro, Cansinos-Asséns, y el otro sobre Ramón Gómez de la Serna, ambos recopilados en *Inquisiciones*, volumen de ensayos. En *Martín Fierro* se publican poemas tempranos de Neruda, Juan Carlos Paz teoriza sobre música y en ella también se inicia la pintoresca polémica Florida-Boedo. El grupo Boedo (tomó su nombre porque la revista *Claridad* se imprimía en un taller del barrio de Boedo) estaba liderado por los escritores Nicolás Olivari, Santiago Ganduglia, Enrique Amorim y Roberto Mariani y sostenía el arte comprometido; el grupo Florida defendía el arte por el arte. Tiempo después, Borges, harto de que los historiadores de la literatura quisieran ver un encontronazo heroico y trascendente en ese «juego juvenil; broma que deseaban imitar los grupos antagónicos en serio que florecían en París», para simplificar, dijo que en realidad había un solo grupo: Floredo.

La segunda Proa

En agosto de 1924 apareció en Buenos Aires el primer número de la revista *Proa*, segunda época. Borges ha contado muchas veces a diferentes interlocutores e incluso en su *Autobiografía* cómo se decidió a dar ese paso: «Una tarde, Brandán Caraffa, que era un joven poeta cordobés furibundo y turbulento [tenía dos años más que Borges], vino a verme al Garden Hotel. Me hizo saber que Güiraldes y Pablo Rojas Paz habían decidido fundar una revista representativa de la nueva generación literaria y, siendo ése el objetivo, yo no podía quedar afuera. Naturalmente me sentí muy halagado y esa noche fui al hotel Fénix, donde paraba Güiraldes. Me saludó con una sonrisa encantadora y estrechando mi mano, me dijo: "Brandán me contó que anteanoche ustedes se reunieron para fundar una revista de escritores jóvenes y no obstante esta circunstancia consideraron la necesidad de ofrecerme un lugar directivo en ella" [Güiraldes tenía entonces treinta y ocho años, así que excedía por lo menos en trece o catorce años la edad del resto]. En ese momento, entró, muy excitado, Rojas Paz y nos dijo: "Me siento muy halagado y conmovido...". Pero antes de que continuara, lo interrumpí: "Sí, ayer nos reunimos con Güiraldes y Brandán Caraffa y coincidimos en que una revista de jóvenes no puede prescindir de un hombre como usted". Güiraldes enseguida entendió lo mismo que yo: todo había sido una artimaña bastante inocente de Brandán Caraffa y entonces me guiñó un ojo y apoyó con calor mis palabras. Poco tiempo después apareció *Proa*. Para poder financiarla cada uno de nosotros puso cincuenta pesos, suma que pagaba una edición de trescientos o cuatrocientos ejemplares, sin errores de imprenta y con buen papel. Siempre sospeché que la revista costó mucho más que eso y que Güiraldes se hizo cargo del dinero que faltaba. Fue un hombre muy generoso, quizá demasiado. Lamentablemente, después de un año y medio y ya con catorce números publicados, tuvimos que abandonar; *Proa* murió por falta de suscripciones y de avisos».

El motor principal de esta segunda *Proa* mereció uno de aquellos célebres epitafios en los que se especializaban los colaboradores de *Martín Fierro*, en este caso parece ser su autor Eduardo González Lanuza: «Harto ya de tantas loas / de extraños y del país, / aquí yace Jorge Luis / Borges, el de las dos Proas».

El grupo fundador de *Proa*, que por supuesto incluyó a Macedonio Fernández, trabajó muy bien y, aunque la distribución era bastante deficiente, tenía calidad literaria, coherencia y sinceridad en los propósitos. «Pensábamos que nuestra misión era la de renovar la prosa y la poesía», confiesa Borges en su *Autobiografía*.

Proa apareció en un momento de activa vida intelectual del país; había por lo menos una docena de revistas y lo curioso es que las mismas personas colaboraban en todas. Ya mencionamos a *Martín Fierro*, pero además florecían *Inicial, Valoraciones, Babel, Noticias literarias, El dorado, Los pensadores, Ichthys, Biblos, Extrema izquierda*.

Ricardo Güiraldes

Güiraldes era un solitario. Hombre de gran cultura, había hecho numerosos viajes, tenía ya una obra bastante sólida y estaba vinculado con las figuras más representativas de la literatura contemporánea. Todo esto, sumado al acto de haber tirado la edición íntegra de un libro suyo a un pozo de su estancia, le daba una aureola casi de héroe de caballería entre los más jóvenes. Por otra parte, estaba casado con una mujer encantadora, Adelina del Carril, que además era muy linda. Borges recordaba que desde la juventud tuvo el pelo blanco y resultaba muy atractivo el contraste del cutis tan fresco y la cabeza luminosa. Delia, la hermana de Adelina, que se casó en 1943 (llevándole veinte años) con Neruda, también era una belleza y simpatiquísima.

En *El tamaño de mi esperanza*, libro publicado en 1926, Borges hace referencia a las tertulias de *Proa* y recuerda cómo Güiraldes tocaba la guitarra: «Por el boquete de su austera guitarra, por ese redondelito o ventana que da de juro a San Antonio de Areco, habla muy bien la lejanía». Y al referirse a Brandán Caraffa, que era muy bajito, dice: «Brandán parece petisón, pero es que siempre está parado en la otra punta de un verso, de un largo verso suyo que antes de arrebatarnos a todos, se lo ha llevado a él». Y sigue, pensando en los otros compañeros de ruta: «Macedonio, detrás de un cigarrillo y en tren afable de semidiós acriollado, sabe inventar entre dos amargos un mundo y desinflarlo enseguidita; Rojas Paz y Bernárdez y Marechal casi le prenden fuego a la mesa a fuerza de metáforas...».

En esos años, Borges tomaba mate. Solía usar dos; uno, de los llamados galleta, chatos y redondos; el otro, común y corriente, sin pretensiones. No era buen cebador, «enseguida empezaban a subir a la superficie unos sospechosos palitos». Sin embargo, recordaba que le habían enseñado a curar un mate nuevo batiendo adentro una brasita y, pese a que Borges en aquellos años cultivaba fervorosamente el criollismo, no creo que haya batido jamás la brasita y tampoco estoy muy convencida de que le gustara el mate.

Los Güiraldes se hicieron muy amigos de la familia Borges, los visitaban en la casa de la calle Quintana y Georgie iba todas las tardes de los jueves al departamento que el matrimonio tenía cerca del Congreso, en la calle Solís, y generalmente abandonaba la casa de madrugada.

En la gran biblioteca de Güiraldes había dos alas; una dedicada al simbolismo y a los poetas discípulos de Rubén Darío y, por supuesto, también allí estaba toda la obra de Lugones. La otra parte estaba compuesta, íntegramente, por libros de teosofía. Además era un devoto de Kipling, tan devoto que *Don Segundo Sombra* tiene el mismo plan de *Kim*, la novela del inglés, y hasta podría decirse que la misma estructura: un viejo y un muchacho recorren un país y lo describen. Güiraldes le preguntó a Borges si sabía inglés y ante la respuesta afirmativa, lleno de admiración, le dijo: «¡Qué suertudo, puede leer a Kipling en el original!».

En los años veinte, el inglés no era una lengua transitada como hoy, que hasta el último palurdo ofrece en la calle cinco cuadernos por un peso y, arriba de la mercadería, manuscrita con torpe letra de imprenta, se lee la palabra *sale*.

Rabindranath Tagore, huésped de Victoria Ocampo en Buenos Aires, se animó a hablar desdeñosamente de Kipling en presencia de Güiraldes y de Adelina. Ella defendió, entonces, la pasión de su marido con tal energía que Tagore cerró la boca.

En agosto de 1925, Güiraldes se separó de *Proa*. Estaba muy desalentado ante la poca resonancia que, él pensaba, tenía la revista en los ambientes intelectuales de Buenos Aires; Francisco Luis Bernárdez ocupó su lugar. No deja de ser interesante señalar que esta crisis se produjo al mismo tiempo que terminaba de escribir *Don Segundo Sombra*.

Güiraldes tenía verdadero amor al gaucho, que idealizó en la figura de su protagonista. Se enojaba con Macedonio Fernández cuando éste hacía chistes sobre los gauchos y un día en que Borges le contó una broma que repetía Luis Melián Lafinur, oída en el Uruguay: «Nuestro rústico [ya la palabra parece desdeñosa para nombrar al gaucho] carece de todo rasgo diferencial salvo, naturalmente, el incesto», no sólo la tomó muy mal sino que aseguró que quizás esto fuera posible en el Uruguay, aunque él lo dudaba, pero que entre nosotros el gaucho era un héroe. Claro que Güiraldes había conocido de chico, y había admirado en forma incondicional, a don Segundo Ramírez Sombra, cuyo nombre había tenido «el buen tino de abreviar, porque Segundo Sombra es como repetir dos veces la idea de lejanía. ¡Qué lindo título, qué suerte que se le ocurrió!», recordaba Borges.

Una tarde, Güiraldes le llevó el manuscrito de su libro a Leonor Acevedo. Al día siguiente ella lo llamó y le dijo: «Tu libro tiene que ser muy bueno, porque yo detesto las criolladas y anoche estuve leyéndolo hasta las tres de la mañana». A Borges le gustaba la novela, que consagró a Güiraldes como un gran escritor; hasta entonces y a través de sus libros anteriores se lo había visto como un señor rico que jugaba a escribir. Le gustaba la novela y respetaba a su autor; sabía largos fragmentos de memoria. En el caso de Borges esto no es una garantía porque sabía largos trozos horripilantes de muy malos escritores. Pero, personalmente, no creo en la veracidad de las declaraciones de Estela Canto cuando pone en boca de Borges la afirmación que *Don Segundo Sombra* es un libro bueno, pero seguramente inferior a *El paisano Aguilar* de Amorim. Quizá lo haya dicho, pero me hace dudar el hecho de que nunca más volvió a repetir tal aseveración, rarísimo en Borges, que en cada entrevista solía reiterar los mismos conceptos una y otra vez, siempre igual a sí mismo.

Borges conoció a don Segundo y recordaba que el pobre pasaba de ser un personaje célebre (iba Victoria Ocampo y le daba la mano, iba el conde Keyserling y le daba la mano, iba Ortega y Gasset y le daba la mano), a ser un individuo que no se animaba a acercarse al pueblo porque había cuchilleros famosos que estaban indignados y no entendían cómo Güiraldes le había dedicado un libro a un infeliz del estilo de don Segundo (hombre tranquilo, de trabajo, que no se metía con nadie y no andaba por los boliches de copas y buscando pendencias y desafíos) prefiriéndolo a alguno de ellos. Lo más curioso de toda esta historia es que tampoco Don Segundo había quedado conforme con el libro de Güiraldes (se lo hizo leer porque era analfabeto). Según el protagonista, había muchos errores no sólo de carácter práctico técnico —como la forma de los arreos, la manera de anudar cierto tipo de lazo, la textura de los aperos, etcétera—, sino también temporales y geográficos. Por ejemplo: tal cosa no había ocurrido donde se indicaba en el texto sino a doscientos metros de allí y no había sucedido en otoño sino al empezar la primavera...

No obstante la cantidad de reparos, la fama alcanzó a Güiraldes, pero, aunque duradera, él no la gozó demasiado; después de aparecer el libro (1926), y ya muy enfermo, se embarcó hacia Francia en busca de remedio para su mal. No lo encontró y murió en París el 8 de octubre de 1927. En noviembre, sus restos llegaron a Buenos Aires, el presidente Alvear los recibió en el puerto y luego fueron llevados a San Antonio de Areco, su patria verdadera. Güiraldes, antes de partir a Francia, dejó su guitarra en la casa de los Borges, diciéndole a Leonor: «Quiero que algo mío se quede en esta casa, con ustedes».

Nada más ilustrativo de la personalidad de Güiraldes y del peso implícito de su presencia que el soneto escrito por Borges, «Ricardo Güiraldes», donde éste vuelve además a una constante en su poesía y en su prosa: el mundo real es ilusorio; el verdadero es el otro, el de los sueños, el que se asoma a los espejos: «Nadie podrá olvidar su cortesía; / Era la no buscada, la primera / Forma de su bondad, la verdadera / Cifra de un alma clara como el día. / No he de olvidar tampoco la bizarra / Serenidad, el fino rostro fuerte, / Las luces de la gloria y de la muerte, / La mano interrogando la guitarra. / Como en el puro sueño de un espejo / (Tú eres la realidad, yo su reflejo) / Te veo conversando con nosotros / En Quintana. Ahí estás, mágico y muerto. / Tuyo, Ricardo, ahora es el abierto / Campo de ayer, el alba de los potros».

Cinco meses después de renunciar Güiraldes a *Proa*, en enero de 1926 y en la entrega número catorce de la revista, Borges anunció en la misma, con una carta muy irónica, su defunción. La carta, dirigida a Ricardo y a Brandán, la incluyó después en *El tamaño de mi esperanza*. El vocabulario usado por Borges en esos años es bastante curioso, quizás en un afán de originalidad. Empieza así: «Voy a orejear un aniversario teológico. Lejos, aún más lejos, quince cuadras después del lejos, por escampados y terceros y pasos de nivel, nos arrearán hasta un campito (...). Eso será el Juicio Final. Todo bicho viviente será justificado y ensalzado y se verá que no hay ningún Infierno, pero sí muchos Cielos. En uno de ellos (uno que daba a Buenos Aires y que mi novia tuvo en los ojos) nos encontraremos reunidos y empezará una suelta tertulia, una inmortal conversación sin brindis ni apuros, donde se tutearán los corazones y en el que cada cual se oirá vivir en millares de otras conciencias, todas de buena voluntá y alegrísimas. Poco nos dice la patrística sobre esa aparcería del fin del mundo, pero yo pienso que el adelantarnos a ella, que el madrugarlo a Dios, es nuestro jubiloso deber. No sé de intentona mejor que la realizada por *Proa*». Siguen luego los recuerdos de esas reuniones y la carta termina con una aceptación de la derrota del proyecto inicial, hace luego una alusión a Cristo en la cruz y finaliza de esta manera: «Yo también quiero descenderme. Quiero decirles que me descarto de *Proa*, que mi corona de papel la dejo en la percha. Más de cien calles orilleras me aguardan, con su alma y la soledá y alguna caña dulce (...). Abur Frente Unico, chau Soler, adiós a todos. Y usté, Adelina, con esa gracia tutelar que es bien suya, déme el chambergo y el bastón, que me voy».

En este fragmento se pueden advertir dos cosas, primero la caída de la letra *de* decidida por Borges para acentuar la manera criolla de hablar, y luego, el uso constante del sombrero y del bastón que la moda imponía a los hombres pertenecientes a una clase social acomodada. A Borges el sombrero le molestaba y además le resultaba una prenda carísima porque se la olvidaba en todos lados: en las perchas de los bares, en las de los consultorios del dentista y del oculista, en la butaca vecina a la que había ocupado en un cine; así que un buen día decidió afiliarse al sinsombrerismo. Y cuenta Ulises Petit de Murat en su libro *Borges, Buenos Aires* que cuando frecuentaba la librería inglesa Mitchell's, al verlo sin sombrero, los clientes solían tomarlo por un empleado más de la casa. Si esto ocurría, Borges los atendía con toda cortesía y los aconsejaba si era necesario; primero, porque sabía de memoria la ubicación de cada libro y, luego, porque generalmente conocía el contenido. Incluso cuando llegaba un nuevo envío de Inglaterra, observaba cómo eran distribuidos en los estantes para consultarlos luego. Por otra parte, sus conocimientos de literatura inglesa eran muy valorados por los empleados, que a menudo acudían a él en busca de ayuda.

Con los años, Borges llegó a aborrecer el sombrero y en los días muy fríos lo cambió por una boina de las llamadas vascas. En el otoño europeo de 1964, con el frío intenso que ya se sentía en Alemania y en Inglaterra y ante la inminencia de un resfrío, lo convencí para que se comprara un sombrero. Como él ya no veía y no podía elegir, yo, que lo acompañaba, le elegí en Londres un borsalino gris oscuro de un paño excelente. Lo usó durante todo el viaje, lo llevó a Escocia y lo paseó por Santiago de Compostela y por París. Cuando llegó a Buenos Aires, se lo regaló a su sobrino Miguel de Torre.

Borges colaboró generosamente en *Proa*, así como lo hizo con la revista *Martín Fierro*, en la cual siempre había vagas promesas de inminentes pagos a los colaboradores, nunca concretadas. En *Proa* publicó una cantidad bastante notable de poemas, que luego integraron *Luna de enfrente* (1925), y no menos de veintitantos artículos, notas y críticas literarias, recopilados todos en sus dos primeros volúmenes de ensayos: *Inquisiciones* (1925) y *El tamaño de mi esperanza* (1926). Los temas de estos artículos abarcan una cantidad increíble de materias: de Góngora pasa a Oscar Wilde y a *La balada de la cárcel de Reading* y luego analiza Milton y el libro de un colega, poeta ultraísta.

Su interés por la poesía barroca, por Góngora y por Quevedo, mereció un epitafio en *Martín Fierro* y su autor, Leopoldo Marechal, en noviembre del 27 utilizó el segundo apellido de Góngora, Argote, para lograr la rima: «Yace aquí, profesor de sueño, / Jorge Luis Quevedo y Argote. / La retórica está sin dueño. / Galvanizarlo es vano empeño: / Murió por falta de bigote».

Cuatro años después, los versos no hubieran tenido sentido porque en 1931 Borges aparece en varias fotos con su hermana y su cuñado con un floreciente bigote y una barba finita que lo continuaba hacia el mentón. El bigote coincide con una época en que está excedido de peso.

Hay otra nota, que incluye una definición de Sarmiento (se trata de una verdadera compadrada): «Norteamericanizado indio bravo, gran odiador y desentendedor de lo criollo, nos europeizó con su fe de hombre recién venido a la cultura y que espera milagros de ella». Y otra, que no desdeña una frase inextricable para exaltar el *Fausto* de Estanislao del Campo: «Libro más fiestero, más díscolo, más buen palmeador del vivir, no conozco ninguno». Enamorado de la pampa y del arrabal, no vacila en expresar su admiración por Carriego, utilizando un párrafo de Jorge Bernardo Shaw, de quien por aquellos años traducía los nombres, como lo hacía con todos los escritores no pertenecientes a la lengua castellana. Analiza, saltando de un tema a otro, las variantes criollas de las coplas españolas y las encuentra más *entradoras:* «Querer una no es ninguna, / querer dos es vanidá; / el querer a tres o cuatro / ya es parte de habilidá». (En páginas sucesivas se verá cómo, alguna vez, Borges lucía esa «habilidá».)

Descubre en uno de esos artículos a Sir Thomas Browne, un total desconocido en nuestro país, y comenta el *Ulises* de Joyce, traduciendo para la misma nota los últimos párrafos del libro. (Hay que señalar cómo se adelanta a los tiempos; la primera traducción en lengua española del *Ulises* apareció en 1948.)

Si bien Borges busca el tono argentino para su voz y una forma de integrarse a la intimidad de la ciudad que ama tanto, siente verdadero desprecio por lo que él llama «nacionalismo folklórico», que desdeña una apertura progresista hacia el mundo.

Inquisiciones. El tamaño de mi esperanza. *Yrigoyen*

Por supuesto, la aparición de *Inquisiciones* fue recibida con epitafios burlescos, especialidad de *Martín Fierro*. El atribuido a Pablo Rojas Paz dice: «Don Jorge Luis yace aquí / Era un varón de los buenos. / Lo mató la Inquisición / por una coma de menos». El otro, cuyo autor parece haber sido Enrique González Tuñón, es más gauchesco: «Conservate en el rincón / Donde empezó tu existencia: / Borges que cambia querencia / Se atrasa en la Inquisición».

En el prólogo de este libro de título tan «epitafiado», Borges anuncia: «Este que llamo *Inquisiciones* (por aliviar alguna vez la palabra de sambenitos y humareda) es ejecutoria parcial de mis veinticinco años. El resto cabe en un manojo de salmos, en el *Fervor de Buenos Aires* y en un cartel que las esquinas de Callao publicaron. Allá esos borradores y el que verás. ¡Veinticinco años: una haraganería aplicada a las letras! Yo no sé si hay literatura, pero yo sé que el barajar esa disciplina posible es una urgencia de mi ser».

Cuando se leen estos ensayos se advierte su originalidad y conocimientos (como siempre), el entusiasmo, algo de soberbia y un compadrito aire de cultivada pedantería criolla. *El tamaño de mi esperanza* se inicia con una especie de llamado de atención a sus compatriotas; al examinar lo que es realmente argentino, Borges se dirige a aquellos que vivirán y morirán en nuestra tierra y no a los otros que creen que el mundo está en Europa. (Este es el Borges de veintitantos años que ha reconocido en el cementerio de la Recoleta el lugar de su ceniza.) Y medita acerca de los méritos y de los logros de los argentinos a lo largo de dos siglos no sólo en la literatura sino también en la historia. Rescata a Estanislao del Campo, a Lucio V. Mansilla y a Eduardo Wilde, que inventaron más de una página perfecta. En cuanto a Sarmiento, el tiempo le hará cambiar de opinión y llegará a decir: «Si nuestro libro de cabecera hubiera sido el *Facundo* y no el *Martín Fierro*, nuestra historia hubiera sido diferente».

De Juan Manuel de Rosas dice: «Gran ejemplar de la fortaleza del individuo, gran certidumbre de saberse vivir, pero incapaz de erigir algo espiritual y tiranizado al fin más que nadie por su propia tiranía y por su oficinismo». En cuanto al general San Martín: «ya es un general de neblina para nosotros, con charreteras y entorchados de niebla».

Borges, de quien siempre se dijo que era hombre poco preocupado por la política, declaró en este libro: «Entre los hombres que andan por mi Buenos Aires, hay uno solo que está privilegiado por la leyenda y que va en ella como en un coche cerrado; ese hombre es Yrigoyen». Lo dirá en *La fundación mítica de Buenos Aires:* «El corralón seguro ya opinaba: YRIGOYEN» (con mayúsculas en el original para enfatizar al hombre). Y todavía va más lejos, funda con los amigos el Comité Yrigoyenista de Intelectuales Jóvenes. El presidente, por supuesto, era Borges; vicepresidente: Leopoldo Marechal; secretario: Enrique González Tuñón; secretario de actas: Nicolás Olivari; tesorero: Ulises Petit de Murat; protesorero: Francisco López Merino; vocales: Macedonio Fernández, Carlos Mastronardi (rebautizado Mastrango), Santiago Ganduglia, Raúl González Tuñón, Pablo Rojas Paz, Sixto Pondal Ríos, Robert Arlt, Francisco Luis Bernárdez, José de España, Suárez Calimano, Antonio Ardisone y González Trillo. Dieciocho personas unidas para apoyar la reelección a la presidencia de Hipólito Yrigoyen. Esta lista fue publicada en el diario *Crítica* el 20 de diciembre de 1927.

Veían en Yrigoyen al enamorado de la causa popular y al misterioso viejo de vida legendaria; les encantaba que habitara en una casa alquilada en la calle Brasil y que, cuando el dueño le ofreció al ya presidente una mejor, éste le contestase que, como debía dejar su trabajo cotidiano para dedicar todos sus esfuerzos a los asuntos de la presidencia, iba a tener menos entradas de dinero y entonces sería oportuno que el propietario le rebajara el alquiler. Además, les subyugaba el hecho de que Yrigoyen fuera la única persona en Buenos Aires que no había visto ninguna película de Chaplin. Esta razón insólita sólo se justifica porque el enamorado ve portentosa hasta la mínima hilacha de la conducta del objeto de su amor.

Cuenta Ulises Petit de Murat que en la alta noche se paseaban del brazo por Buenos Aires y con alguna caña de más Borges y Francisco López Merino y el primero preguntaba: «¿Compararemos al doctor con el océano?». Y el otro respondía: «Es poco, Borges; poco. ¡Una insignificancia!». Como era lógico, la victoria de Yrigoyen deshizo el Comité; quizá, como aseguró el mismo Petit de Murat, una derrota lo hubiera consolidado.

En *El tamaño de mi esperanza* se señalan como grandes escritores a Carriego, Macedonio Fernández y Güiraldes. Al hablar de la realidad intelectual del país, Borges la enfatizó: «Ya Buenos Aires, más que una ciudá, es un país y hay que encontrarle la poesía y la música y la pintura y la religión y la metafísica que se avienen con su grandeza. Ese es el tamaño de mi esperanza, que a todos nos invita a ser dioses y a trabajar en su encarnación».

Más allá de las intenciones de su autor, el título cayó mal, se suscitaron bromas de mal gusto. En 1945, apenas dieciocho años después de aparecido el libro, José Sebastián Tallon, el autor de *Las torres de Nurenberg*, las recordaba. Incluso le contó al poeta Horacio Armani que se hacían gestos obscenos indicando la dimensión de la esperanza. Quizá no fue un título feliz, pero los contemporáneos de Borges no se destacaban por su discreción (como casi todos los jóvenes) y sí por su malicia.

Es notable cómo Borges, pese a ser respetado en el ámbito intelectual, apreciado por los jóvenes poetas y considerado una especie de líder de los escritores de vanguardia, era blanco de bromas, como ya se ha visto, bastante crueles. Tenía reputación de quisquilloso en cuanto a las cuestiones gramaticales y por eso mismo se burlaban de su escritura y pronunciación insólitas (¿esnobismo juvenil?), que, como ya dijimos, lo llevaban a omitir la *de* final de muchas palabras: «Nuestra famosa *incredulidá* no me desanima».

Hacia 1925, aludiendo a su creciente pérdida de visión, en una sección titulada «Mentiras criollas» de *Martín Fierro*, hay un relato que empieza así: «Borges ha visto...».

En diciembre de 1993 apareció la segunda edición de *El tamaño de mi esperanza;* igual suerte corrieron *Inquisiciones*, y los ensayos que Borges expurgó de *Discusión* y de *El idioma de los argentinos*, libros y ensayos que su autor nunca quiso reeditar.

Hacia 1970, en la *Autobiografía*, al referirse a la década de los veinte, Borges la define como de gran actividad, «quizá temeraria y hasta insensata. Esta productividad me asombra hoy, así como el hecho de que siento sólo una remota relación con la obra de aquellos años. De tres de las cuatro colecciones de ensayos —cuyo nombre será mejor olvidar— nunca permití la reedición. En realidad, cuando en 1953 mi actual editor, Emecé, me propuso publicar mis Obras Completas, el único motivo por el cual acepté fue que así me permitía suprimir esos volúmenes absurdos».

¿Es lícito negar una decisión inquebrantable, mantenida a lo largo de casi sesenta años, violando la voluntad del autor? Sin embargo, no es la primera vez que, arbitrariamente, en ediciones posteriores a su muerte, ocurren cosas parecidas. En las palabras que prologan la segunda edición del libro, se afirma que Borges había dado su autorización para traducir algunos fragmentos de *El tamaño de mi esperanza* al francés e incluirlos en la colección de La Pléiade. Puede ser que haya sido así, pero sólo se trataba de fragmentos. Por otra parte, estos textos no agregan nada a la escritura de Borges, al contrario, y si se quería demostrar que ya en sus primeros libros estaban presentes casi todos los temas que abordaría en el futuro, para ratificarlo quedan *Fervor de Buenos Aires, Luna de enfrente* y *Cuaderno San Martín*, de los cuales, sabiamente, Borges no abjuró.

Cuaderno San Martín ganó el segundo Premio Municipal. Con parte del premio (trescientos pesos) se compró la undécima edición de la Enciclopedia Británica de 1911, que tantas veces consulté en el piso de Maipú. Esta vieja edición, a cargo de la Universidad de Oxford, le parecía muy superior a las posteriores; «ahora está en manos de no sé qué editorial norteamericana que se interesa por las cosas más tristes del mundo: la estadística, por ejemplo».

Borges compadrito y tanguero

Al mismo tiempo que nuestro escritor afirmaba su lugar en la literatura, hacía otras cosas. Por ejemplo, aprendió a bailar el tango y la milonga. Es probable que le hayan enseñado los Güiraldes; él tenía fama de ser un gran bailarín, lo mismo que Victoria Ocampo, con quien compartió largas veladas tangueras. El entusiasmo de Borges por el tango lo llevó a componer, con el músico Octavio Portela Cantilo, uno titulado *Biaba con caldo,* o sea, traducido del lunfardo, «paliza con sangre». Parece que era muy divertido y compadrón; por desgracia, se ha perdido. También supo frecuentar los estaños de los boliches para averiguar cuántas cañas podía tomarse antes de entrar en esa nebulosa simpática en que el mundo se convierte en un fraterno espacio encantador. En una postal de la época, enviada por Borges a Ulises Petit de Murat, enfermo y lejos de Buenos Aires, le escribe: «Compartidor de calles y de versos, ¡Salve! (...) He intentado conversar anoche con Enrique Banchs, hombre dulce y despavorido (...). También he visto a Octavio, no muy bien [se trata de Portela Cantilo, que murió joven, tuberculoso]; a Xul, a Paco Luis, a alguna altiva y desganada hermana de Norah Lange [se refería a Haydée, que durante un tiempo inquietó bastante a Borges. En una fotografía que comparten, parece más alta que altiva; le llevaba por lo menos diez centímetros] y a la calle Montenegro. Hace unas noches, aprovechando nuestra ausencia, floreció un tiroteo malevo-policial en esa callecita profunda y fue muerto a balazos un furquero llamado con buen sentido del color local, Antonio Rosendo...».

La calle Montenegro todavía existe, es corta, apenas quinientos metros y termina en el paredón del cementerio de la Chacarita. Tanto la Chacarita como la Recoleta le inspiraron sendos poemas, que bajo el título «Muertes de Buenos Aires», fueron incluidos en *Cuaderno San Martín* (1929). En las *Anotaciones* del libro (mantenidas hasta la edición de Losada de 1943 y suprimidas en las siguientes), Borges ofrece una mirada muy gráfica del ambiente y de los personajes: «Esta versión de la entreverada muerte de la Chacarita, la muerte gringa, se acuerda de una noche y de una guitarra. La anécdota de esa alusión puede recordarse. La víspera de las elecciones presidenciales, salimos a sentir Buenos Aires el poeta Osvaldo Horacio Dondo y yo. Ibamos por el costado de la Chacarita, por Jorge Newbery bordeando la erizada pared. La pulsación de una guitarra que no veíamos nos fue llamando. La seguimos, nos llevó a un subcomité con luz, densa de espaldas de mirones la puerta. Un "¿Gustan pasar, caballeros?" de cortesía suburbana o electoral, nos convidó. Adentro, bajo la evidente efigie de El Hombre [Yrigoyen],[1] buena parte del orillaje de San Bernardo estaba en posesión de la noche. De mano en mano iban la resabida guitarra y la caña dulce, en repartición de amistad. Le llegó la guitarra a un mozo enlutado, oscuro el achinado rostro sobre el pañuelo dominguero de seda, requintado con precisión el chambergo. Conversó o cantó la seria milonga de la que he asumido unos versos. Quiero recordar también estos dos, gnósticos o meramente suicidas: "La vida no es otra cosa que muerte que anda luciendo". Afuera lo ayudaban el espacio y los mármoles estrafalarios en acecho atrás de la infinita pared y la suspensión rastrera del humo que produce la Quema y la acostada tierra y la noche. Oímos además una milonga de seguridad partidaria y de vuelo aunque humildísimo, servicial ("Radicales[2] los que me oyen / del auditorio presente / el futuro presidente / será el doctor Yrigoyen") pero ninguna letra en arrabalero. Al compadrito no le interesa el color local, y sí la pretensión y el prestigio».

Las caminatas de Borges por los arrabales lo llevaron alguna vez al Bajo de Belgrano, en la época en que estaban los *studs* con una peonada brava y cuchillera y algunos aguantaderos llenos de maleantes. En dos ocasiones Borges y compañía fueron palpados de armas por la policía, y despachados luego con un reproche recordado a menudo por el escritor: ¡cómo era posible que jóvenes caballeros decentes y finos anduvieran por esos andurriales! Una noche, Néstor Ibarra, que

---

1. Hipólito Yrigoyen, jefe del Partido Radical, fue presidente de la República Argentina desde 1916 hasta 1922. Reelegido en 1928, fue derrocado en 1930 por la revolución encabezada por el general José Félix Uriburu.
2. Militante del partido político Unión Cívica Radical cuyo líder era Yrigoyen.

estaba en copas y se portaba como un francés pendenciero, se insolentó; lo llevaron preso y pasó la noche en un calabozo. Ibarra cuenta en su libro *Borges et Borges* que cuando salieron juntos a conocer la noche, le hizo caminar quince kilómetros en dos horas.[3] Por supuesto se trata de una exageración, pero da idea del buen estado físico del escritor.

Ulises Petit de Murat en *Borges, Buenos Aires* cuenta que iban una madrugada por el Bajo Belgrano y Borges golpeaba con la punta de su bastón el paredón de ladrillo que corría a su lado; al terminarse el ladrillo, empezó una pared de chapas, en la cual resonaban fortísimos los golpes de bastón. Cerca andaban unos malevos que se creyeron provocados y mientras avanzaban hacia sus presuntos desafiantes, gritaban insultos, amenazas y obscenidades. A Borges le disgustó este machismo gratuito y a las palabrotas contestaba irónicamente: «¿Qué decís, Rosita?», «¡No te oigo, Lola!», «¡Hablá más fuerte, Pelagia!» y cosas por el estilo. Enardecidos, locos de rabia, los malevos empezaron a correr; entonces, los aterrados amigos de Borges, mientras éste parecía esperarlos tranquilamente, lo levantaron en vilo y salieron a la disparada; sólo respiraron cuando llegaron al otro lado de la vía, lejos de los dominios del malevaje. Años después, Borges se acordaba y se reía. Nunca se achicó ante las provocaciones, ni siquiera cuando estaba completamente ciego y era un anciano vacilante.

---

3. Néstor Ibarra (*circa* 1907-1986). Ocho o nueve años menor que Borges, Ibarra, que había nacido en Francia, lo descubrió cuando estaba a punto de doctorarse en la Facultad de Filosofía y Letras de la Universidad de Buenos Aires. Descubrirlo, fue caer hechizado ante su obra y quiso elegirlo como tema de tesis, pero sus profesores le desaconsejan la elección porque, pese a sus cinco libros publicados, Borges no tenía treinta años. Ibarra aceptó otro tema, pero en 1930 redactó un libro: *La nueva poesía argentina, ensayo crítico sobre el ultraísmo 1912-1929,* cuyo protagonista es Borges. En 1969, publicó *Borges et Borges,* libro en que da diversas claves para ingresar en el universo del poeta. Fue su primer traductor al francés y en la edición de las obras completas de Gallimard han reproducido sus versiones de *Fervor de Buenos Aires.* Solía contar Borges con admiración, no exenta de cierta envidia, que, cuando Ibarra le avisó a su padre que se inscribiría en la Facultad de Filosofía y Letras, éste, persona muy seria y severa, le dijo «Si usted acaba su carrera con buenas notas, le regalo un viaje a Europa». Parece que desde ese momento, Ibarra se encerró en su casa, no vio más a los amigos ni se permitió la más mínima distracción y estudió desde la mañana a la noche y desde la noche a la mañana, sin descanso. Al cabo de un año rindió las treinta y dos materias de la carrera con un promedio de sobresaliente. Muy contento, le llevó el certificado a su padre, quien, loco de ira, lo echó, advirtiéndole: «Si acumuló esta diversidad de temas en un año, usted no aprendió nada. Lo recibido con tal rapidez se olvidará de igual manera». Por supuesto, no hubo viaje a Europa.

Ibarra fue muy feliz con la amistad de Borges. «Es la única persona que conozco —decía— que toma el mundo en broma y la literatura en serio. Su agudeza e inteligencia son sobrehumanas.»

Luna de enfrente. *Xul Solar*

La serie de poemas aparecidos en *Proa* fueron reunidos, junto con algunos anteriores, en un volumen que tituló *Luna de enfrente* y que, como ya dijimos, apareció en 1925. Eran veintiún poemas, de los cuales quedaron sólo diecisiete en la edición de sus Obras Completas. Leopoldo Marechal (en su novela *Adán Buenosayres* aparece Borges bajo el nombre de Luis Pereda) comentó elogiosamente *Luna de enfrente* en *Martín Fierro*. En el volumen hay un poema revelador de un amor frustrado y en otro una tierna mención a Norah: «En la cubierta, quietamente, yo comparto la tarde / con mi hermana, como un trozo de pan». El libro se completa con algunos otros de temas ciudadanos y, por supuesto, no se puede dejar de citar «El general Quiroga va en coche al muere». «Algo efectista», lo calificó Borges, pero no por eso menos convincente.

Uno de los amigos más queridos de Borges fue Xul Solar, hombre insólito que hizo una rara fusión de sus apellidos: se llamaba Alejandro Schultz Solari. Hijo de padre alemán y madre italiana, había nacido en 1887, pero hasta su vejez conservó un aire de juventud. «Podría decirse que Xul, místico, poeta y pintor, es nuestro William Blake. Fui a su casa —recuerdo— una tarde muy calurosa de verano y con muy poco tino le pregunté qué había hecho, como si en ese bochorno se pudiera hacer algo. Xul me contestó: "Nada importante, después de almorzar, fundé doce religiones". Xul era también un gran filólogo y creó dos idiomas, la panlingua y el creol o neocriollo, que hacían innecesarias las demás lenguas. Uno era un idioma filosófico, a la manera de John Wilkins, y el otro era una reforma del español, con palabras inglesas, alemanas y griegas. Xul había ideado un piano circular y el Panajedrez, que era infinito y se jugaba combinando sonidos musicales y colores», contaba Borges, a quien le gustaba hablar de Xul. Un día recordó: «En la época en que Buenos Aires se pobló de bares automáticos, íbamos con Xul a uno de una esquina de Córdoba y Callao. A Xul le encantaba experimentar y como era un experimentador nato y había creado cosas espléndidas, trataba de hallar todas las combinaciones posibles entre los alimentos. Llegó a mezclar café negro con salsa de tomate (repugnante) o sardinas con chocolate (atroz). Quedaba perplejo al comprender que eran elementos incompatibles; las buenas combinaciones han sido ya inventadas. Nada podrá superar al café con leche (su inventor debe de haber sido un ser excepcional), que es riquísimo y la combinación por excelencia».

Xul Solar fue un hombre magnífico. «Alto, moreno y muy buen

mozo, parecía un gitano y, además, era buenísimo», me contó Silvina Bullrich. En 1912, con veinticinco años, inició un viaje alrededor del mundo en un barco que iba hacia el Oriente; no llegó porque se quedó en Génova. Recorrió Europa y en 1920, alentado por Emilio Pettoruti, hizo su primera exposición de dibujos en Milán. La víspera del *vernissage* llegó a la galería un probable comprador, muy interesado en el arte moderno. Después de detenerse un buen rato frente a cada obra de Xul, decidió comprar dos. Pero no lo hizo porque, al enterarse nuestro pintor, le advirtió: «¡Cómo, usted dice que es buen crítico y va a comprar estas porquerías!». La frase de Xul se hizo famosa; la exposición fue visitada por toda Milán, pero, previsiblemente, no se vendió ni una obra.

Xul aseguraba que era un ángel caído del cielo y que, por eso mismo, era inmortal y podía entrar en éxtasis y levitar en cualquier momento y lugar. Una tarde, de visita en lo de Borges, quiso demostrarle a Norah que tenía el don de la levitación; se acostó en el suelo pidiendo que oscurecieran la sala y no hicieran ruido. En ese momento, entró Leonor en el cuarto y le advirtió que si no se levantaba del suelo, lo echaba de su casa. Por supuesto, Xul dejó el experimento para una ocasión más propicia. A tal punto había convencido a su mujer de su inmortalidad que cuando murió (tenía entre las manos un rosario de madera, hecho por él mismo), ésta, en medio de un mar de lágrimas, le susurró a Borges, en pleno velorio: «Se da cuenta qué papelón: morirse, él, que decía que era inmortal».

Xul compartió dos exposiciones con Norah; la de 1924 fue visitada por Marinetti, que, de paso por Buenos Aires, dio una conferencia acerca del arte de vanguardia. Los cuadros de Xul son de una gran espiritualidad: todos y cada uno de los personajes o de los objetos que los pueblan siempre ascienden; si son torres, están rematadas por escaleras; si son montañas, arriba de ellas habrá globos o gente que vuela. Al mismo tiempo, el humor siempre está presente. Xul ilustró *El tamaño de mi esperanza* con cinco viñetitas deliciosas. A estos dibujos Borges los llamó «los dragoncitos». No fueron reproducidas en la segunda edición de 1993.

En *El idioma de los argentinos* fueron seis los dibujos de Xul y sugieren antiguos guerreros, estandartes y escudos. Hubo un tercer libro ilustrado por Xul Solar, *Un modelo para la muerte,* del binomio Borges-Bioy Casares escondido detrás del seudónimo Suárez Lynch.

En *Martín Fierro* aparecieron unas rimas satíricas de Borges y de su primo Guillermo Juan donde le tomaban el pelo al amigo inventor de idiomas: «Con Xul en la calle México / Le reformamos el léxico».

Se juega con la reiteración de la letra equis y con el hecho de que la Biblioteca Nacional quedaba en la calle México.

La influencia de Xul en la obra de Borges es importante y no ha sido analizada, que yo sepa hasta ahora, por ninguno de los infinitos estudiosos de la obra de Borges. Emir Rodríguez Monegal señala esta influencia en dos cuentos: «Pierre Menard, autor del Quijote» y «Tlön, Uqbar, Orbis Tertius».

En la década de los cuarenta Borges se apartó de Xul, como lo hizo también de Marechal, por razones políticas; ambos se inclinaron hacia el peronismo, pero sin ningún tipo de militancia, sobre todo en el caso del primero. No obstante, y pese a la repugnancia visceral que el peronismo le inspiró a Borges, éste siempre habló de Xul con profundo afecto.

El segundo libro que Xul le ilustró a Borges, como ya hemos dicho, fue *El idioma de los argentinos*. El texto más importante del volumen y que le da título tuvo su origen en la primera disertación que Borges dio en su vida en el Instituto Popular de Conferencias; dada su timidez, un buen amigo, Pedro Henríquez Ureña, la leyó en su lugar. Esto ocurría en 1927. En ese trabajo Borges señala que si bien no existe un idioma argentino, existe, sí, una diferente entonación, un diferente sentimiento y un diferente sentido del humor. Este ensayo, junto con «Las alarmas del doctor Américo Castro» y «Las inscripciones de los carros», fueron incluidos en *El lenguaje de Buenos Aires* que Borges publicó con José Edmundo Clemente en 1968. El resto de los textos de *El idioma de los argentinos* (dieciocho en total) fueron descartados por su autor. En el prólogo insiste en que el origen del libro está en la pereza.

También en 1927 ocurrió un episodio narrado en el libro *El mundo de Manuel Mujica Lainez. Conversaciones con María Esther Vázquez*. Dice Mujica: «Cuando tenía diecisiete años y volví de Europa, mi tía Pepita Lainez era presidenta de una asociación que se llamaba Santa Filomena, a la cual dedicó su vida (...). Se trataba de una institución de caridad, que mantenía un colegio. Cuando el Papa Juan XXIII, en un gesto incomprensible, suprimió a una serie de santos, entre ellos a santa Filomena (...), mi tía sufrió un golpe atroz. Pero antes de que ocurriera esa cosa tan destructiva, hizo dos o tres festivales para juntar fondos para la obra. Los festivales se llamaban, pomposamente, la Fiesta de la Poesía. Era algo increíble, ahora uno lo cuenta y parece imposible que haya sucedido (...). Se designaba a un grupo de poetas a quienes se pedía que eligiesen uno o dos poemas y se les solicitaba a conocidos pintores que los ilustraran (...). Se realizaban los decorados en el teatro Cervantes de acuerdo a esas ilustraciones. Luego se traían a niñitas y niñitos de la llamada buena sociedad para que, por medio de cuadros vivos que transcurrían dentro de esas decoraciones, contribuyesen a su éxito. (...) Los poetas —me pregunto cómo se atrevían a hacerlo— subían por una escalerita que daba a un costado del escenario y decían sus poemas. Borges subió acompañado por su madre; ya por esos años, en uno de esos altibajos de la visión, no veía. Así conocí a Borges; horripilante ocasión».

Poco después del episodio contado por Mujica Lainez, el doctor Amadeo Natale lo operó de cataratas. Esa fue la primera de las ocho operaciones a las que debió someterse antes de quedar ciego definitivamente. La intervención de 1927 fue un éxito; pudo seguir leyendo y llevando su vida normal. Mientras lo operaban, Leonor estuvo a su lado, teniéndole la mano y diciéndole palabras de aliento. Tenía experiencia; había vivido la misma circunstancia con el marido y volvería a repetirla en el futuro con ambos.

El alcohol y las orillas. Los amigos

En su *Autobiografía,* Borges recuerda esta década de los veinte como realmente feliz porque «significó muchas amistades». Una, importante, fue la de Paco Luis Bernárdez.[4] Con él se dedicaba a explorar Palermo, por la entonces tenebrosa cortada del Lazo, detrás de la Penitenciaría y con fama de barrio bravo. Eran muy jóvenes, Bernárdez todavía no había enfermado de tuberculosis y ambos, según la confesión de Borges, estuvieron a punto de convertirse en borrachos. Para sentirse más criollos y en especial más porteños, tomaban, curiosamente, caña brasileña o guindado oriental. Una noche se encontraron con un matón, don Nicolás Paredes, que tenía el orgullo de ser

---

4. Francisco Luis Bernárdez (1900-1978). Nació en Buenos Aires el 5 de octubre. En la ficha biográfica que escribió en la década de los veinte para *Exposición de la actual poesía argentina* se autodefine como un *globe trotter,* avisa que ha cruzado seis veces el Atlántico y que vivió cuatro años en España y Portugal. Sus dos primeros libros de poemas aparecieron en Madrid. Cuando en 1925 regresó a la Argentina, se integró al grupo Martín Fierro. Pronto fue amigo de Borges (con quien salió a descubrir Buenos Aires) y se integró a la vanguardia ultraísta. Hacia 1931, enfermo de tuberculosis, se trasladó a las sierras de Córdoba donde vivió seis años. En 1937, establecido otra vez en Buenos Aires, fue nombrado secretario de las Bibliotecas Públicas Municipales poco antes de ser designado Borges en un cargo muy subalterno. Poeta católico, su poesía busca transmitir un sentido cristiano-redentor de la existencia. Su libro *La ciudad sin Laura,* dedicado a su mujer Laura González Palau, se hizo muy popular, y el poema «Estar enamorado» se imprimía en hojas sueltas y en posters. Autor de más de veinte libros, ocupó cargos diplomáticos y fue consejero cultural de la embajada argentina en España en 1955.

de Palermo. Al saber que Bernárdez vivía en Almagro, representó su papel de compadrito al decirle: «En Almagro son muy guapos, no le tienen miedo al frío y salen sin sobretodo». Bernárdez no se dio por aludido ni sacó el cuchillo que no llevaba. Paredes, entonces, los saludó más benevolente y los convidó con una ginebra, bebida mucho más criolla aunque importada de Holanda.

En 1929, tanto se había extendido la fama de «frecuentador de boliches» asociada al nombre de Borges que una tarde, al despedirse en una reunión de una muchacha que le gustaba bastante, ya del otro lado de la puerta de la sala, se dio cuenta de que el cordón de uno de sus zapatos estaba desprendido. Se agachó a anudarlo y oyó una voz que decía: «Buen poeta, este Borges». Y, para su vergüenza, la chica admirada contestó con cruel veracidad: «Sí, ¡lástima que sea un borracho!». Le impresionó tanto la frase que juró no tomar una gota más de alcohol. Hasta cierto punto cumplió la promesa, por lo menos no tomaba en exceso y después del 40 sólo aceptaba, para animarse, una copa de caña o guindado oriental antes de dar una conferencia. Luego, una úlcera se la hizo cambiar por un vaso de leche.

Entre las amistades felices a las que alude Borges, se contó la de Alfonso Reyes, humanista mexicano y embajador de su país en la Argentina precisamente en 1927, que ejerció una notable influencia sobre nuestro escritor. «Pienso en Reyes como en el mejor estilista de la prosa española de este siglo; con él he aprendido mucho sobre simplicidad y manera directa de escribir.»

Pedro Henríquez Ureña debe contarse también entre las amistades felices. Después de su operación, Borges empezó a visitarlo todas las semanas en La Plata, de cuya universidad era profesor. Nacido en Santo Domingo en 1884, se había formado en el Centro de Estudios Históricos de Madrid, bajo la dirección de Ramón Menéndez Pidal, y era maestro no sólo de filología, historia y crítica literaria sino también erudito en temas latinoamericanos, musicales y en artes plásticas. Obligado a huir de Santo Domingo porque el dictador Trujillo se había enamorado o, mejor dicho, deseaba apoderarse de su mujer —una verdadera belleza—, recaló en la Argentina y formó en el exilio una serie de discípulos. Su muerte, por inesperada, conmovió a todos: subió al tren, según su costumbre, en La Plata para volver a Buenos Aires, acomodó su portafolio en la red de equipajes, se sentó y quedó muerto. Tenía sesenta y dos años.

En esas visitas que le hacía Borges, acompañado por Néstor Ibarra, conoció a Elsa Astete Millán, una chica de diecisiete años. Previsiblemente, se enamoró de ella y se pusieron de novios. La visitaba los sábados. También Ibarra se enamoró de una de las hermanas de Elsa (según decía Mujica Lainez «eran siete, las Astete») y se casó con ella. Cuando en 1964 conocí a Ibarra en París, vivía con otra señora, una francesa bonita.

Borges llevaba adelante su *flirt* con esta muchacha, frívola pero atractiva, con verdadero entusiasmo. Un sábado lo recibió la madre de Elsa, quien extrañada le preguntó a qué había ido y, ante el espanto de Borges, le comunicó que Elsita se había casado el día anterior. Dos veces más se cruzaron sus destinos; la segunda —Elsa había enviudado— se casaron. El matrimonio duró tres años, luego se separaron no sin algunos disgustos. Meses después, iba el escritor por la calle Florida con Miguel, su sobrino. Alguien se cruzó con ellos y lo saludó. Él preguntó quién era y Miguel le dijo: «Es Elsa, tío». «¿Y quién es Elsa?» La había olvidado completamente.

Guillermo de Torre fue también uno de los grandes amigos. No obstante, su fervor ultraísta cuando ya Borges había dejado esa etapa atrás los fue separando. Contribuyó al alejamiento una nota de De Torre publicada en *La Gaceta Literaria* de Madrid en 1927. Decía que «el meridiano literario de América» pasaba por la capital española. Guillermo, luego agregado cultural de la embajada de España en la Argentina, se excusó alegando que se trataba de un error de interpretación.

Al año siguiente, 1928, luego de un noviazgo epistolar que duró casi cuatro años, Norah y Guillermo se casaron el 2 de septiembre. Se fueron en viaje de bodas a La Falda, en Córdoba. Al endurecerse en España el gobierno de Miguel Primo de Rivera, Guillermo dejó su cargo.

Borges ha confesado haber sido siempre una persona celosa, algo terca y susceptible. No obstante su sentido del humor, medio inglés-medio criollo, podía enojarse con súbitos y terroríficos ataques de cólera; no duraban mucho y con los años se espaciaron. Podía olvidar las ofensas y no guardaba rencor, pero cuando las personas que él quería eran quienes lo hacían sufrir o lo ridiculizaban, la herida tardaba en cerrarse, si se cerraba.

Es probable que Borges estuviera celoso de Guillermo, y la boda de Norah debió de haber significado una separación dolorosa. Padecería en adelante la falta de quien fuera su compinche, su compañera y, en muchos momentos de la infancia a la juventud, el motor que lo empujaba. Norah, además de admirarlo, era la presencia tranquila, compasiva, alegre o melancólica, pero siempre fiel en la felicidad y la desdicha de ser jóvenes; Norah era la seguridad de una mano teniendo su mano: «Yo comparto la tarde con mi hermana, como un trozo de pan».

Por supuesto, la separación había empezado cuando Borges empezó a descubrir Buenos Aires y la noche con sus tentaciones y sus orillas oscuras, de las cuales Norah quedaba excluida. Sin embargo, al irse de casa «ese ángel delicado y sensible», de quien Guillermo estaba muy enamorado, Borges se dio cuenta de que una etapa de su vida había terminado y se había quedado solo.

Cuaderno San Martín

Un tercer libro de poemas, *Cuaderno San Martín* (1929), recibió, como ya dijimos, el segundo Premio Municipal de Literatura, dotado con tres mil pesos, «en aquellos días una suma señorial». El volumen recoge uno de sus poemas más famosos: «La fundación mítica de Buenos Aires», al comienzo titulado «Fundación mitológica» y que a través del tiempo sufrió variadas modificaciones; algunas lo mejoraron. No hubo, no hay, recitadora ni actriz ni actor que no lo haya dicho una o varias veces y siempre con éxito. De sus traducciones, en cambio, no puede decirse lo mismo. Por ejemplo, la versión utilizada en las *Œuvres complètes* de Gallimard en la prestigiosa colección de La Pléiade es la de Néstor Ibarra (no obstante haber otras mejores), la cual, según el mismo Borges dijo en rueda de amigos, «no apunta muy alto». La primera estrofa: «¿Y fue por este río de sueñera y de barro / que las proas vinieron a fundarme la Patria? / Irían a los tumbos los barquitos pintados / entre los camalotes de la corriente zaina», fue traducida: «*C'est donc par ce Plata boueux et rêvasseur / que les bateaux venus me faire une patrie / descendirent un jour, leurs coques de couleur / cahotant parmi les nénuphars du courant gris?*». Ibarra quiso conservar la rima, pero reemplazar «camalotes» por «nenúfares» y «zaina» por «gris» indica exceso de imaginación y de libertad.

Otro de los poemas memorables de este libro es el titulado «A Francisco López Merino», el poeta platense que se suicidó en 1928 a los veinticuatro años. Unos días antes Panchito, como lo llamaban cariñosamente, había visitado la casa de los Borges. Al retirarse, se despidió de Jorge Guillermo y de Leonor con cierta solemnidad; pero como ése era su estilo, no le dieron importancia. El 22 de mayo, Leonor cumplía años y en medio del festejo llegó la noticia del suicidio. Quedaron petrificados, Leonor tenía en la mano una copa llena de champaña, la estrelló contra el suelo, diciendo: «Se acabaron las fiestas».

Entre enero de 1926 y marzo de 1927 aparecieron tres antologías de poesía; en todas está Borges. La primera, *Antología de la poesía argentina moderna* de Julio Noé con setecientas páginas, empieza en 1896 y agrupa noventa y dos poetas con unos cuatrocientos poemas. Se inicia con Leopoldo Lugones. Cada poeta lleva una noticia biobibliográfica, escrita por ellos mismos. Borges, que tenía la manía de quitarse un año (quizá quería pertenecer al siglo xx), anuncia que llegó al mundo en agosto de 1900 de «pura raigambre criolla». Alude a sus estudios en Ginebra y avisa que fue *abanderizador* del ultraísmo. En el volumen se incluyen cinco poemas suyos de los primeros libros.

En julio de 1926 se publica *Indice de la nueva poesía americana* de Alberto Hidalgo con tres prólogos: uno de Hidalgo, el segundo de Vicente Huidobro y el tercero de Borges, bastante pretencioso en su forma de expresión, que empieza: «Un antiquísimo cuentero de cuyo nombre no quiero acordarme (es de Cervantes ese festejado melindre y se lo devuelvo enseguida)...». Continúa con una dura crítica a Rubén Darío y al Modernismo y luego, con cierto aire nacionalista que después perdió, dice: «Hay otro verso rubenista hoy en pie: la suspirosa Rosaleda que con su cisnerío y su indolencia esconde el duro sentimiento del barrio en que don Juan Manuel fue temible». A Rodó lo define: «... un norteamericano, no un yanqui pero sí un catedrático de Boston, relleno de ilusiones sobre latinidad e hispanidad. Lugones es otro forastero grecizante y verseador de vagos paisajes hechos a puro arbitrio de rimas...». Alfonsina tampoco sale bien parada: «De la Storni y de otras personas que han metrificado su tedio de vivir en esta ciudá de calles derechas, sólo diré que el aburrimiento es quizá la única emoción impoética (irreparablemente impoética, pese al gran Pío Baroja) y que es también la que con preferencia ensalzan sus plumas. Son rubenistas vergonzantes, miedosos». Más adelante informa: «La verdad poetizable ya no está sólo allende el mar», y sigue: «No es difícil ni huraña: está en la queja de la canilla del patio y en el Lacroze [línea de tranvías bonaerense] que rezonga una esquina y en el clamor de la cigarrería frente a la noche callejera. Esto aquí en Buenos Aires (...). En Chile, Reyes ensalza el cabaret y el viento del mar, un viento negro y de suicidio, que trae aves marinas en su envión y en el cual las ventanas de Valparaíso están siempre golpeándose».

Más adelante aparecen Góngora y Quevedo, «calaverón frailuno», y Borges nos avisa que el idioma se suelta, «desde la travesura y brujería de Macedonio Fernández hasta el resplandor del Juicio Final que altiveció [Borges desempolvó el verbo; sospechamos que nadie lo ha utilizado otra vez] los versos de Piñero, desde las firmas acertadas de

Hidalgo hasta el rebaño de vehemencia bíblica que Brandán rige bien, hay obtenciones de expresión inauditas. Los verbos intransitivos se hacen activos y el adjetivo sienta plaza de nombre...».

De este prólogo se desprende que Borges, cuchillero intelectual, lleva el facón de tal manera que, al salir, salga cortando.

La de Hidalgo, menos copiosa que la de Noé, comprende sesenta y dos poetas de la Argentina, Chile, Ecuador, México, Nicaragua, Perú, Uruguay y Venezuela. Entre los argentinos figuran Bernárdez, Borges, Caraffa, Macedonio, Jacobo Fijman, González Lanuza, Norah Lange, Güiraldes, Marechal, Molinari, Olivari y otros. Del elenco chileno rescatamos a Cruchaga Santamaría, Rosamel del Valle, Díaz Casanueva, Juan Florit, Vicente Huidobro, Pablo Neruda, Salvador Reyes y Rojas Giménez. Entre los mexicanos se destacan Salvador Novo y Carlos Pellicer; entre los peruanos, Alberto Hidalgo, Juan Parra del Riego y César Vallejo. Los más importantes del Uruguay son Ildefonso Pereda Valdés y Fernán Silva Valdés. No hay ninguna noticia biobibliográfica que en esta antología ubique a los poetas ante el lector, pero sí, en casi todos, figura su dirección. En el caso del pobre Francisco Piñero, compañero de Borges en *Prisma* y en la primera *Proa*, muerto muy joven, tuberculoso, debajo del nombre se lee: «Se puede escribirle al Cielo».

Borges aparece con nueve poemas; dos de ellos desaparecieron en sus Obras Completas: «La guitarra», que todavía figura en la edición de Losada, *Poemas (1922-1943)*, y «A la calle Serrano». En este último hay tres versos encantadores: «He soltao mi vagancia por tu noche guaranga. / Adentro de un fonógrafo persiste una guitarra / Y el sabor de Palermo se me sube hasta el alma».

La tercera de las antologías mencionadas, *Exposición de la actual poesía argentina (1922-1927)*, organizada por Pedro Juan Vignale y César Tiempo, apareció en marzo de 1927. En el índice y tabla de expositores, con sus respectivas profesiones y domicilios figuran cuarenta y siete poetas. Francisco Luis Bernárdez se denomina a sí mismo *globe-trotter*; Amado Villar, sonámbulo; Borges, políglota. En su noticia bibliográfica, ilustrada por Norah, vuelve a insistir que ha nacido en 1900. Borges figura con seis poemas, uno de ellos, «La fundación mitológica de Buenos Aires», aparece en la primera versión, cuyo verso inicial decía: «¿Y fue por este río con traza de quillango...?». Quizás este poema empezó como una broma que Borges se hacía a sí mismo y luego se dio cuenta de que era algo más importante.

Sobre el final de la década de los veinte, ya sin Norah, la familia volvió a mudarse. Alquilaron el sexto piso de un edificio sólido, que todavía está en pie con bastante gallardía aunque algo falto de pintura en la esquina de Las Heras y Pueyrredón. Se trataba de un lugar luminoso, amplio, con siete balcones abiertos al tránsito de la avenida, cruzada por tranvías ruidosos que «eran una compañía en las noches insomnes». Vivieron allí unos diez u once años. En su transcurso, el padre perdió la vista y Leonor se convirtió en sus ojos. Borges cumplió treinta años, gozó de los halagos de una fama un poco secreta, sufrió el dolor de amores desdichados y aprendió a convivir con la soledad a la que está condenado todo creador.

Seis

1931

Displicentemente, los labios de un Borges desconocido sujetan un cigarrillo. No está solo; junto a otros entusiastas acompaña a Victoria Ocampo en la gran aventura que significará la creación de *Sur*. Victoria luce en el esplendor otoñal de su belleza, apoyada contra un espejo que refleja su melena y la luz que entra por la ventana. Arriba, la palabra SUR se superpone tres veces al croquis del continente sudamericano. Cada uno de los que están a su lado se muestra en una actitud diferente: María Rosa Oliver sonríe; Norah Borges parece absorta, como recogida en sí misma. También hay una ligera sonrisa en el rostro de Guillermo de Torre, que acaba de apartar el cigarro de la boca porque la punta de ceniza todavía parece viva. Oliverio Girondo, sentado sobre la alfombra, también con un cigarro entre los dedos, nos mira con cierta insolencia. Los demás —Mallea, Gómez de la Serna, los dos Bullrich, Francisco Romero, Pedro Henríquez Ureña— nos observan, instalados en el presente de un tiempo que no nos pertenece, tan jóvenes, tan cómodos. A Ernest Ansermet, con su barba negra y larguísima, se lo ve distante pese a estar en primer plano. Esta barba dio lugar a una broma bastante fuerte; se organizó un baile y la condición para ingresar era ir disfrazado de Ansermet con la legendaria barba, pero postiza.

Borges parece sentirse por encima de los otros; ha adoptado un aire entre indiferente y un poco compadrito. Ha cambiado, ya no es más el joven espigado, casi angélico de pocos años atrás. Ha engordado, más bien diría que se ha solidificado. Pronto adoptará un bigote y una barba más o menos efímeros pero que reaparecerán hacia 1939.

Un país diferente. Evaristo Carriego - Sur *y Victoria Ocampo - Elvira de Alvear - En Las Nubes - Adolfo Bioy Casares, Silvina Ocampo -* Discusión *y Drieu La Rochelle -* Crítica *y las primeras narraciones - Un hombre desdichado. El insomnio - Un malogrado suicidio - Lorca y Neruda en Buenos Aires - La Martona, trabajo conjunto - La Biblioteca Miguel Cané - Muerte de Jorge Guillermo. El accidente. Casamiento de Adolfito y Silvina.*

Un país diferente. Evaristo Carriego

En los años que van del veinte al treinta, la Argentina podía considerarse un país afortunado; una gran afluencia de inmigrantes le aseguraba una mano de obra eficaz, barata y sumisa. Esta gente, venida de las hambrunas europeas posteriores a la primera guerra mundial, se consideraba feliz por poder comer aunque tuviera que matarse trabajando: los obreros ganaban seis pesos cincuenta al día; las obreras, cuatro, y los menores de edad algo menos de dos pesos. El país tenía una de las monedas más fuertes del mundo; en 1924 había un excedente de treinta y ocho millones sobre el presupuesto nacional y los bancos eran de primer orden. Servicios públicos e instituciones funcionaban a la perfección. Y Buenos Aires, la única ciudad de América Latina que se jactaba de contar con subterráneo, irradiaba cultura: la literatura, la música, la pintura, el teatro y la escultura daban nombres que han perdurado a lo largo del tiempo. Y entonces, según Enrique de Gandía: «Alguien empezó a crear un famoso folklore nunca oído en los campos y que se desarrolló cada vez más».

La década de los treinta, denominada la «década infame», terminó con las garantías de los gobiernos constitucionales e inició una lamentable costumbre: la de los golpes militares, enfermedad endémica que hemos padecido demasiado tiempo y que nos ha privado de conducta cívica, de prestigio, de fuerzas morales, físicas y económicas; del sentido de la democracia, llevándonos a una mentalidad fascista y prepotente no sólo en el manejo del Estado sino en las relaciones de convivencia ciudadana. Y que, al masificarnos, nos ha privado de libertad.

Veinticuatro días después del golpe militar del 30 de septiembre que depuso al presidente Hipólito Yrigoyen y llevó a la Casa Rosada al general José Félix Uriburu, apareció el ensayo de Borges, *Evaristo Carriego.*

Los tres mil pesos del Premio Municipal le habían asegurado, además de la Enciclopedia Británica, un año de independencia económica en el cual podría prescindir de notas por encargo y de la ayuda de los padres para subvencionar sus necesidades. Borges tenía ya treinta años y quería invertir ese «año de ocio» en escribir un extenso libro sobre un tema realmente argentino. En su *Autobiografía*, de 1970, nos informa con detalle del asunto y agrega: «Mi madre esperaba que yo escribiera sobre alguno de los tres poetas que realmente valían la pena: Ascasubi, Almafuerte o Lugones. Ahora desearía haberlo hecho; en cambio, elegí un poeta popular pero menor: Evaristo Carriego. Mis padres me hicieron notar que su poesía no era buena. "Pero era un amigo y un vecino nuestro", les contesté. "Bueno, si pensás en esa cualidad suya como tema para un libro, adelante", me dijeron».

Quizás en ese momento Borges no supo explicar a sus padres cuál era la verdadera razón de su elección, pero al relatar el episodio, la encuentra: «Carriego fue el hombre que descubrió las posibilidades literarias de los difamados y andrajosos suburbios de la ciudad: el Palermo de mi infancia».

Borges necesitaba la memoria de la infancia que luego mejoró y diversificó, idealizándola. Siempre le había preocupado una afirmación que, muy joven, le escuchó a su padre acerca de la deformación paulatina y constante de la memoria que la vuelve inexistente: «Creo que si recuerdo algo, la mañana de hoy, obtengo una imagen de lo que vi esta mañana. Pero si esta noche pienso en la mañana de hoy, entonces lo que recuerdo realmente no es aquella primera imagen de la mañana. Así, cada vez que recuerdo algo, no recuerdo eso; recuerdo la última vez que lo recordé, recuerdo mi última memoria de ese algo. Así que verdaderamente, no tengo recuerdo alguno, no tengo ninguna imagen sobre mi infancia y mi juventud». Estas palabras dejaron muy triste a Borges, que se empecinó en buscar las memorias primeras, aunque, en realidad, la depresiva «inmemoria» paterna lo ubicó y para siempre en un mundo en el cual realidad y ficción son una misma cosa; en un mundo de doble participación e interacción de lo real con lo irreal.

Cuando en 1914 los Borges se fueron a Ginebra (ya Carriego había sido enterrado y llorado) se llevaron el único libro que publicó en vida, *Misas herejes*. «Recuerdo que el ejemplar, dedicado a mi padre, fue uno de los libros que leí y releí muchas veces.»

La canción del barrio, el volumen póstumo del poeta, fue ordenado por su hermano Enrique, utilizando materiales inéditos.

Al referirse a Carriego, Borges dice y acertadamente: «Su destino evolucionó del mismo modo que el tango: de arrollador, audaz y corajudo que era en un principio, se convirtió luego en un sentimental». El guapo, uno de los temas de Carriego, a quien definió como «un cultor del coraje», le interesa a Borges con mayor y «justificada atracción que ese otro mito más popular de Carriego, «la costurerita que dio aquel mal paso» y su contratiempo orgánico-sentimental».

Por intermedio de Carriego, Borges conoció al prototipo del *guapo*, don Nicolás Paredes, el caudillo de Palermo, a quien Carriego buscó una noche de 1897, cuando tenía apenas catorce años y deseaba la amistad de ese compadrito, héroe admirable al que se presentó con inocente audacia: «Soy Evaristo Carriego, de la calle Honduras». Borges nos ha dejado una espléndida descripción de Paredes: «criollo rumboso, en entera posesión de su realidad: el pecho dilatado de hombría, la presencia mandona, la melena negra insolente, el bigote flameado, la grave voz usual que deliberadamente se afemina y se arrastra en la provocación, el silencioso andar, el manejo de la posible anécdota heroica, del dicharacho, del naipe habilidoso, del cuchillo y de la guitarra, la seguridad infinita».

Hacia 1927, Borges lo visitó; vivía en un cuartito limpio y agradable. Paredes, un hombre casi viejo, lo atendió amable y cortésmente. Una noche le dedicó unas décimas que eran con su acierto improvisado una verdadera manifestación de amistad: «A usté, compañero Borges, lo saludo enteramente». Y otra vez, en el mismo boliche, Paredes lo desafió a una partida de truco; el escritor ganó la primera mano y luego perdió irremediablemente las otras. Borges pagó los centavos ganados por su contrincante y salieron juntos. Ya solos en la calle, Paredes se los devolvió y no sin ironía le dijo que jugaba para divertirse. Con seguridad habría hecho trampas: sin embargo, como Borges era su amigo no lo podía estafar, pero tampoco podía quedar como «un zonzo» frente a los compadres del boliche.

Una tarde bochornosa de diciembre, Borges fue a visitarlo. Al despedirse, Paredes le regaló una naranja para el camino, porque de su casa nadie salía con las manos vacías.

Con su *Evaristo Carriego*, Borges tuvo una experiencia inusual; a medida que iba escribiendo el libro, «me ocurrió lo mismo que a Carlyle cuando escribió su *Federico el Grande:* más escribía, menos me interesaba mi protagonista. Yo había empezado a hacer una estricta biografía pero en el camino me interesé cada vez más en la historia del viejo Buenos Aires». (Por ejemplo, en el capítulo dedicado a *La canción del barrio*, Borges empieza hablando del Palermo de 1912 y nos cuenta que en los corralones de la calle Cerviño o hacia los cañaverales y huecos del arroyo Maldonado, por diez centavos se conseguía compañera para bailar un tango. A veces amanecía por allí un compadrito muerto. Pero, por lo general, Palermo era una cosa «decentita e infeliz».) Este interés por el viejo Buenos Aires, sigue diciendo Borges, también lo notaron los lectores, quienes «no tardaron en darse cuenta de que el libro no concordaba con su título, *Evaristo Carriego*, y por consiguiente, el libro fracasó. Cuando apareció la segunda edición en 1955, le agregué algunos nuevos capítulos como la "Historia del tango" y creo que ahora está mejor». Precisamente en este capítulo se incluye un párrafo, «El desafío», que Borges escribió y rescribió muchas veces; era una de sus obsesiones. Entre los agregados hay una excelente prosa poética, «El puñal», dedicada a Margarita Bunge y que termina sugestivamente: «... Tanta dureza, tanta fe, tan impasible o inocente soberbia, y los años pasan, inútiles». ¿Sentiría Borges que sus años también pasaban inútiles?

Quizás Evaristo Carriego no sea una biografía convencional, pero más allá del carácter, del comportamiento y del estilo del poeta evocado, reconstruye la memoria, para nosotros inédita, de una Buenos Aires de principios de siglo y de los oscuros habitantes de los suburbios, rescatando a Paredes, por quien Borges sintió hasta su vejez una afectuosa ternura no exenta de nostálgica admiración.

Si la década de los veinte fue una época feliz para el país y para Borges, la de los treinta se puede considerar desdichada para ambos. El gobierno de Yrigoyen enfrentó la crisis de la Bolsa de Nueva York, que repercutió sobre la economía argentina, y en especial se enfrentó con las dificultades de un hombre debilitado por la edad —tenía setenta y siete años—, por sus propias manías y depresiones. Borges le explicó en una bastante confusa carta a Alfonso Reyes, en ese momento embajador en Brasil, cómo veía la situación. Se lo reconoce desengañado del «Doctor», pero también desconfiando de la nueva situación: «Ahora, tenemos independencia con ley marcial, una prensa adulona y la ficción de que el régimen tilingo anterior era cruel y tiránico».

Borges estaba desilusionado; poco y nada había quedado del entusiasmo de siete años atrás, cuando volvió a Buenos Aires. El ultraísmo había muerto. Sus libros de poemas habían sido aceptados por la minoría intelectual y lectora, que, sin embargo, no se había interesado en absoluto por la biografía de *Evaristo Carriego*. Borges, desconcertado, no sabía qué camino tomar.

Sur y Victoria Ocampo

En ese momento Victoria Ocampo lo convocó para integrar el comité de redacción de la revista *Sur*. Su organización le había llevado dos años; en el verano de 1931 apareció el primer número.

Victoria Ocampo, como Borges y Mujica Lainez, pertenecía al núcleo patricio de la sociedad argentina que había colaborado, a veces bien y otras no tanto, en la organización del país y entonces consideraba la historia de la patria como una historia de familia o, mejor dicho, de varias familias unidas entre sí por lazos de sangre. En su casa, siendo Victoria una niña, oía hablar de Sarmiento cuando venía a tomar café con el Tata Ocampo, su administrador, y el cuñado de éste, Vicente Fidel López. Y también se enteraba de los cuentos del otro bisabuelo, Manuel Aguirre, quien después de las Invasiones Inglesas le facilitó al Cabildo una verdadera fortuna para ayudar a la causa de la Revolución de Mayo. Además de sus orígenes, de heredar tres importantes fortunas, de su extraordinaria cultura y formación literaria (hablaba cuatro idiomas), se puede considerar a Victoria como una de las beldades de su época; alta, arrogante, de rostro y figura espectaculares y vestida por los mejores modistos, «arrasó» los salones de Europa cuando en 1913 la recorrió en viaje de luna de miel. Su matrimonio fue un fracaso y aunque desde 1914 estaba desvinculada del marido, Monaco Estrada, sólo en 1920 se legalizó la separación. El 4 de abril de ese año publicó su primera nota en el diario *La Nación* desafiando rígidas y estúpidas convenciones sociales y el desagrado de la familia, en especial de Manuel Ocampo, el padre, cuyas ideas demasiado clasistas y victorianas acerca de lo que debía ser la conducta de las mujeres lo llevaron a decir aquella terrible frase: «Si una hija mía [tuvo seis] decide seguir la carrera teatral, ser actriz, ese mismo día me levanto la tapa de los sesos». No tuvo necesidad de llegar a tales extremos espectaculares; murió antes, en enero de 1930. Promediando 1934 Victoria subió al escenario del Teatro Colón y debutó en el papel de «recitante» de la *Perséphone* de Stravinsky, papel que repitió luego en Río de Janeiro y en el *Maggio Musicale Fiorentino*.

Al año siguiente de la muerte de Manuel Ocampo apareció el número primero de *Sur*. Pese a que no llegó a verla, sabía de la existencia de la futura revista, que tanto ilusionaba a su hija, sobre cuyos oídos dejó caer este fatídico vaticinio: «Con esa empresa, quebrarás». No se equivocó; cuarenta y nueve años después, al morir en San Isidro, Victoria ni siquiera era dueña de la casa.

Los principales escritores que estimularon, entusiasmaron y convencieron a Victoria para que se lanzara a editar una revista y la financiara fueron el pensador español José Ortega y Gasset, el escritor norteamericano Waldo Frank y el argentino Eduardo Mallea, que le fue presentado a Victoria precisamente por el norteamericano, de quien era secretario.

El nombre de la revista *Sur* fue un hallazgo de Ortega y Gasset. Se lo aconsejó a Victoria en una casi legendaria conversación telefónica que mantuvieron entre Buenos Aires y Madrid. Llamar a larga distancia en aquellos días no era fácil ni barato. Pero ella había hecho antes y haría después cosas bastante más difíciles. La flecha apuntando hacia abajo, hacia el sur, convertida en el logo de la revista, primero, y después de la editorial, se le ocurrió a Victoria y muestra en forma evidente cuáles eran sus intenciones. Victoria quiso levantar un puente de doble mano; divulgar entre nosotros la mejor literatura extranjera contemporánea, europea y norteamericana, y hacer conocer la obra de nuestros escritores por el mundo.

Al recordar esos primeros tiempos de *Sur*, Victoria señala que «contaba con Borges como principal colaborador de la revista y como asesor de la empresa». Borges en ese aspecto tenía ya un pasado, recordemos que había dirigido tres revistas y colaborado en muchas otras; podía decirse que era un verdadero profesional y estaba mucho más adelante que la propia Victoria y que Mallea.

El primer número de *Sur* da una idea del rumbo a seguir en el futuro; había una mezcla internacional de colaboradores: el francés Pierre Drieu La Rochelle apareció con una carta a los lectores sudamericanos; Waldo Frank redactó una nota sobre Brasil; el catalán Eugenio d'Ors ensayó un acercamiento a Picasso; el director de orquesta suizo Ernest Ansermet estudió diferentes problemas de los compositores americanos; el arquitecto alemán Walter Gropius ofreció una visión del teatro moderno y otro arquitecto, el argentino Alberto Prebisch, estudió la obra de Le Corbusier. Borges escribió un largo artículo sobre Ascasubi. De este primer número se imprimieron cuatro mil ejemplares que se vendieron entre nosotros, en París y en Madrid. La revista se agotó enseguida; fue un verdadero e insólito éxito. En 1931 aparecieron cuatro números; en 1932, dos; tres entre 1933 y 1934. Desde 1935 hasta 1953 se publicó mensualmente y fue bimestral entre 1953 y 1972. Además, durante todos esos años aparecieron números especiales dedicados a los más diversos temas; incluso hubo uno, publicado en circunstancias bastante especiales, dedicado a Borges.

Hacia 1933, Victoria siguió una vez más el consejo de Ortega y agregó una editorial a la revista para ayudarse a solventarla.

Todo el mundo sabe la obra de cultura que llevó adelante *Sur*, revista y editorial. Octavio Paz aseguró que Victoria fue la «fundadora de un espacio espiritual» y «ha hecho lo que nadie antes había hecho en América. *Sur* es la libertad de la literatura frente a los poderes terrestres». Los escritores más importantes del siglo, de izquierda, de centro y de derecha, fueron convocados por la revista y por la editorial, que se estrenó en 1933 con *Romancero gitano* de García Lorca. Sur editó a Malraux, Sartre, Nabokov, Dylan Thomas, Joyce, Virginia Woolf, Camus... Y entre los americanos a Onetti, Alfonso Reyes, Borges, Murena, Adolfo Bioy Casares...

Desde el primer número de *Sur* hubo una reacción en contra; el camino hacia un nacionalismo equivocado, que pronto se convirtió en un fascismo desenmascarado, acusó a Victoria y a su grupo (Borges incluido) de comunistas. La gente de la izquierda los tildó (Borges incluido) de fascistas.

Al principio de la década de los cincuenta, Neruda acusó públicamente a *Sur* de editar la obra de «espías internacionales» y «colonialistas» y en la volteada cayeron Faulkner, Eliot, Lawrence y, por supuesto, Heidegger. El hecho de que Victoria, como mucha gente importante de su época, hubiera ido a ver a Mussolini en el Quirinale en 1934 fue considerado un verdadero crimen, pero es indudable que Mussolini era entonces un personaje popular, y se lo veía con cierta benevolencia, a tal punto que Cole Porter escribió una canción: «Eres lo mejor, eres Mussolini», a la que luego, por razones obvias, le cambió título y letra.

En las fotos del lanzamiento de *Sur* se ve a Victoria muy bella. Por otra parte, siempre se habló de su legendaria belleza. Se enamoraron de ella casi todos los hombres que la trataron en su juventud y en su madurez. Al preguntarle a Borges cómo era cuando la conoció, me contestó con la voz neutra e inocente que presagiaba sólo tres cosas, un chiste, una ironía o una burla: «Bueno, me dijeron que había sido muy linda». Cuando Adelina del Carril y Ricardo Güiraldes los presentaron, Borges tenía veinticinco años y Victoria treinta y cuatro. Ortega y Gasset, admirador total de la Ocampo, acababa de darle el espaldarazo en la *Revista de Occidente* al publicarle, con un extenso y elogioso epílogo, su texto *De Francesca a Beatrice*. Rabindranath Tagore, que en ese tiempo era huésped de Victoria en San Isidro, volvió a escribir poemas después de muchos años de no hacerlo, y la musa inspiradora era Victoria, quien ajena al enamoramiento del poeta tan admirado, seguía la entrañable relación que la unió a Julián Martínez, sin duda el hombre más importante de su vida. Era primo de Monaco Estrada y le llevaba varios años. Hombre muy culto y muy buen mozo, cuando el embajador Manuel Lainez fue a Europa a devolver las atenciones recibidas por el Centenario de la República Argentina lo llevó con el título «Attaché de hermosura», diciendo: «Lo llevo para que afuera vean cómo son los hombres argentinos».

Además de los nueve años de diferencia, había muchas otras cosas que los distanciaron, más a Borges que a Victoria, a lo largo del tiempo; él la consideraba prepotente y mandona, pero es indudable que Borges sufrió la influencia de su amigo Adolfo Bioy Casares, quien al casarse en 1940 con Silvina Ocampo, la hermana menor, empezó a verla como a una suegra.

En diversas ocasiones Borges criticó la manera como Victoria llevaba la revista. No entendía el criterio con que la dirigía, pero tampoco se daba cuenta de que, al no tener ella experiencias anteriores, no podía elaborar un organizado plan de trabajo sino que se dejaba llevar por sus intuiciones y sus gustos. Así, inspirada en modelos franceses, decidió que *Sur* apareciera con una forma casi cuadrada, tipografía grande y amplios márgenes blancos; hasta mucho después no advirtió que sobresalía incómodamente de cualquier estante de la biblioteca.

En el primer número se incluyeron fotografías, apropiadas para una guía turística, pero no para una revista literaria; según Borges se trataba de un «verdadero manual de geografía», que documentaba las inmensidades de las pampas, de las cataratas del Iguazú, de la Patagonia y de los Andes. Por otra parte —también se quejaba Borges— quería publicar sólo textos de escritores famosos pero no artículos sobre teatro, filmes o críticas literarias; en fin, no tenía idea de que la actualidad es parte de una revista.

Por último y siempre recordando palabras de Borges, Victoria tenía un modo de pedir las cosas que, en vez de pedir, ordenaba. Pero, he constatado, esta manera de decidir sobre la voluntad ajena la utilizaba sólo con quienes creía sus pares; con los empleados o con los subalternos, precisamente con aquellos que debían recibir sus órdenes, era amable y gentil.

Un verano, ya en la década de los treinta, Borges fue invitado por Victoria a su casa de Mar del Plata. Bajó del tren en las primeras horas de la tarde; el coche de la señora Ocampo lo esperaba en la estación. Llegó a la casa y, como hacía calor, sin deshacer la valija, se acostó a dormir la siesta. A la hora del té, Victoria le comunicó que esa noche comerían temprano para ir al cine; ya había elegido la película. Borges se excusó, advirtiéndole que tenía un compromiso previo, comería afuera y volvería tarde. A Victoria no le gustó, hubo un desagradable cambio de palabras y Borges, furioso, tomó su valija todavía cerrada y se fue. La dejó en la consigna de la misma estación ferroviaria y esa noche comió y fue al cine con Elvira de Alvear y su madre. Cuando las despidió en el hotel donde ellas se hospedaban, volvió a la estación y pasó el resto de la noche dormitando, sentado y muerto de frío (en Mar del Plata las noches son frescas), en un banco del andén porque la sala de espera estaba cerrada.

No obstante sus diferencias, Borges fue y así se lo consideró siempre, hombre de *Sur*. En la revista publicó casi siempre textos breves, ingeniosos, donde los detalles, las pequeñas cosas, cobraban un primer plano. Por ejemplo, la nota graciosa y erudita acerca de las inscripciones de los carros. Borges hizo críticas y reseñas de películas, de libros y poco a poco su estilo se impuso y empezó a tener admiradores que lo seguían. En la misma época, Mallea se hizo cargo de la dirección del suplemento literario de *La Nación*, del cual Borges fue colaborador permanente casi hasta el final de su vida. Su presencia en estas dos publicaciones lo encasillaron inevitable y políticamente a partir de la década de los sesenta.

Elvira de Alvear

Elvira de Alvear, desencadenante de uno de los tantos malentendidos Borges-Victoria, fue una mujer espectacular y excéntrica. Vivía con su madre, Cotita Cambaceres, y su hermana Dora, célebre dipsómana. El padre, Diego de Alvear, hombre de gran fortuna, había sido el dueño de un caballo famoso, *Botafogo,* que perdió una sola carrera en su vida con el tordillo *Grey Fox,* al que luego venció en la revancha, ganándole por cien metros.

Luego de la muerte de Diego de Alvear, el despilfarro y los malos administradores llevaron paulatinamente a la familia a la pobreza. Pero antes de esta y otras desgracias y en su juventud, Elvira fue, según Ulises Petit de Murat, una mujer gloriosa. Norah Borges conserva una fotografía donde se la ve al lado de Xul Solar. Había alguien más con ellos, pero Norah lo recortó prolijamente porque «esa persona no me gustaba». Están tomados del brazo; él, muy buen mozo, y ella, espléndida. ¿Quién habrá querido perpetuarlos, para siempre jóvenes, aquel 11 de febrero de 1935?

Previsiblemente, las tres Alvear pasaban largas temporadas en París. En esa ciudad, inspirada quizá por Victoria Ocampo y la revista *Sur*, Elvira decidió publicar la suya. La llamó *Imán* y el secretario de redacción era Alejo Carpentier. Apareció el 1 de abril de 1931 y en ella colaboraron Michaux, Borges, Xul Solar, Miguel Angel Asturias, Vicente Huidobro, Gerardo Diego y otros. Adolfo Bioy Casares la recuerda como una revista muy lujosa, pero el primer número fue también el último; no volvió a aparecer. Cinco años después del episodio, corridos de España por la guerra civil, Norah y Guillermo de Torre la visitaron en su departamento parisino: «Era un lugar muy lindo», recuerda Norah. «Nos invitó a almorzar. El único inconveniente era que tenía un animal horrible, una mangosta, que corría como una exhalación por toda la casa y sólo se detenía para mordernos los zapatos.»

Elvira de Alvear provocó el odio de Pablo Neruda por toda la eternidad. Meses antes de la aparición de *Imán*, Rafael Alberti recibió un raro manuscrito: se trataba de *Residencia en la tierra*, del poeta chileno. El libro lo entusiasmó; él y sus amigos trataron de publicarlo en España; lo único que lograron fue la aparición de unos pocos poemas en la *Revista de Occidente*. Luego, en París, hizo un nuevo intento: «Una muchacha argentina, Elvira de Alvear», cuenta Alberti en *La arboleda perdida*, «sería la editora». Consiguió de ella la promesa de un adelanto, cinco mil francos, una enormidad de dinero para la época. Neruda recibió el cable portador de la buena nueva; el dinero jamás. Pero lo peor fue que no podía recuperar el libro. En una carta del 26 de septiembre de 1932, el chileno le cuenta su desesperación a Héctor Eandi. «Esta chica Alvear es una mujer enteramente irresponsable, y debiera estar aislada en el lugar correspondiente. Ha retardado malévolamente la aparición de mi libro por los dos últimos años.» A medida que escribe, Neruda se va excitando y termina llamándola «gusano» y deseando que la tierra se abra y se la trague.

Elvira no era un gusano; simplemente, se le había acabado el dinero. No sé cómo se juntó Neruda con *Residencia*, que salió en Chile en 1933, pero probablemente sus maldiciones la alcanzaron.

Ella volvió a Buenos Aires avanzada la década de los treinta. Acá empezaron los inconvenientes de índole económica, todavía no demasiado evidentes.

Vivía con las Alvear una protegida de la familia, la princesa de Faucigny Lucinge, de soltera María Lidia Lloveras, la «colorada» Lloveras. Esta mujer agradable y riquísima se había casado con uno de los más llamativos y aristocráticos príncipes de Francia. Pero su marido en París y su administrador en Buenos Aires colaboraron con toda eficacia para dejarla en la calle, y la pobre, abandonada por ambos, vivía de una magra renta y de la ayuda de las amigas. Borges frecuentó mucho a la princesa, a quien nunca dejó de llamar (no sé si en broma o en serio) por su título nobiliario, tratándola con la más encantadora de las cortesías, no obstante las burlas, algunas bastante groseras, de la señora de Alvear.

Como era previsible, Borges prologó el libro de poemas de Elvira, *Reposo*, y hacia 1930, se enamoró de ella. Lo seducían su gracia, sus cambios abruptos e incomprensibles de humor, su sonrisa cautivadora y su incansable gentileza. Elvira lo quería a su modo y lo quería mucho, pero eso no impedía que lo dejara plantado esperándola horas en alguna confitería, sin aparecer y, por supuesto, sin disculparse luego. Según me confesó Borges, Elvira es una de las tres mujeres que, unidas en su pensamiento creador, le dieron vida a Beatriz Viterbo y a Teodelina Villar.

Por otra parte, Elvira fue muy amiga de la familia, tanto que cuando murió Jorge Guillermo ella los acompañó toda la noche del velorio.

El tiempo pasó; Elvira se fue perdiendo en una niebla de locura. En los últimos años, ya la cabeza perdida, ocupaba un miserable y mínimo departamento en San Telmo. Un lugar oscuro en planta baja, con dos cuartos que daban a un patio lúgubre y estrecho. Borges la visitaba la tarde del 31 de diciembre de cada año y aquella mujer pálida, obesa y ausente, cuya belleza era un recuerdo, lo hacía sentar en el comedor y luego tomaba una campanilla de plata que descansaba sobre la mesa y la agitaba una y otra vez. Nadie venía porque no había nadie. Y Elvira no dejaba de comentar, angustiada, que la gente de servicio ya no era la de antes; nunca estaba en su sitio cuando se la llamaba. Borges dulcemente trataba de calmarla, asegurándole que no deseaba nada y, consolándola como se consuela a un niño enfermo, le hablaba de frivolidades, de un futuro libro que escribirían juntos algún día. Cuando ella murió en un hospital, superados desdenes y archivada su propia pasión, Borges le escribió un poema, «Elvira de Alvear», quizá para olvidar la perversidad de Beatriz Viterbo: «Todas las cosas tuvo y lentamente / Todas la abandonaron. La hemos visto / Armada de belleza. La mañana / Y el claro mediodía le mostraron, / Desde su cumbre, los hermosos reinos / De la tierra. La tarde fue borrándolos / (...) Todas las cosas la dejaron, menos / Una. La generosa cortesía / La acompañó hasta el fin de su jornada, / Más allá del delirio y del eclipse, / De un modo casi angélico. De Elvira /

Lo primero que vi, hace tantos años, / Fue la sonrisa y es también lo último».

En Las Nubes

Las fotografías que registran un Borges con bigote y barba corresponden a dos periodos: 1931 es el primero, y fueron tomadas en Salto, la ciudad oriental a orillas del río Uruguay. Aparece en varias tomas, con un traje de baño enterizo conformado por un pantalón con faldita delantera y una antiestética parte superior, como una camiseta con breteles anchos; obviamente el conjunto es negro. Esta antigualla se consideraba moda obligatoria en los años treinta. Idénticos atuendos visten Guillermo y Norah, pero ésta ha agregado un cinturón blanco al conjunto, que le da cierta gracia. Los tres eran huéspedes del escritor uruguayo Enrique Amorim, casado con Esther Haedo, prima y compañera de juegos infantiles de los hermanos Borges. La casa se llamaba Las Nubes porque se alzaba sobre una colina que dominaba la ciudad; era blanca, confortable y moderna, y los anfitriones amables, cariñosos e inteligentes.

Durante la estadía, no demasiado larga, en estos campos del noroeste uruguayo, Borges vivió experiencias inéditas brindadas por el gauchaje: violencia cotidiana, un agresivo primitivismo anacrónico, que se advertía, como dijo el escritor, en los «cercos de piedra, en el ganado de cuernos largos, en los atavíos de plata para los caballos, en los gauchos barbudos, los palenques, los avestruces, todo era tan primitivo, incluso tan bárbaro, que lo convirtió más en un viaje hacia el pasado que en un viaje a través del espacio».

En aquellos días, la frontera entre el Uruguay y el Brasil, cerca del campo de Amorim, existía, salvo por algunos accidentes naturales, sólo en los mapas. La ciudad uruguaya de Rivera se confundía con la brasileña de Santa Anna do Livramento; la frontera era una larga avenida abierta sin ningún puesto aduanero, igual que en la ciudad de Chuy. Se contrabandeaba todo, en especial ganado. La vida propia y la ajena valían tan poco que se mataba por una irritación casual y momentánea; a veces, por menos. Borges sólo había observado este tipo de vida en las novelas y en los filmes norteamericanos del Far West. Así, él y Amorim vieron en un boliche de Santa Anna matar a un hombre. En una mesa estaba sentado, bebiendo, el capanga (guardaespaldas) de un hombre importante. Un infeliz borracho, diciendo obscenidades, se acercó demasiado y el otro, sin moverse de su sitio, sacó el revólver y lo mató de dos balazos. Al día siguiente, el asesino, intocable para la justicia, volvía a estar en el boliche, jugando a las cartas.

También en Santa Anna y por medio de Amorim conoció Borges a un hacendado brasileño. Lo acompañaba un negro gigantesco que llevaba a la vista unos revólveres muy grandes; el señor, sin disimular su orgullo, lo presentó diciendo: *«Meu capanga!»*. Luego le explicaron a Borges que eso indicaba la importancia y riqueza del individuo.

El acto de violencia que presenció alimentó de tal manera la imaginación de Borges que por lo menos cinco cuentos suyos, escritos bastantes años después, tuvieron alguna relación con este hecho. Lo sedujeron el lugar; la frontera, sitio de paso para gente que trafica o huye; la vida que llevaban los gaúchos (pronunciando la palabra a la antigua manera oriental, es decir a la portuguesa), y las crecidas del río Tacuarembó, que obligaba a los pasajeros a aceptar la hospitalidad de negociantes y de los dueños de los boliches.

Una mención de aquellas experiencias de Salto aparece en «Tlön, Uqbar, Orbis Tertius», en «La forma de la espada» y en «El muerto». En este último Otálora, un guapo argentino, se transforma en el capanga de un contrabandista. Borges, como todos los escritores, buscó en sus vivencias, en su pasado, en la gente que lo rodeaba, temas y personajes. Otálora era un apellido antiguo en su familia y El Suspiro, lugar donde transcurre la acción de «El muerto», era el nombre del rancho, en el cual pasaron, con Amorim, una noche. En «La otra muerte» reaparecen el hombre primitivo y sus sentimientos. Y por último, en «El Sur», Juan Dahlmann protagoniza el asesinato del pobre borracho a manos del capanga. Ahora el duelo se desarrolla a la inversa y es a cuchillo, pero la atroz pesadilla continúa.

Nunca una visita tan breve (es probable que esa vez no llegara a dos semanas su estancia en Las Nubes) rindió frutos tan amplios.

Adolfo Bioy Casares, Silvina Ocampo

A poco del lanzamiento de *Sur*, Marta Casares de Bioy visitó a Victoria Ocampo. Iba a pedirle un consejo: su hijo Adolfito, un adolescente de diecisiete años y del que estaba muy orgullosa, tenía una profunda inclinación hacia la literatura; de hecho ya había escrito dos libros. Marta Casares quería saber a quién, de entre los escritores conocidos, recomendaba Victoria para que lo ayudara y lo guiara en el camino elegido por su hijo. Victoria, sin vacilar, le indicó a Borges.

«Y no me equivoqué», señala ella en su *Autobiografía*. «Entre ambos y pese a la diferencia de edades, comenzaría una gran amistad. Lo profeticé pero no pude imaginarme que sería tan vigorosa.» Borges señala la fecha del encuentro en 1931, cuando él tenía treinta y dos años y Adolfito, diecisiete. Bioy, en cambio, afirma que ocurrió en 1932, y los dos dijeron que fue en la casa de San Isidro de Victoria Ocampo. Ese día había un invitado extranjero, importante dentro del mundo de la cultura. Conversando, Borges y Bioy se aislaron del grupo principal que se movía alrededor del personaje. En un determinado momento se les acercó Victoria y les susurró: «¡No sean mierdas! ¡Atiendan al invitado!». Borges se enojó, hizo un movimiento brusco y sin querer rozó un jarrón que se cayó y se rompió. Entonces se enojó mucho más y Adolfito se ofreció a traerlo al centro en su coche. Volvieron juntos y Borges quedó deslumbrado con este muchacho que en dieciocho años había leído los mismos autores y libros que él en treinta y tres.

La amistad de Bioy fue una de las cosas que más felicidad y alegría le dieron a Borges en la vida. Había encontrado, por fin, un interlocutor válido: compartían iguales gustos literarios, idéntico estilo de refinamiento intelectual, parecidas reacciones, el mismo sentido del humor, idéntico desdén callado ante lo abominable de cualquier origen. Amistad entrañable exenta, ya lo dijimos, de confidencias; porque más allá de las secretas e infinitas bromas que disfrutaron juntos, de los autores que amaron o descubrieron al mismo tiempo, de los libros que escribieron a cuatro manos, ninguno sabía las circunstancias y peripecias que el otro padecía en su mundo privado, ajeno al ámbito exclusivo en que se movían, identificándose. Un respetuoso pudor les impedía la confidencia; Borges estaba orgulloso de esa amistad estricta, de esa amistad en «estado puro». Quien los haya visto trabajar juntos no podrá olvidar las estrepitosas carcajadas (verdaderos gritos entrecortados en Borges) con que festejaban frases aparentemente sin sentido, que para ellos sí lo tenían. A Silvina Ocampo, la mujer de Adolfito, ese «cacareo en conjunto», como lo llamó alguna vez, la sacaba de quicio; la verdad era que se sentía excluida, como todas las personas que los rodeaban. Juntos, Borges y Bioy transitaron el mismo camino durante cincuenta y cinco años.

Silvina Ocampo había conocido a Borges en 1931, cuando él usaba bigote y ella se sentía más cerca de Norah. Las dos pintaban y dibujaban y cada una tenía un insólito y diverso modo de ver el mundo y quienes lo habitaban. Y si Silvina ha sido una de las mujeres más originales e inteligentes que han pasado por la vida argentina, con la reflexión justa en el momento oportuno, de Norah Borges puede decirse lo mismo. Sin embargo, Norah, desagradada por la sociedad que la rodeaba, muy pronto le dio la espalda, se encerró en sí misma y entró en un ámbito estricto, poblado por figuras angélicas; con casas, plantas y objetos pensados para ser compartidos por ángeles. Y desde ese momento, decidió ignorar las debilidades humanas y encontrar a todos buenos, dignos de amor. De Silvina recuerdo frases deslumbrantes. Dentro de un frasco había unas semillas secas, brillantes y oscuras y ella me dijo: «Son muy lindas porque son como las promesas; uno sabe que no se cumplirán». Le gustaban las plantas, las flores, las hojas, los árboles, el mar, los animales, todas las cosas de la naturaleza. Nadie sabía armar maravillosamente un jarrón como Silvina, con cuatro ramas de eucalipto, cinco limones y un manojo de espigas secas.

Refiriéndose a Borges, escribió: «Me parece que siempre lo he conocido, como ocurre con todo lo que uno ama».

Lamentablemente, la gente que la trató poco recuerda sus bromas más o menos absurdas y habla de ella como si sólo hubiera sido una mujer exterior, una tilinga inteligente.

Discusión *y Drieu La Rochelle*

En 1932 apareció el octavo libro de Borges y quinto de ensayos, *Discusión*, que recopilaba artículos publicados entre 1928 y 1931. En el prólogo, este hombre de apenas treinta y tres años hacía una curiosa declaración: «... Vida y muerte le han faltado a mi vida. De esa indigencia, mi laborioso amor por estas minucias...».

En algunas de esas minucias aparece preocupado por la «esencia» y la «verdadera naturaleza» de la Argentina. En el primer artículo del libro, «Nuestras imposibilidades», destaca los peores aspectos del tipo de porteño que ejerce la «viveza», grosero y bastante estúpido. Enumeradas las imposibilidades, hace una deprimente declaración: «Hace muchas generaciones que soy argentino; formulo sin alegría estas quejas». (En posteriores reediciones, Borges suprimió el artículo por débil.) En *Discusión* hay también un estudio sobre la poesía gauchesca; una serie de notas de carácter filosófico y literario; dos pequeños ensayos sobre Walt Whitman, poeta al que tradujo con entusiasmo; una reflexión acerca de Paul Groussac, al que siempre admiró, y no falta el breve y excelente texto sobre cine. Sintió una marcada preferencia por los filmes americanos; en esos años le interesaba Von Sternberg y comenta

Marruecos; habla del Chaplin de *Luces de la ciudad,* de Buster Keaton y de Greta Garbo. Hasta el final de su vida recordaba la emoción que sintió cuando, al pasar del cine mudo al sonoro, oyó por primera vez la voz grave y algo ronca de la Garbo diciendo «whisky».

En 1933 la revista *Megáfono* dedicó gran parte del número de agosto a este volumen de ensayos, con el título «Discusión sobre Jorge Luis Borges». En él participaron los escritores jóvenes más importantes del momento; hubo entusiastas y hostiles. Los mejores textos fueron escritos por Pierre Drieu La Rochelle y Amado Alonso. Las páginas de Drieu, redactadas durante su viaje de regreso de la Argentina a Francia, se publicaron en francés, tal como habían sido escritas. Allí se encuentra la frase, ampliamente repetida: «*Borges vaut le voyage*» (Borges vale el viaje). Expresión ambigua y con doble sentido; por un lado un gran elogio para el argentino: el cruce del Atlántico y la incomodidad de veinte días de navegación (por supuesto, en camarote de lujo) están compensados por su presencia y su talento. Por otro, hay un desdén hiperbólico hacia lo visto, oído y vivido en la Argentina.

La Rochelle llegó a Buenos Aires en mayo de 1933 invitado por *Sur*, es decir, por Victoria Ocampo, para dar conferencias. Drieu y Victoria habían mantenido una breve relación íntima a principios de la década de los treinta. Victoria la dejó caer porque le horrorizaban las ideas antisemitas de él y el sentido totalitario con que Drieu veía el devenir del mundo.

La Rochelle aceptó la invitación con reticencia, ya que carecía de experiencia en ese campo; luego, al descubrir que tenía éxito (contribuían su buena figura, su fino rostro aniñado y sus hermosos ojos azules), se largó en una gira de conferencias por el interior. En su *Diario* escribió: «Tuve una mujer en cada ciudad y atrapé un horrible pequeño inconveniente».

El tema de sus charlas se centraba en la crisis de la democracia y a medida que hablaba comprendió que descreía de esta forma de gobierno. El había peleado contra los alemanes en la guerra del 14 y la atroz experiencia de haber matado a los hijos de un país que admiraba lo había lastimado. Por otra parte, estaba desilusionado de los gobiernos democráticos y de sus promesas incumplidas. Poco a poco se fue convirtiendo en fascista primero, luego en nazi, y por último en colaboracionista durante la segunda guerra mundial. Seis años mayor que Borges, éste lo deslumbró. Lo encontraba talentoso, encantador y *valéryen*. Fue algo recíproco: Borges admiró su inteligencia, el humor incisivo, la agudeza de los razonamientos, aunque nunca opinó acerca de las novelas de Drieu.

En junio de 1933, Borges le escribe a su cuñado, Guillermo de Torre, en ese momento en España con Norah. En el tercer párrafo de la carta, le dice: «A Drieu La Rochelle (que es un muchachón tímido, taciturno y casi misteriosamente simpático) lo convidamos con un asado chacaritero de los que inauguró Ramón [Gómez de la Serna]: achuras, el asado, vino de la Ribera, queso, dulce de membrillo, dos guitarreros entrerrianos, café y un payador. Nuestras reservas digestivas y auditivas creo que lo asombraron: le presenté el gomero de la Recoleta, que le pareció lo más lindo que había presenciado en Buenos Aires, sin excepción de Raquel Adler [una poetisa y ensayista muy atractiva] o de la prosa de Samuel Glusberg». Dos renglones más abajo le habla de los amigos comunes: «A Bernárdez lo visité: está rechoncho, enfermo, esperanzado, en cama y con barba. Xul y Mastronardi (que anda por Buenos Aires ahora) son las personas que veo con más frecuencia». Se despide con una frase curiosa: «Repartición de afectos. Para ti un abrazo de Georgie».

Como era de esperar, Borges arrastró a Drieu a sus paseos nocturnos. Vagaban juntos en el «inmenso laberinto rectilíneo» de la ciudad y después de horas de marcha desembocaban en el campo, en la pampa huyente, horizontal. Sin duda, a esa altura ya no hablaban, atrapados por la inmensidad de la noche argentina. Drieu recordaba después la experiencia: «Todos dormían, los cines estaban cerrados, las luces de los cafés parpadeaban en la noche. Sólo, en dos o tres kilómetros a la redonda, velaba la claridad acongojada de un pequeño prostíbulo. Mi poeta marchaba a grandes pasos locos. El me paseaba entre su desesperanza y su amor porque él amaba esta desolación, pues de ella había hecho su alma».

Algunas noches los acompañaba Néstor Ibarra. Después de andar hasta el alba, iban a tomar café con leche y medialunas en una Martona de la estación Constitución y compartían con los obreros del ferrocarril el desayuno y la mesa.

Ibarra se acordaba de una noche en que, muy tarde, llegaron a Puente Alsina, entonces un descampado. En el claroscuro del amanecer vieron pasar una caballada, recortada contra el horizonte de la llanura vacía. Quizás en ese momento Drieu pronunció la otra famosa frase suya, tan racional y definitoria de la pampa: «*Le vertige de l'horizontal*». Borges, borracho de amor y menos racional, gritó: «¡Es la patria, carajo!».

Drieu se suicidó el 16 de marzo de 1945, luego de dos fallidos intentos previos; tomó pastillas para dormir y después abrió las llaves del gas. Vivió y murió como el protagonista de una novela, su propia novela, la novela decadente y destructora que fue su vida. La última carta que le escribió a Victoria Ocampo está redactada como una página literaria: «... no sabes qué bella es mi muerte, en una tarde soberbia, mi ventana ampliamente abierta sobre París (...). Alegría, alegría (...). No he sentido odio por los judíos, pero como dijo Marx, estaban más deformados que los otros por el capitalismo (...). ¿Has leído *L'homme à cheval*? He puesto en él mi amarga ternura por ti (...). Me hubiera gustado volver a verte (...). Te abrazo, querida Victoria. Pierre».

Borges, que admiró siempre a Drieu, solía decir, en un intento por suavizar ciertos aspectos de su personalidad, que se había hecho pronazi y colaboracionista por haraganería. Y lo repitió tantas veces que, al fin, se lo creyó: «El se fue quedando en París por falta de decisión, por flojera, no tenía ganas de preparar valijas, clasificar papeles e irse a Londres, como le aconsejaban sus amigos; cuando quiso hacerlo, fue demasiado tarde. La única solución posible fue el suicidio». Borges defendió a La Rochelle incluso ante sí mismo y no quiso ver lo evidente. Drieu eligió morir, lo dice en su testamento, escrito después de la derrota del nazismo: «No quiero huir. No quiero ocultarme. No deseo ser matado por cobardes. No admito ni la indulgencia ni la severidad de los gaullistas, que para mí son pobres gentes equivocadas...». Si Borges llegó a conocer este testimonio, no lo tuvo en cuenta; él no veía lo que no quería ver y olvidaba lo que quería olvidar.

Amado Alonso también había elogiado *Discusión* en la revista *Megáfono* y aunque sólo tenía tres años más que Borges, integraba el bando de los mayores. Señalaba que Borges había dejado atrás al escritor barroco de *El tamaño de mi esperanza* para transformarse en un escritor sobrio con afán encomiable de exactitud; de esta forma su escritura había madurado. Amado Alonso casi siempre elogió a Borges, pero en la *Correspondencia (1923-1951)* [Tusquets Editores, Barcelona, 1991] intercambiada entre Pedro Salinas y Jorge Guillén hay mencionado un episodio donde se advierte que no todo era alabanza. Se halla en la carta, larguísima, fechada el 24 de abril de 1951 y firmada por Salinas en Baltimore: después de una serie de improperios contra Juan Ramón Jiménez y de chismes sobre mucha gente, se habla de un posible candidato a profesor para Wellesley. Salinas comenta los nombres pensados y de pronto dice: «El episodio cómico es que por un atolondramiento de la tan buena como cabeza hueca de Mary

Sweeney, recibió (...) una carta de aceptación (así, nada menos) de Jorge Luis Borges, a quien había escrito. Por fortuna Amado dijo con toda claridad que es un enemigo profesional de la literatura española, y que no se le podría dar ningún curso sobre ella. ¡Es un pequeño inconveniente, entre otros, para un profesor de español! Yo no les quise recordar lo que había escrito, también, sobre los Estados Unidos. ¡Qué lamentable es el dinamismo ardillesco de estas damiselas amojamadas!». Quizá fueran amojamadas, pero tenían más visión de la demostrada por gente inteligente que se jactaba de culta. Para Borges habría sido la oportunidad de escapar del agobio del peronismo, no por la retribución económica ofrecida en Wellesley que no tenía nada de deslumbrante.

Enrique Anderson Imbert no elogia a Borges en *Megáfono*. Enrique, con apenas veintitrés años y gran fervor socialista, sostenía que el escritor no estaba informado acerca de la realidad social y política del país. Cincuenta años después, no cambió de opinión.

Sería excesivo enumerar las diversas opiniones aparecidas en *Megáfono*, pero sí es conveniente señalar que se veía en Borges a uno de los más destacados escritores jóvenes del país.

Crítica *y las primeras narraciones*

A partir de 1933, Borges encontró, casi sin darse cuenta, su verdadero destino dentro de la literatura: el cuento, género que le daría fama mundial. Pese a que ya en 1927 había elaborado un boceto del futuro «Hombre de la esquina rosada», el real comienzo de su carrera como cuentista arranca del momento en que empezó a dirigir la *Revista Multicolor* del diario *Crítica*, cuyo primer número salió el 12 de septiembre de 1933. En la empresa lo acompañaba Ulises Petit de Murat, quien se lo presentó al dueño de *Crítica*, Natalio Botana.

Si *Crítica* era un diario sensacionalista, populachero y escandaloso hasta tal punto que cuando las noticias no eran lo bastante llamativas, las inventaba, su director —personaje muy discutido— tenía una visión árida y desencantada de la vida y gran desdén por el mundo circundante. Deseaba que sus periodistas fueran cultos, y mientras que *La Nación* se consideraba una especie de academia por la gente de su redacción, *Crítica* agrupó a personas tan notorias como los escritores y poetas Rojas Paz, Arlt, Nalé Roxlo, Pondal Ríos, Córdova Iturburu, Tálice, González Carbalho, Escardó, Rega Molina, Luis Saslavsky (después famoso director cinematográfico), Carlos Mastronardi, Edmundo

Guibourg y Carlos de la Púa (seudónimo de Carlos Muñoz del Solar), quien le dedicó a Borges su libro *La crencha engrasada*.

Es evidente que Botana quería editar un suplemento literario paralelo al de *La Nación*, dirigido por Eduardo Mallea. Botana, dueño de una cultura clásica, no dejaba de interesarse por los movimientos renovadores de la literatura contemporánea. Al leer un artículo de Borges, publicado en *Sur*, acerca de James Joyce, quiso publicar el *Ulises*, pensando en Borges como el traductor posible. Al pedir los derechos, se enteró de que ya habían sido otorgados para el mundo hispanoparlante a Salas Subirat. Fue una lástima, supongo que se perdió una excelente versión.

Botana creía en la existencia de una literatura vital y real que la gente debía conocer; entonces aprovechó la enorme tirada de su diario para dar en la *Revista Multicolor*, y en términos accesibles, valores que no estaban al alcance de todos: un Benito Lynch o un Horacio Quiroga, por ejemplo.

Borges entró así en ese mundo que no dejaba de tener aspectos muy sórdidos. En *Crítica* probó por primera vez cocaína, que se vendía libremente en las farmacias: «Más allá de una ligera excitación, producto en parte de la expectativa ante los efectos inmediatamente posteriores, fue como tragar una pastilla de menta. Muchos años después, me pasó lo mismo en los Estados Unidos. Soy inmune a las drogas». Es muy probable que haya sido así, pero me inclino por una hipótesis, que incluso le sugerí cuando por cuarta o quinta vez me habló de esta experiencia: ¿no le habrán dado una cucharadita de bicarbonato en vez de cocaína para hacerle una broma? Con escepticismo, Borges descreía de esta posibilidad, la otra era más seductora.

El sueldo que recibía era bastante miserable. Los redactores pasaban la vida en el edificio de la avenida de Mayo —Botana era muy exigente— para ganar por mes ochenta o noventa pesos, en el mejor de los casos. Una vez cada tanto, se acordaba Borges, el director, a quien no veían nunca porque incluso tenía un ascensor privado que lo llevaba a su despacho, se aparecía por la redacción en las horas de más trabajo. Sacaba del bolsillo interior del saco la billetera y empezaba a tirar al aire papeles de cincuenta y cien pesos; luego, desdeñoso, con el puro entre los labios, observaba cómo sus empleados se tiraban al suelo para tratar de recoger la mayor cantidad posible de billetes. Una vez descubrió a Borges, que petrificado en el otro extremo de la redacción, miraba abochornado el lamentable espectáculo, y por encima de los cuerpos que se arracimaban en el piso, lo invitó a tomar café. En lo sucesivo, si alguien avisaba que venía el director, Borges corría a encerrarse en el baño para evitar el mal rato.

En la *Revista Multicolor,* que se entregaba con el diario del sábado (todo valía diez centavos), se encontraban notas firmadas por Xul Solar, Guillermo Juan, primo de Borges, Rojas Paz, Juan Carlos Onetti, Néstor Ibarra o Enrique Amorim.

Botana había exigido que cada quince días el director de la revista entregara una colaboración; así, mientras Borges estuvo en *Crítica* publicó veintitantos textos propios y una serie de versiones de sus autores favoritos: Chesterton, Kipling, Wells, Gustav Meyrink (de quien tradujo los extraños y fantásticos cuentos del libro *Fledermäuse).* Todavía recuerdo, en la casa de la calle Maipú 994, el volumen en un estante alto de una de las bibliotecas del comedor: tapas de cuero muy gastadas, la intrincada prosa alemana en escritura gótica y los raros grabados destinados a provocar pesadillas.

Borges también escribía breves críticas sobre libros de escritores argentinos, uruguayos y brasileños: *Desagravio al lenguaje de Martín Fierro,* de Vicente Rossi; *Transfiguras,* del poeta Roberto Ledesma; *45 días y 30 marineros,* de Norah Lange, que relata un viaje a Noruega, la tierra de sus ancestros; una versión al inglés de *Don Segundo Sombra;* y un libro que marcó a generaciones de argentinos, *Radiografía de la pampa,* de Ezequiel Martínez Estrada. Borges lo elogió sin reservas, llegó a decir que su autor «es un escritor de espléndidas amarguras (...), de la amargura más ardiente y más difícil, la que se lleva bien con la pasión y hasta con el cariño».

Borges publicó muchos textos firmando con un seudónimo: Francisco Bustos, nombre de uno de sus tatarabuelos. El más importante de todos fue «Hombre de la esquina rosada», que apareció originalmente bajo el título de «Hombres», y dedicado luego a Amorim. En este cuento Borges quiso registrar la voz de don Nicolás Paredes, sus anécdotas y su particular modo de contarlas. «Me esclavicé encima de cada página, diciendo en voz alta cada frase, procurando transmitirla con sus tonos exactos. Por timidez y quizá por la sensación de que el cuento estaba un poco distante de mí, lo firmé con un seudónimo. Aunque el cuento se hizo popular hasta un grado embarazoso (hoy lo encuentro teatral y amanerado y los personajes me parecen falsos) nunca lo consideré como un punto de partida. Simplemente quedó allí, como una suerte de engendro...»

Nunca supe por qué Borges le tomó antipatía al cuento porque desde la primera línea consigue un clima cautivante, aunque los personajes y la acción parezcan algo forzados. Gran lector de intrigas policiales, supo aprovechar lo mejor del género para sus invenciones. El narrador, que utiliza la primera persona y cuenta el hecho como ajeno al mismo, de pronto y sobre el final se dirige a Borges, llamándolo por el apellido, para decirle que el cuchillo sin un «rastrito de sangre» estaba como nuevo, inocente.

Y con esta inesperada resolución y sólo dos palabras, se confiesa el asesino y le da al texto una absoluta credibilidad.

Los seis cuentos que aparecieron en *Crítica* entre 1933 y 1934 fueron reunidos en *Historia universal de la infamia*, publicado en 1935. El título era efectivo y melodramático, quizá demasiado decorativo, lo juzgó su autor años después. Un poco al estilo de «La muerte y la brújula» o de «El jardín de senderos que se bifurcan», títulos que, sin embargo, le gustaban.

«En mi *Historia universal* no quise repetir lo que Marcel Schwob había hecho en sus *Vidas imaginarias*, inventando biografías de hombres reales, sobre quienes ha quedado registrado poco o nada. En lugar de eso, leí las vidas de personas conocidas y luego debidamente las modifiqué y deformé según mi capricho. Fueron hechos para su consumo popular en *Crítica* y eran marcadamente pintorescos. Ahora supongo que el valor secreto de esos bocetos —aparte del placer puro que me haya proporcionado escribirlos— reside en el hecho de que fueron ejercicios narrativos», confiesa Borges en su *Autobiografía*.

Al final del libro hay un Indice más o menos apócrifo, recurso que repitió a menudo en obras futuras. Por ejemplo, señala un texto: *Die Vernichtung der Rose* (La aniquilación de la rosa) como tomado de un libro de Alexander Schulz publicado en Leipzig en 1927. Obviamente se trataba de una broma dirigida a Xul Solar, cuyo nombre era Alejandro Schulz.

Un hombre desdichado. El insomnio

Según afirmó Ulises Petit de Murat en *Borges, Buenos Aires*, en esos dos años durante los cuales trabajaron juntos en *Crítica,* a nuestro escritor se lo veía feliz. Mi impresión es que Ulises no estaba bien informado. En el segundo prólogo de *Historia universal de la infamia*, escrito veinte años después de la primera edición, Borges ratifica que el autor de esos relatos era «asaz desdichado». La dedicatoria del libro, escrita en inglés, es una verdadera demostración de la pena: «Dedico este libro a I.J., inglesa, innumerable y un ángel. También le ofrezco la entraña de mi ser, que, de algún modo he preservado, el corazón central que no utiliza palabras ni trafica con sueños, intocado por el tiempo, por la alegría, por la adversidad».

Estas conmovedoras palabras integran el segundo poema de los dos que con el título «Prose Poems for I.J.», y fechados en 1934, recogió en *Poemas (1922-1943)*, libro publicado por Losada en diciembre de 1943. En la correcciones anotadas por el mismo Borges para la reedición posterior del poemario, cambió «Prose Poems» por «English Poems» y al pie de la página 157 escribió: «El primero fue escrito para Beatriz Bibiloni Webster de Bullrich»; pero las iniciales de la dedicatoria se han transformado en S.D. (¿sería Sara Diehl de Moreno Hueyo, Pipina?). En las Obras Completas de 1974, ambos poemas conservan la última denominación y están dedicados a la señora de Bullrich con el nombre completo. Se trata de dos piezas conmovedoras, en especial la segunda, que se abre con una patética pregunta: «¿Con qué te puedo retener? / Te ofrezco pobres calles, desesperados crepúsculos, la luna de los desarrapados suburbios. / Te ofrezco la amargura de un hombre que ha mirado largamente la luna solitaria. / Te ofrezco mis antepasados, mis muertos, fantasmas que los vivos han honrado en el mármol: el padre de mi padre asesinado en la frontera de Buenos Aires, dos balas atravesaron sus pulmones y barbudo y muerto, fue envuelto en un cuero de vaca por sus soldados; el abuelo de mi madre que a los veinticuatro años comandó una carga de trescientos hombres en el Perú, ahora fantasmas sobre desvanecidos caballos. / Te ofrezco lo que pueda haber en mis libros, lo que pueda haber de hombría y de humor en mi vida. / Te ofrezco la lealtad de un hombre que nunca ha sido leal». (Acá aparecen intercaladas las líneas de la dedicatoria.) «Te ofrezco la entraña de mi ser que de algún modo he preservado; el corazón central que no utiliza palabras ni trafica con sueños, intocado por el tiempo, por la alegría, por la adversidad. / Te ofrezco el recuerdo de una rosa amarilla, vista en el crepúsculo años antes de que nacieras. / Te ofrezco explicaciones acerca de ti misma, / teorías sobre ti misma, / auténticas y sorprendentes novedades de ti misma. / Te puedo dar mi soledad, mis tinieblas, el hambre de mi corazón; estoy tratando de sobornarte con la incertidumbre, con el peligro, con la derrota.»

Curiosamente, Emir Rodríguez Monegal ha calificado a las tres últimas estrofas de humorísticas y patéticas. Este dramático ofrecimiento de un alma y de un cuerpo quemados por la pasión y el deseo (recordar que ofrece también su hombría) es uno de los más desolados y amargos poemas que escribió Borges.

Ahora se plantean varias incógnitas: ¿Es cierto, como se ha dicho, que la desconocida I.J. era una mujer casada, muy católica, que habiendo cedido o no a la pasión de Borges, no quiso continuar una relación ilícita? De allí el primer verso: «¿Con qué te puedo retener?».

¿Por qué en la edición de 1958 las iniciales originales fueron cambiadas por S.D.? ¿Obedeció a la necesidad de proteger la identidad de la amada? ¿Por qué en la edición de 1974, dejando de lado prejuicios y pudores, aparecen ambos dedicados a Beatriz Bibiloni Webster de Bullrich? Quizás haya sido esta última señora la real destinataria de *Historia universal de la infamia* y, por consiguiente, de los dos poemas. Y queda otra incógnita: éstas fueron las primeras piezas que publicó en inglés, ¿por qué no utilizó el castellano? ¿Sería inglesa la destinataria? B.B.W. de B. era argentina. Quizá Borges hablara con ella sólo en inglés, como una suerte de complicidad. Puede haber una última posibilidad; que haya utilizado los dos poemas en inglés para tres mujeres distintas. Y aunque esta última parece la más acertada, lo cierto es que la desdicha, compañera habitual en esos años, se veía agravada por largos periodos de pertinaz insomnio.

Durante el verano la familia, Borges y sus padres, solían pasar temporadas en el hotel Las Delicias de Adrogué: «Cada objeto conozco de este viejo / Edificio: las láminas de mica / Sobre esa piedra gris que se duplica / Continuamente en el borroso espejo».

El recordaba que a la noche, después de comer, salían a caminar por las calles tranquilas y olorosas de madreselvas, ligustrinas y jazmines en flor: «Tratábamos de perdernos, a veces lo lográbamos o nos decíamos: "creo que nos hemos perdido", poniendo la más buena voluntad por hacerlo en aquel tranquilo laberinto».

De vuelta en el hotel, Borges se retiraba a su cuarto. Ya en la cama, apagaba la luz. Entonces la noche empezaba a acosarlo con sus ruidos: el croar de las ranas, una puerta golpeándose lejos, el ladrido de un perro solitario, el viento entre las ramas de los árboles del parque. Nervioso, volvía a encender la luz y trataba de leer, oía dar las horas.

Muchos años después, ya viviendo en Maipú 994, lo acompañaban las campanadas de la Torre de los Ingleses en la vecina estación de Retiro. Y se decía: «Acaba de dar la media hora; si me he distraído y no las he contado bien, serán las cuatro y media y no las tres y media, como supongo. Pero suponía mal», señalaba con una sonrisa melancólica, porque pasados treinta minutos, las campanas le decían que sólo eran las tres.

Entre las tres y las cuatro de esa duermevela, que irracionalizaba la memoria, empezaba a desesperarse y hubo noches en que se levantaba, se vestía y volvía a salir a caminar. En otras, se quedaba quieto en la oscuridad y repetía de memoria versos a media voz. Entonces hacía apuestas consigo mismo: «Antes de terminar el poema, habré podido conciliar el sueño».

No se dormía y el alba le traía un desesperanzado consuelo; pronto sería la hora de levantarse e iniciar otro día.

Allí, en Adrogué, escribió entre 1935 y 1936 el poema «Insomnio», que atestigua sus padecimientos: «De fierro / de encorvados tirantes de enorme fierro tiene que ser la noche, / para que no la revienten y la desfonden / las muchas cosas que mis abarrotados ojos han visto, / las duras cosas que insoportablemente la pueblan (...). El universo de esta noche tiene la vastedad / del olvido y la precisión de la fiebre. (...) En vano espero / las desintegraciones y los símbolos que preceden al sueño. / Sigue la historia universal (...). Soy el aborrecible centinela de esas colocaciones inmóviles. Alambres, terraplenes, papeles muertos, sobras de Buenos Aires / Creo esta noche en la terrible inmortalidad: / ningún hombre ha muerto en el tiempo, ninguna mujer, ningún muerto / porque esta inevitable realidad de fierro y de barro / tiene que atravesar la indiferencia de cuantos estén dormidos o muertos / —aunque se oculten en la corrupción y en los siglos— / y condenarlos a vigilia espantosa...».

También en su cuento «Funes el memorioso» aparecen las vivencias del insomnio; el desdichado Funes, incapaz de olvidar, tampoco puede dormir. Dormir es «distraerse del mundo» y el protagonista del relato como Borges «de espaldas (...) en la sombra se figuraba cada grieta y cada moldura de las casas precisas que lo rodeaban». No poder dormir es lo mismo que no poder olvidar. Borges definía a «Funes el memorioso» como «una larga metáfora del insomnio».

Otra angustiosa incomodidad que lo acompañó hasta el fin de sus días, además del insomnio, fueron las pesadillas. Había una que lo asediaba con desagradable frecuencia. Soñaba con un cuarto cerrado sin ventanas, que tenía una sola puerta, por la que se accedía a otro, idéntico al primero; por éste se llegaba a un tercero, igual al anterior, y así indefinidamente. El ámbito soñado estaba iluminado por una luz blanca y excesiva, luz que por desdicha no podía ver en la vigilia, pero sí le era dada «como una gracia en el mundo de los sueños». La descarnada luz le mostraba una especie de laberinto sin fin, que recorría y volvía a recorrer hasta que la angustia creciente de la pesadilla lo despertaba.

A la pena del amor perdido se sumaban entonces el insomnio, las pesadillas y un tormento más prosaico y cotidiano: el dolor de muelas. Ya en «Insomnio» se mencionan las caries y en «Funes» se habla de «los tranquilos avances de la corrupción, de las caries, de la fatiga». Además de todo esto, Borges se sentía un hombre feo, con un rostro y un cuerpo obesos. Pero, si se observan las películas de la década, se ve que los hombres eran bastante más contundentes que en la actualidad; Clark Gable es un ejemplo. El hubiera deseado conservar el rostro, delicado y espiritual, de su adolescencia. Por otra parte tenía una buena figura; era alto y derecho como una tabla. Cuando le comenté que el más grande deseo de Mujica Lainez era haber sido hermosísimo, para no tener que seducir con el ingenio sino sólo con su presencia, Borges me contestó, riéndose: «Todos hemos tenido ese deseo, menos Adolfito, por supuesto».

Un malogrado suicidio

Decidido a terminar de una vez con esta sucesión de «incomodidades y desdichas», Borges decidió suicidarse. Algunos años después, señaló como fecha elegida para su desaparición del mundo el día en que cumplía treinta y cinco años, 24 de agosto de 1934. Para ratificarla, en diciembre del 78, cuando me dictó el cuento «25 de agosto, 1983», eligió el mismo día para suicidarse en la ficción. Literariamente le daba al hecho un efecto dramático, pero se le escapó una indiscreción; diciembre es un mes muy caluroso en Buenos Aires —Borges odiaba el calor— y a finales de 1978, mientras trabajábamos en el bochorno del verano, me dijo: «En un día así, pero en febrero, me di cuenta de que la mejor solución para evitar la humillación del calor era suicidarse. Pero, claro, había otras razones que ayudaban a esa decisión, aunque ésa ya es suficiente».

Además, si el intento de suicidio fue el día de su cumpleaños, ¿cómo hubiera evadido el amor de la familia que siempre se lo festejaba? Se puede decir, sin embargo y al mejor estilo de Borges, que no tiene importancia cuándo ocurrió porque, si bien las fechas difieren, el hecho es el mismo.

Entonces, en ese febrero de 1935 compró un revólver en una armería lejos de su casa, por la calle Entre Ríos, donde nadie pudiera reconocerlo. También compró una novela policial que ya había leído, para no dejarse atrapar por una trama desconocida que pudiera distraerlo de su propósito, y para darse ánimo llevó una botella de ginebra. Avisó a su casa que esa noche dormiría afuera y a la tardecita se fue a la estación Constitución; allí, tomó un boleto de ida solamente. Llegó a Adrogué, se dirigió al hotel, pidió un cuarto y se recostó vestido sobre la colcha. Pero antes se sacó los zapatos y tomó largos tragos de ginebra. Leyó algunos párrafos salteados del libro y gatilló el revólver que descansaba sobre su vientre. Luego, utilizando el libro como apoyo, escribió unos versos acerca de la evidente contradicción: la misma mano que escribe, puede empuñar el arma para volarse la cabeza.

Cada vez más angustiado (recordó que había tenido mucha sed), se dio cuenta de que no tenía el suficiente coraje para matarse y lloró. En la madrugada se descargó una tormenta de verano; ruidosa y eléctrica. Con el rumor de la lluvia, se adormeció. Al despertar avanzada la mañana, le dolía la cabeza y tenía en la boca un gusto amargo provocado por la ginebra y por la derrota. Camino de vuelta a la estación, en un charco tiró el libro y el revólver inútiles.

Ni la familia, ni los amigos, ni siquiera Bioy, que pasaba los veranos en la estancia, sospecharon el infierno por el cual transitaba. Era mejor. Que lo supiesen hubiera significado el reconocimiento de su cobardía; un fracaso más a los que Borges, tan implacable con sí mismo, creía acumular. La idea del suicidio lo persiguió por años. Idea que aparece en sus cuentos transformada en muertes ajenas, asesinatos que son casi suicidios como el del detective Lönnrot que se dirige a la quinta de Triste-le-Roy, sabiendo sin decirlo, que el asesino Scharlach va a matarlo en «El jardín de los senderos que se bifurcan». La quinta de Triste-le-Roy es el hotel Las Delicias de Adrogué.

Lorca y Neruda en Buenos Aires

En estos años deprimentes para Borges pasaron por Buenos Aires dos escritores importantes: Federico García Lorca, de su misma edad y con cuyo *Romancero gitano* se había estrenado en 1933 la editorial Sur, y Pablo Neruda, cinco años más joven.

Borges no entendió ni el humor ni el teatro ni la poesía ni tampoco la mirada sensual, inocente y graciosa, maliciosa y burlona o melodramática y perversa con que Lorca observaba a sus contemporáneos. Es posible que, además, se haya sentido humillado por alguna frase intencionada del español y, por otra parte, las ideas de Cansinos-Asséns, siempre presentes, lo llevaron a descreer y a despreciar su palabra colorida. La cuestión es que aquella lapidaria reflexión suya, calificando a Lorca de andaluz profesional y de la que nunca se desdijo, le trajo más de un dolor de cabeza. Ni siquiera el asesinato de

García Lorca lograba conmoverlo y razonaba que literariamente ese tipo de atrocidades ayudaban a consolidar la fama de un escritor.

A Neruda, a quien había conocido bastante antes y cuyo sentido del humor compartía, lo consideró siempre «un excelente poeta y una mala persona». Le molestaba la ambigua actitud de Neruda frente a algunos problemas políticos concretos, como el peronismo. Sin embargo, cuando Miguel Angel Asturias recibió el Premio Nobel, antes que Neruda, Borges señaló que el poeta chileno tenía muchos más méritos que el guatemalteco. Nunca supe si esta declaración estaba dictada por su interés hacia Neruda o por la fuerte antipatía que le inspiraba Asturias, a quien calificaba de excesivamente estrepitoso.

En la correspondencia intercambiada entre Neruda y Héctor Eandi, hay una carta en la cual el poeta chileno dice: «Borges me parece más preocupado por los problemas de la cultura y de la sociedad, que no me seducen, que no son humanos (...). Tengo hasta cierto desprecio por la cultura. Los problemas *del conocimiento*, como los llaman, me parecen despojados de dimensión». Cuarenta años después, Neruda afirma que Borges es un gran escritor y esto hay que agradecérselo al cielo. «Todos los pueblos de habla española están muy orgullosos de que Borges exista. Y los latinoamericanos en particular, porque antes de Borges tuvimos muy pocos escritores comparables con los europeos. Hemos tenido grandes escritores, pero uno que sea universal, como Borges, es una rareza en nuestros países. (...) Discutir con Borges, sólo porque todos quieran que yo discuta con Borges, eso no lo haré nunca. Si él piensa como un dinosaurio, eso nada tiene que ver con mis ideas. No entiende nada de lo que está ocurriendo en el mundo moderno, y creo que yo tampoco. Por tanto, estamos de acuerdo.»

En 1935, a los noventa años y ciega, Fanny Haslam, la abuela inglesa, decidió que había llegado el momento de morir. Con la excepción de unos cortos periodos, los había acompañado siempre. Ella había convencido a su nuera de la conveniencia de contratar una institutriz inglesa, quien se ocupó de la instrucción de los dos hermanos hasta que fueron enviados a la escuela primaria.

La muerte de su madre afectó bastante a Jorge Guillermo. No tanto por el hecho en sí, que se esperaba, sino por su significado profundo. Los lazos se iban cortando; estaba ciego, enfermo del corazón y enfrentaba, como reflejada en un espejo, la imagen de su propia muerte.

Cuando el escritor Pepe Bianco, diez años menor que Borges, conoció a la familia, retrató así a Jorge Guillermo: «Era un señor buen mozo, lacónico, de ojos negros y apagados que, sin embargo, se ocupaba de la comodidad del invitado: "quizá Bianco quiera tomar vino. ¿Por qué no le ofrecen a Bianco un poco más de postre, que no parece malo?"». De Leonor Acevedo, Bianco afirma que era para su familia como la cuerda de un barrilete que lo asegura con fuerza al suelo. Leonor siempre aparentó bastantes años menos de su edad y sólo al final (murió a los noventa y nueve) mostró un aspecto decrépito. Delgada y ágil, muy erguida como la gente bajita, tenía buen cutis, no se maquillaba y parecía la hermana de sus hijos. En la década de los sesenta en Estados Unidos la tomaban por la mujer de su hijo.

Bianco conoció a Borges en *Sur* o en la casa de Victoria Ocampo, que es casi lo mismo, en abril de 1935 y si estaba debidamente deslumbrado con Victoria y con su hermana Angélica, Borges lo impresionó tanto o más. Como conté en mi libro *Borges, sus días y su tiempo,* el escritor estaba traduciendo *Orlando,* de Virginia Woolf, para la editorial Sur: «Al iniciar la versión de *Orlando* he sentido lo que siempre siento cuando tengo que traducir o escribir. He tenido la convicción de mi incompetencia y, al mismo tiempo, he sentido que de algún modo podría resolver esas dificultades aparentemente insolubles (...). Al principio pensé en simplificar el estilo. Pero luego me di cuenta de que eso sería falsearlo y opté por una traducción casi literal (...) a veces, por razones de eufonía, tuve que invertir el orden de las palabras o cambiar una palabra por otra. Pero en general creo que esa traducción es bastante fiel, en cuanto pueda ser fiel una versión del inglés al español, ya que los dos idiomas difieren profundamente y tienen distintas virtudes y defectos. El idioma español tiende a lo abstracto; el inglés a lo físico, y abunda en locuciones comunes de tipo físico que suelen ser intraducibles. En español existe la diferencia entre *ser* y *estar* que no existe en otros idiomas, salvo en italiano». Borges, al elogiar a *Orlando,* me aseguró que era la novela «más intensa de Virginia Woolf y una de las más singulares y desesperantes de nuestra época (...). La magia, la amargura y la felicidad colaboran en este libro. Es, además, un libro musical, no sólo por las virtudes eufónicas de su prosa, sino por la estructura misma de su composición, hecha de un número limitado de temas que regresan y se combinan».

Es interesante rescatar la impresión que Borges causó en Bianco la primera vez que se vieron: «Desaliñado, jovial, atento al mundo y a la vez apartado del mundo, exento de toda solemnidad y completamente ajeno a la impresión que causaba. Aunque afable, Borges se parecía al profesor Higgins de *Pigmalión* en que no tenía "buenos modales o malos modales, o cualquier otra clase de modales, sino los mismos modales para todos los seres humanos; se conducía, en suma, como si estuviera en el cielo, donde no hay vagones de tercera clase y un alma es tan buena como la otra". Adiestrado en el estimulante ejercicio de la paradoja, podía tirar abajo, con una broma cualquiera, algunas de esas conversaciones insoportables a fuerza de repetidas, laboriosos monumentos al aburrimiento que todos, tantas veces a disgusto, nos hemos obstinado en levantar. Borges es tan inteligente que cuando conversamos con él, nos da la seguridad de que nosotros también lo somos».

Además de sus permanentes colaboraciones en la revista *Sur*, Borges empezó a escribir en *El Hogar*, revista semanal ilustrada y dirigida a un público de clase media más o menos alta e implícita en el nombre del semanario. *El Hogar* presentaba también aspectos culturales y literarios; en sus páginas publicaban escritores conocidos y además, mantenía dos secciones: una, de autores y libros en lengua española y otra, de autores y libros extranjeros. De estos últimos se ocupaba Borges. En realidad, la sección se componía de una breve biografía de un escritor contemporáneo y de varias notas críticas sobre libros recién aparecidos. Borges eligió nombres importantes: T.E. Lawrence, Benedetto Croce, Oswald Spengler, Carl Sandburg, Virginia Woolf, Vita Sackville-West... Solía ilustrar sus notas con fragmentos que traducía especialmente para la página y firmaba las críticas sosteniendo sus puntos de vista que no siempre coincidían con los esperados. Cada quince días, Borges daba a sus lectores informaciones eruditas y enciclopédicas sobre diferentes géneros, autores y lenguas. En la misma página comentaba una novela policial de Ellery Queen, otra de Henry de Montherlant, dedicaba una nota a Joyce y traducía una página de Chesterton. En *El Hogar* destacó el Premio Nobel de Literatura concedido a O'Neill y mantuvo una no demasiado tranquila polémica con su antiguo amigo Eduardo González Lanuza acerca de Lugones y del ultraísmo. Habló de Huxley, de Unamuno y lamentó el silencio de Enrique Banchs. Por la sección pasaron los grandes amores de Borges: Wells, Kipling, Henry James, pero también ridiculizó a Marinetti, exaltó a Kafka y aprovechó el espacio para condenar el fascismo, discutir la visión marxista de la literatura al comentar el Manifiesto de André Breton, abominar del nazismo y denunciar la campaña antisemita que concienzudamente se llevaba adelante en Alemania.

La Martona, trabajo conjunto

La amistad cada vez más entrañable entre Borges y Bioy los llevó a intentar una primera aventura en colaboración: un folleto promocionando la cuajada de La Martona, una cadena de lecherías, propiedad de la familia, que llevaba este nombre en homenaje a Marta Casares, la madre de Adolfito. «El folleto ocupaba veinte páginas y tenía cierta apariencia científica, en realidad tratamos de que fuera lo más científico posible», cuenta Bioy. «Estaba muy bien ilustrado y nos pagaron magníficamente; a dieciséis pesos la página, en esa época muchísimo. Para escribirlo nos fuimos al campo, a Rincón Viejo en Pardo. Hacía tanto frío que nos refugiamos en el comedor, el único cuarto habitable, y al lado de la estufa.» A fin de entrar en calor, tomaban neocacao de Saint, tan espeso, que la cucharita sostenida por la densidad del líquido quedaba erguida en el centro de la taza. Después, Adolfito escribió otros dos «sensacionales» folletos acerca de la leche y del huevo en la alimentación, pero Borges no quiso participar.

Al advertir el buen funcionamiento del trabajo en colaboración decidieron escribir otra cosa y lo primero que se les ocurrió fue un poema en el que todas las palabras tuvieran la letra ele. Sólo perduró un verso; la pieza no parece demasiado notable: «Los molinos, los ángeles, las eles».

Superando este intento, decidieron hacer una revista; se llamó *Destiempo*. Era un nombre curioso pero quería señalar la decisión de no sacar nada encasillado en una corriente literaria, sino vinculado al presente que vivían. La aventura duró menos de un año, aparecieron tres números y luego la revista se perdió en el olvido más negro, como si nunca hubiera existido.

A Victoria Ocampo le cayó muy mal su aparición: «Estaba furiosa como si quisiéramos competir con ella», aclara Bioy. «No se daba cuenta de que nuestra revista era un miñango comparada con *Sur*.» Pero, si la publicación se hubiera sostenido más tiempo (a pura pérdida, como ocurre con este tipo de aventuras), la preocupación de Victoria hubiera estado justificada.

Destiempo, en formato tabloide, era mensual y tenía seis páginas. Sólo se conservan los números de octubre y noviembre de 1936; el tercero, de diciembre, se ha perdido. En la portada no aparecen los nombres de sus directores y sí el de un secretario, Ernesto Pissavini, quien era el portero de la casa donde vivía Bioy. «Lo incluimos porque una revista, como la gente, debe contar con un secretario y el apellido, Pissavini, era verosímil, nadie podría inventarlo. Por supuesto, no hacía nada, pero a nosotros nos fue útil y a él le dio un gran prestigio el hecho de ser el "secretario" de la revista. En el barrio lo veían con respeto y no sé si con admiración», recordaba Bioy.

Las colaboraciones estaban firmadas por gente importante y amiga: Alfonso Reyes, Pedro Henríquez Ureña, Macedonio Fernández, Carlos Mastronardi, Baldomero Fernández Moreno, Xul Solar y Manuel Peyrou, además de notas redactadas por los directores y un «Diálogo sobre un diálogo», donde se discutían las bondades del suicidio.

Destiempo se imprimió en la imprenta Colombo en el barrio de Flores. Ya listo el primer número, los amigos decidieron fotografiarse para dejar un testimonio a la historia. Bioy recuerda: «Tengo la impresión de que fuimos a un estudio que quedaba por la calle Rivadavia a la altura de Hortiguera, cerca de la imprenta. Lo raro es que esa fotografía para la historia no está en ninguna parte y Borges no se acordaba de su existencia. Quedó en la intención, igual que la revista; después del tercer número, como no pagábamos a los colaboradores, comprendimos que no podíamos seguir pidiendo notas».

Gran cantidad de ejemplares del primer número se ubicaron entre los amigos. La tirada del segundo se vendió íntegra en las canchas de rugby porque se la voceaba con una explicación: «*Destiempo*, revista para el asiento». Esta venta no los alegró para nada, según explicaba Bioy: «¡Fijate el lugar en que estaba la revista!». Del tercer número se vendió poquísimo. Los libreros a quienes se la ofrecían y que hasta entonces habían sido amistosos y cordiales, se volvieron hostiles y muy antipáticos. Pese a que sus directores, prácticamente, la regalaban.

Destiempo, como *Sur*, tuvo su editorial: publicaron el quinto libro de Bioy, *Luis Greve ha muerto*, y *Marea de lágrimas*, de Ulises Petit de Murat (quien quedó agradecido para siempre). Petit de Murat, enfermo de tuberculosis, se recuperaba en un sanatorio de Ascochinga cuando recibió una carta de Adolfito, que por entonces andaría por los veinticuatro años, fechada en Rincón Viejo: «Desde Navidad estoy ocupadísimo (reconstruyendo mucho tiempo —pasado en un desorden impenetrable— de mi administración de este campo, para un señor de impuesto a los réditos; también fui llamado desde aquí: las ovejas se morían si yo tardaba; un camino iba a partirme el casco de la estancia). Estas actividades me alejaron de la literatura y recién ahora escribo esta carta indispensable para la suerte de la editorial Destiempo. Si tiene la bondad de aceptar este pedido (su libro es lo que más deseamos) le agradeceré mucho que me mande un título para poderlo anunciar».

Entre los proyectos inmediatos de la editorial estaban la publicación de un libro de Alfonso Reyes, otro de Mastronardi y un tercero de Ezequiel Martínez Estrada. La editorial tampoco prosperó. Cuando le pregunté a Adolfito quién pagaba los gastos, lúgubremente contestó: «Bioy».

Dejada atrás *Destiempo*, revista y editorial, volvieron a la idea de escribir juntos, pero ahora pensaron en una serie de cuentos policiales clásicos: «planteo y resolución con un estilo claro y servicial». Sin embargo, apenas empezaron se dieron cuenta de dos cosas: naturalmente iban hacia un estilo barroco, y no podían escribir nada en serio; cuando lo intentaron, fracasaron. De este fracaso nacieron un detective, don Isidro Parodi, alojado en una celda de la cárcel de la calle Las Heras, y Bustos Domecq, camuflado a veces en Suárez Lynch.

Borges habla extensamente en su *Autobiografía* del trabajo en conjunto y advierte: «Siempre se considera en estos casos que el hombre más viejo es el maestro y el menor su discípulo. Esto pudo ser verdad en un principio pero varios años después, cuando empezamos a trabajar juntos, Bioy fue realmente el maestro. El y yo intentamos muchas y diversas aventuras literarias: recopilamos antologías de poesía argentina, de cuentos fantásticos y de cuentos policiales; escribimos artículos y prólogos; hemos hecho ediciones anotadas de Sir Thomas Browne y de Gracián; hemos traducido cuentos de Beerbohm, Kipling, Wells y Lord Dunsany; fundamos una revista, hemos escrito guiones de películas, que fueron invariablemente rechazados. En contraposición a mi gusto por lo patético, lo sentencioso y lo barroco, Bioy me hizo sentir que la calma y la moderación eran más deseables».

Años antes, Borges me había confesado que, a menudo, cuando se le ocurrían frases sentenciosas, Bioy le proponía dividirlas para que no se notara. «Le parecía un rasgo vanidoso del autor y siempre tenía razón. Yo confieso que, por ejemplo, esa frase que he repetido mil veces, donde el rey inglés le ofrece al enemigo, que pretende su reino y a quien matará: "ya que es tan alto, seis pies de tierra inglesa", para sepultarlo, me conmueve muchísimo. Y a Adolfito lo deja impávido. También aquella otra historia, cuando los moros le dicen a Gonzalo el Bueno[1] que van a matar a su hijo si no se rinde y les entrega el

---

1. Borges citaba de memoria y, como Buda el Venerable, a veces se equivocaba. La anécdota corresponde a Guzmán el Bueno.

castillo, y Gonzalo arroja el cuchillo por sobre las almenas para que lo maten. Y el hijo, que comprende, se deja matar. ¡Caramba! Eso me toca profundamente y a Adolfito, no. Quizás, en ese sentido, él sea una persona más civilizada que yo y ve en eso un rasgo de mal gusto. Claro está que todo depende de cómo se digan las cosas. Por ejemplo, esa frase de Séneca: *"Fuge multitudines, fuge paucitatem, fuge unum"* [huye de muchos, huye de pocos, huye de uno], me gusta mucho pero fijate cómo la tradujo un autor francés: *"Fuis le gran concours, fuis le petit comité, fuis meme le tête-à-tête"*. No creo que lo haya hecho por odio a Séneca; más bien lo tradujo diciéndose a sí mismo: ¡A mí me van a embromar con frases!»

A principios de la década de los sesenta, un joven medievalista italiano, Umberto Eco, descubría un libro titulado *Historia de la eternidad;* la obra y el autor iban a cambiar, no me atrevo a decir su vida, pero sí el norte de su destino literario. La primera edición de este volumen, el décimo en la obra de Borges, apareció en 1936 y en el primer año de su publicación vendió treinta y siete ejemplares. Borges hizo muchas bromas acerca del «éxito» de la edición: «Si uno piensa en treinta y siete personas, esas personas son reales; cada una tiene un rostro, una familia, vive en una determinada calle. Mientras que si uno vende dos mil ejemplares, es lo mismo que si no hubiera vendido nada, porque dos mil es una cifra muy vasta. Quizá treinta y siete ya son demasiados, quizás habría sido mejor que fueran siete». La burla para disimular la humillación es un buen ejercicio. Pero ni Borges ni posiblemente treinta y seis de sus lectores se habrán dado cuenta de que en este pequeño libro de ensayos está el escritor para escritores, el escritor definitivo. (El lector excluido es Adolfo Bioy Casares.) En esta obra Borges vuelve a sus viejas obsesiones: el tema metafísico del tiempo, en el ensayo que da título al libro; una revisión de las *kenningar*, intrincadas metáforas de las sagas florecidas alrededor del año 1000 (un anticipo de este ensayo ya había aparecido en *Sur* en 1932). Luego se detendría en el tema, con más fervor, en *Antiguas literaturas germánicas*, que escribió en colaboración con Cecilia Ingenieros, texto que tuve después el honor de revisar con Borges y que apareció nuevamente con el título de *Literaturas germánicas medievales*. Pude comprobar entonces la afirmación de Bioy: una hora de trabajo con Borges significa años de aprendizaje.

«La doctrina de los ciclos», «Los traductores de las 1001 noches», «El acercamiento a Almotásim» y «Arte de injuriar» son otros tantos textos de la primera edición; luego en las Obras Completas agregaría «La metáfora» y «El tiempo circular». Borges juega con el lector, ya que ofrece bajo la engañosa apariencia de una crítica bibliográfica a una novela, «El acercamiento a Almotásim», una pieza de ficción. Hasta el lector más avisado cae como un ángel en el engaño. Borges cuenta el argumento del libro, supuestamente editado en 1932, y sigue las vicisitudes del protagonista, un estudiante de Derecho de Bombay, a través de los veinte capítulos con que dota a la novela. El conjunto es tan extraño e interesante que yo me pregunto cuántas personas no habrán tratado de buscar el original inexistente, además de Bioy Casares, que lo encargó en El Ateneo, librería de Buenos Aires, y de Emir Rodríguez Monegal, que lo pidió a una librería de Londres.

El «Arte de injuriar» es una divertida recopilación de ejemplos de insultos clásicos. Hay dos memorables; la célebre parodia del doctor Johnson: «Su esposa, caballero, con el pretexto de que trabaja en un lupanar, vende géneros de contrabando». La otra, atribuida a Miguel Servet, fue dirigida por éste a los jueces que lo condenaron a la hoguera: «Arderé, pero ello no es otra cosa que un hecho. Ya seguiremos discutiendo en la eternidad».

En 1936 tuvo lugar en Buenos Aires el XIV Congreso Internacional del PEN Club, cuya misión era defender la cultura y la literatura de toda forma de censura y opresión. El presidente del PEN Club era el escritor H.G. Wells, que, si bien no pudo asistir, envió un cálido mensaje exaltando la libertad del pensamiento.

En esos años previos a la segunda guerra mundial y en plena guerra civil española, Europa se debatía entre el fascismo, el nazismo racista y el comunismo limitador de libertades. Entre los invitados al PEN figuraban dos ilustres representantes de la persecución racial, Stefan Zweig y Emil Ludwig, y dos fascistas importantes: el creador del futurismo, Filippo Tommaso Marinetti, y el poeta Giuseppe Ungaretti. Ambos bandos contaban también con sus representantes locales. Hubo algunas intervenciones que fueron dramáticas: queda una triste fotografía que retrata a Stefan Zweig tapándose la cara para disimular el llanto; otras histriónicas, como la de Marinetti acusando a Victoria Ocampo, «la mujer más rica y más bella de Buenos Aires, de *bolchevismo esnobista*». Borges no participó, primero porque no le gustaba hablar en público, la sola idea le aterrorizaba, y luego porque la presencia de Marinetti le sacaba de quicio. Borges, anarquista intelectual y romántico, ridiculizó todo lo que pudo las palabras y las obras del italiano: «El es quizás el ejemplo más célebre de esa categoría de escritores que viven de ocurrencias y a quienes rara vez se les ocurre algo».

Borges trabajaba mucho en aquellos años finales de la década de los treinta; aunque ya había dejado *Crítica,* colaboraba en la revista *Sur* y para la editorial traducía libros y autores memorables; publicaba asiduamente en *El Hogar,* además de dirigir la sección de novedades literarias extranjeras, y estaba al frente de una revista seudocientífica, *Urbe,* que publicaba una empresa privada de subterráneos de Buenos Aires. Sin embargo, la situación económica de la familia no era buena; el dinero se había depreciado y por lo tanto la jubilación del padre, excelente en otras épocas, se había achicado mucho. Borges se vio en la necesidad de encontrar un empleo que le garantizara un ingreso regular.

La Biblioteca Miguel Cané

En 1937 y por mediación de Francisco Luis Bernárdez —nombrado ese mismo año director de las Bibliotecas Públicas Municipales—, consiguió un modestísimo puesto de primer asistente en la Biblioteca Miguel Cané, que subsiste todavía en la calle Carlos Calvo 4319, «en una parte monótona y triste de la ciudad hacia el sudoeste. Si bien había un segundo y tercer asistentes debajo de mí, por encima estaban un director y un primer, segundo y tercer oficiales. Me pagaban por mes doscientos diez pesos, que subieron más tarde a doscientos cuarenta, que equivalían a sesenta u ochenta dólares» [me parece que eran, más o menos, ciento veinte]. Borges estaba humillado y resentido; resentimiento que guardó bastante tiempo hacia Bernárdez por haberlo ubicado tan abajo en el escalafón municipal. Quizá Bernárdez no haya podido conseguirle nada mejor porque no habría ninguna vacante en otra jerarquía; también pudo ser que no se preocupara.

En la Miguel Cané se desempeñaban cincuenta personas. Entre ellas se repartía una tarea que cómodamente hubieran podido cubrir sólo quince. Borges fue destinado al departamento de clasificación y catalogación porque hasta ese momento el fondo de la biblioteca estaba fuera de todo catálogo. Pero la colección era tan exigua que todos podían recordar con qué libros contaban y dónde se encontraban sin recurrir al sistema, que, por otra parte, nunca fue necesario ni utilizado. El primer día Borges trabajó con honestidad y eficiencia; al día siguiente los compañeros lo llamaron aparte y le pidieron que bajara el ritmo ya que la tarea que él había cumplido en un día debía durarles por lo menos cinco; todos tenían que comer, él debía comprenderlo y no ponerlos en evidencia.

Los casi nueve años que Borges se desempeñó en la Miguel Cané fueron de «firme infelicidad». Los compañeros, con la excepción de uno solo, eran gente vulgar, interesada en las carreras, en el fútbol y en cuentos verdes. Cierta vez una lectora fue violada en el corredor que llevaba al baño de «damas». Todos estuvieron de acuerdo en afirmar que esas cosas ocurrían porque los baños de «damas» y de «caballeros» estaban demasiado cerca. En otra ocasión uno de los empleados, un bruto que siempre «iba calzado» (llevaba un revólver en la cintura), se levantó la camisa y le mostró el pecho cruzado de cicatrices, consecuencia de las peleas que había librado a cuchillo. Borges, admirador del coraje y de míticos guapos, frente a aquel asesino sintió un asco irremediable.

Irónicamente, mientras Borges era conocido, respetado y hasta halagado en el mundo intelectual, en la Biblioteca Miguel Cané los compañeros lo veían como un traidor por no compartir bromas y risas obscenas. Un día, uno de ellos encontró en una enciclopedia a un tal Jorge Luis Borges y quedó asombrado por la coincidencia de nombre y de edad; no se le pasó por la cabeza que ése era el hombre a quien veía cada día. En general, era tratado con indiferencia por la gente que trabajaba en la biblioteca hasta que un día Elvira de Alvear lo llamó por teléfono para invitarlo a tomar el té. Elvira, retratada con frecuencia en *El Hogar,* era conocida y admirada en secreto por las sencillas chicas de barrio empleadas en la Cané y que esta magnífica dama fuera amiga de Borges levantó considerablemente sus acciones. Le hacían muchas preguntas acerca de ella: qué ropa vestía, dónde compraba los sombreros, cómo pasaba las tardes. Las humillaciones se sumaban porque Borges estaba enamorado sin esperanzas de la frívola Elvira.

Experimentó otra congoja. De vez en cuando el municipio, muy consciente de la pobreza de sus empleados, les repartía paquetes con un kilo de yerba. Camino a su casa, con el paquete debajo del brazo, se le llenaban los ojos de lágrimas pensando que «esos pequeños regalos subrayaban mi existencia en un puesto inferior y deprimente».

Miguel de Torre Borges, el hijo menor de Norah y Guillermo de Torre, escribió en 1989 (hay una reedición ampliada de 1995) una relación donde informa cómo era un día en la vida de su tío durante esos años en que acudía cotidianamente al empleo. El día empieza a las ocho de la mañana de un miércoles de primavera. Ya la mucama había abierto las persianas —que daban a un balcón de la esquina de las calles Maipú y Charcas— y dejado sobre la mesita «de madera oscura, que tenía un cajón grande y tres laterales más chicos, una bandeja con un tazón de café con leche, "bebido", nada más. Con los pies fuera de la cama de bronce, sentado, tomó despacio el desayuno y recorrió con la mirada su cuarto, que en realidad no era un dormitorio, sino el comedor del breve departamento, separado del living por puertas corredizas, que siempre estuvieron cerradas. Vio el mobiliario: aparte de la mesa y la cama había dos bibliotecas Thompson, una vieja silla de madera pintada, cuyo asiento estaba tapizado con una *Dame à la licorne*, bordada por mi madre, dos acuarelas de Xul Solar y una despiadada litografía norteamericana que mostraba a un aterrorizado prisionero, de rodillas, las manos atadas a la espalda y una piedra al cuello, a punto de ser arrojado al río por unos hombres armados, que bien podía haber ilustrado algún cuento de *Historia universal de la infamia*». (Veintitantos años después el cuarto seguía igual, pero sobre una de las bibliotecas se habían agregado un gran retrato de Susana Bombal, una réplica pequeña en bronce de *Il Colleone* y el terrorífico prisionero había sido reemplazado por una no menos terrorífica reproducción de *El caballero, el diablo y la muerte,* de Durero; además, había un pacífico plato de madera con los escudos de los distintos cantones de Suiza.) Miguel de Torre cuenta la ceremonia del baño matinal, siempre de inmersión, y sigue: «No poseía más de dos o tres gastados trajes —escrutinio éste que ignoraba y que tampoco le hubiera interesado—, con bolsas en los pantalones a la altura de las rodillas (al sentarse no los acomodaba subiéndolos), y se vestía por esos años con toques muy personales. Se abrochaba los tres botones del saco, con lo cual parecía como fajado, y llevaba la lapicera fuente [pluma estilográfica] prendida del bolsillo superior externo. Levantó la tapa de vidrio del primer estante de la biblioteca colocada cerca de la cabecera de la cama, sacó el primer tomo de *The Works of the late Edgar A. Poe*, lo abrió entre la tapa y la primera página, extrajo un papel de 10 pesos y lo metió, doblado, en una gran billetera de cuero negro, que guardó en el bolsillo interno del saco. Buscó *La Nación* —ya leída por su madre—, con la punta de los dedos la tomó, la colocó bajo el sobaco izquierdo y, tieso, bajó a la calle y cruzó hasta la Plaza San Martín, donde alzó el brazo dejando caer el diario sobre un banco». Miguel de Torre nos cuenta cómo se hacía afeitar por el peluquero de la esquina de Viamonte y Florida y, ya cumplido ese rito, se corría hasta la librería Mitchell's. Después de un rato, volvía a su casa, escribía un poco en un cuaderno cuadriculado, almorzaba con la madre y salía hacia la biblioteca. Miguel de Torre Borges continúa: «Mi abuela le mojó el pañuelo con agua de colonia que sacó de un antiguo frasco de cristal con tapa de plata labrada y se despidieron». Al anochecer una de sus amigas lo pasaba a buscar a la biblioteca, iban al cine juntos, luego comían en un restaurante de Retiro. Borges acompañaba a la amiga hasta su casa y volvía a la suya algo antes de la medianoche. Ya en su cuarto, «se encajó (palabra que Borges usaba siempre) el largo camisón blanco». Se metía en la cama, todavía leía un rato, apagaba la luz y acostado de espaldas con los brazos pegados al cuerpo, murmuraba en inglés: *"Our Father, Thou who art in Heaven"*. Murmullo inconcebible en un agnóstico. Años más tarde, ya lanzado con Vlady Kociancich a estudiar, inventando la fonética, el anglosajón, sustituiría el *Our Father* por el *Feder ure...*».

Los años de pesadilla pasados en la Miguel Cané tuvieron tres compensaciones. Borges recomendó, y fue oído, que se agregara una mínima colección de libros en inglés para mejorar el fondo de la Cané. Con evidente placer eligió los volúmenes que después, despachada toda su tarea del día en una hora, leía en las cinco restantes; en el sótano durante el invierno y en la azotea los días soleados. Así releyó los seis tomos de la *Historia de la decadencia y caída del Imperio Romano* de Gibbon, obra que lo ayudó en la suya literaria y que le encantaba recordar hasta el final de su vida, y los libros de G.B. Shaw. También se aventuró en los infinitos volúmenes de la *Historia de la República Argentina,* de Vicente Fidel López, en obras de Claudel, de Groussac, de Léon Bloy (cuya frase: «Ningún hombre sabe quién es», lo acompañó siempre).

La segunda gracia debida a la Miguel Cané fue el largo viaje en el tranvía 7, una hora de ida y otra de vuelta, en las cuales aprendió italiano leyendo *La Divina Comedia*. Empezó ayudándose con una edición bilingüe que muy pronto desechó para seguir el texto en su lengua original. Luego se dedicó a Ariosto y el *Furioso* (así abreviaba el título) y la capacidad del autor de inventar sueños le regaló la dicha de escapar del mundo cotidiano.

Borges siempre sostuvo que no sabía italiano. Cuando lo visitaba algún editor, escritor o admirador de esa lengua, prefería hablar con ellos en francés o en inglés. Con la excepción de Papini, tampoco frecuentó la prosa ni la poesía italianas modernas.

Al concretarse en 1977 un encuentro en Milán con el admirable Eugenio Montale, me pareció oportuno leerle algún poema suyo. Luego de oírlo, me pidió que lo tradujera; naturalmente elegí la versión de Horacio Armani, mi marido. Cuando terminé, exclamó: «Bien. Espero no olvidar a este tenue poeta revitalizado por Armani». Con mucha impertinencia, ante la injusticia evidente, le dije: «Ah, si la envidia fuera tiña...». Y él, riéndose, me contestó: «Pero cómo, qué es eso».

La tercera fortuna que le deparó su estancia en la Biblioteca Miguel Cané fue el cuento —uno de los mejores que escribió en su vida— «La biblioteca de Babel», inspirado por aquella experiencia y escrito en Mar del Plata en 1941. Fortuna aprovechada luego por Umberto Eco.

Muerte de Jorge Guillermo. El accidente.
Casamiento de Adolfito y Silvina

Jorge Guillermo Borges empezó a declinar después de la muerte de su madre, en 1935. Sin embargo, la ceguera que lo había limitado desde la juventud fue curada gracias a la operación realizada por el doctor Natale. «Lo primero que vio cuando le sacaron las vendas fueron las manos de mamá», cuenta Norah Borges, y agrega: «Entonces invirtieron una costumbre; durante muchos años ella le había leído todas las mañanas el diario en la cama; desde ese día hasta muy poco antes de morir, fue papá quien se lo leyó a ella». Ese padre tranquilo, callado, tan distante del mundo, fue el modelo para un personaje de «Tlön, Uqbar, Orbis Tertius»: Herbert Ashe, quien en la ficción murió como Jorge Guillermo, de la rotura de un aneurisma.

El 24 de febrero de 1938 por la mañana, Borges, ascendido ya a tercer oficial en el escalafón municipal, estaba en la biblioteca traduciendo a Faulkner para la editorial Sur cuando Leonor lo llamó por teléfono y le pidió que regresara lo más pronto posible a casa; el padre se estaba muriendo. Llegó a tiempo para asistirlo en los últimos momentos.

Con la muerte del padre se clausuró una etapa importante de la vida de Borges; ahora su madre y él estaban solos. Ella no tenía consuelo, pasaba los días sin salir a la calle; a veces, ni siquiera de su cuarto.

También en 1938 murió Lugones, por propia mano. Pero la mala fe del farmacéutico que le vendió el arsénico, suponiendo que era para matar ratas, y lo mezcló con bicarbonato a fin de hacer rendir una ración por dos, hizo que su agonía fuera espantosa. Las convulsiones arrastraron la cama al otro extremo del cuarto y el pobre cuerpo torturado apareció tirado en el lado contrario, enroscado sobre sí mismo.

Borges, convencido de que Lugones estuvo en su derecho al elegir la muerte, que además lo dignificaba a sus ojos, decidió olvidar las viejas argumentaciones en su contra y exaltó la figura de quien, en adelante, llamaría «maestro».

Pero el duelo por Jorge Guillermo quedó atrás en la Navidad de 1938; Borges sufrió un accidente que casi le cuesta la vida. Según Norah, «había ido a buscar a Emita Risso Platero porque la había invitado a comer en casa y le llevaba un regalito. ¡Qué horror, me acuerdo y tiemblo! Parece que el ascensor no funcionaba o quizá tardaba mucho, entonces Georgie, que era muy impaciente, subió corriendo las escaleras. Sintió que algo le rozaba la cabeza pero no le dio importancia. Cuando Emita lo vio, casi se desmaya, la sangre le había manchado toda la camisa y el saco. Al subir, había chocado con el marco de una ventana que estaba abierta y recién pintada. Fue al hospital y le cosieron la herida, pero la pintura, que es muy corrosiva, le produjo una gran infección. Una o dos noches después empezó una fiebre que llegó hasta los 40 grados. No podía hablar. En la madrugada tuvieron que llevarlo otra vez al hospital y operarlo; tenía septicemia. Durante un mes estuvo entre la vida y la muerte; no hablaba y cuando lo hacía, deliraba; a veces gritaba. Mamá no se movía de su lado. Después poco a poco fue recobrándose, pero le quedó una cicatriz terrible que tapaba con el pelo».

En su cuento «El Sur» Borges recordaría este episodio atroz con todos sus detalles macabros. Cuando empezó a recuperarse, no supo dónde estaba ni qué le pasaba; entonces pensó que había perdido la razón. Después, al comprender el sentido del texto que la madre le leía, empezó a llorar; se había dado cuenta de que no estaba loco. Para probarse su cordura decidió escribir un cuento; el resultado fue «Pierre Menard, autor del Quijote». Escrito al modo de «Acercamiento a Almotásim», es decir, enmascarado bajo el aspecto de una crítica bibliográfica, abre en el destino literario de Borges un nuevo camino en el cual el cuento será el género preferido. En 1939 y como queriendo alejarse de un pasado doloroso, Leonor, su hijo, y Norah y Guillermo, que vivían con ellos —empujados fuera de España por la guerra civil—, se mudaron a la calle Anchorena 1670. Era una casa de dos plantas, de estilo español con un jardín. En la parte de abajo, Guillermo de Torre instaló su estudio. Allí vivieron unos dos años. En 1942 los De Torre y los Borges se mudaron otra vez a un departamento en la avenida Quintana 263, donde vivieron hasta 1944.

También en 1939, Borges dejó de colaborar en *El Hogar*. Según cuenta Emir Rodríguez Monegal, el escritor bromeando le confesó que se había olvidado de enviar su material quincenal; como los directores no se lo reclamaron nunca, se dio cuenta de que su distracción había resultado un alivio para la revista.

En diciembre de 1940, su amigo entrañable, Adolfito Bioy Casares, se casó con Silvina Ocampo. Estaban en la estancia y Bioy le dijo a Oscar Pardo, el encargado: «Nos vamos a casar». El hombre no contestó, salió del cuarto y al rato apareció con las escopetas. «Yo tendría que haberle dicho: vamos a casarnos y él me hubiera entendido, pero me expresé mal», recuerda Bioy. Y sigue: «Entonces nos fuimos todos a las Flores; Silvina, los testigos y yo. Los testigos eran Borges, Enrique Drago Mitre y Oscar Pardo».

Pepe Bianco fue informado del matrimonio por el telegrama más original del mundo: *«Beaucoup de mairie, beaucoup d'église, dont tell anybodini what verano»* (Mucho Registro Civil, mucha iglesia, no se lo digas a nadie, qué verano). En el telegrama, la sílaba *ni* agregada a *anybodi* correspondía a una broma compartida sobre un italiano conocido de todos. Cuando le pregunté a Bioy si era cierto lo de la ceremonia religiosa, me contestó que sí y agregó: «Silvina, aunque no lo pareciera, era religiosa».

Siete

Haydée Lange y Jorge de Barba

1939

El tapir, animal vagamente emparentado con el caballo y el rinoceronte, es dueño de un cuerpo desgarbado, patas cortas, el hocico y el labio superior se prolongan en una corta trompa flexible en cuyo extremo se abren los orificios nasales. Las orejas son pequeñas, ligeramente aovadas y muy erguidas; el tapir siempre está atento y prevenido, desconfía del mundo que lo rodea. Habita en el bosque, cerca del agua. Herbívoro, nocturno, tímido e inofensivo, pese a su tamaño más o menos voluminoso puede ser presa fácil de los grandes felinos.

Si Haydée Lange llevara tacones más bajos, su hombro casi rozaría el de Borges; así se la ve muy alta con el pintoresco sombrero, un cono campanudo, empinado sobre la cabeza. Está muy elegante en ese otoño tórrido de Buenos Aires. Lleva guantes mosqueteros, vestido blanco muy subido de mangas cortas y, aunque no se distinguen demasiado bien sus rasgos, se advierte la nariz fuerte, los labios resueltos y la melena abundante asomando debajo del cono. Un cinturón ciñe el talle esbelto.

A su lado, un Borges más gordo de lo habitual y ligeramente conspicuo dentro del traje cruzado y ajustado y falto de plancha, tiene las manos cruzadas detrás de la espalda. Una tirita negra en la solapa avisa su duelo, el luto por la muerte del padre. Una boina vasca cubre la cabeza todavía sin pelo después del accidente ocurrido tres meses atrás y que por poco le cuesta la vida. Pero lo más insólito de su aspecto lo dan la barba y el bigote, que le cubren el rostro más o menos risueño y que parecen postizos, como de Carnaval. Sin embargo, ha recuperado un aire de niño pacífico, ajeno a las circunstancias. Detrás, el banco y el follaje indican que la fotografía fue tomada en una plaza, quizás en el Botánico. Debajo de los pies de la pareja, sobre la grava del camino, los desgarbados trazos de Leonor avisan: «Haydée Lange y Georgie de barba».

En el dorso de la cartulina la letra mínima de Borges añadió: «Wounded Tapir» (tapir herido) y la fecha, «April the first, 1939».

¿Por qué Borges se comparó con ese animal feo, solitario y triste que se esconde en el barro de los pantanos hasta mimetizarse con el paisaje?

Después de «Pierre Menard». Los primeros libros en colaboración - Los grandes cuentos: El jardín de senderos que se bifurcan *- «La biblioteca de Babel» y Umberto Eco - La poesía.* Silvina Bullrich *- El «Poema conjetural». Mallea -* Ficciones *- El Séptimo Círculo.* Estela Canto *-* El Aleph *- Perón y el peronismo - Borges empieza a hablar -* Los Anales de Buenos Aires *- Los arrestos y la fama.*

Después de «Pierre Menard». Los primeros libros en colaboración

Desde diciembre de 1940 una nueva rutina gobernó la vida de Borges; por las noches comía en la casa de los Bioy. Silvina y Adolfito, anfitriones entrañables, eran los amigos fieles en los cuales podía descansar al fin del día. Faltaba a la cita cuando invitaba a alguna amiga a comer en un restaurante (el Adam, en Retiro, o el Pedemonte en el centro) y en los largos veranos que los Bioy pasaban en Villa Silvina, en Mar del Plata. (Borges no podía permitirse el lujo de cuatro meses de vacaciones.) Este hábito fue cancelado después de cuarenta y cuatro años, en 1984, por María Kodama. Le exigió a Borges que no fuera más a lo de Bioy y Borges dejó de ir. No por eso cayó la amistad entre los dos hombres; sólo se hizo más secreta. Bioy fue una de las últimas personas que lo vieron antes de su partida a Ginebra en noviembre de 1985. Es probable que también haya sido el único de sus amigos que pudo hablar por teléfono con él en los días previos a su muerte, el 14 de junio de 1986, en aquella ciudad.

Fue evidente que después del accidente de la Navidad de 1938 Borges había cambiado. Era como si un desmesurado gusto por la literatura fantástica, que siempre le había interesado, hubiera ganado casi todo el espacio disponible dentro de su creación y lo convirtiera en otra persona que seguía conviviendo con el bibliotecario oscuro de la Miguel Cané.

Mientras estas cosas mínimas ocurrían en la más o menos tranquila ciudad austral, en Europa empezaba una larga guerra. Borges siempre estuvo a favor de los aliados, como lo estuvieron Victoria Ocampo y el grupo Sur, que era el mismo del suplemento literario del diario *La Nación*. Con entusiasmo digno de la causa, Borges denunció la destrucción de la cultura alemana por el nazismo, execró la persecución antisemita, repudió el totalitarismo de Stalin y siempre apoyó la democracia, «de todas las formas de gobierno, la menos mala». Esta actitud le traería singulares consecuencias.

Ya casados, Adolfito y Silvina fueron a vivir al último piso de un edificio de la calle Coronel Díaz, casi esquina Cerviño, de la vereda de los números pares, que todavía está en pie. Enfrente, haciendo cruz, y ocupando casi toda la manzana, había una casa de planta baja solamente y un inmenso jardín interior, jardín con árboles frondosos, pero no era una casa de familia, sino una gran «amueblada», una casa de citas. Adolfito y Silvina se divertían mirando, desde la terraza de su séptimo piso, a las parejas «subrepticias e incómodas que entraban disimulando y luego salían mucho más sueltas, con la conciencia del deber cumplido», comentó Bioy. La diversión no duró demasiado; al poco tiempo se mudaron a Santa Fe y Ecuador. En ese edificio ocuparon los tres últimos pisos.

Borges ya había empezado a escribir libros en colaboración. Al principio sólo se animó con antologías. La primera de ellas la realizó juntamente con Pedro Henríquez Ureña: *Antología clásica de la literatura argentina* (1937), pero no fue demasiado memorable. Distintas y mejores resultaron las dos que escribió con sus amigos Silvina Ocampo y Adolfo Bioy Casares, elaboradas en un tiempo de verdadera alegría, de feliz complicidad: la *Antología de literatura fantástica* es de 1940 y la *Antología poética argentina* de 1941. Mejor lograda la primera que la segunda, en la que se dejaron llevar más por un sentimiento de amistad que por un sentido de estricta poesía. Y si dentro de la literatura fantástica eligieron escritores de estatura, muchos de los nombres que alberga la antología de poesía se han perdido en el más justificado olvido. Las verdaderas tareas literarias de creación son las emprendidas con Adolfo Bioy Casares entre 1940 y 1941, cuentos de intriga policial con un detective infalible y sagaz, que aparecieron en 1942 publicados por la editorial Sur, como ya recordamos, bajo el seudónimo de H. (Honorio) Bustos Domecq, y con el título de *Seis problemas para don Isidro Parodi*. Es bien sabido que ambos escritores utilizaron los apellidos de sus respectivos bisabuelos para darle vida propia a un tercer escritor que, si bien era hijo de ambos, no se parecía demasiado a ninguno. El émulo criollo de Sherlock Holmes era un modesto peluquero espiritista, Isidro Parodi, que había cometido el error de alquilarle una pieza al escribiente de una comisaría. Después de un año de no pagar el alquiler y ante la imposibilidad de hacerlo, el individuo, para librarse del acreedor, lo acusó de asesinato. Parodi fue condenado a veintiún años de cárcel. El inocente peluquero detective residía en la celda 273 de la Penitenciaría de la calle Las Heras, hoy sólo un nombre en los archivos y un recuerdo en la memoria de los viejos.

A cincuenta y dos años de aquella publicación le he preguntado a Bioy por qué eligieron a un preso, a una persona encerrada en una prisión, para encarnar al detective. «Se nos ocurrió la idea de un investigador puramente cerebral que correspondería a la idea de cuentos policiales clásicos. Parodi no puede salir a hacer averiguaciones, ni interrogar a nadie.»

Don Isidro, mientras tomaba mate en un jarrito enlozado, sentado en el catre de la 273, deducía, pensaba, elaboraba teorías y siempre acertaba. Han pasado tantos años y todavía Bioy se divierte y se ríe cuando oye la biografía de H. Bustos Domecq, *Silueta*, pergeñada por la «educadora señorita Adelma Badoglio», pero se divierte mucho más cuando confiesa que «Palabra Liminar», pequeño prólogo a la obra de un hipotético Gervasio Montenegro, de la Academia Argentina de Letras e inventado por Borges y Bioy, fue tomado tan en serio que la editorial recibió montones de cartas de consulta dirigidas al supuesto académico.

El lenguaje de don Isidro y de los personajes que desfilan por el libro es el habla popular de los años cuarenta. Hoy, quizá, lo que más impresiona del texto no es la graciosa resolución de los enigmas ni la divertida acción de estrafalarios personajes ni la desenfadada cursilería de la gente de medio pelo, sino la resignada melancolía de este cuarentón que ve pasar la vida a través del vivir de los otros.

Bustos Domecq escribió también *Dos fantasías memorables* (1946), que Bioy juzga el mejor texto; *Un modelo para la muerte* (1946), bajo el seudónimo Suárez Lynch, apellido de otros dos ancestros, *Crónicas de Bustos Domecq* (1967) y *Nuevos cuentos de Bustos Domecq* (1977). En colaboración también, pero dejando de lado los seudónimos, escribieron dos guiones cinematográficos: *Los orilleros* y *El paraíso de los creyentes*, «tan malos que nunca nadie quiso filmarlos», aseguraron ambos en distintas oportunidades.

Casi todos los cuentos de la serie de Bustos Domecq fueron escritos en la casa de la calle Santa Fe y Ecuador, donde en los primeros tiempos Silvina y Adolfito recibían cada jueves a los amigos, casi todos escritores. Allí se refugió Xul Solar, más o menos expulsado de la casa de Victoria Ocampo en San Isidro, después de que a una señora muy elegante, interesada en aprender a escribir y deseosa de tomar lecciones con él (Victoria lo había ponderado como a un sabio), le contestó: «Yo sabo nada».

Fue Bioy quien presentó Sábato a Borges. Si bien la tertulia era visitada por los mayores, como Pedro Henríquez Ureña, los más numerosos eran los jóvenes, todos ellos escritores y amigos entre sí: Eduardo Mallea, Adolfo de Obieta (hijo de Macedonio Fernández), Ezequiel Martínez Estrada, Francisco Ayala (empujado al exilio por el régimen franquista y «buen mozo como un gitano», afirmó un día Silvina Bullrich, casi repitiendo su definición de Xul Solar), Gloria Alcorta, Manuel Peyrou, Patricio Gannon, Emma Risso Platero, Augusto Mario Delfino, Wally Zenner, Marta Mosquera, Alberto Gerchunoff, Patricio Canto y su hermana Estela, Carlos Mastronardi, María de Villarino, la chilena María Luisa Bombal, Susana Bombal... Toda una juventud talentosa. Borges se enamoró sucesivamente de Wally Zenner, Haydée Lange (la hermana de Norah), Silvina Bullrich, Emma Risso Platero, Estela Canto, Pipina Diehl de Moreno Hueyo, Susana Bombal...

Wally Zenner le inspiró en 1927 un poema, «A la doctrina de pasión de tu voz», incluido en *Cuaderno San Martín*. Son los versos de un enamorado: «Tu belleza está fuera del destino (...). Tu voz a la que deberíamos creerle todo, / es el sonido de la pasión del amor». El poema termina: «Pero nosotros ya sabemos que hay en la tierra / vocación de amor y presencia entera de dicha; / sólo por haber oído tu voz». Treinta y cinco años después conocí a Wally Zenner; tenía todavía mucho encanto y una voz muy seductora.

A Haydée Lange, Borges la iba a buscar todas las tardes al Banco donde trabajaba. Un día, mientras caminaban por Buenos Aires, le pidió que se casara con él; ella no aceptó.

En las tertulias de los Bioy, Borges hablaba poco y no participaba de las reuniones. Prefería conversar con una sola persona por vez; según Silvina Ocampo (la frase la recogió Alicia Jurado): «Borges no era demasiado sociable».

La guerra civil española había provocado el éxodo a Buenos Aires de importantes editores; Gonzalo Losada fue uno de los más notorios. La editorial que dirigió por varias décadas, con un asesor de la talla de Guillermo de Torre, agrupó en sus colecciones a los escritores más destacados del siglo; para una de ellas, «La pajarita de papel», Borges tradujo y prologó cuentos de Kafka. Con el mismo empuje de Losada, aparecieron en Buenos Aires Espasa Calpe, publicando la famosa colección Austral, y Sudamericana; todas ellas junto con la criolla Emecé hicieron de la Argentina el mercado editorial más importante del mundo de habla hispana. Hoy ese mercado se ha perdido; eran otros los tiempos y otros los hombres.

En 1940 Bioy Casares publicó en Losada, prologado por su amigo

Borges, un libro consagratorio, *La invención de Morel*, cuyo éxito, quizá no demasiado ruidoso en un principio, se fue acrecentando con el tiempo hasta convertirse en un clásico, traducido a los idiomas más honorables del mundo. Ahora las reediciones se «amontonan monótonamente», confiesa Bioy con aire resignado.

«El caso de Adolfito es muy misterioso. Empezó publicando libros disparatados. Cuando en su casa había gente un poco aburrida, él traía un libro sin decir de quién era, lo leía en voz alta, todo el mundo se reía y luego resultaba que era un antiguo libro suyo. Es extraordinario haber llegado a eso, porque yo he escrito muchas cosas de las que después me he avergonzado, pero también me avergüenza el confesarlo. Hay algo de abnegación en Adolfito. Luego, de pronto, publicó *La estatua casera*, en que aparecen cosas buenas, y después ese libro espléndido que tuve el honor de prologar, *La invención de Morel*. Ahora todos sus libros son buenos.» Esta confidencia me la dictó Borges en la década de los setenta.

Los grandes cuentos: El jardín de senderos que se bifurcan

Mientras Borges y Bioy se divertían trabajando juntos y la vida se deslizaba por los caminos habituales, Borges pensaba y escribía sus propios cuentos. Con un pudor algo excesivo e inusitado entre amigos tan íntimos, nunca ninguno de ellos mostró o leyó al otro sus propios originales. Simplemente, los libros aparecían; el 30 de diciembre de 1941 y editado por Sur se publicó *El jardín de senderos que se bifurcan*. Es raro que el colofón registre esta fecha, quizá la razón haya sido permitirle a Borges presentarse al Premio Municipal dentro del término exigido.

El libro lleva un prólogo cuyos párrafos finales informan: «Desvarío laborioso y empobrecedor el de componer vastos libros; el de explayar en quinientas páginas una idea cuya perfecta exposición oral cabe en pocos minutos. Mejor procedimiento es simular que esos libros ya existen y ofrecer un resumen, un comentario. Así procedió Carlyle en *Sartor Resartus* (...). Más razonable, más inepto, más haragán, he preferido la escritura de notas sobre libros imaginarios. Estas son "Tlön, Uqbar, Orbis Tertius" y el "Examen de la obra de Herbert Quain"».

Estas palabras buscan justificar un artificio ya usado por Borges en *Historia de la eternidad* y que sirvió para que sus lectores, desde ese momento en adelante, pensaran que todas las fuentes que citaba eran falsas y de su invención. De los siete cuentos del libro, «Tlön, Uqbar, Orbis Tertius» es uno de los más raros y quizás el más fantástico: «Empecé su redacción pensando en *Micromegas* de Voltaire y luego no sé qué pasó». El texto arranca de la manera más borgeana posible: «Debo a la conjunción de un espejo y de una enciclopedia el descubrimiento de Uqbar». Y más adelante usa un verbo para siempre unido a su escritura, utilizado después hasta el aburrimiento por fervorosos imitadores: «En vano *fatigamos* atlas, catálogos, anuarios y sociedades geográficas» (la cursiva es mía). Los personajes del cuento son los amigos de Borges: Bioy Casares, quien aporta en la ficción la primera noticia acerca de Uqbar; el poeta Carlos Mastronardi, que busca el tomo de una inexistente enciclopedia en una librería de la calle Corrientes; Néstor Ibarra, convencido de la irrealidad de ese planeta del cual nadie sabe nada; Drieu La Rochelle; Ezequiel Martínez Estrada, enredado en una discusión con Alfonso Reyes y Xul Solar, quien traduce, en la ficción, un verso de la vieja *(Ursprache)* lengua de Tlön, planeta al cual pertenecía Uqbar. Tratándose de rendir homenajes, Borges recuerda también a su abuela inglesa y le da su apellido a Silas, el autor de una historia acerca de la tierra llamada Uqbar.

Por el texto vaga un melancólico ingeniero Herbert Ashe; Bianco vio en él al padre de Borges, quien también «en vida padeció de irrealidad». A lo largo de la narración, se nos dan datos precisos de las literaturas, de las filosofías, de la geometría, de la psicología (disciplina fundamental en Tlön)... A un heresiarca de Uqbar le atribuye la afirmación: «Los espejos y la cópula son abominables porque multiplican el número de los hombres». Esta frase es el punto de partida del cuento y también de una serie de interpretaciones psicoanalíticas acerca de si Borges aborrecía el momento culminante de la relación sexual. De ahí en adelante, la literatura y la figura de Borges han constituido un invalorable caldo de cultivo para que los devotos del psicoanálisis elaboraran las más diversas teorías. Bajo una lupa deformante se han observado sus pudores, enamoramientos, timideces, temas literarios, la dependencia cada vez mayor a que lo obligó la ceguera enredada con la vejez; el afecto incondicional por ese señor culto, irónico, inteligente y triste que fue su padre; el hecho de haber compartido la casa con la madre, mujer lúcida y valiente como pocas, secretaria y administrativa de las épocas de pobreza.

No es mi intención analizar aquí los cuentos de Borges, pero sí quisiera agregar algunos datos que quizá permitan aclarar bajo qué circunstancias fueron escritos. Ya se ha dicho que «Pierre Menard, autor del Quijote» fue escrito cuando Borges necesitó probarse su cordura. En cuanto a «Examen de la obra de Herbert Quain» constituye más bien una broma autobiográfica porque Borges, como su personaje Quain, «percibía con toda lucidez la condición experimental de sus libros». Herbert Quain escribió sólo tres obras en su vida: la primera, de corte policial, fue comparada por un crítico benévolo a Agatha Christie. De la novela *April March* asegura Borges: «Nadie, al juzgar esa novela, se niega a descubrir que es un juego; es lícito recordar que el autor no la consideró nunca otra cosa (...). Reivindicó para esa obra (...) los rasgos esenciales de todo juego: la simetría, las leyes arbitrarias, el tedio». Borges se sentía de algún modo su personaje.

Sin embargo, sólo muchos años después aceptó que este juego procede del escritor inglés H. Hinton, no mencionado en el texto. Los gráficos, los esquemas nacen de Hinton, pero mientras Borges se divierte, el otro, un matemático metido a escritor, mediante la elaboración novelística de sucesivos sistemas llegó a descubrir una cuarta dimensión y de ahí en adelante se internó en una quinta y en una sexta, hasta llegar a un número infinito.

También es interesante señalar que en «Examen de la obra de Herbert Quain» aparece la segunda Ulrica de Borges, ahora como protagonista de la comedia heroica en dos actos *The Secret Mirror,* del mismo Quain. Miss Ulrica Thrale es «amazona, altiva», frívola, escasamente interesada en la literatura. De otro de los cuentos del inexistente Quain, Borges declara que cometió «la ingenuidad de extraer "Las ruinas circulares"». Por último, señala que Quain solía argumentar que los lectores eran una especie ya inexistente. Anticipador del futuro, no llegó a saber hasta qué punto este argumento es válido en nuestros días.

«La biblioteca de Babel» y *Umberto Eco*

El cuento más representativo de *El jardín de senderos que se bifurcan* es «La biblioteca de Babel», escrito en Mar del Plata en 1941. No sé si en Villa Silvina, la casa de los Bioy, o en Villa Victoria, el *bungalow* prefabricado de su hermana mayor.

Ya viejo, Borges solía contar un sueño recurrente que lo asediaba y atormentaba con desagradable frecuencia, sobre todo cuando estaba angustiado por circunstancias personales. Años atrás había tratado el tema en «La biblioteca de Babel», que trasladaba esta pesadilla, recreándola, al mundo literario-paradojal-filosófico que era el suyo verdadero. Borges, como ya dije, solía soñar con cuartos idénticos a otros cuartos que se repetían infinitamente. En el sueño una luz inmutable le mostraba el laberinto sin fin, que recorría y volvía a recorrer hasta que la angustia creciente de la pesadilla lo despertaba.

La primera percepción del laberinto como un espacio obsesivo la tuvo en la infancia al ver una lámina que representaba uno, en cuyo centro había otro más pequeño, visión que se reproducía cada vez más diminuta hasta el infinito. En su juventud, durante los veranos en Adrogué, descubrió que el verdadero laberinto estaba en el hotel Las Delicias, evocado en «La forma de la espada», en «La muerte y la brújula» y en «25 de agosto, 1983».

Borges admiraba a un constructor de laberintos, Piranesi, y a lo largo de muchos años en el departamento de la calle Maipú pudo ver, colgado en el living, un grabado suyo. Los dramáticos contrastes de luz y de sombra en las ruinas fantásticas con escaleras, corredores sin salida y espacios abiertos a la nada, lo impresionaban. Cuando ya no podía ver, era capaz de reconstruir y contar el grabado con un detallismo extremo. Es probable que el espíritu de Piranesi estuviera en el trazado obsesivo de sus laberintos literarios. En «La muerte y la brújula» afirma Borges que «el mundo era un laberinto del cual resultaba imposible huir», pero en «El inmortal», «el laberinto es atroz y se convierte en una desembozada prisión: por un caos de sórdidas galerías llegué a una vasta cámara circular, apenas visible. Había nueve puertas en aquel sótano; ocho daban a un laberinto que falazmente desembocaba en la misma cámara; la novena (...) daba a una segunda cámara circular, igual a la primera. Ignoro el número total de cámaras; mi desventura y mi ansiedad las multiplicaron...».

Acerca del laberinto, eje de «La biblioteca de Babel» y de «El inmortal», el psicoanalista francés Didier Anzieu, que estudió la obra de Borges desde la perspectiva del psicoanálisis, llegó a la conclusión de que el tema nació de un conflicto de identificación y de rivalidad con el padre. Ambos textos serían una metáfora del inconsciente y equivaldrían al cuerpo físico de Borges. Laberintos y espacios corresponderían a la memoria prenatal del vientre de su madre. Cuando en «El inmortal» habla de la vasta «cámara circular» dice que tiene nueve puertas y sólo la novena accede a otra cámara. Pues bien, según Anzieu, el esquema indica claramente el seno materno y los nueve meses de gestación. Pudiera ser exacta la interpretación, pero un pequeño detalle la destruye: Borges nació en el octavo mes de ser concebido y desde la adolescencia conocía esta circunstancia poco frecuente. Leonor se vanagloriaba de la frase del médico que la atendió en el parto y que repetía con bastante frecuencia: «Las criaturas ochomesinas suelen ser muy inteligentes y talentosas».

Borges hubiera deseado nacer a los nueve meses de gestación; tenía una predilección supersticiosa por el tres y sus múltiplos. Se advertía en los actos más triviales: cuando viajaba en avión, en el momento del despegue, recatadamente, daba tres golpecitos con los nudillos en el brazo de su asiento. Cuando uno le preguntaba el porqué, evadía la respuesta con una sonrisita maliciosa y hablaba de las virtudes mágicas del tres, del nueve y del treinta y tres. Recordaba que Adán nació a los treinta y tres años y que Jesucristo murió a esa edad. En cuanto al número nueve, los versos del poema que cierra su libro *El oro de los tigres*, dicen: «... El anillo que cada nueve noches / Engendra nueve anillos y éstos, nueve...».

El arquetipo del laberinto de «La biblioteca de Babel» es una de las formas de la sabiduría: «El universo (que otros llaman la Biblioteca) se compone de un número indefinido, y tal vez infinito, de galerías hexagonales, con vastos pozos de ventilación en el medio, cercados por barandas bajísimas. Desde cualquier hexágono, se ven los pisos inferiores y superiores: interminablemente. La distribución de las galerías es invariable. Veinte anaqueles, a cinco largos anaqueles por lado, cubren todos los lados menos dos (...). Una de las caras libres da a un angosto zaguán, que desemboca en otra galería, idéntica a la primera y a todas (...). En el zaguán hay un espejo, que fielmente duplica las apariencias...».

Hasta aquí no es difícil reconocer el modelo que Umberto Eco utilizó luego para la biblioteca laberíntica de *El nombre de la rosa*, incluyendo el artificio del espejo. En «La biblioteca de Babel» el escritor se sitúa en el corazón de un laberinto simétrico y periódico, simultáneo e interminable: «La Biblioteca es ilimitada y periódica (...). Si un eterno viajero la atravesara en cualquier dirección, comprobaría al cabo de los siglos que los mismos volúmenes se repiten en el mismo desorden (que, repetido, sería un orden: el Orden)». En última instancia, un solo libro bastaría para reunir la sabiduría total.

Borges escribió «La biblioteca de Babel» en el verano de 1941, mientras trabajaba en la Miguel Cané (donde, como sabemos, pasó en total nueve años). En el cuento se encuentran alusiones a esta experiencia: la cantidad y forma de los anaqueles, los minúsculos gabinetes y en especial el ambiente opresivo de desesperanza y monotonía. En el texto habla de suicidios y de muertes por enfermedades pulmonares; en la biblioteca trabajaba una pobre muchacha tísica que un día desapareció como si nunca hubiera existido. Además, por esos años, él pensaba demasiado en el suicidio; era la época en que estaba enamorado, sin esperanza de ser correspondido, de Elvira de Alvear.

En «La biblioteca de Babel» están presentes dos autores muy queridos por Borges: Gustav Meyrink y Kafka; ambos se regocijaron en la manipulación de los absurdos. Si Kafka significa la postergación infinita, Meyrink —que escribió: «nada podemos hacer que no sea mágico»— encantó a Borges con esta superación de lo fantástico en la magia. En *El Golem* habla Meyrink del poder mágico de las letras y de la posibilidad de que los iniciados crearan un hombre, como Dios habría creado a Adán. En esta novela y en los cuentos de *Fledermäuse* (que Borges empezó a traducir del alemán en 1929) hay «sueños soñados por otros sueños, pesadillas perdidas en el centro de otras pesadillas». Borges retomará el tema en «Las ruinas circulares». Meyrink empezó a sentir que el mundo era absurdo y por consiguiente irreal, afirmó Borges, quien luego escribió en «La biblioteca de Babel»: «Miles y miles de catálogos falsos, la demostración de la falacia de estos catálogos, la demostración de la falacia del catálogo verdadero, el evangelio gnóstico de Basílides, el comentario de ese evangelio, el comentario del comentario de ese evangelio (...). El tratado que Buda pudo escribir y no escribió...». Entonces, mezclando lo absurdo y la irrealidad del mundo, la Biblioteca se convierte en un espejo deformante de esta irrealidad. En la Biblioteca hay versiones en todas las lenguas de libros no escritos y la Biblioteca abarca todos los libros. Esto da una sensación de «extravagante felicidad», pero cuando «los peregrinos», «señores de un tesoro intacto y secreto» salieron a buscar ese tesoro, «encontraron la muerte y la locura». Los hombres, los peregrinos del tesoro de la sabiduría, son, según este texto, indignos del conocimiento. Si bien en la Biblioteca hay «inquisidores», buscadores oficiales, «nadie espera descubrir nada»; otra vez Kafka. «La certidumbre de que algún anaquel en algún hexámetro encerraba libros preciosos y de que esos libros eran inaccesibles, pareció casi intolerable...» Luego el texto habla de la «otra superstición de aquel tiempo: la del Hombre del Libro». Y agrega: «En algún anaquel (...) debe existir un libro que sea la cifra y el compendio perfecto de *todos los demás* (...). Algún bibliotecario lo ha recorrido y es análogo a un dios». De aquí nace la infalibilidad del bibliotecario ciego de *El nombre de la rosa*.

En «La biblioteca de Babel» aparece la terrible invocación a Dios que Borges repetirá en «El milagro secreto» (1943) cuando le pide al Creador que se justifique: «Si el honor y la sabiduría y la felicidad no son para mí, que sean para los otros. Que el cielo exista, aunque mi lugar sea el infierno. Que yo sea ultrajado y aniquilado, pero que en un instante, en un ser, Tu enorme Biblioteca se justifique». La Biblioteca es más importante para Borges que los hombres y así lo dice en el final del texto: «... sospecho que la especie humana —la única— está por extinguirse y que la Biblioteca perdurará: iluminada, solitaria, infinita, perfectamente inmóvil, armada de volúmenes preciosos, inútil, incorruptible, secreta».

Bajo un subtexto policial, Umberto Eco, cuyo libro es una versión ampliada de «La biblioteca de Babel», traza una parodia de la crítica literaria de hoy. Al bibliotecario, Jorge de Burgos (obviamente Borges), le corresponde en su novela el mismo papel de Gran Desconstructor —el calificativo es de Emir Rodríguez Monegal— que tiene Borges en la literatura. Así, mientras Jorge de Burgos «por medio de un libro y de una biblioteca destruye el clausurado mundo del convento medieval», Borges cierra toda una época en las letras no sólo españolas sino del mundo occidental del siglo xx.

Pero hay otra vuelta de tuerca que aleja a Borges de Eco. Puesto a elegir entre el hombre y la suma del conocimiento que es la Biblioteca, Borges elige el conocimiento. En *El nombre de la rosa* la Biblioteca se quema con *el destructor* que es el bibliotecario, pero se salvan los hombres. Eco elige al hombre y no a la Biblioteca.

En 1942 *El jardín de senderos que se bifurcan* recibió el segundo Premio Municipal de la ciudad de Buenos Aires. El primero fue para la novela gauchesca de Eduardo Acevedo Díaz, *Ramón Hazaña*. Hoy nadie recuerda ni la novela ni el autor. Borges recibió con serenidad este fracaso e incluso se lo regaló al personaje de Carlos Argentino Daneri de «El Aleph». Pero sus amigos se indignaron y la revista *Sur* publicó un número, «Desagravio a Borges», en el cual colaboraron Mallea, Henríquez Ureña, Bioy Casares, Mastronardi, González Lanuza, Anderson Imbert, Amorim, Sábato, Manuel Peyrou, Francisco Romero, Canal Feijóo, Gloria Alcorta... Según contó Pepe Bianco, Borges estaba más sorprendido que contento por la actitud de sus colegas, entre los que se contaban sus amigos de siempre y otros que ni siquiera sospechaba que lo eran.

La poesía. Silvina Bullrich

El 17 de diciembre de 1943 la editorial Losada publicó un nuevo libro de Borges: *Poemas (1922-1943)*. Expurgados y corregidos se reunieron *Fervor de Buenos Aires, Luna de enfrente* y *Cuaderno San Martín*, es decir, sus tres primeros libros, y se agregaron seis poemas más, escritos en los últimos catorce años. Ya hemos hablado de «Insomnio» de 1936 y asimismo de los dos poemas en inglés del 34, «Prose Poems», que cambiaron tres veces de destinataria. (Jean de Milleret le reprocha al escritor que dedique el mismo poema a distintas mujeres y Borges se defiende: «Creo que se trata de un caso de indigencia literaria. A veces he tenido que dirigirle un poema a una dama. Puesto que lo tenía a mano, lo empleaba muchas veces. No es un caso de inconstancia. Más bien es una carencia de invención o haraganería. También puede ser que yo estuviese demasiado enamorado como para escribir».)

En 1940 Borges escribió «La noche cíclica» («Lo supieron los arduos alumnos de Pitágoras...») y se lo dedicó a Silvina Bullrich Palenque. Ella no tenía treinta años, se había separado del marido, pero todavía usaba su apellido, porque se podía ir contra las convenciones pero hasta cierto punto. Silvina era graciosa, alegre e inteligente; Borges sintió su atracción y, según su estilo, empezó a acosarla, llamándola varias veces por día, esperándola, mandándole cartitas, mostrándose desesperado por verla y ella, arrebatada por la pasión de su enamorado, cedió. Los resultados fueron negativos: se desilusionaron el uno del otro. Del fugaz encuentro quedaron un sentimiento de mutuo desagrado, que ambos conservaron hasta el final (sin embargo, cuando se encontraban se comportaban con gran cortesía), y un libro: *El compadrito. Su destino, sus barrios y su música*, antología sobre el tema compilada por los dos, que seleccionaron páginas de unos quince autores, en la primera edición del 45 y en la cual incluyeron «El hombre de la esquina rosada». En la segunda, de 1968, se amplió la nómina de autores, Borges cambió el cuento y agregó poemas.

En la década de los sesenta se sabía que Borges, de cada diez conferencias que daba, cobraba sólo una o dos; bastaba que quienes se la pedían le mencionaran cierta escasez de medios para que él no aceptara cobrar. A veces ni siquiera le pagaban el taxi. Borges iba por el placer que le producía hablar de sus temas favoritos. Un día se encontró con Silvina Bullrich (todavía muy atractiva) en un cóctel de embajada. A la salida, ella se ofreció a traernos en su coche y, ya instalados, con toda dulzura le reprochó no cobrar las conferencias en un momento en que «todos los escritores debían unirse para que no se los explotara y la gente no creyera que la tarea intelectual no debía pagarse». Borges se disculpó, diciéndole que le gustaba hablar; entonces Silvina le dijo: «Ay, Georgie, te comportás como las putas que, cuando se enamoran, trabajan gratis». Riéndose a carcajadas, él festejó el reproche y le aseguró que no iba a volver a pasar. No cumplió la promesa, por lo menos no enseguida. Sin embargo, al terminar una conferencia o un diálogo, solía preguntar, susurrando: «¿No hay noticias del parné?». O si no: «¿Qué se sabe sobre la pasta?». Pero si la «pasta» o el «parné» no aparecían, se limitaba a decir: «¡Caramba!».

Con su casamiento en 1967, las cosas cambiaron; era su mujer, Elsa Astete, quien determinaba los honorarios. Algunas veces, solía revaluarlos inesperadamente. Me contó Elba Torres de Peralta que en la Universidad de California, cuando ya la gente había ocupado el salón de conferencias, la señora Astete de Borges anunció a las autoridades que la «exposición» de su marido había doblado el *cachet*. Los profesores, desesperados, hicieron una veloz colecta entre los colegas y los estudiantes para salvar la situación. Por supuesto, la fama de miserable y aprovechador se la llevó Borges, quien, me parece, nunca se enteró de tales manejos.

Después del rápido eclipse de Silvina Bullrich, Borges mantuvo una relación afectuosa con Pipina Diehl de Moreno Hueyo. Llegué a conocer a esta señora; era muy simpática y tenía un atractivo muy especial. Físicamente conformaba el tipo que en la década de los treinta y cuarenta se denominaba «buena moza»: elegante, alta, arrogante, no demasiado magra. Pipina era la presidenta de Proarte, asociación que funcionaba en su casa y desde donde se alentaba y se ayudaba a pintores y escritores. A Ernesto Sábato le hizo dar un ciclo de conferencias en un momento de pronunciada penuria económica. El doctor Moreno Hueyo, marido de Pipina y un juez muy serio y severo, no participaba en las expresiones de Proarte, sólo las toleraba. Después de que Pipina enviudó, poco a poco el afecto de Borges hacia ella se transformó en un amor apasionado y vivieron un romance que duró más de un año. Al parecer, hasta se había fijado fecha de casamiento. De repente, algo pasó, la relación se debilitó y la boda quedó en nada.

El «Poema conjetural». Mallea

En *Poemas 1922-1943*, el libro de Losada, Borges también incluyó «Del infierno y del cielo» y «Poema conjetural», en el cual el destino atroz de Laprida, degollado por unos gauchos analfabetos, sería análogo, metafóricamente para Borges, al del intelectual de nuestro país, donde poco a poco los golpes militares lo retrogradaban a un destino de incultura y de barbarie.

El «Poema conjetural», publicado en *La Nación* el 4 de julio de 1943 (momento en que ocupaba la presidencia del país el general Ramírez), resultó, de un modo misterioso, profético en cuanto a la conducta que asumiría el posterior régimen fascista, encarnado en la figura de Juan Domingo Perón. Perón empezaría a asolar el país meses después, cuando se hizo cargo del Departamento Nacional del Trabajo, trasformado en la Secretaría de Trabajo y Previsión, desde donde empezó a desarrollar una tarea demagógica que, entre otras cosas, llevaría al país a décadas de odio.

Se puede considerar al «Poema conjetural» como una pieza «política» en la que se denunciaba un pasado que —Borges no podía imaginarlo— sería una forma de futuro. Tras el advenimiento del peronismo se hizo consciente esta peculiaridad del poema, cada vez más próximo a nosotros, siempre acorde con el «destino sudamericano» de incultura, de barbarie, de befa y de muerte, que incluye, por supuesto, a la tristemente conocida como época del *Proceso*, entre 1976 y 1983.

Treinta y ocho años después, sucedió algo muy raro. El 10 de abril de 1981, en una entrevista concedida al diario *Clarín*, Borges modificó la realidad vivida y declaró: «... el "Poema conjetural" se publicó cuando Perón subió al poder. Es un poema histórico, donde me refiero a la muerte de Laprida, de quien soy lejano pariente, y me enfrento no sólo con la época en que lo asesinaron, sino también con la época densa del gobierno peronista». Y un poco más adelante, agrega: «Aquí, cuando yo lo entregué para su publicación, hubo vacilaciones en publicarlo (...). Primero se lo entregué a Eduardo Mallea. El estaba exiliado [sic] y le pareció que era demasiado evidente. Sin embargo, fíjese que ese poema se lee ahora y nadie lo relaciona con el peronismo». (Nadie podría hacerlo porque el 4 de julio de 1943 el peronismo no existía.) Borges termina: «Pero yo lo escribí con ese sentido y fue leído así también...».

La evidente injusticia de la afirmación de Borges en cuanto a Mallea nos afligió mucho porque, si en este país hubo algún hombre ético, ése fue Mallea. En 1981 ya estaba imposibilitado para discutir o negar la palabra de Borges; es probable que ni siquiera se haya enterado. Nadie salió a decir la verdad, ni siquiera lo defendieron aquellos que comentaban la equivocación borgeana. La única voz que se levantó a favor de Mallea fue la de mi marido, Horacio Armani, a quien el 25 de abril (quince días después de la aparición del reportaje) el diario *Clarín* le publicó una carta de lector, en la cual luego de aclarar la fecha de aparición del poema, refutaba la disparatada posición de Borges, recordando que: «... Mallea nunca estuvo exiliado y mal podía, desde el exilio, vacilar y ordenar finalmente la publicación de algún poema».

Mucho tiempo después, cuando le pregunté a Borges de dónde había sacado semejantes inexactitudes, me contestó bastante fastidiado: «Bueno, no sé». Y no se habló más del tema. Es probable que algún allegado, con influencia suficiente para hacerlo, lo haya confundido malignamente. A Borges lo perturbaban los chismes.

París fue liberada el 23 de agosto de 1944 y mientras el nazismo agonizaba, Buenos Aires se volcó a las calles a festejar y a cantar, más mal que bien, la *Marsellesa*. A pedido de Victoria Ocampo, Borges escribió «Anotación al 23 de agosto de 1944», que se publicó luego en *Sur* y se compiló más tarde en *Otras Inquisiciones:* «Esa jornada populosa me deparó tres heterogéneos asombros: el grado *físico* de mi felicidad, cuando me dijeron la liberación de París; el descubrimiento de que una emoción colectiva puede no ser innoble; el enigmático y notorio entusiasmo de muchos partidarios de Hitler. Sé que indagar ese entusiasmo es correr el albur de parecerme a los vanos hidrógrafos que indagaban por qué basta un solo rubí para detener el curso de un río; muchos me acusarán de investigar un hecho quimérico. Este, sin embargo, ocurrió y miles de personas en Buenos Aires pueden atestiguarlo». Y más adelante, con evidente convicción, dice: «Ser nazi (jugar a la barbarie enérgica, jugar a ser un viking, un tártaro, un conquistador del siglo XVI, un gaucho, un piel roja) es, a la larga, una imposibilidad mental y moral. El nazismo adolece de irrealidad (...). Es inhabitable; los hombres sólo pueden morir por él, mentir por él, matar y ensangrentar por él. Nadie, en la soledad central de su yo, puede anhelar que triunfe. Arriesgo esta conjetura: *Hitler quiere ser derrotado*». Borges arriesgaba demasiado.

Ficciones

Seis días después de la liberación de París, Borges firmó el prólogo de una serie de seis cuentos, que tituló *Artificios* y que con el anterior, *El jardín de senderos que se bifurcan*, configuró un único volumen denominado *Ficciones*.

Tres de los seis cuentos son memorables: «Funes, el memorioso», como ya vimos, una larga metáfora sobre el insomnio, pero también una despiadada visión de sí mismo; «La muerte y la brújula», «pese a los nombres alemanes o escandinavos, ocurre en un Buenos Aires de sueños: la torcida Rue de Toulon es el paseo de Julio» (hoy Leandro N. Alem); la quinta Triste-le-Roy está construida sobre el dibujo del hotel Las Delicias de Adrogué, y «El milagro secreto», en el cual Dios se permite ejecutar un milagro mínimo para una sola de sus criaturas: detener el tiempo a fin de permitir la ejecución de una efímera obra de arte. Más allá del tema del tiempo, al que tan afecto era Borges, éste, tácitamente, se hace una pregunta terrible: ¿vale algo la labor intelectual y creadora del hombre frente al infinito espacio divino?

En 1956 Borges agregó tres cuentos al volumen: «La secta del Fénix», «El fin» y «El Sur», del cual dijo: «acaso es mi mejor cuento; básteme prevenir que es posible leerlo como directa narración de hechos novelescos y también de otro modo». A «El Sur» transporta —como ya dijimos— la desdichada experiencia de 1938 cuando, después del golpe en la cabeza, sobrevino la septicemia. «La experiencia última de un hombre inerme ante el destino»; ¿Borges también?

Ficciones fue un libro afortunado. La SADE (Sociedad Argentina de Escritores), por iniciativa de Enrique Amorim —según afirma Emir Rodríguez Monegal—, le dio el Gran Premio de Honor, creado para ese libro y para ese autor. En el mes de octubre de 1944 (también en el relato de Rodríguez Monegal), Borges se cruzó a Montevideo invitado por el Servicio Cultural del Ministerio de Instrucción Pública para dar una conferencia sobre literatura gauchesca. Fue la primera de una serie infinita de charlas sobre el tema; entre 1962 y 1964 asistí a veintinueve; es decir a un promedio de uno coma dos escritores gauchescos por mes. Siempre decía lo mismo, con las mismas pausas, respiraciones y silencios vacilantes donde uno creía que se quedaría definitivamente sin aire, silencios de los que salía ileso, después de un tartamudeo desesperado y desesperante. Nunca pude acostumbrarme, sufría con él aunque no sé si él sufría. Un día le comenté mis angustias a Leonor y ella, burlonamente, me dijo: «No te preocupes, no te engañes, siempre puede salir».

Pero en esa primera conferencia de Montevideo no pudo hacerlo, tan tímido e incapaz de hablar ante más de cuatro personas, lo hizo por interpósita persona. Escribió su charla cuidadosamente, como sólo él podía redactar un texto, y luego le pidió a un joven profesor, José Pedro Díaz, que se la leyera. Este lo hizo y muy bien. Borges, como el mudo capitán Tempesta de *La serva Padrona*, hablaba a través de un intérprete.

El Séptimo Círculo. Estela Canto

En 1943 apareció en la editorial Emecé una antología organizada por Borges y Bioy Casares, *Los mejores cuentos policiales*. El libro, que contenía relatos de dieciséis autores, se vendió con un éxito no previsto por nadie, ni por la editorial ni por los compiladores. Esta aceptación del género por los lectores consolidó los cimientos de una famosa colección, El Séptimo Círculo, cuyo título recordaba el lugar que asignó Dante en el Infierno a los violentos. El primer volumen de la colección fue un texto memorable, *La bestia debe morir*, de Nicholas Blake. Aquellos primeros libros, unos tomitos encantadores de tapa dura, verde y telada con una sobrecubierta, tuvieron dos virtudes: introducir masivamente la novela policial en el gusto de los lectores argentinos, latinoamericanos y españoles y atraer a un público joven. «Los libros que recomendábamos no eran estrictamente policiales, tenían sí algún tipo de intriga, pero se trataba de los grandes nombres de la literatura», recordaba Borges. Los nombres eran Wilkie Collins, Dickens, Graham Greene... Borges y Bioy sacaron más de ciento ochenta títulos en la colección, que luego pasó a dirigir Carlos Frías.

1944 fue un año muy rico en la vida de Borges, hubo premios y publicaciones y algo mucho más entrañable, que posiblemente le trajo más desdicha que felicidad; se enamoró de Estela Canto.

Esto ocurrió cuando florecen los jacarandaes, es decir en noviembre, según cuenta la propia Estela Canto en *Borges a contraluz* (libro muy discutible, que tiende a una autojustificación). Estela nos advierte: «Yo tenía veintiocho años cuando encontré a Borges. Del amor conocía "los arquetipos y los esplendores", también los desentendimientos, los errores, las fuerzas ciegas que se apoderan a veces de nosotros. Dicho de otra manera, estaba al tanto de todos sus aspectos. Había llevado una vida agitada y me sentía atraída por la aventura». Si atendemos a los retratos de la época, Estela era una muchacha delgada, bonita y graciosa; con un aire entre desenfadado y atrevido, que gustaba. Promiscua, según el juicio de Silvina Bullrich, alardeaba de dos cosas: «pertenecer al Partido Comunista y no ser virgen», como si, necesariamente, las dos cosas fueran juntas. Perspicaz e inteligente, se enorgullecía de desafiar las convenciones vigentes en un mundo donde abundaban. Culta, interesada en la literatura y escritora ella misma, había leído a los autores ingleses que le gustaban a Borges, incluyendo a George Bernard Shaw, y creía ser —como demasiada gente— mucho más de lo que era. Silvina Ocampo decía que era «divinamente mentirosa»; Adolfo Bioy Casares la señaló, en cambio, como «medio chusma».

«Cuando Borges me conoció», escribe E.C., «yo era una mujer que había estado trabajando desde los veinte años. Había pasado por oficinas, había hecho un poco de publicidad, corretajes, había pasado brevemente por estudios de cine y estaciones de radio y me había ganado la vida bastante mal (...), pero eso me había dado cierta independencia.»

Borges se enamoró y le escribió muchas cartas; en *Borges a contraluz*, Canto reproduce catorce; puede ser que haya habido más, pero en el libro se reunieron las más sentimentales y convincentes de la pasión que inspiraba. Publicó el libro tres años después de la muerte del escritor, cuando él ya no podía defenderse de ciertas afirmaciones erróneas. La mayoría de las cartas y postales fueron escritas entre noviembre de 1944 y mediados del 45, aunque quizás haya alguna de principios de 1946 porque Borges habla de *Anales de Buenos Aires*, revista que empezó a dirigir ese año. En bastantes cartas hay alusiones a lugares de veraneo: Adrogué, Mar del Plata, la casa de Amorim en el Uruguay; pero nunca se da una fecha exacta y Borges también las omitía en los encabezamientos. El tono va creciendo en exaltación; Borges estaba enamoradísimo y quería casarse con Estela, pero cuando se lo pidió, ella asegura que le contestó: «No podemos casarnos si antes no nos acostamos». No estoy muy segura, sin embargo, de que lo haya dicho. Podría pensarse, si la frase es cierta, que con estas relaciones previas ella quería asegurarse de su virilidad, pero la misma Estela confiesa unas líneas más adelante que tendría que haberle dicho: «No te quiero lo bastante para casarme contigo, podemos ser amigos...». Nadie puede saber, ya que falta el testigo fundamental para aclararlo, hasta dónde son verídicas las afirmaciones de Estela, porque en muchas de ellas hay una consustancial diferencia con la realidad. Por ejemplo, en la página 165, al descalificar al cirujano que trataría los ojos del escritor, dice en su libro: «Dados los resultados obtenidos con el señor Borges [se refiere a Jorge Guillermo], que había muerto ciego...». Pero se sabe y ya lo hemos dicho, que el padre recuperó la vista, unos años antes de morir, gracias a la exitosa operación del doctor Natale.

También afirma Estela que el doctor Adolfo Bioy (padre del escritor y ministro de Relaciones Exteriores en 1930), le había conseguido a Borges el empleo en la Miguel Cané, cuando en verdad fue Francisco Luis Bernárdez —como ya dijimos— quien tramitó el nombramiento.

A Leonor Acevedo no le caía bien Estela; según ella, era precisamente el tipo de muchacha «desenfadada y vulgar» que le disgustaba. Estela, por su parte, vio en Leonor la representante de un mundo al que ella no pertenecía, burgués y desdeñable, pero envidiado en secreto. La describe como «una dama menuda, de unos setenta años, pulcramente vestida, con pelo blanco y ojos negros, muy vivaces, atentos y escudriñadores. La cara, con mucha carne, como la de su hijo en esa época, no tenía planos definidos». Leonor tenía unos ojos clarísimos casi como agua, verdes-grisados, muy descoloridos en la ancianidad. Siempre fue muy flaca (aun en la época en que hacían furor las damas opulentas) y el rostro delgado y de rasgos afilados conservó hasta la muerte la delicadeza de líneas que muestran los retratos de juventud.

Estela jugó con Borges. Lo alentó de todas las formas posibles para luego plantarlo, de la noche a la mañana, cuando inició una tormentosa relación con otra persona, que duró tres años y terminó muy mal. Ella, en el libro, confiesa que se equivocó. Luego quiso reiniciar el camino con él, pero ya no fue lo mismo.

Sin embargo, Estela supo aprovechar el conocimiento que tenía del escritor. Narra cómo presentó un texto al certamen de poesía de Necochea, en el que atendía, respetaba y hasta exageraba las preferencias literarias de Borges, que era jurado, y ganó el premio. En la década de los sesenta, el premio literario del diario *La Nación* lo obtuvo Silvia Moyano del Barco con una *nouvelle* de intriga policial, *Luz era su nombre*. El jurado estaba integrado por Eduardo Mallea, Carmen Gándara, Leonidas de Vedia, Adolfo Bioy Casares y Jorge Luis Borges. Las malas lenguas dijeron que en la *nouvelle*, de cinco capítulos, cada uno de ellos estaba escrito a la manera y al gusto de los respectivos jurados para conquistarlos; también las mismas malas lenguas aseguraron que *Luz era su nombre* había sido escrito por los hermanos Estela y Patricio Canto y que Silvia Moyano del Barco era sólo el testaferro. Por último, se corrió la voz de que esta señora los estafó porque nunca les dio la parte correspondiente del dinero del premio.

Si la estafa se llevó a cabo, es decir, si escribieron la *nouvelle* y mandaron a un tercero a cobrar, la actitud es inexcusable pero comprensible. Estela, militante comunista, nunca habría podido recibir un premio de *La Nación*; el espíritu partidario no lo habría permitido.

La carrera literaria de Moyano del Barco fue breve. Leónidas de Vedia, que dirigía el suplemento de *La Nación* en esos años, no sólo le publicó la *nouvelle* sino que, entusiasmado, le pidió una colaboración. Según Jorge Cruz, se presentó con un perro de gran porte y unos versos lamentables que no se publicaron. Luego su nombre y producción se perdieron en la oscuridad del olvido.

En 1955, al ser nombrado director de la Biblioteca Nacional y luego profesor en la Universidad de Buenos Aires, la posición económica de Borges mejoró sensiblemente. Estela tenía cuarenta años y estaba sola. El, con dieciséis más y casi ciego, se mantenía bien y la alegría de *vivir* la Biblioteca lo había rejuvenecido; por otra parte su fama crecía día a día y era bien conocido en el exterior por sus pares. (Eugenio Montale, el poeta italiano Premio Nobel, escribió en esa época que «Borges era alguien capaz de meter el Universo en una caja de fósforos».) Estela creyó entonces conveniente avivar el antiguo fuego, pero se equivocó; Borges había aventado las cenizas. Sucesivos rostros habían desplazado el suyo, además había algo en esa Estela madura que le disgustaba profundamente: su afición al alcohol. A menudo, ella lo esperaba en la puerta de la Biblioteca Nacional, México 564, y con voz alterada lo instaba a cumplir sus antiguas promesas de matrimonio y, además, lo apremiaba a gritos para que se afiliara al Partido Comunista. Con frecuencia lo perseguía por los andenes de la estación Independencia del tren subterráneo, insultándolo; para evitarla, Borges tomó el hábito de abordar el tren en la estación Moreno. Casi todos los amigos de esa época, que frecuentaban la Biblioteca Nacional, solían acompañarlo hasta la calle a fin de ayudarlo a huir si veían a Estela más o menos cerca. Ella se apostaba en el bar de la esquina de Bolívar y México, donde Borges acostumbraba a tomar algo, y allí lo esperaba durante horas. Un día armó un mayúsculo escándalo en la cervecería Munich, en Constitución, donde él estaba con algunos amigos.

La indiferencia desdeñosa de Borges, quien nunca le contestaba, le cansó y abandonó la estéril persecución. Llena de piedad hacia sí misma, Estela olvidó estos episodios vergonzosos en el momento de escribir su libro.

Hacia 1944, sin sospechar las sorpresas que le depararía el futuro, Borges escribió «El Aleph» y se lo dedicó a Estela; la idea de ese cuento, más que entusiasmarlo, le apasionaba. Debió de haberlo comentado mucho con ella, que por cierto compartiría su entusiasmo. Cuando lo escribió, como siempre a mano en un cuaderno cuadriculado, Estela lo pasó a máquina y luego que Borges lo corrigió, volvió a copiarlo. En el departamento de la familia Canto, que Estela compartía con su madre y su hermano Patricio, quedaron el manuscrito y la primera copia con las enmiendas hechas por el escritor; o Borges le regaló los originales o quedaron allí olvidados. Esto último debe de ser lo más seguro.

En 1945 «El Aleph» apareció en la revista *Sur* y en junio de 1949 Losada publicó un nuevo libro de cuentos con este título, en el que se reunían, además del relato homónimo, dieciséis más.

En 1984 Estela llamó a Borges por teléfono; quería pedirle permiso para vender el manuscrito, ya que su situación económica no era buena. El la invitó a almorzar y le dio el consentimiento. Al día siguiente hizo una sola reflexión: Estela se había tomado una botella de vino durante el almuerzo. Para alguien que había estado tan enamorado, era un comentario demasiado pobre. En mayo de 1985, la casa Sotheby's de Londres vendió las dos versiones del manuscrito en veintisiete mil setecientos sesenta dólares.

Uno de los cuentos de *El Aleph*, titulado «Historia del guerrero y de la cautiva», está dedicado a otra mujer que también tuvo importancia en la vida de Borges, Ulrike von Kühlmann (la tercera Ulrica). A través de fotos y del testimonio de quienes la conocieron a fines de la década de los cincuenta, sabemos que se trataba de una rubia espléndida al estilo de Marlene Dietrich, casi una valquiria, con mucho dinero, gran espíritu de aventura y muy generosa. Ulrike nació en Baviera en agosto de 1911. Hija de un diplomático de carrera, antes de la segunda guerra mundial abandonó su país de origen y se instaló en Barcelona. Se casó muy joven. Al enviudar, recorrió el mundo en viajes de negocios y de placer. Actualmente habita en Málaga.

Vivió en Buenos Aires a principios de los cincuenta. Mujer muy culta y fervorosa lectora pronto se convirtió en admiradora de Borges. Parece que Ernesto Sábato se lo presentó; enseguida se hicieron íntimos y Borges, por supuesto, se enamoró de ella. Se ha dicho que Ulrike von Külhmann influyó sobre Emecé a fin de que esta editorial publicara en 1951 «La muerte y la brújula». En Buenos Aires tuvo tres amigas: Leonor Acevedo de Borges, a quien siempre llamó Leonora, Silvina Ocampo y Sara Kriner de Haines. En el diario alemán *Der Tagenspiegel* publicó en 1955 «Andere Tod», su versión de «La otra muerte» de Borges. Once años después volvió a Buenos Aires y lo invitó a almorzar. Pero había pasado demasiado tiempo; Borges estaba casado con Elsa Astete. ¿Está Ulrike corporizada en el cuento casi homónimo de Borges? Es probable; físicamente se le parece demasiado.

Dos o tres años antes de la muerte de Borges, Víctor Massuh lo definió con una frase realmente feliz: «Borges vive en estado de literatura». La definición no sólo es feliz sino también real. Más allá de sus penas, de sus manías, de sus inhibiciones, de las sucesivas servidumbres que le imponían sus enamoramientos, de la ceguera, más allá de la vejez y de la soledad, la literatura fue la amante perpetua, fidelísima que nunca lo abandonó, que estuvo con él y en él desde el principio hasta el final.

El Aleph

En el Epílogo de su libro *El Aleph*, Borges afirma que en el volumen, fuera de «Emma Zunz» (cuyo argumento le fue dado por Cecilia Ingenieros) y de la «Historia del guerrero y de la cautiva», todas las «piezas» corresponden al género fantástico. Enseguida, da las presuntas fuentes u orígenes de algunas de ellas. En las dos últimas líneas declara: «En "El Zahir" y "El Aleph" creo notar algún influjo del cuento "The Cristal Egg" (1899) de Wells». En ambos el protagonista es Borges, pero un Borges también personaje de ficción con evidentes rasgos circunstanciales que corresponden al escritor; artificio literario válido que contribuye a aumentar el interés del lector. «El Zahir», superstición cabalística, es una moneda mágica que el protagonista recibe después del velorio de Teodelina Villar, mujer de la que ha estado enamorado. En «El Aleph», el mejor de los dos cuentos, hay una situación análoga. El Aleph es un punto donde convergen todos los puntos del espacio y del tiempo; es el universo en la forma de una esfera tornasolada de casi intolerable fulgor. Y Beatriz Viterbo, el gran amor de Borges-protagonista, está muerta también cuando empieza el relato. En el comienzo, en dos frases se nos ofrece el carácter de la dama: «La candente mañana de febrero en que Beatriz Viterbo murió, después de una imperiosa agonía que no se rebajó un solo instante ni al sentimentalismo ni al miedo...». Un carácter mezcla de orgullo y estoicismo y el hecho de que la mujer sea un personaje pasivo le da mucha fuerza. Emir Rodríguez Monegal dice que «El Aleph» es una reducción paródica de la *Divina Comedia* y que Beatriz Viterbo es Beatriz Portinari, tan desdeñosa con el florentino como la Viterbo con Borges. Agrega Monegal que Carlos Argentino Daneri, personaje fundamental y primo de la Viterbo, es a la vez Dante y Virgilio y que el descenso al sótano es el descenso al Infierno. «La parodia es tan sutil, que muchos lectores de Borges y de Dante no llegaron a reconocerla.»

En 1970 Borges me dijo, refiriéndose a esta interpretación de Monegal: «Quedo muy agradecido por estos obsequios no buscados... Beatriz Viterbo realmente existió y yo estuve muy enamorado de ella, y sin esperanzas. Escribí mi cuento después de su muerte». Hay una diferencia fundamental entre las dos Beatrices: Dante siempre alaba las virtudes de la amada; Borges, en cambio, no vacila en denigrarla denunciando su soberbia, la conducta indigna, la inmoralidad.

Más adelante aclara que Carlos Argentino Daneri existe y es un buen amigo suyo, pero «nunca sospechó estar dentro del cuento. Los versos son una parodia de sus versos. El lenguaje de Daneri, por otro lado, no es una exageración sino una transcripción fiel. La Academia Argentina de Letras es el *habitat* de tales ejemplares». Esta observación última de Borges no fue obstáculo para que en 1955 aceptara ser nombrado miembro de la Academia junto con Manuel Mujica Lainez y que ambos en 1960 designaran a Eduardo Mallea.

Por supuesto, Beatriz Viterbo y Teodelina Villar son el mismo personaje. Cuando años después le pregunté a Borges quién le había inspirado esta coqueta que lo humilló, alentando y desalentando alternativamente sus ilusiones, él me confesó: «No fue una, fueron tres y dos han muerto».

Borges, como casi todo el mundo, no olvidaba las humillaciones; es más, solía devolverlas con ironías sangrientas, comentarios que eran lápidas para los destinatarios. En general, con algunas excepciones, nunca perdonó a las mujeres que en su momento no habían correspondido a sus requerimientos amorosos, pero tampoco fue demasiado caritativo con las que los aceptaron. José Edmundo Clemente aseguró que Borges «era un mujeriego en el mejor sentido de la palabra» y que el mundo se le derrumbaba cuando recibía un desengaño: «Ya no es mágico el mundo. Te han dejado», dice en una línea de «1964, I», y en «La cierva blanca» se confiesa todavía más: «Me dejaron soñarte, pero no ser tu dueño».

En «El Aleph», Borges se ríe apasionadamente de Daneri, que también es un poco él mismo: «Ejerce no sé qué cargo subalterno en una biblioteca ilegible en los arrabales del Sur; es autoritario, pero también ineficaz». Y aquí viene un prejuicio contra los inmigrantes del cual la sociedad argentina se jactaba: «A dos generaciones de distancia, la ese italiana y la copiosa gesticulación italiana sobreviven en él». Por último, lo remacha definitivamente con la frase final: «Su actividad mental es continua, apasionada, versátil y del todo insignificante».

Al retratar a Beatriz, Borges señala: «... Era alta, frágil, muy ligeramente inclinada; había en su andar (...) una graciosa torpeza, un principio de éxtasis». Porque Borges prefería las mujeres altas y soberbias. Una vez, ya en la década de los ochenta, le pregunté cómo era una chica (una de las últimas adquisiciones de su vejez). Yo no la había visto nunca. El me contestó con voz soñadora: «Es alta como una palmera y tiene una voz ligeramente ronca y lejana, como si condescendiera a hablar con uno, como si le costara salir de sí misma».

En la muy larga y admirable enumeración de las cosas que Borges ve en la esfera luminosa que es el Aleph, también están las cartas obscenas que Beatriz le escribió a Carlos Argentino Daneri. Me parece que ninguna mujer más o menos normal o cuerda (nadie lo es del todo) escribe cartas obscenas. Quizá los hombres tampoco, sobre todo en el nivel de las amistades de Borges. Puede tratarse de una equivocación de tipo psicológico; Borges, inventor de una prosa única, no sabía demasiado del alma de quienes lo rodeaban. Puede ser el detalle degradante que necesitaba para informar al lector que Beatriz era de lo último; como si nos dijera: Yo no la tuve, pero tampoco era una persona que valiera la pena.

Borges se venga de Beatriz, que toma otros diversos nombres: «Yo, que tantos hombres he sido, no he sido nunca / Aquel en cuyo abrazo desfallecía Matilde Urbach». También se venga del odiado Carlos Argentino al negar la existencia del Aleph, del prodigio que éste significa. El escepticismo que lo acompañó siempre aparece en el remate del cuento, cuando el protagonista-Borges se pregunta: «¿Existe ese Aleph en lo íntimo de una piedra? ¿Lo he visto cuando vi todas las cosas y lo he olvidado? Nuestra mente es porosa para el olvido; yo mismo estoy falseando y perdiendo, bajo la trágica erosión de los años, los rasgos de Beatriz».

Perón y el peronismo

Mientras Borges escribía los mejores cuentos de su producción literaria y se paseaba por el barrio Sur con Estela Canto, en el país se había producido el ascenso al poder del coronel Juan Domingo Perón, tres años mayor que Borges, ya que había nacido en 1896. Durante los años 1939 y 1940 estuvo en el ejército italiano y quedó muy entusiasmado con la forma en que Mussolini manejaba un Estado corporativo e incondicional. Imitaría luego sus métodos buscando y adaptándose a los sentimientos de las masas. Organizó a los trabajadores promoviendo sindicatos todopoderosos que estaban bajo su dominio. Quizás haya aprendido de Hitler y Mussolini a controlar las radios, que estaban a su servicio, y luego dio a los obreros y a la gente del campo la imagen de alguien que, además de quererlos, se sacrificaba por ellos promulgando decretos que aumentaban su bienestar personal social y económicamente. Su prestigio aumentó considerablemente y cuando su situación política se tambaleó y fue confinado en Martín García, cientos de miles de argentinos fueron transportados gratis en camiones a Plaza de Mayo en Buenos Aires, donde se los alimentó, atendiendo a sus necesidades, sólo para que pidieran a gritos la presencia de Perón, voceando «la vida por Perón». Asomado el 17 de octubre de 1945 al balcón de la Casa Rosada, bajo el lema de «alpargatas sí, libros no», en mangas de camisa se apropió de la voluntad del mar que se agitaba en la Plaza de Mayo, a sus pies. Después, desde la Secretaría de Trabajo y Previsión a su cargo, se dedicó a comprar votos y organizar sus huestes para ganar las elecciones del 24 de febrero de 1946. Las ganó, sí, pero sólo por el 51 por ciento de los votos. Desde ese momento para desempeñarse en algún cargo o empleo estatal había que afiliarse al Partido Peronista.

Semanas antes de cumplir cuarenta y siete años, Borges recibió una comunicación de la Municipalidad de Buenos Aires; se le informaba que había sido trasladado de la Biblioteca Miguel Cané a otro cargo administrativo. Aquí las versiones difieren: mientras la mayoría, incluyendo a Alicia Jurado y a Emir Rodríguez Monegal, afirmó que fue promovido al cargo de inspector de aves, conejos y huevos en un mercado de la calle Córdoba, el entonces secretario de Cultura de la Municipalidad, Raúl Salinas, artífice de esa promoción, dice algo un poco diferente. Salinas, antiguo conservador convertido en peronista, ha sobrevivido a los rigores del tiempo y de los hombres. Se trata de un hombre afable, culto y especialista en Aristóteles. Explica las cosas de esta manera: «Meses después de haber asumido la presidencia Juan Domingo Perón, me llegó de la Intendencia [el intendente era Emilio Siri] una lista de la gente que se iba a dejar cesante. Algunos era porque faltaban demasiado; otros estaban de más. Por otra parte, usted sabe cómo son los cambios políticos; cada gobernante que asume, quiere llevar a los suyos. También se daba el caso de personas que habían firmado notas contra el gobierno. Creo que Borges era de los que faltaban, bah, no me acuerdo ya. Cuando salió la cesantía, mi subsecretario, Miguel Angel Echeverrigaray y Francisco Luis Bernárdez [adscripto a la Secretaría] me pidieron que no lo echara; entonces, decidí trasladarlo a la Escuela de Apicultura de la Intendencia. A él no le gustó y renunció».

En su *Autobiografía* Borges cuenta que fue a la Municipalidad a averiguar el porqué de su «promoción»: «Parece raro —les dije— que entre tantas personas que trabajan en la Biblioteca, haya sido yo seleccionado como merecedor de este nuevo puesto». Quien lo había atendido, le contestó: «Usted durante la Guerra estaba del lado de los aliados. ¿Qué esperaba?».

Pudo haber sido así; sin embargo, las razones parecen más folklóricas: todos los que, trabajando en la Administración pública, firmaron el Manifiesto a favor de la Democracia y notas contra la dictadura fueron a la calle; Bernardo Houssay, Julio E. Payró, Juan José Castro, entre los más notables.

Dice Emir Rodríguez Monegal que Perón «inventó para Borges una humillación verdaderamente machista»; lo más probable es que Perón ni siquiera se haya enterado en ese momento de la existencia del escritor. Cabe pensar que su traslado se debió, más bien, a algún peligroso encono personal. En cuanto a la versión de «inspector de aves, conejos y huevos», es posible que la haya difundido el propio escritor. De todas maneras la humillación es la misma. Con el correr de los días, Borges se erigió en el símbolo de la resistencia intelectual. Curiosamente, en el diario peronista *Democracia* del 24 de julio de 1946 apareció un artículo donde se apoya a Borges y se critica al intendente Siri y al propio partido:

«"Jorge Luis Borges, inspector de aves." Este que, si por el intendente municipal fuera, serviría de epígrafe para la tarjeta del autor de *Ficciones*, parece haberse frustrado por propia decisión del ilustre escritor (...), nombrar sus libros es desconfiar de la cultura de nuestros lectores (...). Cuando llegó la campaña preelectoral, Borges se puso abiertamente contra Perón. Borges es un amante de las fantasías —su último libro señala un recrudecimiento de esta afición— y era natural entonces que se decidiera por la Unión Democrática, que no era al cabo más que una hermosa fantasía, en lo de unión y en lo de democrática. ¿Por qué entonces tomarle en cuenta ese gesto? ¿Por qué no obrar con un poco más de generosidad? No creerá, sin duda, el doctor Siri que la Revolución se ha hecho para tomar venganzas. Se ha hecho, en última instancia, para ver cómo progresa la Patria. Por lo menos así lo habíamos creído el 17 de octubre. ¿Y supone el doctor Siri que la Patria progresará mucho si los escritores se dedican a cuidar gallinas y los avicultores a escribir novelas?».

El idealista defensor de Borges era José Gobello.
La realidad es que la democracia fue archivada en la Argentina du-

rante unos cuantos años por Perón, quien, más que un nazi, fue un fascista a la italiana con todos sus atributos; incluso instituyó la delación. La diferencia entre él y Evita estriba en que ella vivió profunda y dramáticamente su papel; con sus estridencias e histerismos se sentía la abanderada de los desposeídos y la redentora de los caídos. Fue auténtica. Perón, en cambio, como un actor que llora y ríe según lo indica el propio libreto, representaba su papel oscilando de lo bufo a lo siniestro.

Los intelectuales de las más diversas tendencias organizaron un segundo Desagravio a Borges. En el banquete de homenaje, Leónidas Barletta, presidente de la Sociedad Argentina de Escritores y comunista a ultranza, elogió el valor de Borges, exaltando la firmeza de sus convicciones, su espíritu de resistencia que «todos los intelectuales argentinos debían mostrar». El discurso de agradecimiento de Borges terminaba: «Las dictaduras fomentan la opresión, el servilismo, la crueldad; más abominable es el hecho de que fomentan la idiotez. Botones que balbucean imperativos, efigies de caudillos, vivas y mueras prefijados, muros exornados de nombres, ceremonias unánimes, la mera disciplina usurpando el lugar de la lucidez. Combatir estas tristes monotonías es uno de los muchos deberes del escritor. ¿Habré de recordar a los lectores de *Martín Fierro* o de *Don Segundo Sombra* que el individualismo es una vieja virtud argentina?».

En la revista de izquierda *Argentina Libre* del 15 de agosto de 1946 se difundieron ambos textos completos.

Si bien la actitud de Borges había sido muy digna, quedaba el grave problema económico sin resolver. Hasta ese momento, la subsistencia del escritor y de su madre dependía en buena parte del sueldo de la Miguel Cané. Ya en el 44 se habían mudado de la calle Quintana a un departamento mínimo en el sexto piso de Maipú 994, a dos pasos de la Plaza San Martín. El barrio era excelente. Originalmente la casa tenía un pequeño espacio que oficiaba de recibidor; un salón de estar, paralelo al balcón; un comedor, que continuaba el salón hacia el lado de la cocina; un dormitorio espacioso abierto a una terraza llena de plantas y una dependencia de servicio minúscula. El salón fue achicado; con una mampara se dividió el espacio que daba al balcón; este cuartito fue el dormitorio de Borges durante cuarenta y un años. En el espacio estricto cabían una cama de hierro estrecha, arrimada a la pared; una mesa de luz; una silla; una biblioteca cuyo estante más ancho hacía las veces de tabla-escritorio; otra biblioteca de tres estantes cerrada por puertas de vidrio, donde guardaba los textos de las viejas literaturas escandinava y anglosajona (en uno de los libros, como recordaba Miguel de Torre, solía poner algunos billetes). Todo se veía muy apretado. Era un cuarto monacal; a Borges no le importaba.

Nunca supe si Borges en un primer momento se alegró de haber sido expulsado del infierno que significó su estancia en la Miguel Cané. Quizás haya sentido alivio y desconcierto a la vez; las notas en *Sur* y en *La Nación* económicamente significaban poco.

Borges empieza a hablar

Poco antes de la cesantía, Borges visitó a una dama inglesa, quien quiso leer su porvenir en las hojitas del té. Le vaticinó que su vida tomaría otro rumbo. Pronosticó una serie de viajes y, algo más extraordinario, dijo que ganaría mucho dinero hablando ante multitudes. Borges se rió mucho, luego lo comentó con Leonor y ambos se burlaron de la absurda predicción. ¡Hablar él, que se hacía leer los discursos en los banquetes! Su timidez y el miedo al público eran tan absolutos como siempre.

Pero después de la renuncia de Borges al Departamento de Apicultura, Victoria Ocampo y Esther Zemborain de Torres Duggan decidieron por él y lo recomendaron primero como profesor de Literatura inglesa en la Asociación Argentina de Cultura Inglesa y después de Literatura norteamericana ante el Colegio Libre de Estudios Superiores, donde le pidieron un curso de conferencias. Recuerda el escritor en su *Autobiografía:* «Como este par de ofertas me llegó tres meses antes de la apertura de los cursos, acepté, creyéndome bastante seguro. Sin embargo, a medida que la fecha se acercaba, me sentí cada vez peor. Mi serie de charlas debía comprender Hawthorne, Poe, Thoreau, Emerson, Melville, Whitman, Twain, Henry James y Veblen. Escribí la primera, pero no tuve tiempo de escribir la segunda. Además, como pensaba en esa primera conferencia como en el Día del Juicio Final, sentía que sólo la eternidad vendría después. La primera salió bastante bien, milagrosamente. Dos noches antes de la segunda, llevé a mi madre a dar un largo paseo por las afueras de Adrogué e hice que me tomara el tiempo. Me dijo que le parecía demasiado larga. "Estoy salvado", contesté: mi temor era quedarme, a cierta altura, sin nada que decir. Así, a los cuarenta y siete años, descubrí que se abría delante de mí una vida nueva y de gran interés». La verdad es que la charla sobre Hawthorne, incluida luego en *Otras inquisiciones*, es larguísima. Es probable que haya pasado los tres meses del verano para reunir la información y escribirla; cita a una multitud de escritores, desde Dante a Croce y a Ortega y Gasset, pasando por Cervantes, Quevedo, Chesterton, Pirandello, Gide, Conrad, Kafka, Maupassant, Víctor Hugo y alguno más. En la última frase está todo Borges: «Su muerte fue tranquila y fue misteriosa, pues ocurrió en el sueño. Nada nos veda imaginar que murió soñando y hasta podemos inventar la historia que soñaba —la última de una serie infinita— y de qué manera la coronó o la borró la muerte. (...) Muerto Hawthorne, los demás escritores heredaron su tarea de soñar».

Cuando Borges se dio cuenta de que con este método necesitaba meses para organizar cada charla, empezó a anotar datos muy precisos, que luego memorizaba. Inauguró un modo tan personal de dar conferencias y clases que creaba alrededor de sí y de su tema un ambiente único, mezcla de encanto y monotonía, donde, de pronto, introducía algo mágico e inesperado que conquistaba a los oyentes.

Su propio éxito le resultaba inexplicable: «Viajé para arriba y para abajo por la Argentina y el Uruguay, hablando de Swedenborg, Blake, los místicos persas y chinos, el budismo, la poesía gauchesca, Martín Buber, la Cábala, *Las Mil Y Una Noches*, T.E. Lawrence, la poesía alemana medieval, las sagas de Islandia, Heine, Dante, el expresionismo, Cervantes. Iba de una ciudad a otra, parando por las noches en hoteles que no volvería a ver. A veces me acompañaba mi madre o un amigo. No sólo terminé por hacer más dinero del que cobraba en la biblioteca, sino que disfruté de ese trabajo y me sentí justificado». Además de disfrutarlo, esa tarea le dio una gran felicidad, descubrió que le encantaba hablar en público. Su madre solía decir: «Georgie, que era tan callado, cuando se largó a hablar, no lo paró nadie»; tenía razón.

Si bien por un lado el peronismo le hizo un gran favor, por otro desató en él un sentido de furia. Buenos Aires estaba cubierta de carteles que reproducían los rostros sonrientes de Perón y de Evita (se habían casado a comienzos del 46) y sus consignas a veces insensatas; ¿qué significado real tenía la frase «Perón cumple, Evita dignifica»? ¿Qué cumplía? ¿Qué dignificaba? Otras eran más ostentosas: «Perón, Perón, qué grande sos». También las había falsas y generosas: «La vida por Perón», olvidada en septiembre del 55. Hubo alguna de tono apasionado-erótico, coreada por las muchachas peronistas: «Sin corpiño y sin calzón somos todas de Perón»; expresión de un deseo imposible, ya que excedería en mucho las aptitudes y la resistencia del mejor dotado. Por último estaban las violentas: «Haga patria, mate un estudiante». En las escuelas se leía *La razón de mi vida* y cada mañana, en el pizarrón de las aulas de liceos y colegios secundarios de señoritas, aparecían leyendas imperativas firmadas por Eva Duarte de Perón: «Mujer, mantén limpio tu cuerpo, mantén limpia tu alma». No eran sólo las frases, había mucho más: la afiliación obligatoria al partido, la delación también obligatoria, el odio a la cultura y a los intelectuales bajo todas sus formas, el empobrecimiento paulatino del país, la demagogia que instigaba los odios sociales.

Los Anales de Buenos Aires

En marzo de 1946 Borges se hizo cargo de la dirección de *Los Anales de Buenos Aires*, revista literaria que ya había sacado dos números. En ellos se reunían las conferencias dictadas por intelectuales argentinos o por extranjeros famosos en la sede de la institución, hermana gemela de la francesa Société des Annales de París. Borges publicó, por supuesto, a sus contemporáneos de talento, incluyendo a sus amigos y a los que no lo eran: Ramón Gómez de la Serna, Ezequiel Martínez Estrada, Ricardo Molinari, Horacio Rega Molina, Enrique Amorim, Roberto García Morillo, Gabriela Mistral, Vicente Barbieri, Gregorio Weinberg, Adolfo Bioy Casares, Amado Alonso, Santiago Dabove, Silvina Ocampo, Silvina Bullrich, Rodolfo Wilcock, Estela y Patricio Canto, Pedro Salinas, Guillermo de Torre, entre otros. Pero Borges descubrió también a nuevos escritores y entre estos desconocidos hubo dos que fueron realmente importantes: el uruguayo Felisberto Hernández, que era pianista y se ganaba la vida ofreciendo conciertos, y el argentino Julio Cortázar, de quien publicó «Casa tomada». También aparecieron textos de Borges; varios de los cuentos reunidos después en *El Aleph* («El inmortal», «La casa de Asterión», «El Zahir») y cuatro ensayos de *Otras inquisiciones* («El primer Wells», «Sobre Oscar Wilde», «Nota sobre Walt Whitman» y «Sobre Chesterton») se publicaron primero en *Anales*.

Acerca de los honorarios de los colaboradores, Borges tuvo una seria discusión con la presidenta de la institución, Sara Durán de Ortiz Basualdo, quien quería pagar los textos de los nuevos, aproximadamente un veinte por ciento de la retribución fijada a los consagrados. Borges se enojó y exigió que a todo el mundo se pagara la misma suma; «Cortázar debe recibir lo mismo que yo y yo lo mismo que Cortázar». Como se mostró inflexible, ganó la partida.

En colaboración con Adolfo Bioy Casares, con el seudónimo de Lynch Davis, crearon una sección titulada «Museo». Años después, en

El hacedor, Borges reunió siete de los textos suyos aparecidos en esa sección; seis de ellos están firmados por imaginarios escritores que se llaman Suárez Miranda (el del mapa de las dimensiones del mundo), Almotásim El Magrebí del siglo XII, Julio Platero Haedo (de Montevideo), Abulcásim El Hadramí del siglo XII, H. Gering y Gaspar Camerarius el de la queja de amor.

Los Anales de Buenos Aires editó veintitrés números. El primero, en enero de 1946; el último, que Borges tampoco organizó, apareció en diciembre de 1948 y estuvo dedicado a Juan Ramón Jiménez. La señora de Ortiz Basualdo, que había mantenido la revista casi mensualmente, se desencantó de la escasa acogida que tenía la literatura y dejó de publicarla.

Los arrestos y la fama

El 8 de septiembre de 1948, Leonor Acevedo de Borges y su hija Norah estaban en la calle Florida con un grupo de amigas. De pronto, todas empezaron a cantar el *Himno nacional* al mismo tiempo que repartían panfletos objetando la reforma de la Constitución (por la cual Perón podría ser reelegido). La gente, queriendo enterarse de qué pasaba, las rodeó. Llegó la policía y, como no tenían permiso para hacer una reunión en «la vía pública», se las llevaron a la comisaría de la calle Lavalle. De la comisaría fueron derivadas a la cárcel El Buen Pastor, donde iban a parar delincuentes comunes, prostitutas y presas políticas. Norah Borges y Adela Grondona estuvieron un mes confinadas y a Leonor, como ya tenía setenta y dos años, se la condenó a treinta días de arresto domiciliario. Norah lo tomó con sentido del humor y pasó el tiempo enseñándole a las presas el abecé del dibujo y haciendo bocetos de sus caras. Escribía cartas a su familia donde decía que estar presa tenía grandes ventajas: no tenía que ir a cócteles incómodos y el patio de la cárcel con sus mosaicos blancos y negros le hacía recordar los patios de su infancia. Hablaba de la «bondad» de las compañeras de encierro y de la «simpatía» de las monjas que las vigilaban. «Uno no entendía si se había vuelto loca o si estaba bromeando, pero luego comprendimos que escribía esas cosas para que no nos preocupáramos», contaba Leonor. A Borges le aconsejaron que su hermana y las amigas presas le escribieran a la «señora» (a Eva Perón se la llamaba «la señora») pidiéndole la libertad; si lo hacían las soltarían enseguida. Por supuesto, el pedido de clemencia sería publicado en los diarios y la «señora» quedaría como un ser magnánimo al acceder. Borges se indignó ante lo que llamó con razón una trampa y Norah y las otras cumplieron la condena «por desorden en la vía pública».

Leonor no podía salir de casa; día y noche había un vigilante ante su puerta. Apiadada del «pobre muchacho muerto de frío», al mediodía y a la noche le hacía alcanzar un plato de sopa. Las amigas de Leonor iban a acompañarla y charlaban con el vigilante, que se había hecho como de la casa. Creo que todos se divertían.

A Borges lo seguía un policía, siempre dos pasos atrás. Un día, el escritor le pidió permiso para tomarse de su brazo a fin de cruzar una avenida; desde esa tarde caminaron juntos, charlando como dos amigos. A sus conferencias asistían siempre dos agentes, que tomaban notas. Muchas veces me he preguntado qué entenderían cuando Borges hablaba de los místicos orientales.

En 1950, Borges fue elegido presidente de·la Sociedad Argentina de Escritores (SADE). Duró en el cargo hasta 1953, cuando fue clausurada la Sociedad. También en las charlas que dio en esa institución, los policías debían tomar notas.

Mientras los años del peronismo lo asolaban como a tantos y él escribía y trabajaba con ritmo febril dando cursos y conferencias, los franceses lanzaron su nombre al mundo. Parafraseando el refrán «cuando París toma rapé, toda la Europa estornuda», el hecho de que en 1951 Roger Caillois publicara en París su versión de *Ficciones* hizo que el mundo intelectual de la época descubriera a Borges. El libro llevaba un prólogo-estudio de Néstor Ibarra. Caillois había conocido, leído y admirado a Borges durante el periodo de la segunda guerra mundial, que forzosamente debió pasar como huésped de Victoria Ocampo.

En 1953 y también traducidos por Roger Caillois para la colección La Croix du Sud, apareció otra serie de cuentos suyos, titulada en francés *Labyrinths*.

En 1951, Emecé sacó una selección de sus cuentos bajo el título *La muerte y la brújula* y en 1952 agrupó sus ensayos en *Otras inquisiciones*. Un año después empezaron a aparecer los tomos sueltos de sus Obras Completas en Emecé, como ya dijimos, bajo el cuidado de José Edmundo Clemente.

En colaboración con Adolfo Bioy Casares publicaron cuatro títulos, *Seis problemas para don Isidro Parodi*, *Dos fantasías memorables*, *Un modelo para la muerte* y dos guiones cinematográficos, bajo el título *Los orilleros - El paraíso de los creyentes*.

Al mismo tiempo, Borges, ya maduro, seguía buscando en las diferentes amigas que lo acompañaban el consuelo que necesitaban su alma y su vida. Así, de la mano de varias jóvenes, siguió avanzando e incluso llevándolas por el camino de la literatura. En 1951 redactó con Delia Ingenieros el primer manual de *Antiguas literaturas germánicas*. Delia era hermana de aquella Cecilia (ambas hijas de José Ingenieros) que una tarde le regaló a Borges el tema de uno de sus cuentos, «Emma Zunz». También Delia le hizo un regalo muy apreciado por Borges: un globo terráqueo que había pertenecido a su padre. Nuestro escritor lo colocó en su despacho de la Biblioteca Nacional cuando fue director. Me pregunto dónde estará ahora.

En 1953 publicó con Margarita Guerrero una versión de sus ensayos sobre la literatura gauchesca, *Martín Fierro*, y cuatro años después *Manual de Zoología fantástica*. En este volumen se incluyeron un centenar de criaturas provenientes de la literatura.

También en 1953, pero con Bettina Edelberg, una morena muy encantadora, fabricaron un guión para ballet, *La imagen perdida*, y en 1955 recogieron una serie de ensayos en un volumen titulado *Leopoldo Lugones*. El mismo año publicó, ahora con Luisa Mercedes Levinson, escritora inteligente, insólita e inolvidable, *La hermana de Eloísa*, que reúne un cuento de cada uno y otro escrito en común que da título al libro. Lisa, como la llamaban sus íntimos, le contagió a Borges su amor por los gatos; en las buenas épocas llegó a tener una veintena y no sólo sabía sus nombres, sino también las peculiaridades de cada uno.

Mientras tanto, en estos años en los cuales Borges se había convertido en el símbolo de la oposición intelectual al peronismo, a su alrededor se suscitaba una polémica. Un grupo nacionalista lo consideraba un escritor extranjerizante, dedicado a escribir sobre sagas nórdicas, literaturas alemana, norteamericana e inglesa, los escritores judíos y la cábala. Se llegó a extremos ridículos al acusarlo de ser un representante de la oligarquía terrateniente. No lo veían como lo que era: un escritor profundamente argentino, heredero —precisamente por serlo— de todas las culturas. El marxista Abelardo Ramos (cuya ceguera le hizo escribir que «el ferrocarril mató la incipiente industria de la carreta») lo tachaba de aristocratizante, productor de una literatura alienada y prescindible. Por supuesto, Ramos creía que Perón era el salvador de los trabajadores y Borges significaba el enemigo.

El 11 de junio de 1955, Borges y sus sobrinos Luis y Miguel de Torre estaban en Plaza de Mayo viendo cómo pasaba la procesión de Corpus Christi, que se transformó muy pronto en una manifestación antiperonista. La policía cargó, tío y sobrinos fueron separados por la multitud enajenada. Luis de Torre fue arrestado con otras personas; Borges se dio cuenta, pero no pudo hacer nada. De la comisaría, donde los demoraron unas horas, llevaron a los subversivos a la cárcel de Villa Devoto. Una semana después, Luis fue excarcelado por falta de antecedentes. El 31 de agosto, Perón, desde los balcones de la Casa Rosada, pronunció el recordado discurso en el cual prometió a la multitud reunida a sus pies que «por cada uno de los nuestros que caiga, caerán cinco de ellos».

Borges y Bioy habían escrito en noviembre de 1947 un cuento atroz: «La fiesta del monstruo», que circuló mecanografiado sólo entre los íntimos. Después el binomio decidió publicarlo en el seminario uruguayo *Marcha*, «porque», recordaba Bioy, «allí nadie iba a leerlo». Era un texto peligroso. El protagonista, un obrero peronista, le cuenta a su amiga Nelly los incidentes ocurridos en una marcha partidaria hacia Plaza de Mayo para escuchar el discurso. El lenguaje, al estilo Bustos Domecq, se caracteriza por la utilización de un lunfardo exagerado, rebuscado; es el lenguaje de la degradación. La parodia, muy cruel, llega a su punto culminante cuando la multitud lapida literalmente a un intelectual judío, que no quiso vitorear al Monstruo. El cuento integra la serie de *Nuevos cuentos de Bustos Domecq*.

Fue bastante después de extinguido el primer peronismo cuando en el diario *La Nación* del viernes 28 de mayo de 1971 apareció una nota de Borges, mandada por él a la Comisión Promotora de Concentración Cívica, con el título «Leyenda y realidad». El texto dice: «Quince años han bastado para que las generaciones argentinas que no sobrellevaron, o que por obra de su corta edad sólo sobrellevaron de un modo vago el tedio y el horror de la dictadura, tengan ahora una imagen falsa de lo que fue aquella época. Nacido en 1899, puedo ofrecer a los lectores jóvenes un testimonio personal y preciso. No prometo ninguna revelación; me limitaré a anotar ciertos hechos que fueron del dominio público y que un olvido cómplice o candoroso han tergiversado». Más adelante, señala que: «El argentino suele carecer de conciencia moral, pero no intelectual; pasar por un inmoral le importa menos que pasar por zonzo. La deshonestidad, según se sabe, goza de la veneración general y se llama "viveza criolla"». Recuerda luego «las melancólicas celebraciones del día 17 de octubre» y después dice: «El dictador fue un nuevo rico. Dada su casi omnipotencia hubiera podido instaurar una rebelión de las masas, enseñándoles con el ejemplo ideales distintos; pero se redujo a imitar de manera crasa y grotesca los rasgos menos admirables de la oligarquía ilustrada que simulaba combatir: la ostentación, el lujo, la profusa iconografía, el concepto de que la función pública debe ser también una función política, el amor a los deportes británicos y el culto literario del gaucho. En todo esto abundó la exageración característica del guarango. Inundó el territorio del país con imágenes suyas y de su mujer. Su mujer, cuyo cadáver y cuyo velorio usó para fines publicitarios. Lo anterior es meramente personal y baladí, si lo comparamos con la corrupción de las almas, con el robo para el cual se prefiere el nombre eufemístico de negociado, con la picana eléctrica aplicada a los opositores y a toda persona sospechosa de ser "contrera", con la confiscación de los bienes, con las pobladas cárceles políticas, con la censura indiscriminada, con el incendio de archivos y de iglesias, con el fusilamiento de obreros en la secreta soledad de los cementerios y con la abolición de la libertad (...). Otro estigma de la época (...) fueron las delaciones costeadas con el dinero público».

En el último párrafo, Borges afirma que no lo anima ningún encono personal, ya que su familia no posee tierras desde la época de Rosas, que confiscó sus bienes. Y termina pidiendo disculpas por atreverse a recordar males que «todos conocen, pero que ahora, inexplicablemente se olvidan».

Borges solía acordarse de que siendo todavía un chico iba a la Biblioteca Nacional y, como era demasiado tímido para pedir un libro determinado, había decidido leer todos los vocablos incluidos en el tomo de la Enciclopedia que tenía más cerca de la mano, el de la letra D. Llegó hasta la palabra *druso* y leyó con interés creciente el artículo. «Lo que más me impresionó», recordaba Borges, «fue que los drusos, integrantes de una pequeña comunidad de Asia Menor del Líbano, erróneamente creen, y esto parece un cuento de Kafka, que son una rama de una vasta comunidad drusa que hay en China. Entonces buscan parecerse a los chinos con un afán no exento de patetismo. Creen en la transmigración de las almas, creen que el número de los justos ya está señalado y que sólo se salvarán los drusos y, lo más extraño de todo, están convencidos de que no deben hacer conversos. Esto», subrayaba Borges, «es una indiscutible ventaja. Pues bien, en esa ocasión en que adquirí una gran erudición en cuestión de drusos, calculé cuántos años serían necesarios para leer, no la totalidad de los libros —eso sería insensato—, sino las enciclopedias que guardaba la biblioteca y me di cuenta de que ni siquiera estando allí una vida entera, podría lograrse. En ese momento deseé con toda mi alma quedarme para siempre en la biblioteca. No podía imaginar que algún día entraría en ella como director, el director de la Biblioteca.»

Ocho

1955

El mundo ha cambiado. Ya no es un espacio de sólida infelicidad, sino que se ha convertido en el paraíso «bajo la forma de una biblioteca». Tiene cincuenta y seis años y le queda todavía mucho por vivir. El pelo, que lleva corto, empieza a ponerse gris cerca de las sienes. Está bastante despeinado; casi siempre lo está porque a menudo el dorso de la uña del pulgar derecho recorre la cicatriz que le cruza la cabeza y le alborota el pelo. Es como un tic y, además, no se trata de un solo movimiento de adelante hacia atrás, sino que está constituido por pequeños recorridos nerviosos y zigzagueantes.

En la fotografía se destacan la oreja con un lóbulo grande, la nariz fuerte y la boca cuyos labios se han afinado. La piel se adivina lisa y tersa, sin arrugas.

Es probable que la corbata sea amarilla, su color predilecto, el único que todavía puede distinguir. El nudo bien hecho, ni flojo ni ajustado, habla de la supervisión familiar.

Borges es un hombre saludable y sólido. Y pese a que ha comenzado a salir con bastón, no se ha convertido aún en el anciano poeta ciego, no se ha convertido en una especie de mito homérico que vaga por el mundo.

Todavía se sirve el dulce de leche, su postre favorito, a generosas cucharadas; la amenaza de la diabetes aún está lejos.

Borges ríe a carcajadas; el presente es infinito.

La felicidad lo ha embellecido.

La Biblioteca Nacional y la ceguera - Retorno al verso medido - El profesor de la UBA. Anglosajón y lenguas antiguas - El hacedor *- Iniciación de una fortuna: el Premio Formentor - Desde Texas con amor. La nostalgia - Otra vez Europa - Algunos enfrentamientos.*

La Biblioteca Nacional y la ceguera

La Revolución militar de septiembre de 1955, que expulsó a Perón de la presidencia y del país, le ofreció el cargo de director de la Biblioteca Nacional. Otra vez sus amigas Esthercita Zemborain de Torres Duggan y Victoria Ocampo fueron quienes sugirieron el nombre de Borges al doctor Atilio Dell'Oro Maini, ministro de Educación del flamante gobierno de Eduardo Lonardi e Isaac Rojas. «Pensé que se trataba de una idea loca», escribió Borges en su *Autobiografía*. «Más bien creí», añade burlonamente, «que me ofrecerían dirigir alguna biblioteca municipal, preferentemente por el lado del Sur de Buenos Aires.»

Fueron con Leonor hasta la Biblioteca, en México 564, pero él, con cierto temor supersticioso, se negó a entrar. Dos o tres días después lo citaron para que se hiciera cargo como director. El subdirector era José Edmundo Clemente. Borges estuvo allí dieciocho años rodeado de libros; fueron los más felices de su vida. Y es lógico que lo hayan sido: no tenía ningún tipo de responsabilidades, ya que todas las funciones administrativas recaían sobre Clemente, quien resolvía problemas, inquietudes, manejaba al personal y hacía lo indecible para que Borges estuviera contento.

Borges pasaba los días recibiendo a amigos viejos y nuevos, a admiradores, a delegaciones nativas y extranjeras, a personajones y a interlocutores inteligentes, a estudiantes y posgraduados que empezaban a hacer tesis sobre su obra. Siempre había alguien a mano dispuesto a tomar nota de sus dictados, a leerle lo que quisiera o a compartir su delectación por el estudio y relectura de los textos anglosajones. Por primera vez en su vida adulta Borges se sintió mimado, complacido y obedecido. Por primera vez le pagaban por existir, por ser Borges. Y Borges hizo conocer la Biblioteca Nacional dentro y fuera del país.

Al principio, tal como lo habían hecho Groussac y Martínez Zuviría, los Borges pensaron que podrían vivir en el piso superior de la Biblioteca. Pero cuando Leonor vio los cuartos inmensos de techos altísimos, difíciles de calentar en invierno y calurosos en verano, tan necesitados de arreglos en pisos y paredes, decidió que no valía la pena mudarse. Borges, un poco desilusionado al principio, pensó, quizá por sugerencia de Clemente, ampliar las dependencias de la Biblioteca, cediéndole ese segundo piso.

Junto con el nombramiento de director, a Borges lo alcanzó la ceguera. En esos últimos años de la década de los cincuenta el oftalmólogo le había aconsejado que si quería conservar la poca visión que todavía tenía debía dejar absolutamente de leer y de escribir. Borges cambió de médico, pero el diagnóstico siguió siendo el mismo. Y entonces se dio la paradoja de disponer de ochocientos mil libros y no poder leer ninguno. En diciembre de 1958 Borges escribió el «Poema de los dones» incluido en *El hacedor,* que apareció en 1960. Posteriormente y en ediciones sucesivas, Borges me lo dedicó. Dedicatoria que persistió hasta su muerte; luego fue borrada. El editor B. del Carril dijo que fue una orden dada por quien ha heredado los derechos de Borges, María Kodama.

En forma un poco misteriosa, la Biblioteca Nacional tiene una tradición de directores ciegos: Paul Groussac perdió la vista a principios de los años veinte y murió en 1928, después de haber dirigido la Biblioteca durante cuarenta y cinco años. El mismo destino padeció José Mármol, director entre 1858 y 1871. Después de Borges, pero mucho más acá, fue nombrado en el cargo Dardo Cúneo, quien padeció de una enfermedad en los ojos y, cuando se hablaba de ofrecerle la dirección a Josefa Sabor, sus amigas le dijeron: «¡Cuidado, Pepita, con tus ojos delicados!, date cuenta de que la Biblioteca es yeta para sus directores». Y Pepita Sabor no aceptó, pero no porque temiera por sus ojos sino porque la Biblioteca no tenía un presupuesto siquiera decoroso.

«Nadie rebaje a lágrima o reproche / Esta demostración de la maestría / De Dios, que con magnífica ironía / Me dio a la vez los libros y la noche.» Así empieza el «Poema de los dones»; no es un lamento, sino una comprobación muy objetiva. Borges, que se imaginaba el Paraíso «bajo la especie de una biblioteca», estaba rodeado de toda clase de libros: los atlas, la hoja de la Biblia de Gutenberg, los códices miniados, las enciclopedias, un libro de horas que había pertenecido a un rey.

Borges amaba el suntuoso despacho que había sido de Groussac, algo parecido a un salón Renacimiento con el techo artesonado de lises azules y estrellas de oro y una *boiserie* que cubría las cuatro paredes hasta cierta altura; de allí hacia arriba un empapelado entelado a la francesa mostraba los esplendores de la Argentina rica de comienzos de siglo. Cuando llegaban visitas más o menos importantes, para mostrar el tamaño descomunal de la estufa, Borges solía meterse dentro de pie y muy derecho. Extendía los brazos a los costados, perpendiculares a su cuerpo, y el hecho de no tocar las paredes laterales le producía un placer infantil. La estufa se prendía rara vez, el presupuesto de la casa no alcanzaba para pagar tanta leña. Pero recuerdo haberla visto encendida los días del cumpleaños de Borges.

El escritorio redondo, que había mandado hacer Groussac, era la *pièce de résistence* del despacho y una réplica del que había utilizado su compatriota Clemenceau. (Groussac había sido muy amigo suyo e incluso había hecho para él la versión francesa del poema «If» de Kipling.) Borges nunca usó el escritorio de Groussac, incluso es probable que le pareciera una exageración. Además, le recordaba el piano circular de Xul Solar. Para trabajar prefería una mesa rectangular, más apta por su tamaño para dictar un curso o un seminario que algunos poemas o prosa corta. Sin embargo, saber que el escritorio estaba a sus espaldas lo tranquilizaba; casi como constatar que un orden estricto podía soportar el transcurso del tiempo. La explicación que ofrecía a su resistencia a usar el escritorio sonaba bastante irónica: «La finalidad de Groussac debe de haber sido formar una especie de anfiteatro de libros; él era un sabio que trabajaba con muchos volúmenes a la vez y esa disposición circular le permitía tenerlos todos al alcance de la mano. Pero yo, que soy menos sabio, no necesito estar rodeado de tantos». Le encantaba jugar con el globo terráqueo de José Ingenieros; lo hacía girar y, cuando se detenía, ponía un dedo en un lugar de la superficie y, antes de que le informaran en qué lugar geográfico estaba, decía para sí mismo en voz muy baja: «Ojalá que sea sobre Buenos Aires». Como la mayoría de las veces no era así, se conformaba: «Y bueno, qué le vamos a hacer, no todo se puede tener en el mundo».

El edificio de México 564 había sido pensado para sede de la Lotería, pero cuando estuvo terminado, en 1901, Groussac fue a ver al entonces presidente Julio A. Roca y le dijo que era absurdo que se diera el mejor edificio de Buenos Aires a la Lotería Nacional, mientras la Biblioteca estaba en uno ruinoso que se caía a pedazos, y Roca se lo dio. Se hicieron los arreglos imprescindibles; sin embargo, del frustrado destino original quedaron en las escaleras, bajo los techos, adornando las esferas de las cúpulas, signos visibles del azar que preside al juego. Abundaban, por ejemplo, bolilleros de bronce acomodados en los lugares más insólitos, o ninfas aladas, apoyadas sobre la punta de un solo pie y con los ojos vendados.

El ascensor de la dirección, que iba de la planta baja hasta el primer piso, era una vetustez; podía subir lento y vacío, para luego descender con dos personas como máximo. Adosado a la pared posterior había un banco tapizado en pana colorada, muy útil para esperar, en el caso frecuente de que el artefacto se detuviera entre los dos pisos, la llegada del técnico salvador. Mucha gente quedó encerrada en aquella jaula chirriante, sobre todo las amigas de Leonor, cuya edad les impedía traquetear por la escalera. Luego de varias aventuras desgraciadas se sacó de servicio.

La mayor sugestión que la Biblioteca encerraba para Borges era que, en sí misma, constituía un laberinto. Cuando dice en el «Poema de los dones»: «yo fatigo sin rumbo los confines de esta alta y honda biblioteca ciega» y más adelante «la penumbra hueca exploro con mi báculo indeciso» y luego «al errar por las altas galerías», no está haciendo metáforas; Borges, del brazo de cualquiera (si era un visitante ocasional, mejor, porque saldría muy impresionado, tal como le ocurrió a Emir Rodríguez Monegal) ascendía hasta el último piso del edificio, después atravesaba una abertura estrecha y baja que daba a un patio minúsculo y a una puerta de chapa. Esta accedía a unos complicados escalones desiguales que subían y bajaban y desembocaban en un pasillo oscurísimo. Lo curioso es que Borges (casi ciego) en este punto advertía al acompañante que tuviera cuidado porque algo más adelante se encontrarían con unos peldaños de madera angostos y empinados. Por ellos se llegaba a un larguísimo corredor de techo bajo, flanqueado a la izquierda por ventanas fijas. No estoy demasiado segura porque en un determinado punto el corredor se volvía impracticable, pero creo que daba vuelta a todo el edificio. A la derecha, cada tanto se abría una puerta baja (se podía sentir que se estaba dentro de un cuento ideado por Borges); por una de ellas, inclinando la cabeza para pasar, Borges iba a su paraíso personal: una cúpula con techo de vidrios coloreados, cuyo piso era en realidad un agujero redondo abierto a un abismo, que terminaba ocho o diez metros más abajo en la gran escalera de mármol. Borges, temerario, se asomaba al vacío tanteando los bordes con su bastón. Un día lo vio Clemente y, para evitar una segura catástrofe, lo hizo rodear por una sólida baranda de hierro. Borges imaginaba muchas pequeñas cúpulas simétricas en otros laberintos, en otros inaccesibles huecos.

En el gran vestíbulo del primer piso, al que daba la dirección, arrimado a la pared había un suntuoso reloj de pie. Cada hora, Borges salía del despacho y se paraba frente a la esfera, la cara contra el vidrio. Sacaba del bolsillo superior del saco el reloj de plata y poniéndolo bajo su nariz controlaba si los horarios coincidían. Su reloj pendía de una cadena rematada en una especie de botón también de plata y que aseguraba pasándolo por el ojal de la solapa. La comprobación debía de dejarlo satisfecho porque volvía sonriente a la dirección.

Durante los años en que Borges presidió la biblioteca, celebró allí su aniversario. Cada 24 de agosto se organizaban unas fiestitas a la última hora de la tarde por las que transitaban amigos y amigas personales, la familia (Leonor, Norah, Guillermo y los sobrinos, Luis y Miguel, dos muchachitos), la gente que trabajaba en la biblioteca, desde el subdirector hasta los ordenanzas, pasando por una serie de chicas jóvenes, algunas tan lindas que el propio Borges las denominó «las bellezas de la biblioteca». Infaltables en esas reuniones eran Wally Zenner, la señora del poema «A la doctrina de pasión de tu voz»; Adolfo Bioy Casares, que generalmente se lo llevaba cuando el festejo terminaba; Manuel Peyrou, de quien Borges admiraba las tramas policiales; Patricio Gannon, demasiado al estilo del Reino Unido; Miguel Alfredo Olivera, quien valiéndose de su parecido con Dickens dio una conferencia sobre sus personajes, vestido como el escritor inglés y representándolo; Alicia Jurado, que fue la primera biógrafa de Borges; Mariana y Adela Grondona, inseparables; Bettina Edelberg, bajo cuyo hechizo cayeron Borges y algunos más; Susana Bombal, amor imposible que mereció aquel poema: «Alta en la tarde, altiva y alabada...»; la inolvidable Luisa Mercedes Levinson, con sus grandes capelinas color lila, sus chales al tono y su generosa excentricidad...

Al promediar la reunión, Borges alzaba la copa, brindaba con todos y por todos, se tomaba el champaña de un trago y después, con gesto principesco que perfeccionó con los años, tiraba la copa contra la gran chimenea encendida. Por supuesto, no se trataba de un cristal de Baccarat.

El regalo clásico, repetido cada año con rigurosa precisión, era la *corbata amarilla*, porque el amarillo era el único color que aún distinguía. Siempre hubo corbatas amarillas: de seda, de gros, de lana, con rayas, lisas, salpicadas de motitas, a lunares, con bastoncitos. Y cada año se renovaba el mismo ritual; la primera corbata que llegaba a sus manos, luego de ser convenientemente admirada, reemplazaba enseguida a la que Borges se había puesto esa mañana, que iba a parar a la oscuridad del bolsillo derecho de su saco. Le regalaban también billeteras, bombones, algún frasco de perfume, pañuelos y lapiceras (que no usaría jamás). Una vez alguien le trajo un juego diminuto de pesas de bronce de las que se habían usado en las balanzas de dos platillos en los almacenes viejos; fue uno de los presentes que más apreció.

Tres o cuatro años después de que el dúo Borges-Clemente se hiciera cargo de la biblioteca, inauguraron un departamento que se llamó «de extensión cultural» en el cual se organizaron cursos gratuitos para empleados y obreros, dictados entre las ocho y las diez de la noche por los amigos personales del director y del subdirector porque, por supuesto, los profesores no cobraban un centavo. Se trataba de una patriada entusiasta: Norah enseñaba dibujo; Clemente se encargaba de tratar los presocráticos; Wally Zenner impartía nociones de teatro; Gregorio Weinberg dictaba historia de la cultura; Borges hablaba de literatura, y hasta creo que había cursos de inglés y de francés. Todo era muy casero: el alumnado, supuestamente compuesto por empleados y obreros, estaba constituido por los vecinos del barrio, que llegaban en cantidades superlativas y se interesaban en todas las materias. Hubo cursos que llegaron a contar con ochenta alumnos, y esto lo sé de primera mano porque mi trabajo consistía, precisamente, en inscribirlos y darles la matrícula. A fin de año se daban unos diplomas de asistencia bastante pintorescos con muchos sellos y firmas, papeles que, como todos los de esa clase, no tienen ninguna finalidad práctica y acaban perdiéndose o tirándose en las mudanzas. Para albergar a los alumnos se habilitó la Sala Paul Groussac, un ambiente grande que se abría a un delicioso patio pompeyano donde una palmera altísima competía en gracia con la estatua de Diana Cazadora. Hay ya no existen ni el patio ni la palmera ni la Diana, sólo han quedado en el recuerdo de quienes alguna vez estuvimos allí.

Es probable que Borges y Clemente hayan querido imitar a Groussac o, por lo menos, seguir el camino que él había abierto; Groussac daba conferencias sobre música y luego las ilustraba con conciertos públicos y gratuitos. Borges, que era un sordo absoluto en materia musical, prefirió otros temas e inauguró sus cursos para empleados y obreros. Los sábados, además, en el salón central de lectura se ofrecían conferencias sobre los más diversos temas, que, como no eran remuneradas, daban sus amigos.

Al frente del salón central había un estrado. Durante toda la semana y detrás de una gran mesa, se ubicaban los empleados que recibían los pedidos de libros y los entregaban. Los sábados la mesa elevaba su dignidad: se vestía con una gruesa felpa morada, las sillas se cambiaban por tres sillones obispales y allí se acomodaban Borges y

Clemente, a los costados, y en el centro el orador de turno ante un micrófono ligeramente obsoleto, que emitía silbidos reprobatorios.

Abajo, en la improvisada platea, la primera fila era ocupada por las personalidades asistentes, la familia de Borges y algún amigo dilecto. De la segunda hacia atrás, se podía localizar a los empleados calificados, que hacían número, y al público propiamente dicho.

Borges, luego de los primeros cinco minutos y ya presentado el conferenciante (casi siempre por Clemente), se aislaba en sus pensamientos mientras jugaba y hacía sonar las monedas ocultas en el bolsillo del saco. Cuando el orador hacía una pausa para respirar, se oía claramente el tintineo del metal. La cabeza levantada, la mirada perdida en el techo y envuelto en la niebla azulada que veía, Borges se daba cuenta de que la charla había terminado cuando oía los aplausos y entonces batía las palmas con entusiasmo y quizá con satisfacción.

Después, las autoridades y el grupo de la primera fila, en el que se contaban las amigas y algunas señoras que habían sido en el pasado objeto del amor de Borges, subían a Dirección a tomar una copa. Todo duraba una hora y media. Durante ese tiempo, entre los empleados calificados, se cruzaban apuestas acerca de cuál de aquellas señoras conseguiría llevarse a Borges con ella.

Siguiendo las huellas de Groussac, se reeditó la revista *La Biblioteca*, que aquél había fundado. Pero salieron pocos números y luego la escasez de fondos obligó a suspender la publicación.

Muchos años después de que Borges dejó la Biblioteca Nacional y en ella parte de su alma, le pregunté si no la visitaba en sueños. «En cualquier lugar del mundo donde esté», me contestó, «sueño con la Biblioteca (...). E inexplicablemente, como suele ocurrir en los sueños, la Biblioteca es infinita y me pertenece.»

Retorno al verso medido

El ineludible destino que lo condujo gradualmente a la ceguera cambió no sólo los hábitos cotidianos de Borges, sino también su labor de creación. Las siete u ocho operaciones sufridas entre 1927 y 1950 significaron —como lo dijo muchas veces— las gradas de una escalera descendente que lo llevaban a la creciente oscuridad. En aquellos últimos años de la década de los cincuenta era patético verlo tomar un libro de un estante; lo acercaba tanto a los ojos que rozaba la tapa con la nariz. Luego de un rato, trabajosamente desentrañaba el título y, cuando lo había logrado, exteriorizaba una alegría casi infantil.

La paulatina entrada en la ceguera le impidió escribir, llenar sus cuadernos cuadriculados cuyas hojas completaba línea por línea con una letra ínfima y angulosa que más parecía un dibujo. Le impidió corregir, pulir, consultar textos, a él, tan afecto a verificar datos y a comprobar sus certezas. Borges se vio obligado a dictar, pero su prosa descarnada y compleja, compuesta de párrafos y periodos entrelazados, adecuada a una determinada estructura mental, no era la más apropiada para ser dictada. Entonces Borges se volvió a la poesía y, dentro de ella, al verso medido. Dice en su *Autobiografía:* «Como no podía hacer borradores, tuve que apoyarme en la memoria. Es más fácil, obviamente, recordar el verso que la prosa y más fácil recordar la versificación regular que el verso libre. El verso regular es, por decirlo de alguna manera, transportable. Uno camina por la calle o viaja en el subterráneo, al tiempo que compone y pule un soneto, porque la rima y la métrica poseen virtudes mnemotécnicas». Todo esto es cierto si el poeta tiene la infalible «memoria simultánea» de Borges.

Sin poder leer ni escribir, pronto se vio rodeado de una notable cantidad de amanuenses; ante todo Leonor, incondicional, y después los amigos, los sobrinos, los admiradores, la serie de jóvenes devotas que empezaron a rodearlo y, por supuesto, las empleadas de la Biblioteca Nacional.

Borges tenía un modo insólito de trabajar que para muchos podía resultar tedioso. Dictaba cinco o seis palabras, que iniciaban el primer verso de un poema, e inmediatamente se las hacía leer. El índice de su mano derecha seguía sobre el dorso de la izquierda la lectura, como si recorriera una página invisible. La frase se releía dos, tres, cuatro, muchas veces hasta que encontraba la continuación y entonces dictaba otras cinco o seis palabras, nunca más; en ocasiones menos. Enseguida se hacía leer todo lo escrito y, como dictaba con puntuación, había que señalársela en la lectura. Se releía ese fragmento, que solía acompañar con el movimiento de las manos, hasta que hallaba la frase siguiente y todo volvía a recomenzar. Recuerdo haber leído una docena de veces un trozo de cinco líneas que, por supuesto, uno también aprendía de memoria. Cada una de las repeticiones iba precedida de las disculpas de Borges, que se atormentaba bastante con las supuestas molestias infligidas a su escriba. Después de dos o tres horas de trabajo, se lograba una carilla que no necesitaba correcciones.

Solía ocurrir, cuando se trataba de notas críticas o de prólogos, que Borges advirtiera antes de empezar: «Vamos a escribir de cualquier modo y luego corregimos». Con el tiempo aprendí que «escribir de cualquier modo» significaba que ya había pensado y repensado la forma que daría a los tres o cuatro conceptos a expresar. El texto sería releído y corregido pero con menos minucia porque Borges lo había memorizado casi todo antes de empezar el dictado. Además, cuando se trataba de prólogos a escritores que admiraba, él tenía sus clichés, que, inteligentemente dosificados, le daban a la página un sabor borgeano único, casi como una marca de fábrica. A veces cuando un texto quedaba corto o no parecía demasiado convincente, la experiencia de años de trabajo me hacía insinuarle que lo concluyera con «un giro a lo Borges» para darle más realce; incluso solía recordarle algunos, porque eran como la rúbrica esperada por sus lectores. El se reía mucho de lo que consideraba una broma, pero generalmente aceptaba la sugerencia.

Por la necesidad de contar con un amanuense, Borges se convirtió en un escritor oral; aprendió de memoria, como ya hemos señalado, sus textos antes de dictarlos y así afloró en él una nueva personalidad. Borges se convirtió en un juglar, una especie de Homero del siglo XX, y este aspecto de su actividad creadora dio lugar al nacimiento del mito Borges: un viejo poeta ciego enfrentando, erguido, el mundo de la sombra.

Los dones seguían cayendo sobre su persona; meses después de ser nombrado director de la Biblioteca Nacional, la Universidad de Cuyo le ofreció el doctorado *honoris causa*, en abril de 1956. Este fue el primero de la serie que recibiría a lo largo de los años de las más diversas universidades del mundo; por eso y por ser argentino, era el doctorado más apreciado por Borges y el único que recordaba. Solía decir que cada vez que lo nombraban doctor *honoris causa* de tal o cual universidad, la víspera «me siento muy incómodo y sigo sintiéndome muy incómodo cuando estoy hablando, pero en el momento en que ocurre estoy misteriosamente emocionado. Luego me digo que eso es una puerilidad. Es raro que a un hombre grande le ocurran estas cosas, sin embargo, deparan una satisfacción momentánea... El hecho de ser reconocido, de ser saludado (...). Pero el éxito es algo tan efímero... Uno ha visto tantos éxitos que se han convertido en olvido... Los momentos en que escribo, siento cierta satisfacción, aunque no me guste lo que escriba. He llegado a comprobar que la satisfacción que uno siente al escribir tiene poco que ver con el mérito de lo que escribe, lo cual concuerda con aquella sentencia de Carlyle: "Toda obra humana es deleznable, pero la ejecución de esta obra es importante"».

También en 1955, reabiertas sus puertas (había sido cerrada por el peronismo), la Academia Argentina de Letras lo designó, como ya comentamos, académico de número junto con Manuel Mujica Lainez. Borges pronunció su discurso de recepción cuatro o cinco años después y eligió, a contramano de la corriente, un tema no argentino: «El concepto de academia y los celtas». Explicaba esta criticada elección: «Elegí el tema porque entiendo que hay una profunda afinidad entre los dos términos de esa frase. Si no me engaño, el concepto de Academia corresponde a una organización de la literatura, a una organización de los procedimientos, de los géneros literarios y, asimismo, de la vida literaria. Creo poder afirmar que en ningún país del mundo, ni siquiera en Francia —que, por otra parte, procede de los celtas y es una nación literaria por excelencia—, ni tampoco en la China, donde el estudio de los clásicos es necesario para alcanzar los puestos públicos, se llegó a una organización de la literatura ni de la vida literaria comparable a la que ocurrió en Irlanda durante la Edad Media (...), donde la cultura céltica llegó a su máxima floración...». El tema, Borges tenía razón, era fascinante. Como tuve la satisfacción de ayudarlo a preparar su disertación, aprendí tanto acerca de los celtas que EUDEBA me pidió la revisión técnica del libro de Jean Marx, *Las literaturas célticas*.

En 1956 Borges recibió el Premio Nacional de Literatura, máximo galardón que se otorgaba por entonces en la Argentina. Este honor no le exaltó demasiado porque lo consideró casi un premio político. Pudo haber algo de eso de parte del gobierno militar que había echado a Perón, pero también era una forma de valorar el humanismo, el don de la creación y la cultura en la persona de uno de sus más destacados representantes.

El profesor de la UBA. Anglosajón y lenguas antiguas

Quizá la recompensa que le dio más felicidad fue la de ser nombrado profesor de literatura inglesa y norteamericana en la Facultad de Filosofía y Letras de la Universidad de Buenos Aires. Su adscripto a la cátedra era Jaime Rest, con quien nunca se llevó demasiado bien; ninguno sentía simpatía por el otro y, aunque se trataban cortésmente o, mejor dicho, con educación, se notaba la frialdad manifiesta. Los alumnos que concurrieron a las clases de Borges se enfrentaron con alguien que enfocaba el estudio de la literatura desde la literatura misma y no desde la historia de la literatura. Borges transmitía la felicidad que puede deparar la lectura de un poema o de una prosa magistrales porque él era feliz haciendo ese trabajo. Por otra parte, no creo que haya aplazado nunca a un alumno en los exámenes; no le interesaba que supieran fechas ni precisiones técnicas, sólo quería una respuesta que le indicara un poquito de amor del alumno por un texto. Y así, más allá de los que lo seguían con admiración incondicional, su materia se convirtió en el paraíso de los haraganes.

Borges era feliz dando clase, hablando de los escritores que él amaba y sabía de memoria. Pero, al mismo tiempo que repartía sus días entre la Biblioteca Nacional y su cátedra en la facultad, un antiguo amor volvía a rondarlo. Amor que ya se había manifestado en *Historia de la eternidad* (1936), en «Las kenningar» y que luego retomaría en *Antiguas literaturas germánicas* (1951), ampliado más tarde bajo el título *Literaturas germánicas medievales*. Aquellas lenguas nórdicas, el anglosajón y el islandés antiguo, que siempre le habían fascinado, volvieron a imponérsele; el destino se las ofrecía. Borges lo recordaba como un regalo de la suerte. Su relato lo incluí en *Borges, sus días y su tiempo*, mi libro anterior sobre nuestro escritor: «Yo había dictado (...) un cuatrimestre de literatura inglesa en la Facultad de Filosofía y Letras. Es decir, había tratado de explicar esa literatura, casi infinita, en el breve espacio de cuatro meses, y debemos pensar en cuatro meses argentinos; en un periodo acribillado de días feriados, de aniversarios, de huelgas, de homenajes a Fidel Castro y demás. Al cabo de ese término, vinieron unas discípulas mías a saludarme a la Biblioteca Nacional y yo les dije, casi por decir algo y sin mayor esperanza, que sería interesante ahora, que oficialmente habíamos concluido con la literatura inglesa, estudiar sus orígenes y la forma antigua de esa lengua. Cuando las alumnas me dijeron que sí, me quedé desconcertado. Les avisé que sabía tan poco como ellas, pero, una semana después, nos reunimos un sábado a la mañana. Yo había conseguido un ejemplar de la *Crónica anglosajona* y allí encontramos una frase, que fijó nuestra decisión. Esta frase en español sería: "cuatrocientos veranos después de que Troya, ciudad de los griegos, fue devastada"; no sé por qué esto nos impresionó tanto. Quizá fue el hecho de encontrar la antigua fábula de Troya perdida en las orillas del mar del Norte. Esto y el descubrimiento de que a Roma le decían Romeburg y al Mediterráneo, mar de los Vándalos, hizo que me enamorara de ese idioma y ahora hace cinco años que estamos estudiándolo. Hemos recorrido muchos textos en prosa, textos que, si bien escritos por reyes, por guerreros y por sacerdotes, tienen algo de extraordinariamente ingenuo, y poemas que son épicos, a veces, personales y casi románticos».

Alrededor de la larga mesa de su despacho en la Biblioteca Nacional empezó a reunirse un pequeño grupo, dos o tres chicas y algún muchacho; juntos se dedicaron a estudiar anglosajón con la ayuda de un glosario. Con mucha fantasía inventaron una pronunciación dura y solemne que al profano le sonaría como un clarín en el campo de batalla.

En *El hacedor* (1960) Borges incluye un poema, «Composición escrita de un ejemplar de la gesta de Beowulf», donde dice: «A veces me pregunto qué razones / Me mueven a estudiar sin esperanza / De precisión, mientras mi noche avanza, / La lengua de los ásperos sajones. / Gastada por los años la memoria / Deja caer la en vano repetida / Palabra y es así como mi vida / Teje y desteje su cansada historia. / Será (me digo entonces) que de un modo / Secreto y suficiente el alma sabe / Que es inmortal y que su vasto y grave / Círculo abarca todo y puede todo. / Más allá de este afán y de este verso / Me aguarda inagotable el universo».

Y lo curioso es que en una conversación grabada en 1961 en Nuevo México con Enrique Zuleta Alvarez y Cleoh N. Capsas, Borges, luego de recitarles este poema, les dice que está estudiando anglosajón precisamente porque conoce su naturaleza inmortal. Y además, añade que, «aprovechando los beneficios de la metempsicosis», según dice en «Al iniciar el estudio de la gramática anglosajona», otro poema recopilado en ese mismo libro, «al cabo de cincuenta generaciones / (tales abismos nos depara el tiempo) / Vuelvo en la margen ulterior de un gran río (...) / A las ásperas y laboriosas palabras / Que, con una boca hecha polvo, / Usé en los días de Nortumbria y de Mercia, / Antes de ser Haslam o Borges...».

«¿Por qué no pudo haber hablado mi alma», su voz pregunta en esa grabación, «en un cuerpo anterior al siglo décimo, aquel idioma que luego se convertiría en el inglés?»

Los tres ríen, pero Borges ¿hablaría en serio o en broma?

La primera adepta que se internó, acompañándolo, en el arduo camino del anglosajón fue Vlady Kociancich, seducida por el entusiasmo del maestro. La primera y la más constante. Había tres momentos, en esta vieja lengua que ya nadie hablaba desde hacía diez siglos, que a Borges lo emocionaban particularmente: dos poemas, «Sueño o Visión de la Cruz» y «La sepultura», y la historia de Beda el Venerable. En el primero lo conmovía que en el texto, atribuido a

Cynewulf, fuera el madero quien hablara y contara su historia; el madero convertido en la cruz en la cual fue clavado Cristo. La cruz comparte la Pasión de Jesús, siente el dolor de los oscuros clavos y la sangre del Hombre en su madera, que tiembla ante el abrazo de Dios. La curiosa idea de que fuera la Cruz quien refiere la Pasión seducía a Borges.

«La sepultura» es el último poema en anglosajón, lengua que moriría, desplazada por los normandos en el siglo XI. Se refiere a un tema poco tratado, quizá porque la idea en sí no deja de ser atroz; el destino ineludible de la muerte y la corrupción del cadáver bajo la lápida. Borges lo sabía de memoria y lo recitaba curiosamente con cierta euforia que descolocaba al desprevenido oyente: «Para ti una casa fue construida, antes de que nacieras. Para ti el polvo fue destinado, antes de que salieras de tu madre».

Beda el Venerable, monje que vivió a caballo entre los siglos VII y VIII, nació cerca de un monasterio que está al norte de Inglaterra, en Jarrow. La fama de su sabiduría y humildad se extendió por toda Europa. A los cincuenta y nueve años escribió: «Toda mi vida la he pasado en este monasterio, consagrado al estudio de la Biblia y (...) mi deleite ha sido aprender, enseñar y escribir». Beda murió al terminar de traducir el Evangelio de San Juan. Con la última línea que dictó al amanuense, se le acabó la vida. Borges, que lo sentía su hermano, escribió: «Es hermoso pensar que murió traduciendo, es decir, cumpliendo la menos vanidosa y la más abnegada de las tareas literarias».

De las sagas escandinavas, Borges admiraba la *Heimskringla* por las sentencias memorables, lacónicas y llenas del frío coraje que da el desdén por la propia vida. Solía recordar la respuesta dada al rey Olaf Tryggvason cuando en la mitad de la batalla una flecha enemiga deshace el arco de su mejor guerrero; el rey oye el ruido a sus espaldas, pregunta qué se ha roto y la respuesta llega, emocionando a Borges: «Noruega, rey, entre tus manos». Por supuesto, todos mueren en el combate y se pierde el reino. Estas historias épicas y heroicas (algunas parecidas a las de sus idealizados cuchilleros), donde el que va a morir dice una frase admirable, casi una compadrada, desdeñando su destino inmediato, exaltaban a Borges, que las repetía con sonidos ásperos y fuertes.

En 1964, cuando acompañé a Borges a Escocia, en la Universidad de Saint Andrews vimos a algunos especialistas; su pronunciación del anglosajón era muy diferente de la inventada por Borges y Vlady en aquellas doradas y felices tardes de otoño, tardes que ahora en el recuerdo parecen infinitas, intactas y perfectas.

El hacedor

Mientras Borges se prodigaba en «enseñar, aprender y escribir», seguían apareciendo sus Obras Completas, al cuidado, como ya se dijo, de José Edmundo Clemente. El quinto volumen fue *Ficciones;* el sexto, *Discusión;* el séptimo, *El Aleph,* y el octavo, *Otras inquisiciones.* En la publicación de las Obras Completas «encontré una ocasión admirable», le confiesa Borges a Jean de Milleret, «para dejar caer algunos libros míos que no me gustan». Y refuerza más el concepto: «Esta colección existe a fin de excluir aquello que no me agrada. Esa es la verdad». Esta precaución de Borges, según se sabe, no se tuvo en cuenta.

En el volumen noveno de sus Obras Completas, Borges recogió una serie de piezas en prosa y en verso que tituló *El hacedor.* Es interesante recordar cómo nació este texto. Un sábado de mañana lo llamó por teléfono Carlos Frías, editor de Emecé, y le pidió un libro nuevo. Borges le dijo que no tenía nada y Frías, con la intuición del oficio, le aconsejó: «Busque en los cajones. Todo escritor tiene un libro si lo busca». Al día siguiente, un domingo lluvioso, Borges no tenía nada que hacer y empezó a reunir papeles; así se dio cuenta de que era cierta la afirmación de Frías.

Un año después de aparecido *El hacedor,* Borges le confiesa a Enrique Zuleta Alvarez que el volumen es lo mejor de su obra y si mereciera ser recordado por alguno de sus libros, sería por éste: «Se escribió solo. No hay ninguna línea, ningún verso puesto para llenar un espacio». Y en su *Autobiografía* ratificó: «Se trata de mi libro más personal. Cada texto fue escrito por sí mismo y a partir de una necesidad interna (...), yo había llegado a comprender que la bella escritura es un error, y un error nacido de la vanidad. La buena escritura debe ser hecha de manera discreta». Más adelante, confesó que la palabra «hacedor» es algo extravagante «pero sirvió para calificar a Homero; entonces, por qué no usarla».

Cuando este libro se tradujo en Estados Unidos, no se encontró una palabra para «hacedor». Borges le contó a Jean de Milleret que él había traducido ese vocablo del inglés *maker.* «En Inglaterra, en la Edad Media, esa palabra (del griego *poiein:* hacer, crear) se aplicaba al poeta. Hay un hermoso poema escocés medieval titulado *Lament for the makers,* del franciscano William Dunbar, del siglo XV, donde los *makers* son los poetas muertos.» *(El club de los poetas muertos,* la exitosa película, ha salido seguramente de ahí. Raro e imprevisible destino, que Dunbar nunca hubiera podido imaginar.)

El hacedor se inicia con un envío «A Leopoldo Lugones». Borges sueña que lo visita en su despacho del Palacio Pizzurno y que le lleva ese libro. Es recibido con cordiales palabras que Borges justifica, diciendo: «Si no me engaño, usted no me malquería, Lugones, y le hubiera gustado que le gustara algún trabajo mío (...), acaso porque en él ha reconocido su propia voz». El sentimiento de culpa de Borges, que se había burlado de Lugones, lo lleva a inventar este juego postmortem, donde cree advertir al final que ambos se confundirán en el mañana de la eternidad. Borges ha dicho alguna vez que el caso Lugones es bastante extraño. «Uno tiene la sospecha de que los libros le causaban más impresión que la vida.» Es raro que a él, a quien los libros le impresionaban más que los hombres, le pareciera extraño.

Entre las veintitantas piezas en prosa de este libro hay dos textos muy importantes; uno es el ya mitológico «Borges y yo»: hay dos Borges, el hombre privado y el otro, el escritor, alguien que, nacido del primero, poco a poco, usurpa su lugar en el mundo. «Yo vivo, yo me dejo vivir, para que Borges pueda tramar su literatura y esa literatura me justifica.» Este testimonio tan dramático termina con la frase: «... mi vida es una fuga y todo lo pierdo y todo es del olvido, o del otro. No sé cuál de los dos escribe esta página». Borges va más allá del juego del doble; él se justifica sólo por la fama que la vida le va dando. Pobre comparación, pobre y desdichada.

El otro texto al que aludíamos es «Las uñas». El tema alude a que muerto su cuerpo esas «láminas córneas, semitransparentes y elásticas» siguen creciendo. Llama la atención el final: «Cuando yo esté guardado en la Recoleta, en una casa de color ceniciento provista de flores secas y de talismanes, continuarán su terco trabajo, hasta que las modere la corrupción. Ellas y la barba de mi cara». Borges no fue «guardado en la Recoleta».

Las otras veintitantas piezas del libro pertenecen a la poesía; en la primera, «El poema de los dones», al esplendor de estar rodeado de libros se superpone el fracaso de la ceguera. Luego hay una recordación de la entrañable Elvira de Alvear, escrita un día después de su muerte: «Todas las cosas tuvo y lentamente / todas la abandonaron». Y siguen homenajes a sus antepasados; a amigos muertos; a poetas amados; a lugares queridos, como Adrogué. El libro se cierra con el «Museo» (publicado en parte en *Los Anales de Buenos Aires),* donde están aquellos dos versos: «Le regret d'Heraclite», atribuidos a un escritor imaginario y en los cuales varias señoras vieron halagada su vanidad.

En el «Epílogo», firmado el 31 de octubre de 1960, el autor confiesa una gran desdicha y al mismo tiempo una gran felicidad: «pocas cosas me han ocurrido y muchas he leído. Mejor dicho: pocas cosas me han ocurrido más dignas de memoria que el pensamiento de Schopenhauer o la música verbal de Inglaterra».

A partir de 1955 se inicia la serie casi infinita de libros que estudian, analizan y desmenuzan, desde los ángulos más diversos, su obra. Los tres primeros fueron: *Borges y la nueva generación,* de Adolfo Prieto (1954), libro en que se cuestionaba la línea de la literatura borgeana; un año después aparece *Jorge Luis Borges,* de José Luis Ríos Patrón (autor que se suicidó poco después, cuando todavía no tenía treinta años), texto en el cual se hacía un breve estudio del escritor, y *Borges, enigma y clave* (1955), de Marcial Tamayo y Adolfo Ruiz Díaz, estudio mucho más ambicioso.

Su popularidad aumentaba: dos cuentos suyos fueron llevados al cine; el primero, en 1955, al final del peronismo y dirigido por Leopoldo Torre Nilsson, quien utilizó el argumento de «Emma Zunz» para una película titulada *Días de odio,* cuya protagonista fue Susana Campos. Años después, René Mugica adaptó «El hombre de la esquina rosada». Borges confesaría en secreto a sus mejores amigos que no le gustó ninguna de las dos; por supuesto, enseguida lo supo todo el mundo.

En 1961 el presidente italiano Giovanni Gronchi visitó Buenos Aires y en la embajada de su país condecoró a Borges con la orden de Gran Commendatore. Es probable que en esa distinción haya influido la opinión de Eugenio Montale, el poeta italiano Premio Nobel, que —como dijimos— ya en los cincuenta ponderaba la obra del argentino.

Ese mismo año, la revista *Sur* cumplió treinta años de vida. Para festejarlos Victoria Ocampo publicó la *Antología personal* de Borges, donde él reúne sus textos favoritos, como siempre introduciendo variantes, para que los futuros estudiosos de su obra tengan en qué ocuparse y preocuparse. La fotografía que perpetúa el aniversario de los treinta años de *Sur* congregó a Enrique Pezzoni (dos veces secretario de la revista), Eduardo González Lanuza, Silvina Ocampo, el poeta Alberto Girri, Bioy Casares, Alicia Jurado, H.A. Murena (secretario de la editorial), María Luisa Bastos y Guillermo de Torre (secretarios de la revista), Carlos Alberto Erro (en algún momento presidente de la Sociedad Argentina de Escritores), Borges (ya usa un bastón en el que apoya las manos), Mallea y, por supuesto, Victoria Ocampo, con la clásica flor prendida en la solapa. De las trece personas que posaron, hoy viven María Luisa Bastos, Bioy y Alicia Jurado.

Iniciación de una fortuna: el Premio Formentor

El primer gran premio literario internacional que recibió Borges fue el Formentor. Con él, su nombre saltó de pronto a los escenarios del mundo. Roger Caillois fue quien lo lanzó a la fama al traducirlo al francés y ponerlo al alcance de los intelectuales europeos.

El Formentor, premio importantísimo, había sido creado por seis editores de Occidente en un momento en que la pugna entre el Este y el Oeste, comunismo y mundo libre, pasaba por su momento más duro. Los editores que habían propiciado el premio eran Gallimard, de Francia; Seix Barral, de España; Einaudi, de Italia; Weidenfeld and Nicolson, de Inglaterra; Grove Press, de Estados Unidos y Ernst Rowohlt Verlag, de la República Federal de Alemania. Habían decidido, de común acuerdo, dar «una recompensa de diez mil dólares a un autor de cualquier nacionalidad cuya obra pueda ejercer, en opinión del jurado, una influencia perdurable en el desarrollo de la literatura moderna». Se debe señalar que uno de los miembros del jurado era Roger Caillois. El objetivo del premio, además de indicar un mérito excepcional, buscaba «llevar la obra del autor a la atención del mayor público internacional posible». Consiguió ambas cosas ampliamente y, por otra parte y para mayor fortuna, si es cierto aquello de «quien pega primero, pega dos veces», el Premio Formentor, cuya vida no fue demasiado extensa, se estrenó en 1961 y Borges lo recibió compartido con Samuel Beckett.

La primera noticia que tuvo del premio le llegó una tarde y por teléfono. Al principio creyó que alguien le estaba haciendo una broma. Tampoco tenía la menor idea de qué era el Formentor y para colmo, en la comunicación del premio, una secretaria poco informada lo tomó por mexicano.

«El resultado inmediato del premio fue que mis libros se reprodujeron como hongos en el mundo occidental», puntualizó Borges en su *Autobiografía*. Apenas recibido, se publicaron sus *Ficciones* en los seis países a los cuales pertenecían los editores que habían dado el premio. El otro resultado también inmediato es que todo el mundo universitario lo descubrió y enseguida la Fundación Tinker lo invitó a dictar un semestre acerca de la literatura argentina en Austin, en la Universidad de Texas. Partió en septiembre de 1961, acababa de cumplir sesenta y dos años y casi no veía, pero iba tan feliz, embriagado por la excitación del triunfo, que bromeaba con sus amigos sobre la posibilidad de que todo fuera un sueño.

Un día antes de recibir la invitación para Texas, Borges había ido a ver, mejor dicho a oír, la película *El Alamo,* sólo porque en un poema de Walt Whitman se menciona la palabra «álamo». Después comentaría que se trataba de un mensaje premonitorio; el destino le avisaba de alguna manera su porvenir.

El 9 de septiembre de 1961, la noche anterior a la partida, lo invitaron a una audición en la televisión, asegurándole que sería un reportaje de sólo diez minutos. Con esta promesa accedió. Estaba muy emocionado con la idea de salir; hacía treinta años que no iba al exterior y deseaba despedirse de los amigos y, en especial, de las esquinas de Buenos Aires, de los barrios que él amaba, de los puentes de Constitución. «Es una cosa tonta eso de despedirse, lo sé», contaba Borges, «pero yo la necesitaba.» Sin embargo, ocurrió algo predecible: el entrevistador descubrió (como tantos después) que Borges era un hombre muy inteligente y expresaba conceptos interesantísimos. Entonces la charla impensadamente se alargó, las preguntas se sucedían y nuestro escritor, que sólo quería irse, se empezó a enojar hasta que terminó muy indignado asegurando que la televisión, algo que en absoluto desconocía, era una ignominia, una cosa bochornosa. La persona que estaba frente a él, fascinada, le contestaba con frases como: «Qué hermosas palabras, qué bien». Ante cada halago, Borges se enfurecía más.

Desde Texas con amor. La nostalgia

Leonor Acevedo, los ojos y las manos de Borges, se fue a Texas con su hijo. En ese momento Leonor, que tenía ochenta y cinco años y cuatro meses, aparentaba sesenta y tenía el vigor de una mujer sana de treinta. La cara totalmente limpia de maquillaje y el pelo gris recogido o metido dentro de un sombrero, se fue con su viejo y espléndido tapado de piel, que había desafiado los rigores de muchos inviernos en el hemisferio norte. Quienes no conocían a Borges, supusieron que Leonor no era su madre sino su mujer. Cuando ella lo contaba, proclamaba la estupidez de la gente que no sabía ver su alta ancianidad, pero al mismo tiempo no dejaba de sentirse halagadísima. Por su parte, Borges estaba orgulloso de su madre, que además se expresaba en un inglés muy culto, quizás algo anticuado.

Si hubo alguna persona en quien la literatura marcara límites y restricciones, ése era Borges. El suponía que el inglés sólo era hablado en Estados Unidos por gente culta y entonces le pareció muy extraño en Austin oír a los obreros, que cavaban zanjas, comunicarse entre sí con las mismas palabras que habían utilizado Henry James, Melville o Whitman. «Estados Unidos había adquirido tales proporciones míticas en mi alma que me asombró sinceramente comprobar que hubiese cosas comunes como yuyos, barro, charcos, caminos sucios, moscas, perros sueltos», advierte en la *Autobiografía*.

A veces extrañaba Buenos Aires y sus voces; entonces la nostalgia lo llevaba a situaciones que él calificaba de ridículas. Es bien sabido que a él no le gustaba Gardel, lo veía lacrimógeno y de un sentimentalismo subalterno. En Austin un profesor, no sé si oriental o paraguayo, lo invitó a comer a su casa. Ya de sobremesa y quizá para halagarlo, le hizo oír un disco de Gardel. Borges hizo todo lo posible para ocultar su desagrado y creía haberlo logrado con una sonrisa complaciente, pero promediando el tango *Volver,* sintió a su lado un sollozo contenido; tardó unos segundos en descubrir que era él quien gemía, totalmente derretido por la frase: «pero el viajero que huye, tarde o temprano detiene su andar».

Estados Unidos le fascinó, descubrió un país amistoso, tolerante, generoso y ético; en su balanza pesaban los admirados escritores nacidos allí. Acordándose del filme *El Alamo,* visto como un regalo del destino, visitó el sitio de la batalla, ganada por los mexicanos (quienes, sin embargo, perdieron luego Texas). Allí sintió el fervor de las batallas legendarias; no pensó en la muerte, en la sangre, en la crueldad, sino que le emocionó el valor de los norteamericanos, considerándolos un ejemplo de heroísmo. Los intelectuales mexicanos de izquierda montaron en cólera y una anunciada invitación que debía llevarlo a México, nunca llegó. Distraído como siempre, es probable que ni siquiera se enterara de las iras provocadas por su infantil admiración a la gesta del coraje. Este entusiasmo proyanqui y su oposición al comunismo y al castrismo iban a traerle muchos problemas. Borges, una especie de anarquista romántico, agnóstico spenceriano, creía en el individuo y abominaba de los regímenes autoritarios, ya fueran de derecha o de izquierda; para Borges, nazismo, fascismo y comunismo estaban metidos en una misma bolsa pues abolían los derechos y libertades del pueblo —una suma de individuos— masificándolo y sacrificándolo así al Estado.

Vivió en Estados Unidos entre septiembre de 1961 y febrero de 1962. En una carta suya fechada en diciembre comentaba que extrañaba Buenos Aires, incluso recordaba los lugares más feos de la ciudad y por donde nunca pasaba cuando residía en ella: «Pienso en Plaza Once, sitio notorio por su fealdad, y siento que los ojos se me llenan de lágrimas». Como él ya no podía escribir, utilizaba los buenos servicios de una alumna de su curso, que, si bien sabía español, ignoraba el idioma alemán. Entonces, como no quería que la muchacha se enterara del contenido de la carta, la dictaba en la lengua de Goethe y aunque le deletreaba palabra por palabra, los errores se multiplicaban de tal manera que, a veces, se perdía el sentido de algunas frases.

Dio seminarios y clases sobre literatura argentina, literatura gauchesca (una curiosidad para ellos) y enfatizó la importancia de la poesía de Lugones; sin embargo, recibió la agradable sorpresa de que sus alumnos estuvieran más interesados en la propia obra de Borges que en la de los otros autores. Tuvo también otra satisfacción; vio que los alumnos buscaban aprender por el gusto de ampliar sus conocimientos, más que por el puntaje que pudieran agregar a su calificación final. Según informa Emir Rodríguez Monegal, aprovechó su estadía para concurrir a un seminario de anglosajón dictado por un verdadero especialista en la materia, Rudolph Willard, y corregir algunos errores. Y luego viajó por Estados Unidos, dando conferencias, rescatando siempre el nombre de Lugones, «pagando una deuda», como solía decir. De su defensa a Lugones quedan muchos testimonios. En la grabación de la charla que sostuvo con Zuleta Alvarez y Cleoh W. Capsas en diciembre de 1961, Borges desestima el ultraísmo y afirma que «no tenía mucho sentido porque lo que nosotros queríamos, ya lo había hecho antes y mejor Lugones. En *Lunario sentimental* no sólo había renovado la metáfora, que era lo que nosotros queríamos, sino que había revolucionado también la métrica. Lugones creía», sigue Borges, «que la rima era esencial para el verso moderno. Decía que si no había rima todo se reducía a un artificio tipográfico. Pero a mí me parece que el hecho de imprimir un texto como verso, indica que ya no es prosa. Todos los que participamos en el ultraísmo, ahora estamos en otra cosa. Sin embargo el movimiento tuvo la utilidad que puede tener cualquier escándalo, renueva el ambiente (...). Los movimientos son útiles en ese sentido; las revoluciones forman parte de la tradición».

Antes de volver a Buenos Aires, Borges y su madre visitaron Harvard, Yale, Columbia; habló en la Biblioteca del Congreso y en la Organización de Estados Americanos; en todos lados lo agasajaban y mimaban mucho más de lo que hubiera podido imaginar. Leonor no estaba sorprendida; por el contrario, reconfirmaba los extraordinarios valores literarios de su hijo y esto la llenaba de orgullo.

El 25 de febrero de 1962 regresaron a Buenos Aires. La Academia Argentina de Letras lo recibió en un acto solemne; el poeta cordobés Arturo Capdevila, con su estilo grandilocuente y voz ampulosa, lo proclamó «¡Gran señor de las letras! (...) ¡Gran señor de la libertad!».

Otra vez Europa

Para «redondear el año» (según la expresión borgeana), a pedido de André Malraux el gobierno francés, presidido por el general De Gaulle, le otorgó la insignia de Commandeur de l'Ordre des Lettres et des Arts. La recibió junto a Victoria Ocampo, también distinguida con el mismo honor. En la foto que registra el acto, los dos lucen rígidos, ligeramente incómodos, en la actitud clásica del retrato dedicado a la posteridad. Pocos meses después el director del Consejo Británico, Mister Neil Mckay, tuvo una excelente noticia para Borges: el Reino Unido lo invitaba a dar conferencias en Inglaterra y Escocia. Hacia allá partieron madre e hijo el 30 de enero de 1963. Leonor pensó que la fecha era un error porque salían del calor desesperado de enero en Buenos Aires para caer en el desesperante invierno londinense. Sin embargo, el único que se resfrió fue Borges; ella pasó los cuarenta y tantos días que duró el viaje (el 12 de marzo volvieron) sin demasiadas molestias, pero sí muy cansada. «En compañía de mi madre, hice mis peregrinajes: a Londres, tan rebosante de recuerdos literarios; a Lichfield y el doctor Johnson; a Manchester y De Quincey; a Rye y Henry James; al Lake Country; a Edimburgo. Visité el sitio de nacimiento de mi abuela en Hanley, una de las Five Towns [las Cinco Ciudades] que era el territorio de Arnold Bennet. Pienso en Escocia y en Yorkshire como parte de los sitios más adorables de la Tierra. A veces, en las colinas y en los valles de Escocia, recapturé una extraña sensación de soledad y de desolación que había conocido antes: me llevó algún tiempo identificar ese sentimiento con el que me habían despertado las vastas superficies desoladas de la Patagonia», recuerda Borges en su *Autobiografía*.

En el camino a Lichfield, alguien le dijo que allí se conservaba una pequeña capilla del siglo IX, desafectada del culto. Hacía mucho frío y había nevado toda la noche, pero Borges se obstinó en que llegaran hasta ella. El coche se detuvo a unos cien metros, más allá no podía avanzar. El expresó su deseo de entrar y fueron a buscar la llave a la casa de un viejo aldeano que hacía las veces de cuidador. Leonor, sin el menor entusiasmo por ver «una solitaria piecita de piedras toscas», se quedó en el auto. Borges entró en la vetusta capillita de no más de cinco metros cuadrados y allí, en el helado silencio, recitó en alta voz el *Padrenuestro* en anglosajón. «Lo hice para darle una pequeña sorpresa a Dios», confesaría después.

Los viajeros siguieron luego hacia Madrid, donde Borges visitó a su viejo maestro, Rafael Cansinos-Asséns; después pasaron por París y, por último, llegaron a Ginebra; se quedaron allí dos días, en que Leonor revivió toda su juventud no sin lágrimas. Borges recuperó a sus antiguos amigos de la escuela, Maurice Abramowicz y Simón Jichlinski. Uno de ellos recordó las legendarias partidas de truco, pero el argentino ya estaba excluido del juego.

Algunos enfrentamientos

Al volver a Buenos Aires, Borges retomó sus actividades. Pronto empezaron los llamados telefónicos anónimos; voces oscuras y roncas que hablaban bajito, pegadas al micrófono («eso se nota por los jadeos y silbidos de la respiración»), lo insultaron primero y lo amenazaron de muerte luego. Si no era Borges quien atendía, cortaban la comunicación. Un día, harto y furioso, temblando de rabia, presa de una de esas iras súbitas e incontroladas en las que se encendía, contestó: «Mire, yo vivo en la calle Maipú 994, en el sexto piso, en la puerta hay una chapa que dice "Borges": usted no se puede equivocar. Casi siempre estoy en casa y cuando tocan el timbre, suelo abrir yo mismo la puerta; matarme es bastante fácil. Si usted lo hace, me favorece. Nada hay que favorezca más a un escritor o a un artista que una muerte violenta; Lugones y Gardel son una prueba de lo que digo. Venga nomás, no pierda más tiempo, lo estoy esperando». Desilusionado, quien buscaba amedrentarlo no lo llamó más.

En realidad, las opiniones de Borges (que no tenía idea de la efervescencia política y social de los sesenta) conspiraban contra él; aferrado al significado primero y primario que le dio y tuvo la revolución del 55, no se dio cuenta de que el mundo había cambiado. La frase «Dad al César lo que es del César» la interpretaba como «den al gobierno lo que pide, lo que es propio del gobierno y no piensen más en eso... La gente se interesa demasiado en la política ahora. A mí me cuesta interesarme en la política». Lo cierto es que, más allá de la literatura, de dos o tres amigos y amigas, nada le importaba. El fervor juvenil que le había hecho admirar a Yrigoyen se había ido con la juventud; metía en una misma bolsa —y en eso creo que tenía razón— la extrema izquierda y la extrema derecha: «Lo que deploro en este juego de las derechas y de las izquierdas es que Europa haya perdido la hegemonía. Desde luego, yo elijo a los Estados Unidos como un mal menor, pero es triste que el mundo esté a merced de esos dos países [el otro era la Unión Soviética] y se hayan olvidado de Europa, ya que, al fin y al cabo, somos todos europeos. En los Estados Unidos cuando yo decía que no era comunista, se sentían visiblemente defraudados, y cuando decía que quería mucho a ese país, me miraban con asombro. Para ellos, mi deber como sudamericano era ser de izquierda y aborrecerlos (...). ¡Qué raro! Es absurdo juzgar el valor estético de un escritor por sus ideas políticas, que es lo más superficial que pueda haber. Las opiniones cambian, se dejan llevar por las modas en muchos aspectos (...). Yo querría un máximo de individuo y un mínimo de Estado, pero quizás eso sea hoy imposible, porque un máximo de individuo puede significar un máximo de criminales y uno no puede prescindir de la policía, que tampoco me parece trigo muy limpio».

Borges, en realidad, aborrecía a los comunistas y si hubo alguien que le tomó una inquina particular a Fidel Castro fue Borges, pero no sólo a Castro sino también a Ernesto Guevara, el Che.

Mientras el ambiente de la facultad se politizaba cada vez más, Borges seguía disfrutando de su cátedra. Una mañana de 1967, estaba dando clase y de pronto irrumpió un muchacho en el aula; acababan de matar precisamente al Che Guevara, un ídolo entre los jóvenes (los posters con su hermosa cabeza cubierta por una boina se vendían como caramelos). No sin brusquedad y con cierta insolencia, le avisó que una asamblea estudiantil había decidido rendirle un homenaje a Guevara y que, por lo tanto, se interrumpían las clases. «Hagan el homenaje después, faltará media hora para terminar», contestó Borges. El estudiante, lleno de soberbia, le indicó: «No, tiene que ser ahora y usted se va». No se necesitaba más para ponerlo furioso y, a los gritos, lo encaró: «No me voy nada. Y si usted es tan guapo, venga a sacarme del escritorio». Recordemos que Borges tenía sesenta y ocho años y no veía. «Vamos a cortar la luz», amenazó el estudiante. «He tomado la precaución de ser ciego esperando este momento. Córtela.»

Por supuesto, se quedó en el aula, habló a oscuras y los alumnos, impresionados, no se movieron de sus sitios. Fue el único profesor en la facultad que dictó la clase hasta el final.

Esto se compagina con la respuesta que dio a unos jóvenes nacionalistas, por el 69 o 70, quienes reunían firmas para pedir la repatriación de los restos de Juan Manuel de Rosas. Se negó, lo acusaron de retrógrado e intransigente. Borges les advirtió: «Hay una repatriación más urgente, la de los restos de Perón. Firmaré con gusto esa adhesión». Perón, por esos años, todavía vivía en Madrid y los jóvenes, obviamente, eran peronistas.

A principios del otoño de 1963 recibió el Gran Premio del Fondo Nacional de las Artes. Y casi al mismo tiempo la revista francesa *Cahiers de L'Herne* le dedicó un número: «Jorge Luis Borges», cuyo pie de imprenta acredita que se acabó de imprimir el 20 de marzo de 1964 en Biarritz. Según el estilo de *L'Herne*, este cuaderno, que redondea las quinientas veinte páginas, se abre con la sección de «Testimonios» a cargo de Rafael Cansinos-Asséns, Leonor Acevedo de Borges, Adolfo Bioy Casares, Victoria Ocampo, Silvina Ocampo, Emma Risso Platero, José Bianco, Alicia Jurado y algunos antiguos alumnos de Borges, de los cuales sólo se reconoce por las iniciales a Raquel Bengolea, quien, en un determinado y breve momento de la vida, fue objeto de los desvelos de Borges. De estos testimonios, el de José Bianco quizá sea el más entrañable. Luego se han agregado cuatro fragmentos de cartas de Borges a Alfonso Reyes; unos veinte textos inéditos, por lo menos en francés, del escritor argentino, y una serie de diez *Interférences*. Algunas son muy breves, pero vale la pena destacar las de Alfonso Reyes, Pierre Drieu La Rochelle (página extraída de *Megáfono*, de 1933, donde el francés estampó la frase famosa: «*Borges vaut le voyage*»), Jean Cassou y Maurice Nadeau, quien llega a la conclusión: «Borges no existe más que como una invención de Borges». En el *Cahier* es posible encontrar trece artículos que definen la situación de Borges en la Argentina y en el idioma, y veintitrés ensayos sobre su literatura, además de cuatro entrevistas, una extraña cronología del ultraísmo, una biografía, un glosario y un ensayo de bibliografía completa, que no lo es tanto. Como ocurre en este tipo de revistas, al lado de firmas notables y artículos ejemplares se encuentran verdaderas calamidades de gente muy menor.

Jöelle Larco, la sobrina de Jorge Larco, el pintor amigo de Borges y a quien éste le dedicó un poema al enterarse de su muerte, era y es amiga mía; me regaló uno de los primeros ejemplares de *L'Herne* que ese mismo año llegaron a Buenos Aires. En la página 7, la del Indice, en el margen izquierdo, ha firmado Borges, que debajo de su apellido agregó «alias Georgie, 1964». Luego, con una letra casi de niña, la sobrina de Larco escribió: «*avec beacoup d'amour, Jöelle*».

Nueve

1964

La fotografía fue tomada en Villa Silvina, la casa de los Bioy en Mar del Plata, tan cerca de la de Victoria Ocampo que sólo las separaban los respectivos parques. Luego, la Municipalidad advirtió que ambas villas habían avanzado sobre una calle, usurpándola; entonces, la abrieron. Pero en mitad de la calzada quedó un pino gigantesco. Nunca pudieron talarlo porque Victoria se opuso, aduciendo que sería un crimen vegetal. El pino ha quedado y por esa calle sólo se puede caminar; un coche no pasa.

La fotografía fue tomada una tarde fresca de verano. Por esos años, Bioy se pasaba el día con la cámara en la mano, sorprendiendo a su familia, a sus huéspedes y a todo el mundo. Esa tarde organizó un verdadero montaje: pegó en los vidrios de la puerta unas cuantas fotos mías sacadas la semana anterior, luego me ubicó dentro del cuarto mirando a Borges, sentado en un sillón de la galería, a través de los cristales.

«Era muy difícil fotografiar a Borges si él sabía que estaba posando; se peinaba rápidamente —eso estaba bien—, fruncía los labios y se quedaba inmóvil y muy tenso», recuerda Bioy mirando las fotografías.

La actitud de Borges es forzada. Se ha prendido el botón del cuello de la camisa y espera, con los ojos fijos en un punto invisible, que la sesión termine. El tiempo ha quedado detenido en el rostro impasible e inexpresivo, que ni siquiera sabe que lo están mirando.

De Alemania a Santiago de Compostela - Herbert Read y Ramón Piñeiro - El otro, el mismo. *Será por eso que la quiero tanto - Sir George - Las milongas - Borges y yo - Un casamiento por la Iglesia. Raimundo Lida -* Elogio de la sombra - El informe de Brodie - *La fragilidad del matrimonio*

De Alemania a Santiago de Compostela

En marzo de 1964, el Congreso por la Libertad de la Cultura invitó a Borges a un coloquio en Berlín Occidental. Leonor, a escasos dos meses de cumplir ochenta y ocho años, se sentía, por primera vez en toda su vida, fatigada. Borges, que por su ceguera necesitaba alguien que lo acompañara, me preguntó si podría ir yo. Mi primer viaje a Europa me había complacido y alegrado tanto que, sin siquiera pensarlo, acepté. Entre los dos reuníamos un poco más de quinientos dólares en cheques de viajero. Leonor me hizo miles de recomendaciones y me regaló un pañuelo, que conservo todavía, en una de cuyas esquinas hay bordadas en azul las palabras *Bon Voyage* y unos pajaritos colorados y azules con las alas desplegadas. Me indicó que cuando llegara a un cuarto desconocido hiciera saber a su hijo con toda exactitud dónde quedaban la cama, el baño, la silla, el teléfono, etcétera, y que me ocupara de que memorizara los detalles. En las comidas había que cortarle la carne y llenarle permanentemente el vaso con agua. Cada noche debía dejarle la ropa sobre la silla en el orden en que se la pondría por la mañana. El zapato derecho a la derecha, el izquierdo a la izquierda. Un día que me equivoqué, se puso los zapatos al revés y me dijo: «No sé qué les pasa hoy a los zapatos, no sirven».

Mi madre me hizo muchas menos recomendaciones que Leonor, me regaló una bufanda de piel y unos pocos dólares más. Llegamos a Alemania casi en la primavera europea, un frío sábado por la tarde. Teníamos reservados cuartos en el hotel Kempinski. Esa primera noche, con unos pocos marcos que me había dado una amiga para que le comprara unos lápices, fuimos al circo. Las localidades eran malas, altas y laterales, y los asientos duros, pero en la pista había unos tigres de Bengala cuyo comportamiento fascinante le iba contando a Borges, que mostraba un rostro radiante. Y entonces recordó poemas en español y en inglés; en cada verso que le traía su memoria se asomaba un felino, grande o pequeño, agresivo o doméstico; daba igual.

Apenas llegado a Alemania Federal, Borges fue invitado a asistir a un congreso de poetas de la *negritude*. Asistían una serie de escritores africanos provenientes de antiguas colonias inglesas y francesas, que trataban de expresarse a través de los temas de su propia cultura, buscando su verdadera identidad. Borges fue invitado a hablar en la jornada de apertura. Creyendo que el auditorio pensaría como él, afirmó que las diferencias entre las razas eran mínimas y que ciertas pasiones y capacidades del hombre estaban más allá de las aparentes peculiaridades raciales. Tenía razón, pero los poetas de los diferentes países africanos que a costa de muerte y de luchas habían logrado ocupar un lugar entre las naciones libres, veían la cosa desde otro punto de vista. Se alzó un poeta negro y señaló que Borges estaba completamente equivocado. Había tanta pasión en sus palabras y en sus razones que la sala lo aplaudió con entusiasmo. Borges, inclinándose hacia Eduardo Mallea, que estaba sentado a su lado, susurró: «¿Le parece que nos darán una biaba con caldo?».

El Congreso por la Libertad de la Cultura, que tuvo lugar en Berlín, sirvió para varias cosas. Ante todo reforzó la antipatía natural que Borges sentía por la gente de izquierda; en segundo lugar desempolvó su idioma alemán, tan culto que los mozos del restaurante no le entendían cuando les hablaba. (Esto motivó una broma de Helena Muñoz Larreta, la mujer de Mallea, que dijo: «No lo entienden porque habla en gótico».) Por último, Borges y Mallea consolidaron un acercamiento muy afectuoso. Al congreso asistieron escritores alemanes y americanos. De los alemanes, uno que hacía derroche de simpatía era Günter Grass; de riguroso pelo y bigotazo negros parecía más un peruano o un boliviano que un representante de la Bundes-Republik. Entre los americanos, João Guimarães Rosa conquistó a todos por su encantadora cortesía y por su excelente literatura; iba de un grupo a otro tratando de contemporizar los distintos pensamientos políticos de los asistentes. Miguel Angel Asturias, Germán Arciniegas, Augusto Roa Bastos, Ciro Alegría, Norberto Silvetti Paz y algunos escritores peruanos y ecuatorianos completaban el equipo americano, separado, como la misma Berlín, por un muro no de material sino de silencios. La vez que Borges tuvo que compartir un ascensor con Asturias no cambiaron una sola palabra. Borges y Mallea se mostraron desagradablemente sorprendidos de que Roa Bastos presentara, al fin de una de las jornadas, a unos músicos de su país, ataviados con ropas típicas, que hicieron oír música y canciones paraguayas. Quizás el pobre Roa se haya visto presionado por algunos exiliados que deseaban mostrar sus habilidades y juntar unos pesos. O no.

Cuando el congreso terminó, Inter-Nationes, dependencia del Estado en la República Federal Alemana que se ocupaba de atender a los invitados oficiales, regaló a los asistentes un viaje de placer por toda Alemania Federal. Antes de salir de la ciudad, quisimos conocer Berlín Oriental y alquilamos, por unas horas, un coche con chofer. Estos no podían ser alemanes, ni siquiera europeos, pero debían saber muy bien el idioma para evitar inconvenientes. Nos tocó un chofer peruano, bastante joven, que vivía del lado Occidental, casado con una uruguaya, y se ganaba muy bien la vida llevando y trayendo turistas. Era un hombre reservado y serio. Ibamos Mallea, Helenita, su mujer, Borges y yo.

Estábamos en 1964, momento duro en el cual la guerra fría era la mayor preocupación del mundo. Hacía apenas tres años que se había levantado el tristemente famoso muro, dividiendo en dos partes la ciudad. Nos dispusimos a atravesarlo; se trataba de una mole de cemento reforzada por alambradas protectoras y rollos de púas. El paso estaba custodiado por unos guardias que parecían salidos de aquellas películas británicas o americanas donde los oficiales de la Gestapo, unos grandotes crueles de caras patibularias, en cualquier momento podían hacer cosas terribles. Estaban allí para dar miedo y lo conseguían. Nos hicieron bajar del coche y lo revisaron exhaustivamente, mientras en la casilla de guardia observaban nuestros pasaportes. Hacía frío y un sol desteñido no ayudaba nada a calentarnos. Helenita Mallea llevaba un espléndido tapado de nutria. Le preguntaron, por intermedio del chofer, qué destino pensaba darle al tapado y al collar (se sabía que prendas valiosas y joyas ayudaban a sobornar a las autoridades para conseguir documentos falsos o un cuarto mejor o comida). El peruano explicó quiénes éramos, pero ellos debieron de imaginarnos unos magnates. Sin saber bien qué pasaba, Helenita empezó a enojarse, cosa que no le resultaba difícil. Pero, por fin, pasamos. La visión era desoladora: las casas en ruinas a causa de los bombardeos de la segunda guerra no habían sido reconstruidas. Todas las ventanas o aberturas que daban al Muro estaban tapiadas ferozmente y algo más adelante se levantaban casas pobrísimas, que se veían mínimas y apretadas. En especial, impresionaba la falta de gente y de comercios.

En la Puerta de Brandeburgo, al final de la famosa avenida Unter den Linden, a veinte o treinta metros de Berlín Occidental, habían sido giradas hacia el Este la cuadriga y las estatuas. Todo estaba desierto. Para consolarnos, visitamos en el museo «El altar de Pérgamo», que Borges había insistido mucho en conocer. Lo impresionaba la idea de que se conservara un altar contemporáneo de la famosa biblioteca de Eumenes II, el inventor de aquel material prodigioso que, por haber sido producido en Pérgamo, se llamó pergamino.

Me acuerdo de que encontramos a dos hermanitos que volvían del colegio; tendrían ocho y diez años. Graciosos y muy simpáticos, nos mostraron una cestita con una merienda de pan y nos ofrecieron partirla con nosotros. Para corresponder la atención, quisimos regalarles unas monedas argentinas de escaso valor. Nuestro chofer no lo permitió; nos dijo que comprometeríamos a sus padres. Borges estaba indignado.

Si entrar no había sido fácil, salir fue más complicado. Los guardias, aduciendo no sé qué razones, dichas destempladamente, querían quedarse con el tapado de Helenita Mallea. No sabían con quién trataban; ella armó un escándalo fenomenal. Todos gritaban. Al fin, llegó un oficial que de mala manera nos empujó hasta el auto y nos hizo salir. Borges preguntó de qué color era el muro; cuando se lo dijimos, exclamó: «Es la infamia vestida de gris».

De Berlín viajamos a Frankfurt, a Stuttgart, a Munich, a Friburgo, donde Hörderlin languideció. Borges en su honor recitaba fragmentos del *Hiperión*. Nos asomamos a la Selva Negra y a los Alpes Bávaros y volvimos por Colonia, Dusseldorf y llegamos a Hamburgo. Allí, Borges tuvo ganas de comer una tortilla de papa a la española, pero nadie sabía cómo se hacía. Haciendo alarde de su erudición culinaria, él explicó su elaboración. Después de un rato le trajeron una papa hervida y una *omelette*.

Ya en el final del viaje, las autoridades de Inter-Nationes le preguntaron si deseaba visitar algún lugar en especial, Borges pidió que lo llevaran a Schleswig. Allí fuimos hasta la playa y, arrodillándose en la arena, mojó sus manos en el Báltico, mientras recitaba, emocionado, poemas en anglosajón referidos al mar, «el camino de la ballena», el camino que cruzaron los vikingos nueve siglos atrás.

Visitamos Dinamarca sólo porque Borges quería pasar por Elsinor, el castillo donde transcurre la acción de *Hamlet*. En el vasto y helado vestíbulo, resonaron los versos de Shakespeare, mientras un enojado guardián indicaba que la hora de visita había terminado.

En La Haya, la reina Juliana lo invitó a una recepción. Antes de ir, pensamos que sería importante conocer los detalles de la cita en palacio y fuimos al consulado argentino, para tratar de hablar con el cónsul, quien, por supuesto, no estaba. Nos atendió un empleado que no tenía idea de quién era Borges. Después de deletrear su nombre, él aclaró que era escritor. La actitud desdeñosa del empleado se acentuó y nos indicó displicente que esperáramos por si llegaba el cónsul. Nos sentamos en un rincón y, de inmejorable humor, Borges me susurró, repitiendo el verso de Rubén Darío: «¡Caramba, me parece que no se oyen los *claros clarines!*»

La recepción era a las dos de la tarde. Algo antes, llegamos al palacio y un ujier se hizo cargo de nosotros, llevándonos por altas escaleras e infinitos pasillos hasta una antecámara inmensa, donde nos indicó que esperáramos. A cada momento, yo veía entrar y salir hombres más bien jóvenes vestidos de frac. Se lo susurré a Borges y él reflexionó: «La reunión es de etiqueta. ¡Cómo no nos avisaron!». Sin tiempo para reaccionar, nos llamaron. Entramos a un gran despacho.

Al fondo, un señor vestido con un pullóver de cuello alto salió de su escritorio para saludarnos. Por él nos enteramos, en un muy castizo castellano, de que la reina Juliana, afectada por un fuerte resfrío, guardaba cama y lamentándolo mucho no podía vernos. Mientras ambos hombres intercambiaban las ocasionales frases corteses, entró un ordenanza trayendo un sobre; estaba vestido de frac porque ése era el uniforme de los ordenanzas de palacio.

Al salir, como casi no habíamos comido imaginando los maravillosos manjares que nos obsequiaría la reina, nos fuimos con Borges a tomar un té bien surtido. Además de hambrientos, estábamos mojados y felices; en la tierra de los tulipanes llueve todo el tiempo.

Llegamos a París un domingo, en el aeropuerto nos esperaba el para mí —a través de los relatos de Borges— mitológico Néstor Ibarra y su amiga, una francesa callada, joven y linda, cuya formación —nos informó el antiguo compañero de Borges— era científica, no literaria. Nos hospedaron en su piso, cómodo y puesto con muy buen gusto. Ibarra, un hombre divertido, mandón y bajito, pero de una cordialidad extrema, se desvivía para atender al amigo.

En la primera comida que hicimos en su casa, el postre fue, a la usanza francesa, un plato de quesos. Al observar la parquedad con que se servían Ibarra y su amiga, puse en el plato de Borges tres cuadraditos de diferentes quesos. Por supuesto, él no veía y tanteaba buscando los trozos. Después del tercer bocado, como no encontró nada, me interrogó: «Pero, ¿por qué me has puesto tan poquito?». Quise tocarle el pie por debajo de la mesa para advertirle, pero rocé el zapato de Ibarra. Los dos nos pusimos colorados. Entonces, él le sirvió una gran porción, más de la mitad de la pieza. Al terminar, Borges, cortésmente, avisó: «Gracias, no quiero más».

El motivo que había llevado a Borges a París era mucho más trascendente; la UNESCO lo había invitado con Giuseppe Ungaretti a hablar en el homenaje a William Shakespeare en el cuarto centenario de su nacimiento. Ya instalados en la casa de Ibarra, tuvimos tres días para preparar su charla. Empezó a dictarla; duraba alrededor de unos veinte minutos, el tiempo que le habían indicado como conveniente. Corregida esa primera versión en español, empecé a leerle frase por frase y él me dictaba la traducción al francés. Cuando estuvo terminada, la repetí frente al micrófono del grabador. Luego, le hice oír la grabación unas tres veces. Quise ponérsela una cuarta vez y él me dijo: «No hace falta, ya la aprendí». Yo estaba aterrada y, contrariando su deseo, la víspera volví a pasar la cinta. Pese a su infalible memoria extraordinaria, también parecía muy asustado.

Cuando llegó el momento de hablar ante la asamblea de la UNESCO, empezó titubeando y trabándose, según su estilo, y abriendo mucho los ojos en medio de una frase; pero no cambió ni una sola palabra y hasta respetó las pausas de la puntuación. El conjunto resultó perfecto y tan natural que todos la juzgaron una «improvisación» brillante.

Por la Radiotelevisión Francesa le hicieron un reportaje que duró una hora. En el momento de entrar al estudio de grabación, me entregaron un sobre para Borges, diciéndome que ésos eran los honorarios previstos, firmé el recibo y guardé el sobre en mi cartera. Al sentarme, vi sobre la mesa un ejemplar del *Cahier de L'Herne*. Empezaron las preguntas; eran incisivas, precisas. Borges parecía cómodo y distendido, su interlocutor —muy francés— era simpático y amable. Manejaba una dialéctica apasionada; la entrevista fue un éxito.

Ya en la calle, Borges me tomó del brazo y me dijo: «Nunca nadie me ha hecho un reportaje tan bueno, considerando que este hombre no ha leído ni una línea de mi obra». Le conté que *L'Herne*, al alcance de su mano, le había dado la información necesaria y luego le hablé del sobre recibido. Me preguntó cuál era la cifra; cuando le dije mil dólares, se alarmó y me pidió que lo devolviera: «¡Están locos! ¡Es imposible! ¡Se han equivocado!».

Una mañana de nubes y sol encontrados fuimos a Chartres. En la catedral, él se acordó de Schiavo, el único compañero de la Biblioteca Miguel Cané que se interesaba en las letras y que había escrito un largo poema titulado precisamente «La catedral», en el cual describía las naves, los arcos, las bóvedas, los vitrales de Chartres. Lamentó no recordar los versos, «hubiera sido lindo recitarlo aquí, en el lugar para el cual fue escrito».

Jorge Luis Borges y Adolfo Bioy Casares en los años treinta

Borges en los años cincuenta. Fotografía de A. Bioy Casares

Con Carlos Mastronardi. Fotografía de A. Bioy Casares

Jorge Luis Borges y María Esther Vázquez en el Parque de Villa Silvina, Mar del Plata, 1964. Fotografía de A. Bioy Casares

En las terrazas del Machu Picchu (Perú), 1965

Con el doctor Adolfo Bioy en 1960

En Berlín a principios de 1964, en el Congreso para la Libertad de la Cultura. *De izquierda a derecha:* en la mesa, Günter Grass, María Esther Vázquez, Guimaraes Rosa, Eduardo Mallea y Jorge Luis Borges. De pie, al fondo Augusto Roa Bastos, Eduardo Caballero Calderón, Jaime Torres Bodet y Germán Arciniegas

Los asistentes al Congreso para la Libertad de la Cultura en Stuttgart. *De izquierda a derecha:* Ciro Alegría, J.L. Borges, Germán Arciniegas, María Esther Vázquez, Helena Muñoz Larreta de Mallea (detrás, Jaime Torres Bodet), Eduardo Mallea, Miguel Angel Asturias, Augusto Roa Bastos y Norberto Silvetti Paz

Verano de 1964 en San Jorge, la playa de Mar del Plata. *De izquierda a derecha:* Borges, María Esther Vázquez, Silvina Ocampo, una amiga, Adolfo Bioy Casares y Martita Bioy, niña

Borges y Manuel Peyrou en la casa de los Bioy en Buenos Aires

Con José Edmundo Clemente en el despacho de la Biblioteca Nacional, en 1970. Borges está sentado tras el escritorio redondo de Paul Groussac y tiene frente a él el globo terráqueo de José Ingenieros

Franco Maria Ricci, Borges y María Esther Vázquez en los altos de la Biblioteca Nacional, a principios de los años setenta

En la librería Falbo, en 1965

Ulrike von Kühlmann, hacia 1955

Ulrike von Kühlmann *(izquierda)*
y Sara Koiner de Haines *(derecha)* en 1984

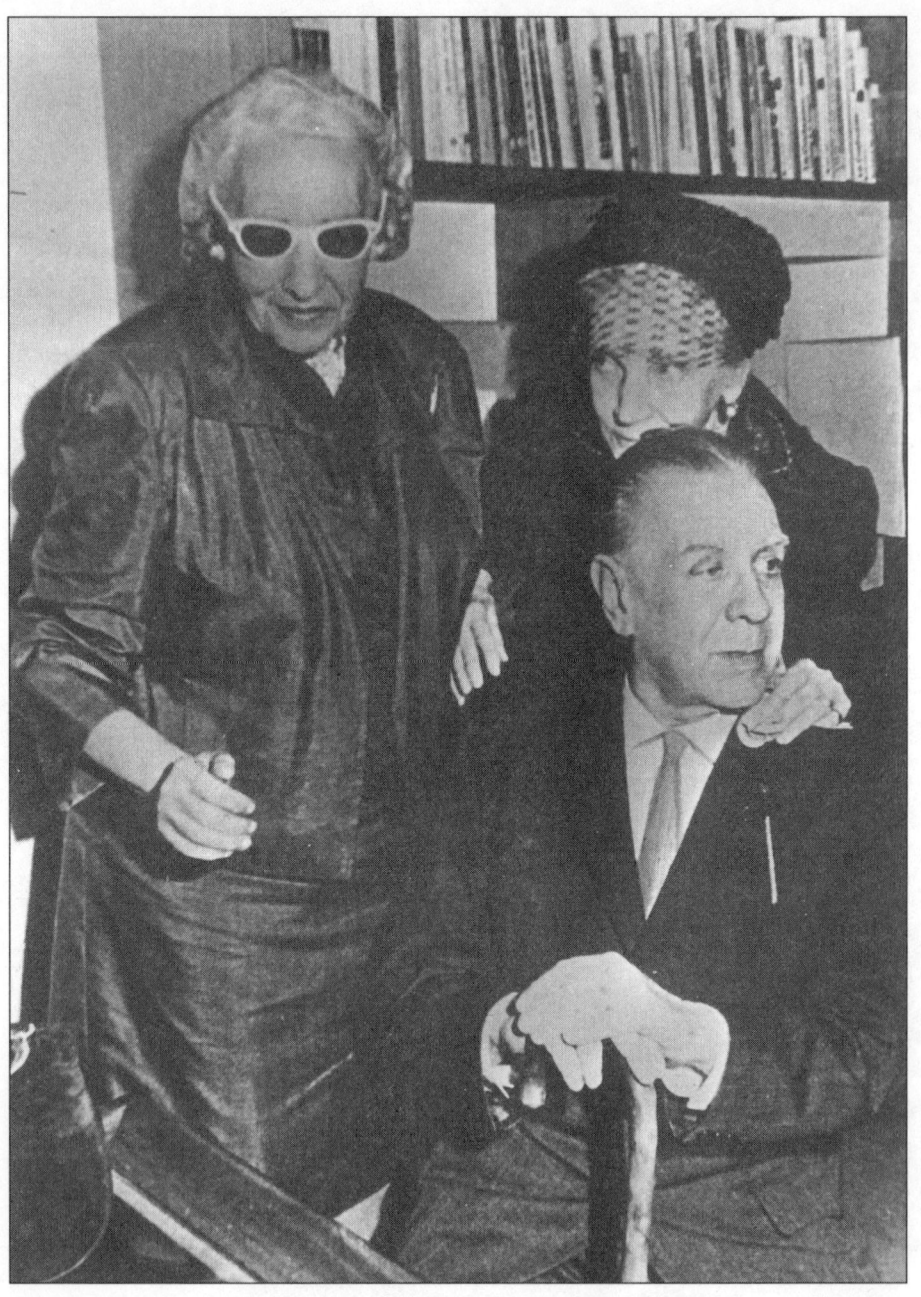

Con Victoria Ocampo *(izquierda)* y la madre de Borges, Leonor Acevedo

Epifanía (Fani) Uveda de Robledo,
que acompañó a Borges durante casi cuarenta años

Adolfo Bioy Casares, 1964

Silvina Ocampo.
Fotografía de A. Bioy Casares

hoy 4 de febrero de 1944

Elsa: Pienso continuamente en usted, con una intensidad que no se distrae, con una desesperada y vana riqueza. A veces me asombra ingenuamente que me continuado pensar no lo acerque a usted, no me traiga una línea suya o su voz, o siquiera el encontrarme en la calle con alguien que la conoce. Ensayo inútiles ejercicios de magia: paso el día entero fuera de casa para facilitarle al destino (de cuya existencia dudoso, naturalmente) la producción de una carta suya, o de una línea trazada por su mano. Los días y noches de soledad que me abruman no sólo son muy tristes para mí; son de algún modo irreales también, porque usted, Elsa, no está en ellos. Anteayer fui a Sur: corregí las pruebas del breve cuento Tema del Traidor y del héroe y agregué la dedicatoria. Saldrá, creo, en el número 112. (La Prensa y La Nación, el domingo, se ocuparon de mi libro de poemas: la primera, con generosidad; la segunda, con resignación y moderación.) No sé por qué le escribo estas frusterías, que le ocurren al otro, a Jorge Luis Borges, no a mí, que únicamente soy ahora una infinita, una infatigable nostalgia. No sé cuándo leerá usted esta carta. La semana que viene, emprenderé la peregrinación a La Plata. Elsa, recuérdeme; llámeme cuando venga. Trabaje, a pesar del verano, bastante; hay muchos libros que la esperan. Suyo Georgie

Corrijo, ahora, las últimas pruebas de Recuerdos de provincia (ahí está su epílogo, continuamente); reviso todavía españolas de Carlyle y de Emerson; procuro olvidarme de mí mismo; y en estas dos inutilidades [...]

Hay, también, las madrugadas de infinito, inútil deseo; el temor de que mientras yo estoy enceguecido [...]
Trabaje; [...]

Carta a Elsa Estete Millán

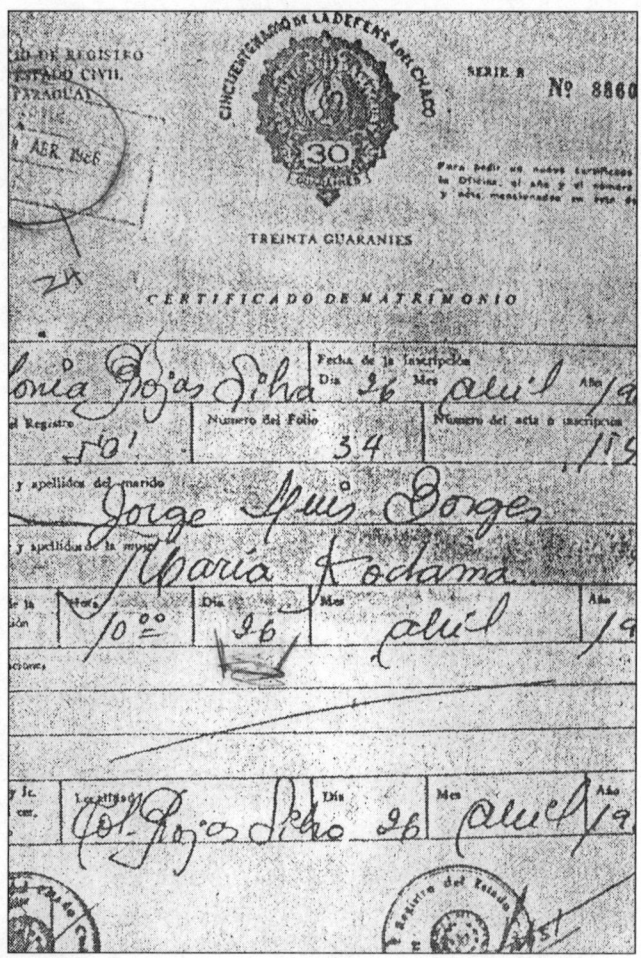

Partida del supuesto matrimonio de Borges y María Kodama en Paraguay (Publicada en *La Opinión* de Asunción, 26 de julio de 1991)

Borges y María Kodama en Sevilla en 1984. © Fotografía de Pablo Juliá, *El País*

Mar del Plata, 1984

De París volamos a Londres, invitados por el British Council, que además nos puso un acompañante de lujo, el doctor Charles Flemming, un hombre joven que admiraba profundamente a Borges. En realidad, el doctor Flemming había trabajado en el British Council antes de graduarse y, al enterarse de que llegaba Borges, pidió permiso para ser su acompañante mientras estuviera en Londres. Era un hombre culto y refinado, formalmente inglés desde su forma de vestir hasta su modo de hablar.

Apenas llegamos a Londres, Borges quiso ver a su amiga, Emma Risso Platero, quien desempeñaba un cargo en la embajada de su país, Uruguay, y vivía en un delicioso departamento del barrio más exclusivo de Londres, Belgrave Square. El había estado enamorado de ella a finales de la década de los treinta. Veinticinco años después, aún se la veía bella, seductora y, como todas las que lo son, muy consciente de su propio encanto. Borges había prologado un libro suyo de cuentos, *Arquitecturas del insomnio* (1948), y en la penúltima frase del prólogo aparece un elogio demasiado borgeano, que en realidad desconcierta: «Quizá lo más precioso de este volumen sea lo poético, no sólo perceptible en frases aisladas (...) sino en el agradable horror de los argumentos...». La única persona en el mundo que hubiera podido hablar de «agradable horror» era él.

Emita, como la llamaba Borges y sigue llamándola Norah, nos invitó a comer en su casa y luego nos llevó a pasear por su jardín, cerrado por una verja. Era una clara noche de otoño. Abrió con su llave la puerta del Square de Belgrave, cuyo acceso —como todos los jardines privados de Londres— sólo es permitido a los vecinos perimetrales de la plaza. En la desierta oscuridad, los arbustos parecían más grandes y el follaje más espeso. El olor de la tierra húmeda, del otoño y del silencio era penetrante y tranquilo. Tomados del brazo fueron hasta un banco y, cuando se sentaron, Borges empezó a recitar en voz alta versos de amor de Dante Gabriel Rossetti y ella lo oía, la cabeza ligeramente inclinada. En medio de la noche, parecían dos amantes que hubieran continuado un diálogo iniciado mucho tiempo atrás.

No sé si Borges amaba más en Dante Gabriel Rossetti, el poeta y pintor prerrafaelita inglés, el talento o las extrañas vicisitudes de su vida. Le encantaba contar cómo este hombre hermoso seducía y abandonaba a mujeres hasta que la suya se suicidó con una sobredosis de opio y él, transido por la culpa y el remordimiento, enterró sobre el pecho de la muerta el manuscrito de sus mejores poemas. Luego, para olvidar a la suicida, se compró una enorme casa y empezó a coleccionar toda clase de animales salvajes o exóticos; en su jardín paseaban —según el relato de Borges— canguros, marmotas, pavos reales, «pero como estos animales requiebran a la hembra con unos gritos aterradores, los vecinos, espantados, llamaron a la policía. Luego del escándalo consiguiente, se dictó una ordenanza que desde entonces prohíbe la crianza y tenencia de pavos reales por los ciudadanos». ¿Por qué pavos reales?, se preguntaba Borges, quien remataba la historia de Rossetti así: «El poeta, desesperado porque no podía rehacer sus poemas, un día de 1869 hizo abrir el ataúd y sacar el manuscrito, lo roció con desinfectante, lo secó con cuidado y lo publicó. Ese día recuperó sus poemas y empezó a perder la razón. El láudano y el opio contribuyeron a llevarlo a la locura».

Acompañados por Mister Flemming fuimos a la Tate Gallery a ver los cuadros de Rossetti, tan delicados, tan perfectos; yo se los describía, lo mismo que los óleos y las acuarelas de los grandes barcos y los naufragios de Turner.

También fuimos a Hampton Court, el castillo de los mil cuartos, levantado en la época de Enrique VIII, y habitado por algunas de sus infelices esposas. Borges pensaba en las desdichadas damas encerradas en el castillo, cuyas almas en pena —dicen— vagan extraviadas en el laberinto del jardín durante la oscuridad de la noche. Las pobres sólo pueden extraviarse de noche; durante el día las espantan los turistas ingleses y alemanes cargados con sus hijitos y, a falta de éstos, con máquinas fotográficas y mochilas.

A Borges le interesaba mucho el laberinto del frondoso jardín y lo recorrimos; él quiso que nos perdiéramos y lo conseguimos luego de algunos intentos, poniendo la mejor buena voluntad. Visitamos la Torre de Londres y el Parlamento y presenciamos como verdaderos turistas el cambio de guardia en el Buckingham Palace. Era el mes de octubre, ya hacía bastante frío y los árboles tenían el follaje dorado y ocre del otoño. La banda tocaba gallardas músicas militares y, de pronto, se oyeron los primeros acordes de la *Marcha de San Lorenzo,* que, desde la niñez de Borges hasta hace pocos años, se cantaba diariamente en los colegios primarios. Borges se estremeció, me sacudió el brazo en que se apoyaba y en un rapto emotivo empezó a entonar casi a gritos el primer verso de nuestra marcha patriótica: «Febo asoma, María Esther, Febo asoma». Tenía los ojos llenos de lágrimas. Entonar es una expresión de deseo, ya dijimos que Borges era tan desafinado que no se podía distinguir si pretendía cantar *La cumparsita* o el *Himno nacional.*

Charles Flemming quería complacer a Borges en todo; por eso

cuando quiso probar hidromiel *(Old English Mead)*, la bebida de los anglosajones y de sus dioses, Flemming se lo llevó a Fortnum and Mason y compraron una botella. Volvieron al hotel, empezaron a brindar y, copa va, copa viene, se tomaron más de la mitad. Excitado por el alcohol, al que ya Borges estaba desacostumbrado, olvidó su habitual cortesía y empezó a reprocharle a Mister Flemming las invasiones inglesas de Buenos Aires en 1806 y 1807. Ante la mirada azorada del joven representante de Su Majestad Británica, terminó casi amenazador: «Pero nosotros los echamos a puntapiés, tirándoles agua y aceite hirviendo desde las azoteas». Mister Flemming, que no tenía la menor idea de tales invasiones, se limitó a asentir, atónito: «*Of course, of course...*».

El último día de su estadía en Londres, Borges le pidió a Flemming que lo llevara a la casa más elegante de Londres y le eligiera una muy buena corbata, para un amigo muy querido. Mister Flemming compró la corbata más cara del mundo, que luego quedó en sus manos; Borges, queriendo retribuir gentilezas y quizás ayudar al piadoso entierro del asunto de las invasiones, se la regaló.

Herbert Read y Ramón Piñeiro

En Londres, Borges aceptó complacido una invitación de Sir Herbert Read para pasar el fin de semana en su casa levantada en los páramos de York.

Se trataba de un lugar confortable e incómodo a la vez, muy viejo y recién pintado. La última reforma importante se había hecho en el año 1800. Luego, ya avanzado el siglo xx, se transformaron algunas piezas pequeñas en cuartos de baño pero sin modificar la estructura. La casa era un laberinto de escalones que subían y bajaban hacia habitaciones mínimas y corredores amplios. Me parece recordar que incluso dentro de las habitaciones había desniveles. El cuarto donde dormí —creí entender que pertenecía a una hija de los Read ausente ese fin de semana— era un sitio delicioso; la cama, altísima y con dosel, estaba colocada arriba de un estrado. Pensé que si uno se caía de ella, podría romperse una pierna. El lugar donde habían instalado a Borges quedaba en un extremo detrás de pasillos y antesalas y era mucho más grande. El salón, muy confortable, estaba presidido por un gran piano. Después de la comida, Lady Herbert Read nos ofreció un pequeño concierto. El dueño de casa, seis años mayor que Borges, tenía en ese momento setenta y uno o setenta y dos. Se lo veía inteligente, activo y vivaz, lucía el pelo blanco y parecía muy feliz con la presencia del escritor argentino.

El último libro de Read, *Al diablo con la cultura*, había impresionado a Borges como a tantos intelectuales de la época. El autor mostraba en catorce ensayos su preocupación por la función del arte en la sociedad y la significación y ubicación del artista entre sus semejantes. Borges y Read eran anarquistas románticos que veían el arte como un quehacer natural del individuo y creían que el artista era una consecuencia lógica de ese quehacer. Imaginaban el hombre del futuro educado a través del arte y de lo estético. No podían aceptar la vulgaridad de una sociedad masificada por los medios de comunicación, la violencia y los juegos electrónicos.

Por otra parte, ya Leonor Acevedo de Borges había traducido en 1954, para la editorial Losada, un libro anterior de Read, *El significado del arte*, y el vínculo entre el pensamiento de ambos hombres era evidente. Cuando cuatro años después Sir Herbert murió (tenía setenta y cinco años), Borges, muy apenado, dijo: «Fue un hombre nacido para los libros, el arte y la poesía; sin embargo, tuvo la suerte de probarse en el ejercicio del coraje». Borges se refería a las condecoraciones que había ganado en el frente de batalla, durante la primera guerra mundial.

En su *Autobiografía*, Borges anota: «En Inglaterra, estuvimos junto al ya fallecido Sir Herbert Read, en su notable y amplia casa de los páramos. Nos llevó a Yorkminster, donde nos mostró algunas antiguas espadas danesas en la sala Viking Yorkshire del museo. Después escribí un soneto a una de esas espadas, y poco antes de su muerte Sir Herbert corrigió y mejoró mi título inicial, llevándolo de "A una espada en York" al de "A una espada en Yorkminster"»: «En su hierro perdura el hombre fuerte...» empieza el soneto de Borges. En el museo sacaron una espada de una vitrina para que la tomara en sus manos; era pesadísima, pero levantar el hierro gastado de siglos lo emocionó, se sentía el guerrero de ayer y no el hombre preso en las convenciones del siglo XX: era una exaltación del pasado que sus ancestros, que él mismo habían vivido. Repetía las metáforas para nombrar la espada de las antiguas lenguas nórdicas: «Hielo de la pelea, vara de la ira, fuego de los yelmos, espina de la batalla, remo de la sangre, lobo de las heridas».

Para salir de la casa de Yorkshire se llevaba a cabo una especie de rito; calzarse unos zapatos de goma encima de los propios. En un ángulo del vestíbulo había una serie de chanclos de diferentes tamaños. Sólo había que elegir los apropiados y ponérselos. No es que lloviera, pero un rocío empapaba los pastos y en los lugares en que la sombra era casi constante se formaba un barro resbaladizo y pegajoso a la vez. No fue fácil convencer a Borges, primero de que en tal suelo se hacía imprescindible este calzado adicional y luego de que había que sacárselos en el vestíbulo, antes de entrar en la casa propiamente dicha con pisos de madera lustrados y alfombrados.

Creo recordar que la casa tenía un establo y el animal preferido de la familia era una cerda completamente blanca, bautizada *Doña Elvira*. Más que blanca era una mole inmaculada, que acudía corriendo y bufando cuando oía su nombre. «Se llama igual que una de las hijas del Cid», comentó Borges, que, como siempre, unía lo cotidiano a lo literario.

La primera comida en aquella casa más soñada que pensada fue un festín de reyes en que dieron como plato principal faisán, preparado para la ocasión por la propia Lady Herbert Read. Lo acompañaban verduras y salsas de todo tipo que Borges comió con ganas dejando de lado la carne (el faisán) y aclarando que era lo único que no le gustaba. Promediando la comida, preguntó si faltaba mucho para el faisán y la señora, una verdadera dama, para no abochornarlo le dijo: «Se nos quemó, señor Borges, y no lo hemos traído a la mesa».

Por sugerencia de la misma señora, el desayuno fue servido en el cuarto de Borges para evitar complicaciones con la gente de la cocina. En la mesa, donde había además de café y té, *porridge*, huevos revueltos, tocino frito, salchichas, panes de todo tipo, mermeladas caseras y tostadas, estaba colocada una bandeja con el correo que, para nosotros, habían traído desde Londres. Le serví a Borges el café con leche e impaciente, deseosa de abrir y leer las cartas, confundí una especie de bol con sal con la azucarera, que, por otra parte, era idéntica, y entonces le salé la taza. Borges se la llevó a los labios, sorbió el primer trago y con voz doliente, arrasada de melancolía, me dijo: «Los ingleses hacen cada vez peor el café». Enseguida me di cuenta de mi error y le contesté: «Voy a tratar de mejorarlo» y le serví otra taza, ahora con azúcar, pero nunca me atreví a confesarle qué había pasado.

Sir Herbert Read nos llevó a pasear por las ruinas de la vieja abadía. En el aire frío y brumoso de la mañana, por primera vez, Borges comentó que escribiría un cuento cuyo protagonista sería Shakespeare, o mejor dicho, la memoria de Shakespeare.

De regreso a Londres, fuimos a Escocia: caminamos por la maravillosa Edimburgo y buscamos la casa que había sido de John Knox, el rebelde fundador del presbiterianismo, y el hecho de que a casi quinientos años de su muerte la pequeña vivienda de techos bajos y fuertes vigas estuviera ocupada por una tienda de ropas le pareció una inconcebible ingratitud del destino. En Saint-Andrews, como ya dijimos, Borges habló con unos profesores expertos en anglosajón que no compartían para nada su criterio acerca de la pronunciación de los textos. Allí, en la universidad, Borges se encontró con un profesor escocés experto en lenguas quechuas y aimará; incluso dictaba un seminario de la primera. Borges le preguntó cuántos alumnos tenía. El profesor se quejó de que sólo contaba con uno; entonces, muy sonriente y palmeándole el brazo, Borges lo consoló: «No se preocupe, mi amigo, en cualquier momento se queda sin ninguno». Más al norte, en el castillo de Inverness, con el rostro vuelto hacia el fiordo, Borges sentía el viento de las tierras altas, los Highlands, y su lengua y su dicción inglesas se volvían duras como la de los pastores de los valles.

Invitado por Bonnier, su editor sueco, y el embajador argentino en Suecia, Borges visitó por primera vez Estocolmo. Desde las ventanas de su cuarto en el hotel, se veía, separado por el brazo del lago Mälar, el Palacio Real. Como toda la ciudad está edificada sobre las islas que comunican el lago con el mar Báltico y para ir de un lugar a otro se atraviesan distintos puentes, nos dijeron que a Estocolmo se la llama la Venecia del Norte. Un día que Borges estaba de muy buen humor, se obstinó en convencer a un catedrático de Upsala que los italianos denominaban a Venecia la Estocolmo del Sur. Nunca supe si el otro fue tan inocente como para creerle o fingió aceptar su broma como tal, sin darle ninguna importancia.

En Suecia, además de visitar Estocolmo y Göteborg (donde inusitadamente encontró a un amigo de la época en que vivió con la familia en Mallorca), Borges ayudó a que le negaran el Nobel. Siempre se pensó que lo perdió a raíz de su desdichada visita a Chile en 1976, cuando recibió en Santiago la Gran Cruz de la orden al mérito Bernardo O'Higgins y Augusto Pinochet le confió «en forma confidencial» que se sentía muy solo y era desdichado. A esa razón de peso se agregó otra: en Estocolmo, en una reunión de escritores y poetas se encontró con un hombre algo más joven que él, quien, con cierta timidez, le leyó (traducidos al inglés) fragmentos de un poema suyo cuyo tema era el movimiento, el ir y venir de un iceberg por el mar del Norte. Borges oyó la lectura y luego con un pretexto se alejó, pero casi enseguida empezó a comentar la banalidad del tema y a dejar en ridículo al poeta. El autor se enteró; fue una lástima, se trataba de Artur Lundkvist, quien con el tiempo sería secretario de la Academia Sueca que otorga el Premio Nobel.

(Años después Borges me comentó: «La gente supone que me paso la vida pensando en recibir el Premio Nobel. Cada año, cuando dejo de recibirlo —cosa que estoy previendo y estoy deseando—, creen que es una especie de golpe espantoso, que apenas puedo sobrevivir a ese hecho que se repite periódicamente desde el año 1899, en que nací. Se piensa que es una catástrofe, una nueva muela que me sacan. El otro día un señor me para en la calle y me dice: "Créame, para mí ha sido un golpe que usted no recibiera el Premio Nobel". "¿Por qué?", le contesto yo. "¿A usted le gusta lo que yo escribo?" "Bueno, yo, la verdad no he leído una sola línea suya, pero hubiera querido un premio argentino." Entonces hubiera sido lo mismo darle el premio al vigilante de la esquina».) No sé si Borges, además de ignorar que ya los vigilantes no tienen parada en las esquinas como cuando él era chico, era sincero; a Leonor le había prometido llevarla a Estocolmo el año que le dieran el Nobel, para compartir esa alegría.

En 1964, antes de volver a Buenos Aires, pasamos por Madrid, donde Fernando Quiñones le regaló a Borges una noche maravillosa de cante jondo, y de allí volamos a Santiago de Compostela, lugar que no conocía. Luego Borges diría: «Entre las ciudades más inolvidables que he visto» (si es posible *ver* por los ojos de otro), «junto a Estocolmo están San Francisco, Nueva York, Edimburgo, Ginebra y Santiago de Compostela».

En Santiago nos hospedamos en el Hostal de los Reyes Católicos. Borges iba a la capilla, visitaba los cuatro patios, viejos de quinientos años, y se sentía un peregrino más en Santiago. Recorrimos el palacio del obispo Gelmírez, en la actualidad abierto al público sólo en parte. Con el fervor que me viene de mis antepasados, yo le contaba las joyas de ese monumento románico, alzado en el siglo XI. Subimos por escalones desiguales al piso más alto, hasta la torre donde se supone estuvo presa la reina Urraca, y la lluvia, una lluviecita constante y delicada, acompañaba nuestros pasos.

El alcalde de la ciudad, al saber que Borges estaba alojado en el Hostal, lo nombró invitado de honor del Ayuntamiento. No era nada seductor recibir invitaciones del régimen franquista, pero el encantador Ramón Piñeiro, hombre excepcional, nos aconsejó que aceptáramos, «no sea cosa que los nombren personas no gratas, los echen y no puedan entonces ver nada». La invitación se extendió a una rápida visita a las rías, que duró tres días, desde Finisterre hasta Tuy.

Ramón Piñeiro, uno de los intelectuales más lúcidos entre los gallegos de este siglo, nos recibió en su casa de la rúa Gelmírez, número quince. Vivía allí con su mujer y su hermana. En su despacho había una de las llamadas mesa-camilla, que se hizo célebre en Santiago. Piñeiro era entonces un hombre de mediana edad, delgado, casi enjuto, de maneras suaves, con una semisonrisa permanente y que hablaba con voz tenue, delicada y una tonada gallega apenas perceptible. Nos invitó a su casa a almorzar y nos mostró su espléndida biblioteca. Pero los horarios españoles no tienen nada que ver con los del resto del mundo y ese almuerzo empezó a concretarse a las tres y media de la tarde. Borges y yo estábamos desesperados de hambre. La mujer de Ramón trajo una bandeja con algunas cosas «de la finca», chorizo picado, queso gallego, lonjas de jamón, vino blanco. Delante de Ramón nos servíamos con gran civilidad: yo le alcanzaba a Borges un bocadito y comía otro, pero cada vez que el dueño de casa salía del cuarto para traernos un libro interesante, yo le llenaba la mano a Borges, quien, igual que yo, comía con velocidad voraz y vergonzosa.

Borges le contó a Ramón que antes de volvernos a Buenos Aires quería hacer una rápida visita a Alcalá de Henares. «¿Para qué queréis ir?», preguntó Piñeiro y siguió: «Tiene un clima atroz, se muere uno de calor en el verano y de frío en el invierno». Borges explicó que deseaba rendirle un homenaje particular a Cervantes y enseguida quiso saber si Piñeiro había vivido en esa ciudad. «Pues sí, viví unos años en la cárcel.» Espantados, preguntamos por qué, y Ramón, con gran dulzura, nos contó: «Bien, yo editaba una revista en gallego y a Franco no le gustó y entonces me mandaron unos años, creo que fueron ocho, a prisión». Quisimos saber qué había hecho cuando lo dejaron en libertad. «Pues nada», fue la respuesta, «volví a editar mi revista en gallego.» Lo miramos con admiración y en el caso de Borges es probable que con cierta envidia, nada lo conmovía más que el desprecio por el peligro. El hecho era cierto; Franco, para unificar España, había prohibido las lenguas regionales y las autonomías pero además Ramón, defensor de la libertad, participaba en otro tipo de actividades opositoras menos inocentes.

Al volver a Buenos Aires, entregué a Leonor un cuaderno con todos los gastos de Borges día por día. Ella lo leyó atentamente, luego me lo devolvió y me dijo: «Nunca creí que se pudiera hacer tanto con tan poco». Por supuesto, en la mayoría de los lugares habíamos sido invitados y eso explicaba la maravilla de mi administración.

El otro, el mismo. *Será por eso que la quiero tanto*

En la primavera argentina de 1964, Borges recibió una invitación para dar una conferencia en una localidad ubicada a unos ciento diez o ciento veinte kilómetros de la ciudad de Buenos Aires. Luis de Torre, el sobrino mayor, se ofreció a llevarlo en su auto, un Citroën mínimo y bastante incómodo. Recuerdo que en ese modelo las ventanillas de las puertas delanteras, para abrirse, se doblaban por la mitad hacia afuera, gracias a unas bisagras serviciales. (El coche había sido un regalo reciente de Leonor —a quien los nietos llamaban Memé— y de Georgie al recibir Luis su diploma de abogado.) Con buena voluntad pienso que el autito daría setenta kilómetros por hora.

Borges nos invitó a mi madre y a mí a acompañarlo en la excursión. Salimos enseguida después del almuerzo pensando llegar con mucho tiempo; la conferencia estaba programada para las siete de la tarde. Pero en la mitad del camino el Citroën se rompió. Luego de algunas horas fuimos remolcados hacia un taller. Era un sábado y los operarios brillaban por su ausencia. Finalmente llegamos a destino pasadas las nueve y, como era lógico, el público se había retirado. Sin embargo, los organizadores del acto, llenos de entusiasmo, sacaron a la calle unos camiones con altoparlantes y anunciaron a la población que Borges, no obstante los serios inconvenientes sufridos, había llegado y que daría la conferencia a las veintidós y treinta. Por supuesto, Borges empezó a hablar cerca de la medianoche. Como se había previsto un multitudinario asado posterior para agasajarlo, la comida se prolongó hasta bien entrada la madrugada.

Cansados e insomnes entramos a Buenos Aires a las nueve de la mañana del domingo. Feliz ante la perspectiva de irse, por fin, a dormir, Borges invitó a tomar el desayuno en una confitería desierta. Ya en casa y antes de meterse en su cama, mi madre me avisó de que en lo sucesivo iba a abstenerse de participar en ese tipo de excursiones.

Con pie de imprenta del 6 de noviembre de 1964, Borges reordenó su *Obra poética*. Agregó un nuevo libro de poemas, *El otro, el mismo* a los tres primeros *(Fervor de Buenos Aires, Luna de enfrente* y *Cuaderno San Martín)* e incluyó en este nuevo volumen algunas piezas de *El hacedor* sin indicar que habían sido publicadas cuatro años antes. En esta primera aparición de *El otro, el mismo* se reúnen setenta y siete poemas; en la edición de 1969 alcanzará el número de cien, sin contar el agregado de *Para las seis cuerdas* (1965). En ediciones posteriores, Borges los redujo a setenta y cuatro. Después de su muerte, sólo hubo algunos reordenamientos.

En *El otro, el mismo* hay una serie de grandes poemas: «Límites», «Spinoza», «Mateo XXV, 30», los dos o tres poemas de amor y de dolor más sentidos de su poesía y un inolvidable soneto a Buenos Aires: «Y la ciudad, ahora, es como un plano / De mis humillaciones y fracasos; / Desde esa puerta he visto los ocasos / y ante ese umbral he aguardado en vano...». El soneto que termina: «No nos une el amor sino el espanto / Será por eso que la quiero tanto».

Al año siguiente, 1965, acompañé a Borges a Perú. Lima era una ciudad tranquila, amable y apacible. El agregado cultural argentino Mario Corcuera Ibáñez y Ruth, su mujer, adoraban a Borges y estaban todo el día a su servicio. Borges dio algunas conferencias, fue admirado, agasajado y mimado: lo llevaron a conocer la ciudad de Cuzco, donde le hicieron apoyar las manos en paredes centenarias, y, por último, fuimos a Machu Picchu. A él, que podía conmoverlo el sonido de un verso o la cadencia poética de una frase, el sentimiento grandioso de las invisibles terrazas del pasado precolombino, tan cerca del cielo, no le despertaba ninguna pasión estética; nunca lo vi más cortésmente aburrido.

Sir George

En 1965 tuvo también una de las alegrías más grandes de esos años: recibió la Insignia de Caballero de la Muy Distinguida Orden del Imperio Británico por parte de Su Graciosa Majestad, la Reina, que en Buenos Aires le entregó el embajador inglés. Desde ese día, como a veces me decía alguna palabra en alemán y además, si estaba lejos, dictaba cartas para mí en ese idioma, comenzó una broma entre los dos; cada vez que lo encontraba en su casa, en la calle o en alguna conferencia, yo lo saludaba con una frase ritual, que lo divertía mucho: «*Wie geth's, Sir George?*», donde mezclaba lo alemán y lo inglés. También Victoria Ocampo fue condecorada en la ocasión con una orden menor, la de Comendadora.

Poco después, el embajador de Italia le entregó la medalla de oro del IX Premio de Poesía de la ciudad de Florencia, distinción concedida el año anterior por la Sociedad Nacional Italiana Dante Alighieri, y el embajador del Perú lo condecoró con la Orden del Sol otorgada por ese país.

Falbo Editor publicó en el otoño de 1965 *Literaturas germánicas medievales*, que, como ya dijimos, es una versión corregida y aumentada del volumen *Antiguas literaturas germánicas*. La librería de Falbo, quien años después moriría en Italia, quedaba en una galería. Era un local chiquito y acogedor. El libro lo presentó José Edmundo Clemente y ahora, cuando veo las fotografías de ese momento, me parece que no han pasado veintinueve años, sino que ocurrió ayer, en un largo atardecer de apacible felicidad.

Ese mismo año y para la editorial Columba, entregamos con Borges un manual didáctico, *Introducción a la literatura inglesa*. Su redacción fue divertida y conflictiva a la vez. Borges quería reinvindicar a Chesterton y a Stevenson (lo consiguió, porque los ingleses después de haber conocido la opinión de Borges, empezaron a editarlos nuevamente). De la cincuentena de autores que, agrupados por siglo, reúne el librito, hubo algunos que al principio merecieron sólo mi estimación. Por ejemplo, por aquellos años yo había leído casi toda la obra de Lawrence; pero no T.E. Lawrence, más conocido como Lawrence de Arabia, sino David Herbert, y le hablé a Borges de incluirlo en el volumen. Se puso furioso, trató de convencerme de que se trataba de un inmoral, «además de robarle la mujer a un profesor de francés de Nottingham, su novela *The Rainbow* [1915] fue prohibida por obscena dos meses después de su aparición». Ni hablar de *El amante de Lady Chatterley* donde una dama «traiciona al marido con un inferior, un guardabosque, alguien puramente carnal». Aunque yo tenía un argumento sólido para enfrentarlo y era que Leonor había traducido para Losada, en 1939, *La mujer que se fue a caballo*, Borges se mostró inflexible. Entonces recurrí a una argucia: sin decirle de quién era, le leí un breve fragmento del denigrado *El amante de Lady Chatterley*. Se entusiasmó; la prosa era magnífica y su admiración quebró la resistencia. Lawrence apareció en el libro con un juicio positivo: «Sintió, como los paganos y Walt Whitman, que en el amor físico hay algo sagrado; las tres versiones de *El amante de Lady Chatterley* quieren expresar esta convicción. Lo hacen, a veces de un modo explícito, a veces con extraordinaria delicadeza. Este libro, que lo atareó desde 1925 hasta 1928, es acaso su obra maestra y, sin duda, la más famosa. La tuberculosis, que acabó por matarlo, exacerbó su sensibilidad y justifica sus posiciones extremas». La excusa de la enfermedad de Lawrence sirvió también para acallar los escrúpulos del puritano que había en Borges.

El mismo ardid utilicé con Charles Morgan, a quien él consideraba un escritor muy menor, y dio resultado. De *Sparkenbroke*, la más compleja de sus novelas, se dice en el manual: «Narra el atormentado anhelo de perfección y la soledad final de un escritor. Su estilo es lento porque no quiere ser infiel a la belleza de las imágenes y a las delicadas vicisitudes de la emoción». Sin embargo, no sé si lo de «estilo lento» es realmente un elogio. Pienso que aceptó incluirlo sólo por complacerme. Por las dudas y para evitarme un desengaño, no he querido releer a Morgan.

En el verano de 1964-1965 los Bioy, Adolfito y Silvina, me invitaron a pasar unos días con ellos en su casa de Mar del Plata. Borges también los acompañaba. Villa Silvina ocupaba y ocupa todavía una manzana con un parque hermoso. Adolfito se la había comprado a comienzos de los cuarenta a Diógenes Urquiza, tío de las Ocampo. Cruzando el parque, hacia una esquina, se entraba al jardín del *bungalow* de Victoria Ocampo.

A fines del 64, Victoria acababa de volver de Londres y estaba entusiasmadísima con los Beatles, que empezaban su carrera. Se había comprado la primera de sus grabaciones y, en su fervor superlativo, se la hacía oír a todo el mundo. Había comprado también una peluca idéntica a la cabellera de John Lennon. Una noche, después de comer en su casa y de haber elogiado como correspondía a los Beatles, Victoria le pidió a Borges que se probara la peluca; él se negó con pasión. Sentía horror por las máscaras y los disfraces. Después de un tira y afloja en que las voces de ambos se elevaron varios decibelios por encima de lo aconsejable, ella, muy enojada, le dijo: «Mire, che. Usted, con lo empacado que es, nunca va a llegar a nada en la vida». Borges tenía sesenta y cinco años y había escrito lo mejor de su obra.

En esa época los Bioy vivían inmersos en una pasión particular con un cantante, Trini López, quien pese a su nombre más bien femenino entonaba con voz abaritonada unas desesperadas canciones que he olvidado hace mucho. Nunca entendí, y Borges tampoco, cómo podían oír cientos de veces sin aburrirse la angustia creciente que fluía del disco del fervoroso Trini. Trini López se alternaba con negros espirituales y con Brahms incansablemente. Borges acompañaba estas dos últimas pasiones musicales de sus amigos. Silvina, una mujer brillante e insólita, dueña de una educación y gentileza fuera de serie, trataba a su interlocutor con gran cortesía, procurando que estuviera cómodo, aunque se hallara frente al zoquete más grande del mundo. En todos y en cada individuo encontraba algo interesante. Se movía tan silenciosamente que uno nunca notaba cuándo entraba en el cuarto. Hablaba en voz baja y con Borges nunca supimos si, al preguntar algo, usaba la palabra *comóo* o *comment*, aunque Borges apostaba por el *comment*. Mujer grande, hacía travesuras de niña: Victoria ponía en una gran bandeja los nísperos verdes al sol para que maduraran; Silvina se los cambiaba. Se llevaba los que estaban a punto y los reponía por otros duros del árbol de su propio jardín.

En ese mismo año de 1965, acompañado esta vez por Esthercita Zemborain de Torres Duggan, Borges viajó a Colombia y a Chile, invitado por las universidades nacionales de los dos países. Fue un viaje corto, pero no tanto como para que no se diera cuenta del clima violento que se vivía entonces en Colombia. Relataba hechos terribles, todos sus amigos se los hemos oído contar, pero sobre todo abundaba en detalles estremecedores; un día la madre le pidió que no fuera tan cruel y no hablara más de esas cosas. Asombrado, me preguntó si Leonor tenía razón, si parecía cruel, y no supe qué decirle.

Las milongas

El 24 de noviembre de 1965 se terminó de imprimir el libro de las milongas, *Para las seis cuerdas*, título que obviamente se refería a las seis de la guitarra. Se trataba de un volumen de gran formato (26 por 36 cm) compuesto por once piezas con otras tantas ilustraciones de Héctor Basaldúa. Esta primera edición se abre con el soneto a Buenos Aires, poema ya incluido, como dijimos, en *El otro, el mismo*, al que siguen «Milonga de dos hermanos», «¿Dónde se habrán ido?», «Milonga de Jacinto Chiclana», «Milonga de Nicanor Paredes» (Paredes se llamaba Nicolás, pero quizá le habrá parecido a Borges más criollo el nombre Nicanor), «Un cuchillo en el norte», «El títere», «Alguien le dice al tango», «Milonga de los morenos», «Milonga para los orientales» y «Los compadritos muertos». En la edición del 69 agregó la «Milonga de Albornoz» y suprimió el soneto a Buenos Aires y «Los compadritos muertos». En las Obras Completas agregó la «Milonga de Manuel Flores» y la «Milonga de Calandria».

Borges decía que las milongas se habían escrito solas, que él no había puesto nada de sí mismo; simplemente se había dejado ir y los versos aparecían. «Yo he recorrido los corredores de la Biblioteca Nacional; he caminado por las calles del barrio Sur, que quiero tanto; por el Norte y por el Centro y, de pronto, he sentido que algo estaba por ocurrir. Entonces, he tratado de aguzar el oído, he tratado de no intervenir y luego he comprendido que me estaba ocurriendo una milonga. Las milongas se han compuesto solas y creo que no he tenido necesidad de escribirlas; habré cambiado una o dos palabras, pero nada más. Todo eso ha salido de un viejo fondo criollo que tengo y no ha significado ningún esfuerzo para mí. Al mismo tiempo, no puedo comprometerme a escribir un libro de milongas porque eso depende de que tales momentos, esas visitas del Espíritu Santo, aunque parezca vanidoso (y es vanidoso), ocurran.»

A Borges le gustaba mucho más la milonga que el tango: «El tango no es la música natural de Buenos Aires, sino la de los burdeles; lo representativo es la milonga».

Borges se quejó un día de dos preguntas que por los años setenta le hacían los periodistas o los aspirantes a serlo: la primera, si era argentino; la segunda, si escribía primero en inglés y luego lo traducía al español. «A si soy argentino les digo que sí, que al fin y al cabo no es tan raro serlo, puesto que estamos en Buenos Aires... Raro sería ser argentino en Groenlandia o en Pakistán. En cuanto si escribo primero en inglés, también digo que sí, y que, por ejemplo, los versos de la milonga para Jacinto Chiclana: "Siempre el coraje es mejor, nunca la esperanza es vana, / vaya pues esta milonga, / para Jacinto Chiclana", se ve enseguida que han sido pensados en inglés; se notan, inclusive, las vacilaciones del traductor.» Más allá de la ironía de Borges, los temas de sus milongas son la valentía y el cuchillo, casi siempre con el barrio de Palermo como fondo y, aunque a veces es Balvanera o el Sur, las orillas del arroyo Maldonado aparecen a menudo en los versos. Las letras son juguetonas, ligeras, y esta liviandad disminuye la brutalidad de las vidas y de los hechos que narran; todo es como una gran broma, de la cual el autor participa divirtiéndose. Astor Piazzola le puso música a algunas de estas milongas, que fueron escritas en realidad a pedido de Carlos Guastavino. Hubo otras posteriores: «Milonga del muerto» y «Milonga del infiel», ambas musicalizadas por Sebastián Piana y según informa en su libro Roberto Alifano, a quien parece habérselas dictado, integraron en algún momento el repertorio de Eduardo Falú y de Susana Rinaldi. Luego fueron incluidas en su último libro *Los conjurados*.

Hay otra milonga, «la del puñal», que es una especie de versión rimada de la prosa poética incluida en las «Páginas complementarias» del *Evaristo Carriego* (1930) y dedicada a Margarita Bunge. En este texto, el puñal, traído del Uruguay y que Luis Melián Lafinur le regaló al padre de Borges, está guardado en un cajón donde sueña «su sencillo sueño de tigre» inútilmente; nadie lo empuña, nadie lo convierte en homicida. En la «Milonga del puñal», incluido no se sabe por qué en el libro *Atlas* (que recoge en su mayoría poemas de Borges dedicados a ciudades ilustres, extranjeras y prestigiosas y, lo más importante, inmortalizadas por la cámara de María Kodama), se recuerda un puñal criollo: «La empuñadura sin cruz / es de madera y de cuero / abajo sueña su oscuro / sueño de tigre el acero». Se lo regalaron en Pehuajó. Y aunque Borges reflexiona en sus versos sobre las dictaduras militares que asolaron la república al señalar: «No te impacientes, puñal, / Ya vuelve el tiempo de Rosas», el sentido es el mismo; una hoja afilada que no debe una «sola muerte». Dos aceros inútiles, ya que no cumplen con el destino para el cual fueron templados.

Borges y yo

Emir Rodríguez Monegal, en la primera versión en inglés de *Borges, una biografía literaria,* comete varias inexactitudes que lamentablemente han sido repetidas por algunos biógrafos posteriores, aunque algunas de ellas fueron corregidas en la traducción al español. En lo que a mí respecta, afirma que yo manejaba, ya muerta Leonor (1975), el dinero de la casa. Esto nunca ocurrió; alrededor de Borges estaban en ese tiempo una hermana, dos sobrinos y, como siempre, la fiel Fani, quien sirvió a madre e hijo durante treinta y ocho años con decencia y mesura. Es probable que Rodríguez Monegal se haya enterado del «episodio de la sastrería», donde se hizo nuestro escritor dos o tres trajes a medida. El local, grande y decorado muy años treinta y atendido por uno o dos empleados viejísimos, estaba a sólo veinte pasos de su casa por la calle Maipú. El dueño era un hombre de alrededor de setenta años, quizá más, con fama en el barrio de irascible. Pero ocurrió que el sastre, a quien se debía llamar maestro, le cortó desiguales las solapas de un saco; una quedó más chica que la otra y nadie se atrevía a ir a reclamar; Borges, debido a su ceguera, menos que ninguno. Entonces decidí acompañarlo con la prueba del delito. Antes de entrar, compramos en la librería La Ciudad un ejemplar de un libro de Borges, que él firmó y regaló al dueño de la sastrería. Enseguida lo felicité, diciéndole que el traje era espléndido desde cualquier ángulo que se lo mirara y luego, con el tono más amable del mundo, le pregunté si no le parecía —quizá yo estuviera equivocada y fuera una ilusión óptica— que una solapa era un poquito más grande que la otra. Tras un momento de vacilación, coincidió conmigo, se hicieron los arreglos y el traje quedó pasable. Esa fue la única vez que ayudé a Borges en estos menesteres.

Otro de los errores de Monegal es afirmar que Borges quiso casarse conmigo y Leonor se lo impidió. Las cosas no fueron así. Borges se enamoró de mí como de tantas mujeres que pasaron por su vida. Casi todas las que le inspiraron amor fueron atípicas o muy poco convencionales; le encantaban las de carácter caprichoso con un comportamiento arbitrario del tipo que gusta de jugar, incitar y desdeñar, todo a un tiempo (un poco a la manera de Estela Canto y quizá de Emma Risso Platero). Le gustaban las inteligentes que tuvieran en la punta de la lengua la contestación oportuna e insólita que pudiera asombrarlo y divertirlo (como debió de ser Pipina Diehl de Moreno Hueyo); las que compartían con él su pasión por la literatura y discutieran sus opiniones, pero no demasiado, y le interesaban aquellas que soportaban con entereza y alegría duras desgracias sin quejarse y como despreciando sus penas. Prefería las mujeres altas a las bajitas, y le gustaban más las rubias que las morenas, aunque todo tiene sus excepciones. Yo había trabajado casi un año en la Biblioteca Nacional (1957-1958), que abandoné al enfermarme gravemente. Recobrada la salud, me fui a Europa y a la vuelta no quise retomar mi tarea como empleada en la Biblioteca. Y una mañana Borges me llamó para invitarme a ir al cine. Me asombró y me halagó su invitación. Luego se hizo costumbre salir a caminar, a comer, ir al cine (siempre en la fila tres) y trabajar juntos en tareas que a él le interesaban: el anglosajón, la lectura de textos alemanes, ayudarlo a preparar su discurso de recepción como académico. A partir de la admiración y el respeto que yo sentía por Borges y que al principio de nuestra amistad me inhibían, fui sintiendo por él un afecto entrañable. Parecía y era tan vulnerable, tan desarmado y al mismo tiempo tan inteligente y tan admirable: sabía textos y autores de las más diversas literaturas y, además, lo acompañaba una memoria prodigiosa. No obstante la diferencia de nuestras edades, nos sentíamos camaradas y cómplices de ese tipo de bromas secretas que comparte la amistad. Yo le enseñé la letra de *Ojos verdes*, la canción que había hecho famosa Miguel de Molina, y la de *Un uomo in frac,* de Domenico Modugno. Desafinando espantosamente, por supuesto, se animaba a tararearlas. Había dos momentos en ambas composiciones que lo enternecían: en *Ojos verdes* cuando el hombre ofrece regalarle un vestido a la prostituta para pagarle la noche de amor y ella, que se ha enamorado, le contesta: «estás cumplío, no me tienes que dar ná». En la canción de Modugno lo perturbaba melancólicamente el anuncio hecho con gran delicadeza de ese señor tan distinguido que se suicida.

Cuando Borges se enamoraba era compulsivo, llamaba por teléfono varias veces al día y desarrollaba un asedio que no daba tregua;

cualquier pretexto era bueno para concertar un encuentro: a veces, el descubrimiento de un libro curioso, algo muy importante que se había olvidado de comentar o alguna novedad inexistente. Y todo el tiempo pedía disculpas por molestar. Era apasionado y lo demostraba como el adolescente que llevó dentro toda la vida. Además, era increíble cómo para lograr apoyo trataba de conquistar a quienes rodeaban a su enamorada.

Cuando lo acompañé a Europa en 1964, Leonor, Norah y muchos de sus amigos pensaban que nos casaríamos. Leonor comentaba con sus amigas mi defecto capital: yo era demasiado joven para él. Recuerdo que Manuel Mujica Lainez me preguntó, no sin malignidad: «Y para cuándo esos confites, si no te apurás, él no llega...». Silvina Bullrich también me dio su consejo (sin habérselo pedido) en el aeropuerto de Mendoza; era un consejo equívoco. Pero ella podía ser tan encantadora cuando quería que lo oí para descartarlo enseguida. Hasta Norah, tan religiosa, hizo una novena a favor del matrimonio. Sin embargo, y precisamente a la vuelta de ese viaje, yo sabía que no podía ser, no estaba enamorada como una mujer debe estarlo de un hombre para arriesgarlo y arriesgarme a la desdicha. Si bien en esos años Borges tenía sesenta y cinco, estaba muy bien de salud e incluso aparentaba menos edad; yo seguía indecisa. El quería tener un hijo o varios hijos (quizás hubiera sido posible) pero así, mientras me alentaba y ayudaba desde la literatura, dándome consejos con gran delicadeza, me presionaba.

En noviembre de 1965 me invitaron a una Feria del Libro en Mendoza; había muchos escritores, Borges no estaba y en el viaje de vuelta, de Mendoza a Buenos Aires, que compartí con el poeta Horacio Armani, me di cuenta de mi destino. No sabía cómo decírselo a Borges y menos a su madre y, antes de que yo pudiera hablar con ellos, alguien se lo contó como chisme. Leonor se enojó conmigo; estaba tan furiosa que le temblaba la voz; después entendió mis razones, me abrazó casi llorando y conservamos un afecto entrañable hasta el final de su vida.

El 14 de diciembre de 1965 Horacio Armani y yo nos casamos.

Después del paréntesis de los casi cuatro años que duró el matrimonio de Borges con Elsa Astete (1967-1970), reanudamos la amistad. Volvimos a trabajar juntos para Franco María Ricci y algunos otros editores. Solíamos reunirnos tres veces por semana hasta el día de su viaje definitivo, aunque en los últimos tres años de su vida, como ocurrió con la mayoría de sus amigos —entre ellos Adolfo Bioy Casares, Silvina Ocampo y Vlady Kociancich— y con su familia, Borges me recibía y viajaba al interior conmigo en secreto: María Kodama le había prohibido esos vínculos con el mundo.

Pero en 1967 Borges y Bioy todavía seguían su vida habitual, escribían en colaboración y juntos publicaron una serie de relatos muy graciosos, *Crónicas de Bustos Domecq*, donde se encarnizaron con la cultura y los intelectuales. «Bicho Feo, mote cariñoso de H. Bustos Domecq en la intimidad», según aclaran los autores, se dedicó a satirizar a los escritores y a sus obras. Para el maravillosamente estúpido Ramón Bonavena, dedicado a la perduración literaria de lo fútil que ve sobre su escritorio, tomaron como modelo a los cultores de la «escuela de la mirada» puesta en boga por el francés Robbe-Grillet. La veintena de piezas que reúne el libro, quizá sea lo mejor que han escrito. Borges y Bioy se deleitaron escribiendo versos que de tan malos son absurdos. Por ejemplo, transcriben un endecasílabo y sus variantes adjudicándoselo a un escritor por suerte inexistente, Nierenstein Souza, cuyo modelo real es mejor no mencionar. El endecasílabo dice: «Vivir para el recuerdo y olvidar casi todo», y en sucesivas versiones se transforma en «Materias la Memoria acopia para Olvido» y «La Materia depósitos para el Olvido eleva».

Mientras tanto la fama sigue halagando a Borges: el Commune de Milán le ofrece el IX Premio Internacional Madonnina y la Fundación Ingram Merril de Nueva York le concede el Premio Literario de 1965, dotado con cinco mil dólares. Estos premios no lo envanecían; hacia 1973 me dijo: «El éxito es algo tan efímero. Hay un caso notorio. En 1910 se creía que el mejor escritor de la literatura francesa, es decir de la universal (porque así se medía entonces), era Anatole France. Actualmente eso parecería una ironía un poco burda, pero en aquella época se lo creía un escritor tan grande como Voltaire».

Un casamiento por la Iglesia. Raimundo Lida

El 21 de septiembre de 1967 Borges se casó y por la Iglesia con Elsa Helena Astete Millán, viuda de Albarracín, un militar lejanamente emparentado con Sarmiento y con quien había tenido un hijo que, burlonamente, llamaba a Borges «papi» y que murió bastante joven para desconsuelo de su madre.

Elsa había asistido meses atrás a una conferencia del escritor y luego se había acercado a saludarlo. No era la primera vez que se veían después del abrupto final de aquel *flirt* juvenil. Para atestiguarlo quedan dos cartas de Borges a Elsa, que su hijo vendió al coleccionista Jorge Helft; la primera, fechada un viernes 31, corresponde al último día de 1943; la segunda es del 4 de febrero de 1944. La del viernes 31 es la expresión de un amor apasionado. Dice:

«Querida Elsa: La mañana de ayer, la tarde de ayer, siguen pareciéndome inverosímiles, inverosímiles hasta lo increíble y lo casi inimaginable. Haber visto nacer y morir su lenta sonrisa, haber escuchado las queridas inflexiones de su voz, haber recuperado por unas horas la compleja delicia de su presencia, todo eso es como un secreto regalo que me tenían reservado los años. Ayer no he sabido decírselo; hoy, apenas alcanzo a indicarlo. Desgraciadamente para mi dicha, usted no sólo es un agradable milagro; Elsa, usted es imprescindible, también. Una cosa vuelvo a pedirle: que no se vaya de mi vida. No sé lo que usted puede darme; yo le pido esto: la certidumbre de ser yo alguien para usted, la visita de su voz, de sus palabras escritas, un minuto suyo, Elsa, una tarde suya. Júzgueme el más oscuro de sus amigos, el más intolerable, pero siga salvándome de esta inutilidad, de esta soledad (...). Pienso, para consolarme, que aquí he pensado infinitamente en usted; que algún día habrá en esta mesa una carta suya. También está esperando el teléfono que lo anime y lo justifique su voz. Venga pronto, Elsa. ¡Qué felicidad pensar que tal vez la veré dentro de unas días, qué insoportable pensar que para verla tendré que esperar unos días! No se ría demasiado de esta insegura y trémula dicha. Suyo, irreparablemente suyo, Jorge Luis Borges».

La carta del 4 de febrero indica que la relación continúa y él espera. El texto es igualmente apasionado pero menos esperanzado:

«Pienso continuamente en usted, con una intensidad que no se distrae, con una desesperada y vana riqueza. A veces me asombra ingenuamente que ese continuo pensar no la acerque a usted, no me traiga una línea suya o su voz, o siquiera el encontrarme en la calle con alguien que la conoce (...). Los días y noches de soledad que me abruman no sólo son muy tristes para mí; son de algún modo irreales también, porque usted, Elsa, no está en ellos. (...) Hay, también: las madrugadas de infinito, inútil deseo; el temor de que mientras yo estoy recordándola, yo ya no exista en su recuerdo...».

¿Qué esperaba Borges de una mujer casada y con un hijo? Es probable que, pese a estas cartas tan sinceras, tan conmovedoras, Elsa haya cortado por segunda vez esta amistad. Por otra parte, él pronto se consoló; meses después la dirección de su pasión había cambiado: a finales del 44 se mostraba fervorosa y perdidamente enamorado de Estela Canto.

En 1967 las brasas de aquel antiguo fuego se activaron y Borges se casó con Elsa.

Nunca supe por qué quiso casarse el día de la primavera y, cuando mucho después me animé a preguntárselo, quedó absorto; lo había olvidado.

Los novios iban a pasar la luna de miel en el campo de Bioy, pero luego de la pequeña reunión celebrando el casamiento, hubo un inconveniente y no pudieron salir a tiempo. Entonces Borges besó a la flamante esposa, la llevó a su casa y se volvió a la suya, en la calle Maipú. Cuando Leonor le reprochó no haber ido a un hotel, le contestó que le parecía innecesario desde el momento en que ambos tenían una casa.

La pareja se instaló en un departamento de la calle Belgrano, muy cerca de la iglesia de Monserrat, situación que a Borges le venía muy conveniente; primero por su cercanía con la Biblioteca Nacional, y luego porque, al fin, se concretaba su sueño de vivir en el barrio Sur.

Poco después, viajó por segunda vez a Estados Unidos invitado por la Universidad de Harvard, que lo nombró profesor de poesía para el año académico 1967-1968 en la cátedra Charles Eliot Norton. Por supuesto, lo acompañaba Elsa, quien lamentablemente no sabía una sola palabra de inglés.

Dice Borges en su *Autobiografía*: «En mi segundo viaje a los Estados Unidos (...) di conferencias ante benévolos auditorios sobre "El artificio del verso". Permanecí siete meses en Cambridge, dictando también un curso sobre escritores argentinos y viajando por New England, donde la mayor parte de lo americano, incluyendo el Oeste, parece haber sido inventado». Además de los muchos peregrinajes literarios que realizó, los amigos parecían multiplicarse en Cambridge: Jorge Guillén, John Murchison, Juan Marichal, Raimundo Lida, Héctor Ingrao y un científico persa —Farid Hushfar— que había desarrollado una teoría del tiempo esférico que Borges esperaba plagiar algún día.

A Raimundo Lida, Borges lo había conocido en Buenos Aires por los años cuarenta. Luego, con el primer peronismo, Lida, que había sido secretario de la revista *Sur*, se había expatriado a Estados Unidos, donde enseñó en diferentes universidades, entre ellas Cambridge. En 1977, ambos en Buenos Aires, los enfrenté en un diálogo que se publicó en el diario *La Nación*. Lida, tras su apariencia humilde de persona muy tímida, ocultaba a un verdadero sabio; creo que nadie ha estudiado tan bien a Quevedo como don Raimundo y fue una lástima que no haya dejado escrito un ensayo definitivo sobre este poeta. Hombre dulce y encantador, oírlo hablar era un verdadero placer. Le apasionaba la música, en especial la ópera, e incluso escribió algunas partituras para orquesta. Sin embargo, muchas veces he pensado que debía de ser muy desdichado en un mundo demasiado vulgar y grosero para su delicadeza y sensibilidad.

En aquel diálogo Borges encontró a un contrincante de su altura. En cierto momento de la charla y al hablar de los clásicos, Lida le advierte a Borges: «Usted es algo como un colega de Cervantes y de Quevedo y yo no lo soy». Y cuando Borges se escandaliza, Lida continúa con su voz tan suave: «Hablo en serio y no es para elogiarlo; quizás, al contrario, para disentir de alguna de sus lecturas de Cervantes y de Quevedo. Usted tiene derecho, digámoslo entre comillas, a destruir los autores que lee. De tal destrucción resultará un fruto nuevo, que hace de usted un poeta y no simplemente un profesor de literatura. Además, es una fortuna poder contar con las opiniones estimulantes, a veces injustas, a menudo parciales, siempre interesadas —en el mejor de los sentidos— de los creadores, en cuanto creadores. Nuestros juegos, Borges, son distintos. El poeta puede leer parcialmente, puede devorar a sus víctimas... Sus ensayos críticos son menos críticos que poéticos, de modo que para mí son siempre incitantes, aunque puedan no ser completos, ni integrarse suficientemente con el hombre o con el mundo a que se refieren...». Y más adelante continúa: «Yo quería confesarle que debo mucho a esos estímulos recibidos de sus ensayos sobre Quevedo o sobre Cervantes...». Y sigue: «Su ensayo de 1924, una revaloración de Quevedo, ha sido decisivo para mi inclinación hacia este tema». Y cuando Borges asegura haber olvidado completamente ese ensayo, Lida le advierte: «No tanto, porque reaparece transformado en *Otras inquisiciones* y en sus conversaciones recientes». Y entonces, Borges, un maestro en cuanto a evadirse, contesta con cierta melancolía: «La verdad es que uno es muy pobre. Uno vive de su propio eco».

John Murchison fue su secretario durante los siete meses de Cambridge. Allí también conoció a otro hombre joven, Norman Thomas Di Giovanni, quien desde 1968 hasta 1975 o 1976 hizo las veces de traductor y agente literario. A su insistencia se debió que Borges le ayudara a compaginar una especie de *Autobiografía,* publicada por primera vez en el *New Yorker* el 19 de septiembre de 1970. Las relaciones con Di Giovanni pasaron por diversos avatares y, según el propio

Borges, fluctuaron de la amistad al distanciamiento. Por otra parte, y ateniéndonos siempre a la versión de nuestro escritor, las traducciones al inglés de Di Giovanni pertenecían en realidad al propio Borges, que «lo ayudó» en la tarea.

En este segundo viaje a Estados Unidos, como había hecho en el anterior, Borges visitó lugares prestigiosos literaria y sentimentalmente.

Un día recibió una invitación de Chicago, del departamento de Lenguas Romances, para dar una conferencia. Don Francisco Ayala contó el episodio (con lujo de detalles sabrosos) en su libro de memorias, *Recuerdos y olvidos:* «Nos pidieron las autoridades universitarias que propusiéramos un posible candidato para dictar una conferencia de muy peculiar carácter. Se trataba de una conferencia pagada —y espléndidamente pagada— con cargo a un fondo especial instituido para que cada dos o tres años hablase en aquella universidad un destacado intelectual extranjero. "¿Por qué no esta vez un español (alguien de lengua española)?", sugerí yo a mis colegas. "¿Quién, por ejemplo?" Di un par de nombres: "Octavio Paz, Jorge Luis Borges...". Borges estaba por aquel entonces en Harvard, y esto podía facilitar las cosas. Fue invitado, en efecto, y aceptó. Se convino la fecha. La mañana del día fijado me avisó Bruce Morrissette que una señora, cónsul de la Argentina en Chicago, estaba al teléfono para hablar con nosotros; y me pasó el auricular. La funcionaria diplomática me dijo haber recibido de la superioridad instrucciones para que atendiera al ilustre visitante y se pusiera a su disposición, pero el caso era que la buena mujer no tenía la menor idea de quién podría ser ese ilustre visitante; así, nuestro diálogo telefónico fue un puro disparate. "Me informan que el señor Borges es un señor muy mayor." "Pues... sí, ya tiene sus buenos añitos." "Me informan que el señor Borges está ciego." "Casi ciego." "Y usted, profesor, ¿es amigo suyo?" "Sí, señora." "Entonces, usted es también argentino." "Pues no, señora." "¿Y cómo...?" "Pues ya usted ve." Etcétera. En fin, ella se encargaría de buscar a nuestro conferenciante en el aeropuerto, y traérnoslo.

»A la tarde llegó Borges en la dulce compañía de su esposa, de quien piadosamente me abstendré de hablar. Hable por mí el hecho de que ese tardío matrimonio se disolvió enseguida, tras lo cual el pobre George quedó cual perro que le quitan las pulgas. En cuanto a la conferencia, cuya presentación me tocó hacer a mí (...), tuvo un éxito definitivo, y tanto más señalado cuanto que el público la aguardaba con cierta expectación maligna: ¡un latinoamericano, atreverse a hablar de Walt Whitman nada menos, y nada menos que en la Universidad de Chicago! Sorpresa, y una reacción de encendido entusiasmo. Varios días más tarde, todavía podían oírse ecos de ella en los comentarios de profesores y estudiantes».

En Boston y antes de partir de regreso a la Argentina recibió la denominación de miembro honorario extranjero de la Academia de Artes y Ciencias de Estados Unidos.

En abril de 1968 llegó a Buenos Aires y el 22 de mayo, coincidiendo con el cumpleaños de Leonor, el embajador de Italia le entregó las insignias de la Orden del Mérito de la República Italiana en el grado de Gran Oficial.

A principios de 1969, exactamente el 20 de enero, Borges partió lleno de entusiasmo hacia Tel Aviv y Jerusalén aceptando una invitación para dar conferencias. Por supuesto, lo acompañó su mujer y tuvo la satisfacción de ser recibido por Ben Gurion. Allí pasó, según la *Autobiografía*, «diez días muy estimulantes. Volví a casa con la convicción de haber estado en la más vieja y en la más joven de las naciones, de haber pasado de una tierra viviente y vigilante a un rincón medio dormido del mundo. Desde mis días de Ginebra, siempre he estado interesado en la cultura judía, pensando en ella como en uno de los elementos integrantes de la llamada nuestra civilización Occidental, y durante la guerra árabe-israelí, poco tiempo atrás, supe enseguida de qué lado estaba. Mientras el resultado era todavía incierto, escribí un poema sobre la batalla; una semana después, escribí otro sobre la victoria. Por supuesto, Israel era un campamento armado cuando la visité. Allá, bordeando los arrabales de Galilea, recordé estas líneas de Shakespeare: *"Over whose acres walk'd those blessed feet / Which, fourteen hundred years ago, were nail'd / For our advantage on the bitter cross"*». (Sobre cuyos campos caminaron benditos pies, / aquellos que mil cuatrocientos años atrás, fueron clavados / Sobre la amarga cruz para nuestro provecho.)

Elogio de la sombra

Los dos poemas a los que Borges aludía ingresaron en su libro, *Elogio de la sombra* (1969), más un tercero en el cual Borges habla de «un hombre que se obstina en ser inmortal». La verdad es que siempre tuvo en alta estima al pueblo de Israel y a su cultura. Durante la guerra entre los palestinos e israelitas nunca dudó del derecho de estos últimos. Siempre había simpatizado con ellos: desde los lejanos años de su adolescencia, cuando sus amigos íntimos eran dos judíos, hasta mucho después, al enfrentar al gobierno militar, fascista y antisemita con aquel artículo, «Yo judío»; y luego, ya en el primer peronismo, al redactar con Adolfo Bioy Casares «La fiesta del monstruo».

De vuelta en casa y mientras en Nueva York se estrenaba *The Inner World of Jorge Luis Borges* (El mundo interior de J.L.B.), un documental en colores de Harold Mantell (el primero de una serie casi infinita), la Universidad de Oxford lo designa doctor *honoris causa*. Y el 24 de agosto, para festejar sus setenta años, los escritores le rinden un homenaje en la Sociedad Hebraica Argentina, en un acto público que atrajo multitudes.

Para entonces, Borges ha dejado atrás definitivamente al tímido escritor sudamericano; le va tomando el gusto al triunfo y a la fama. Ahora recibe honores, agasajos, doctorados y premios con una sonrisa entre agradecida e irónica: «El día en que se den cuenta de que soy un impostor, es decir, cuando realmente lean las pobres páginas que he escrito, inmediatamente comprenderán que se han equivocado y me echarán con furia de todos lados», solía decir. Elsa, su mujer, se tomaba muy en serio estas palabras; tanto que le llegó a decir: «Mirá, aprovechá tu cuarto de hora, hoy estás en el candelero pero dentro de dos o tres años nadie se va a acordar de vos». Sin duda, no era una admiradora fervorosa.

En los primeros días de noviembre la televisión francesa transmitió otro documental sobre nuestro escritor realizado por André Camp y José María Berzosa.

El 24 de junio de 1969 Borges firmó el Prólogo de *Elogio de la sombra*, su quinto libro de poemas. Ya en el primer párrafo confiesa al lector: «Sin proponérmelo al principio, he consagrado mi ya larga vida a las letras, a la cátedra, al ocio, a las tranquilas aventuras del diálogo, a la filología, que ignoro, al misterioso hábito de Buenos Aires y a las perplejidades que no sin alguna soberbia se llaman metafísica. Tampoco le ha faltado a mi vida la amistad de unos pocos, que es lo que importa. Creo no tener un solo enemigo, si los hubo, nunca me lo hicieron saber. La verdad es que nadie puede herirnos salvo la gente que queremos...». No obstante asegurar el propio Borges que es éste un libro de poemas, conviven en sus páginas prosas y versos. Respecto a los últimos afirma el autor: «Tal o cual verso afortunado no puede envanecernos, porque es don del Azar o del Espíritu; sólo los errores son nuestros».

De las treinta y una piezas que componen el libro, cinco de ellas son cuentos breves, además de algunas prosas poéticas como la titulada «Buenos Aires». Aquí, utilizando las enumeraciones, a las que era tan afecto, Borges se responde a la pregunta «¿Qué será Buenos Aires?». De lo general, el poeta va a lo estrictamente personal y, entonces, Buenos Aires «Es la vereda de Quintana en la que mi padre, que había estado ciego, lloró, porque veía las antiguas estrellas». También aparece encarnada la ciudad en aquella mujer tan amada, caída luego en el desvarío y siempre inolvidable: «Es Elvira de Alvear, escribiendo en cuidadosos cuadernos una larga novela, que al principio estaba hecha de palabras y al fin de vagos rasgos indescifrables». Buenos Aires también guarda el oprobio: «Es la cara de Cristo que vi en el polvo, deshecha a martillazos, en una de las naves de la Piedad» (alude a la quema de las iglesias en 1955) y «Es, en la deshabitada noche, cierta esquina del Once en la que Macedonio Fernández, que ha muerto, sigue explicándome que la muerte es una falacia».

Borges dedicó a John Murchison, que ofició de secretario en aquella primera visita que el escritor hizo a Estados Unidos, «Pedro Salvadores», uno de los cuentos del libro. El texto recuerda el increíble episodio del hombre que estuvo escondido en su casa desde 1842 a 1852. El abuelo Acevedo, testigo presencial, después de la batalla de Caseros lo contó muchas veces. Cuando la mazorca de Rosas vino a buscarlo para matarlo, él se refugió en el sótano, en la perpetua penumbra. Sólo su mujer lo sabía y lo asistía, luego de diez años de encierro salió hecho una piltrafa. Borges termina su relato con estas palabras: «... el destino de Pedro Salvadores nos parece un símbolo de algo que estamos a punto de comprender».

Otro fragmento patético es el titulado «Una oración», donde Borges dice: «Quiero ser recordado menos como poeta que como amigo (...), lo demás no me importa (...). Quiero morir del todo; quiero morir con este compañero, mi cuerpo».

En diciembre de 1969 partió otra vez hacia Estados Unidos; los días 5 y 6 de diciembre asistió a un simposio que sobre su obra organizó Norman Di Giovanni. Borges escribió en su *Autobiografía:* «Debo mi tercer viaje a mis dos benefactores de la Universidad de Oklahoma, Lowell Dunham e Ivar Ivask, que me invitaron a dar conferencias y reunieron un grupo de estudiosos para comentar, y enriquecer, mi obra. Ivask me regaló una daga finesa en forma de pez, bastante ajena a la tradición del viejo Palermo de mi niñez». Lo de *enriquecer* su obra es una de las varias cortesías que ofrecía sabia y frecuentemente; intuía que al público le encantaban; además, formaban parte de su fascinación, junto con la ceguera, el rostro pálido y huesudo, el tono entrecortado y por momentos angustiante de su voz y las manos blandas como agua, suaves como seda. Todo ese encanto lo desplegó en un recital de su obra que dio en la Universidad de Georgetown en Washington.

El informe de Brodie

«He intentado, no sé con qué fortuna, la redacción de cuentos directos (...), mis cuentos, como los de Las Mil Y Una Noches, quieren distraer y conmover y no persuadir (...). He situado mis cuentos un poco lejos, ya en el tiempo, ya en el espacio. La imaginación puede obrar así con más libertad.» Estas palabras corresponden al Prólogo de *El informe de Brodie*, publicado a mediados de 1970. De los once cuentos del volumen, el único que no relata una historia de odio, de sangre, de violencia, de rivalidad o de muerte es «La señora mayor», cuya protagonista se aparta del tipo de mujer deleznable, vengativa, frívola, o que vive sólo para satisfacer la lujuria de los hombres, tal como suelen ser los personajes femeninos en la obra en prosa de Borges.

En *El informe de Brodie* hay cuentos antológicos: «La intrusa», en el cual dos hermanos se distancian por el amor de una mujer a la que terminan asesinando; «El Evangelio según Marcos», donde se repite el sacrificio de Cristo en la Cruz; «El encuentro», dedicado a Susana Bombal, muy admirada por Borges. En este último texto Borges reúne dos recuerdos: el del asesinato, ocurrido en aquel boliche de la República Oriental del Uruguay cerca del campo de Amorim, y el de su primo Melián Lafinur, asiduo visitante de la casa familiar en los años de la infancia del escritor y de su hermana Norah.

Refiriéndose a «La intrusa», Borges solía contar que el final se lo había dado su madre: él había llegado a un callejón sin salida luego de la muerte de la mujer a manos de uno de los dos hermanos Nielsen. Entonces Leonor le sugirió que uno le dijera al otro: «A trabajar, hermano». El resto fue agregado con el tiempo: «"Después nos ayudarán los caranchos. Hoy la maté. Que se quede ahí con sus pilchas. Ya no hará más perjuicios". Se abrazaron casi llorando. Ahora los ataba otro vínculo: la mujer tristemente sacrificada y la obligación de olvidarla».

A Leonor, amanuense durante tantos años del hijo ciego, le era fácil adivinar sus intenciones y remedar el estilo peculiar del maestro. Incluso lo hizo mejor que quienes luego lo imitaron.

La fragilidad del matrimonio

Fue 1970 un año importante en la vida de Borges. En la Bienal de Venecia se estrenaron dos filmes para la televisión con argumentos suyos: *La estrategia de la araña*, de Bertolucci y con Alida Valli («Tema del traidor y del héroe»), y una adaptación de «Emma Zunz» dirigida por el francés Alain Magrou.

A fines de julio o principio de agosto, Borges pensó en abandonar a su mujer y su departamento, donde por las mañanas lo despertaban las campanas de la iglesia de Monserrat. «Es raro», solía decir, «los últimos cuarenta años de mi vida han abundado en campanadas. En Maipú, las de la Torre de los Ingleses, que todavía me acompañan; en Belgrano, las de Monserrat.»

La vida con Elsa era de una aridez desoladora. Según contaba el propio Borges, los únicos temas de conversación eran los recorridos de los tranvías o de los colectivos. En la mesa, al mediodía, a la hora del té y a la noche, había largas discusiones entre Elsa y su hijo acerca de qué calles tomaba el ómnibus cuarenta y ocho en su largo viaje al barrio de Flores. Como él no juzgaba este temario de importancia vital para el devenir de la vida, se aburría.

A Borges le gustaba contar sus sueños y soñaba casi todas las noches; por eso, le extrañaba al principio y le molestaba después que Elsa jamás soñara. No podía concebirlo.

Además, había otras cosas; Borges visitaba a su madre a escondidas, los celos de Elsa hacia su suegra eran mortales. Tampoco permitía que Leonor recibiera dinero de su hijo como lo había hecho durante largos años. Al fin, Borges llegó a un acuerdo con la editorial Emecé, y Carlos Frías todos los meses dejaba en manos de Leonor un cheque que cubría con cierta holgura sus necesidades.

Por otra parte, nunca había parecido más descuidada su ropa y su apariencia que en esos tres años de convivencia con Elsa. Cuando Eduardo Mallea lo encontró casualmente en Nueva York, quedó anonadado porque en el helado diciembre lo vio con un sobretodo raído y los pies calzados en zapatos ordinarios de cartón. Borges, que era ciego y a quien nunca le había interesado su aspecto físico, no se daba cuenta.

Una tarde de principio de agosto, le avisó a Elsa que salía a caminar. Hacía frío y sentía una vaga tristeza, más bien era una sensación de melancólica incomodidad —confesó después—. Cuando llegó a la avenida de Mayo, entró en un bar, pidió un té y entonces se dio cuenta de que no tenía ganas de volver a la casa que compartía con una extraña, que no significaba nada para él. Sin embargo, volvió.

El 22 de agosto viajó a Brasil para recibir el Premio Literario Interamericano, concedido por el gobernador de San Pablo y dotado con veinticinco mil dólares. Fue aclamado, agasajado y admirado por los más altos intelectuales de ese país. El presidente, general Emilio Garrastazu Médici, le hizo saber que sería muy bien recibida su visita a Brasilia, pero Borges declinó el honor y esta actitud, que pareció un voluntario desdén hacia un gobierno militar y que alegró a muchos brasileños, no fue tal; quería sólo pasar su cumpleaños, el 24 de agosto, con su madre, que ya tenía noventa y cuatro.

El 19 de septiembre la revista *The New Yorker* publica el «Autobiographical Essay», la *Autobiografía* compilada por Thomas Di Giovanni de diferentes entrevistas realizadas a Borges a lo largo de los años y, aunque éste colaboró en la redacción del texto, como ya dijimos, siempre se negó a autorizar su traducción integral al español.

En octubre, una encuesta mundial realizada por el *Corriere della Sera* revela que Borges obtiene más votos como candidato al Premio Nobel que Solzhenitsyn, quien, sin embargo, lo recibe ese año de la Academia Sueca.

También en octubre retomó la decisión aplazada en agosto y, sin decir una palabra de despedida, salió, caminó hasta la estación del subterráneo y ya en el andén, mientras esperaba el tren, le vinieron a la memoria dos versos de Almafuerte: «Llegué, por fin. Ya estoy sobre la estepa / donde la sombra de mí mismo falta». Entonces pensó, casi riéndose, que la cosa no era para tanto y, con muy buen ánimo, se fue a su casa, la de siempre, la de la calle Maipú. Esa misma noche, aconsejado por el doctor Ordoñez, su abogado en esos años, partió hacia la ciudad de Córdoba a dar unas conferencias. Tuvo que comprarse ropa nueva, la que tenía puesta era impresentable. Luego se enteró de que la cuenta en común con Elsa en el banco había sido transferida a una caja de ahorro a nombre de ella y de su hijo, bastante tiempo antes de que Borges decidiera romper el matrimonio.

Diez

1973

Arrodillado sobre el piso de maderas finas de su despacho en la Biblioteca Nacional, Borges busca un libro. Ajeno a lo que existe a su alrededor, ni siquiera se ha dado cuenta de que el ojo de la cámara está por rescatar el momento del olvido. El tiempo ha pasado; el pelo blanco (siempre ligeramente desordenado), las cejas también canas y espesas, las arrugas en la frente y cortando el entrecejo, las ojeras marcadas debajo de los ojos y los surcos en las mejillas fláccidas dibujan esa cara, ligeramente inclinada hacia el estante. Es el rostro de un anciano. La mirada fija no logra distinguir los lomos de los libros, pero las manos sabrán encontrar el volumen que necesita.

Borges adoraba esas bibliotecas de cuatro lados que giraban sobre un eje, ofreciendo todos sus tesoros al lector impaciente. Arrodillado busca. La pierna, fuerte aún, se insinúa a través de la tela del pantalón. Descansando en el bolsillo superior está el reloj, sostenido por una cadena de plata y un botón que pasa por el ojal de la solapa. Detrás del cuerpo atareado, se ve una de las dos grandes puertas de la dirección, con sus tallas y sus herrajes suntuosos.

El bibliotecario no sabe que sus días están contados en ese paraíso. ¿Qué piensa, qué espera el poeta ciego, arrodillado ante la Biblioteca?

Está solo frente a los libros. Solo, como ha estado siempre en su reino, un reino infinito que, si bien le pertenece, nunca logrará poseer por entero.

«Mis libros (...) son tan parte de mí como este rostro / De sienes grises y de grises ojos / Que vanamente busco en los cristales.»

Al mejor estilo de los guapos - «*El Congreso*» - *Franco María Ricci* - El oro de los tigres - Borges se jubila - El libro de arena - *La muerte de Leonor* - *La rosa profunda.*

Al mejor estilo de los guapos

El hecho de que Borges no recibiera el Premio Nobel fue muy favorable para su fama e incluso para su fortuna personal; ambas se incrementaron.

La literatura del «anciano gurú», como lo llamó no sin ironía Emir Rodríguez Monegal, recorría el mundo a través de traducciones, que en determinado momento se multiplicaron de manera increíble; no había día en que no llegara a la calle Maipú un libro escrito en una lengua inextricable, tanto que no se sabía cómo ubicarlo en la biblioteca, cuál era la tapa y si se debía leer de izquierda a derecha o al revés. Por otra parte, su desconocimiento de los avatares de la política nacional e internacional, mostrado en los numerosos reportajes de que era objeto, lo convertían en un imán que tanto podía atraer simpatías como todo lo contrario. En el Prólogo de *El informe de Brodie* ya había avisado: «Mis convicciones en materia política son harto conocidas; me he afiliado al Partido Conservador, lo cual es una forma de escepticismo». (José Edmundo Clemente lo había convencido.) Borges siguió ampliando la información de sus convicciones: «Nadie me ha tildado de comunista, de nacionalista, de antisemita, de partidario de Hormiga Negra[1] o de Rosas. Creo que con el tiempo mereceremos que no haya gobiernos». Gente como Borges puede llegar a merecerlo; desdichadamente no hay demasiados individuos cortados a su hechura.

Las entrevistas que prodigaba siempre producían reacciones, en especial cuando se enfrentaba con alguien malintencionado, a quien entonces, con aparente bondadosa inocencia y real ironía, trataba (casi siempre conseguía su propósito) de escandalizar y, si podía, poner en

---

1. Título de una novela de Eduardo Gutiérrez (1851-1889). Su protagonista, *Hormiga negra*, personifica al gaucho rebelde.

ridículo. Además, el desdén evidente de la Academia Sueca ante su obra le ganó una cantidad impensable de incondicionales adictos. Su mismo aspecto físico contribuía a enaltecer su persona: el anciano ciego apoyado en su bastón con la frente alta y el pelo de ceniza, y luego el cuerpo erguido, más frágil y delgado cada día, agregaban a su presencia un elemento mítico. El resultado fue que recayeron sobre Borges, cada vez con mayor frecuencia, honores, invitaciones, doctorados *honoris causa* y premios dotados con dinero, que, sumados, sobrepasaban el monto del tantas veces escamoteado Nobel.

En marzo de 1971 volvió a Estados Unidos; lo acompañó Norman Di Giovanni. La Academia Norteamericana de Letras y el Instituto Nacional de Artes y Letras lo designaron miembro honorario y la Universidad de Columbia le entregó el diploma de doctor *honoris causa* de esa corporación. Además, participó en un simposio al que asistieron escritores, políticos, críticos y artistas de las más diversas tendencias. Era un momento duro en la política internacional y quienes no integraban las filas de la izquierda no sólo eran vistos con malos ojos sino además fuertemente criticados. Borges hacía ya muchos años que veía al comunismo, al castrismo y al maoísmo con escepticismo y con evidente desdén. Si exageraba esa mirada malévola, lo mismo puede decirse de la visión benevolente, casi paradisíaca, y por supuesto equivocada, que tenía de Estados Unidos. En la reunión de la Universidad de Columbia tuvo un duro choque con la realidad.

El representante de un grupo de estudiantes de Puerto Rico fue el portavoz de una protesta por la forma más o menos abusiva con que la universidad llevaba la administración de unos terrenos de su propiedad, ubicados en sectores paupérrimos de la ciudad y donde habitaban gentes muy humildes, en su mayoría latinoamericanos. El joven en cuestión no encontró mejor manera de llevar su protesta que atacando a Borges, considerado un reaccionario por los grupos de la izquierda, y reprochándole haber aceptado esta invitación de la universidad. Nuestro escritor, que no supo la razón de este ataque ni entendía qué pasaba, lo tomó mal, recriminó a su interlocutor esta actitud y el muchacho, furioso, recordó malamente a la madre de la manera más tradicional y menos universitaria y piadosa posible. Borges se levantó hecho una fiera y golpeando el puño del bastón contra la mesa le exigió que, si se consideraba tan guapo y con tantas agallas, salieran a la calle a arreglar el asunto como hombres. El desdichado y agresivo representante de los portorriqueños fue sacado del recinto por las autoridades y la cosa no pasó a mayores. El muchacho tenía veinte años y Borges setenta y dos. Rodríguez Monegal parece que fue testigo del desafío y en un aparte intentó explicarle a Borges la situación política que había motivado el ataque. La violenta respuesta fue que si el individuo hubiera insistido en sus insultos, él le habría roto el bastón en la cabeza. A su regreso, cuando contaba el episodio, temblaba todavía de indignación.

Después de este enfrentamiento, Borges siguió viaje hacia la Universidad de Yale a fin de participar en un acto denominado «Una velada con Borges» y al cual se había invitado a unos pocos escritores y críticos para que dialogaran con él frente a un público que, se pensaba, sería en su totalidad universitario. La sala tenía una capacidad para doscientas personas; cuando llegaron los organizadores, en el salón se habían apretujado no menos de quinientas y no cabía un alfiler, el ambiente era asfixiante. Emir Rodríguez Monegal, uno de los organizadores del «festival Borges», cuenta el desarrollo bastante risueño de los hechos: «Decidimos emprender la búsqueda de un salón más grande. Con Borges a la cabeza, se formó lentamente una procesión que atravesó el campo universitario. De inmediato un auto policial se precipitó sobre nosotros; aquellos eran días de perturbaciones en el medio estudiantil y nosotros carecíamos de permiso para hacer una manifestación. Pero como, obviamente, éramos gente de paz, la policía nos dejó seguir. Pronto descubrimos que uno de los salones más grandes estaba libre. Cuando llegamos ya el público lo había invadido, llenando cada palmo. El conserje (una persona muy firme cuando se trataba de reglamentaciones) comenzó a quejarse en voz alta de que nada se le había advertido y que, además, "la policía interna de la universidad nunca permitiría que se reunieran más de quinientas personas en ese local"». Después que consiguieron persuadir a todo el mundo y convencer al público de que no invadiera el escenario ni los pasillos, empezaron esa especie de reportaje público. Y continúa Monegal: «Pese a la multitud y al tamaño gigantesco del salón, la intimidad se produjo (...). Borges empezó por contestar, con la más sutil ironía, ciertas preguntas formuladas cortésmente por escritores y críticos. "Es uno de nosotros", pensaron. Cuando llegó el turno de las preguntas generales, la gente se apresuró a volcar todo lo que se le pasó por la cabeza. Borges respondió con humor y sencillez, sin adoptar ninguna actitud de superioridad, mostrando siempre un lado cómico y amable». Parece ser que cuando contestó rápida y afirmativamente a la última pregunta: «¿Ha estado enamorado alguna vez?» y el *yes* quedó sonando en el aire con la *ese* escocesa y dura que utilizó siempre, el público rugió con entusiasmo. A nadie le importó que denostara las izquierdas y que no entendiera nada de política.

Borges los había seducido, pese al tartamudeo y a la mirada perdida, casi la de un autista. Quizá la fascinación resultaba de que Borges se acercaba a su auditorio e intuía ante qué tipo de gentes estaba y los hacía reír y se divertía él también, siempre con una calidez entre respetuosa e irónica a cuyo influjo nadie escapaba.

De Estados Unidos voló a Israel para recibir el 19 de abril el Premio Jerusalén, dotado con dos mil dólares, que antes había sido conferido a Max Frisch, a Bertrand Russell y a Ignazio Silone.

Una vez más visitó Escocia y Londres, donde, invitado por el Instituto de Artes Contemporáneas, dictó cuatro conferencias en el mes de mayo. Para rematar el viaje, en Oxford le otorgaron un *honoris causa*, que se sumó a los muchos otros ya recibidos.

«*El Congreso*»

Al regresar a Buenos Aires, Borges publicó el cuento que, según me confesó, prefería a todos los que había escrito y agregó: «Si de todos mis textos tuviera que rescatar uno solo, rescataría "El Congreso"». (La declaración se reitera en la contratapa de *El libro de arena;* Cuadernos del Archibrazo Editor lo publicó suelto en 1971.) El relato vuelve al tema de la sociedad secreta, ya tratado antes. «Es un texto que llevé conmigo sin animarme a intentar su escritura durante muchos años y siempre pensaba en él, hasta que me dije: bueno, yo ya he encontrado mi voz, mi voz escrita. Quiero decir que no puedo hacer las cosas ni mucho mejor ni mucho peor; voy simplemente a escribirlo. Pero no ha agradado a mis amigos, quienes dicen que todo lo que digo ahí lo he contado mejor en libros anteriores y que su único valor es el de ser una especie de resumen de mi *opera omnia*. Yo creo que no, porque hay allí una descripción de una experiencia mística que no he tenido pero que he tratado de imaginar: la idea de esas personas que emprenden una labor tan infinita que coinciden con el universo y que no sienten eso, como ocurriría en un texto de Kafka, como una defraudación, sino que, al contrario, se sienten satisfechos. La obra que quieren hacer ya está hecha, no sé si por la Divinidad o por el proceso cósmico, pero ya está, y se sienten felices. Creo que esa parte está bastante bien dada: ese último paseo que hacen recorriendo la ciudad y esa posterior resolución de no verse más porque no van a recuperar la exaltación de ese momento. A mí, personalmente, me emocionó cuando lo escribí y los personajes me gustaron y los sentí reales.»

Como es habitual en Borges, «El Congreso» transcurre en un tiempo pasado y el relato de los hechos ocurridos hace medio siglo está contado por el protagonista, Alejandro Ferri, que en 1899, siendo un joven, llegó de su Santa Fe natal a Buenos Aires; la ciudad y el campo del texto ya no existen. Ferri narra los acontecimientos ocurridos en el primer lustro del siglo, ya cumplidos sus setenta y dos años; la misma edad por la cual transitaba Borges cuando se publicó el cuento. Los pensamientos e íntimas convicciones del protagonista son las suyas: «Cuando era joven, me atraían los atardeceres, los arrabales y la desdicha; ahora, las mañanas, el centro y la serenidad». Y continúa como una forma de confesión: «Ya no juego a ser Hamlet. Me he afiliado al Partido Conservador (...). El curioso puede exhumar, en algún oscuro anaquel de la Biblioteca Nacional de la calle México, un ejemplar de mi *Breve examen del idioma analítico de John Wilkins*». Y enseguida, Borges se ríe de sí mismo: «El nuevo director de la Biblioteca, me dicen, es un literato que se ha consagrado al estudio de las lenguas antiguas, como si las actuales no fueran suficientemente rudimentarias, y a la exaltación demagógica de un imaginario Buenos Aires de cuchilleros». También hay otras bromas; recordando la vida paupérrima de las estancias de finales del siglo XIX, escribe: «Irala preguntó dónde quedaba el baño; don Alejandro, con un vasto ademán, le mostró el continente. La noche era de luna; salí a dar una vuelta y lo sorprendí, vigilado por un ñandú». Luego, recuerda su propia, repetida y fracasada experiencia: Ferri instalado en Londres hacia 1902, enamorado de Beatriz Frost (¿homenaje a Beatriz Viterbo?), una muchacha de menos de veinte años, alta, esbelta, de rasgos puros y que se convierte en su amante, rehúsa casarse con él cuando se lo pide. De pronto, en una frase cargada de erotismo, se confiesa: «Oh noches, oh compartida y tibia tiniebla, oh el amor que fluye en la sombra como un río secreto, oh aquel momento de la dicha en que cada uno es dos, oh la inocencia y el candor de la dicha, oh la unión en que nos perdíamos para perdernos luego en el sueño, oh las primeras claridades del día y yo contemplándola». Borges introduce además otra vivencia personal al referirse a otra muchacha: «Profesaba por don Alejandro ese amor que las mujeres jóvenes suelen profesar por los hombres viejos...».

Franco María Ricci

La edición de Archibrazo de «El Congreso» fue descubierta por un joven y fervoroso admirador italiano de Borges, Franco María Ricci, quien tenía en Parma una pequeña casa editorial muy refinada. La casa era pequeña pero su dueño muy ambicioso; sus libros se armaban con papel Fabriano hecho a mano, utilizando caracteres Bodoni de cuya elegancia se había enamorado. Tanto fue su amor por los tipos inventados por Giambattista Bodoni que quiso reeditar su *Manuale Tipografico* (1818) con más de doscientos cincuenta modelos de tipos. Empresa difícil, casi imposible, pues el único ejemplar conocido y completo estaba en la Biblioteca Nacional de Washington, adonde Ricci fue a pedirlo en préstamo. No se lo negaron, sólo le exigieron un millón de dólares como fianza, pensando seguramente que esta suma, exorbitante, lo desalentaría. No fue así; Ricci, que por esa época tendría veintitantos años, extendió un cheque y se llevó el libro debajo del brazo. Su hazaña tuvo tal resonancia que desde ese momento en el mundo bibliográfico se lo conoció como el muchacho del Bodoni.

Hacia fines de 1971 o principio de 1972 llegó a Buenos Aires con el único propósito de conocer a Borges y, ya que «había llegado tarde como para editar su obra completa», que estaba en manos de Mondadori, Rizzoli, Einaudi y Feltrinelli, quería publicar «El Congreso» y además «las briznas posibles». Estas briznas estarían constituidas por pequeños prólogos de una colección de literatura fantástica dirigida por Borges y que se llamaría La Biblioteca de Babel en homenaje al cuento homónimo de nuestro escritor.

Una tarde de verano apareció Ricci en casa pidiendo hablar con mi madre porque pensaba que yo, amiga de Borges durante tantos años, debía de tener su misma edad. Al día siguiente fuimos a la Biblioteca Nacional. Borges tomó del brazo a Ricci, lo llevó a su paraíso personal de laberintos y habló con él incansablemente de libros de todas las épocas, de autores de todas las lenguas; le recitó poemas en español y en inglés y en francés, el *Padrenuestro* en anglosajón y terminó su actuación con los versos que Dante le dedica al conde Ugolino en la *Divina Comedia*. Si se hubiera propuesto seducirlo, quizá no habría logrado hacerlo tan bien. Ricci estaba emocionado, asombrado, rendido a los pies del maestro: «Es el único escritor que habla todo el tiempo de literatura y de ninguna otra cosa». Borges aceptó darle «El Congreso» y dirigir la colección; también había quedado prendado del encanto entusiasta de su admirador, de su juventud y de su exuberancia. Le hacían gracia su forma de vestir (pantalón vaquero azul, camisa *sport*, por supuesto sin corbata, chaqueta de terciopelo negro y en el ojal una llamativa flor de plástico colorada); su correctísimo francés, lengua en la cual se entendían, y el hecho de que poseyendo el título de marqués, tuviera la delicadeza de no usarlo y fuera tan discreto que llegáramos a enterarnos por casualidad. Además, si bien la situación económica de Borges había mejorado notablemente, no le habían caído todavía la pluralidad de premios y ediciones que lo harían, pocos años después, un hombre rico y, por último, los honorarios ofrecidos por Ricci no eran nada desdeñables.

Borges no podía hacer la tarea solo; entonces me pidió que lo ayudara. Me dictaba los prólogos de los libros que elegía y luego yo se los enviaba a Ricci, cuya editorial ya se había mudado de Parma a Milán, con un índice de los relatos elegidos y algunos datos del autor. En algunos casos, si era necesario, fotocopiaba textos y buscaba datos adicionales. Cada dos o tres meses enviaba el material de un nuevo libro a Milán; así se completó una colección de unos treinta títulos de otros tantos autores de literatura fantástica, muy queridos por Borges.

Nos reuníamos a trabajar tres veces por semana: lunes, miércoles y viernes, siempre de mañana, en el living de la calle Maipú. Este trabajo compartido se llevó largos y felices años. Yo llegaba cuando Borges estaba terminando su desayuno: gran tazón de café con leche y copos de maíz secos. El día en el cual se lograban escribir diez líneas, estaba contento con la sensación reconfortante del deber cumplido. Mientras vivió Leonor Acevedo, iba a saludarla y, antes de irme, me despedía. Después de su muerte, solía visitar el cuarto en compañía de Borges. La habitación se mantuvo intacta e impecable hasta el día en que, desde Ginebra, se anunció su casamiento con María Kodama.

Hubo un escritor que, pese a los deseos de Borges, no pudo integrar La Biblioteca de Babel: H. Hinton, un autor secreto de cuyo libro, *La cuarta dimensión,* aún recuerdo el lugar que ocupaba en una biblioteca del comedor, un volumen de tapas duras de color verdoso azulado y con el nombre del autor en el lomo en letras rojas algo ajadas por el tiempo. Libro y autor fueron protagonistas de una verdadera pesquisa por parte de Ricci. Buscó el texto en las bibliotecas y librerías del Reino Unido y luego en todo el planeta, pero no figuraba en catálogos ni en diccionarios ni en historias de la literatura; incluso el libro, *La cuarta dimensión,* carecía de datos biográficos. Borges se apenó, pero Hinton volvió al olvido. A medida que van pasando los años, he llegado a pensar que inventó y materializó esa invención para mí. Este pensamiento, sin duda falso (como diría Borges), me halaga.

Franco María Ricci editó el cuento «El Congreso» en Milán, en mayo del 74, con el título *Il Congreso del Mondo,* en una de las colecciones más lujosas de la editorial, I Segni dell'Uomo. Se trata de un volumen de gran formato y lujosísimo, encuadernado en seda con diseños iluminados en oro, e ilustrado con unas cincuenta miniaturas de cosmogonía tantra. En una nota al lector, Ricci explica: «En el mundo conviven muchas cosas distintas; yo he tratado de hacer convivir en este volumen un largo relato de Jorge Luis Borges [a quien más adelante en el texto llama "el grande"] y una serie de cosmogonías hindúes». El relato va precedido de un estudio del hinduista francés Alain Daniélou, «El secreto de los tantras», en el cual se intenta explicar la reducción del mundo a un signo que es, con ciertas distancias, el propósito del protagonista borgeano. El libro se cierra con un reportaje que a pedido de Ricci le hice a Borges en abril de 1973 en su despacho de la Biblioteca Nacional, una cronología y una bibliografía que realicé también a instancias del editor.

Cuando Borges recibió el primer ejemplar de esta colección, se lo llevó a casa de los Bioy y se lo mostró a Silvina Ocampo. Ella le comentó que el libro tenía algunos grabados escatológicos. Se trata sólo de un fragmento de la ilustración denominada «la decapitada» de las Maha-vidya o formas del principio de la destrucción, la diosa Kali. Abajo, muy chiquitas, aparecen dos figuras, el amor y el deseo, encarnados en un hombre y una mujer (sólo a ella se la ve desnuda) acostados en el acto de la cópula.

Borges decidió que el libro era pornográfico, decidió olvidarlo y le regaló el ejemplar a Silvina.

Mientras Franco María Ricci recogía algo más que «las briznas posibles» y el mundo reconocía el mérito de la literatura borgeana, cierta izquierda argentina de los setenta se encarnaba en escritores como Blas Matamoro, quien llega a decir en su libro *Jorge Luis Borges o el juego trascendente,* de 1971: «... elevar a Borges a la categoría de gran escritor [es una] circunstancia aún improbada. Una gran erudición inculta y pedante, un abarrotamiento de lecturas raras, un estilo de arcaísmos y metáforas retorcidas en una sintaxis aprendida de Mallarmé, unos cuentos inspirados en lecturas más o menos armonizadas de apuro, no garantizan que Borges sea un gran literato». Algo más adelante, su definición del escritor y la posterior conducta a seguir son realmente curiosas: «Ante Borges, que es un jugador tramposo, un chico mitómano, la opción es de hierro y las escapatorias, falaces: o aceptar su regla del juego, o descubrirle las trampas y poner en claro sus mentiras».

El oro de los tigres

Hacia 1972 apareció un nuevo libro de Borges, *El oro de los tigres*, título a su gusto «demasiado decorativo» y cuyo prólogo reúne algunas frases memorables: «Para un verdadero poeta, cada momento de la vida, cada hecho, debería ser poético, ya que profundamente lo es. Que yo sepa, nadie ha alcanzado hasta hoy esa alta vigilia». Más adelante advierte: «Descreo de las escuelas literarias, que juzgo simulacros didácticos para simplificar lo que enseñan...». Y, por último, para aquellos que *anglosifican*, y mal, el castellano, tiene una sentencia aniquiladora: «Un idioma es una tradición, un modo de sentir la realidad, no un arbitrario repertorio de símbolos».

El libro se abre con el poema titulado «Tamerlán (1336-1405)», en el cual Borges sigue un camino abierto por dos viejos maestros que admiraba.

En el tomo LVIII del *Boletín de la Academia Argentina de Letras* de enero-junio de 1993, Gerardo Pagés señala que, cien años antes, se había puesto de moda en Buenos Aires el poeta Horacio (Quinto Horacio Flaco murió el 27 de noviembre del año 8 a.C.). Sus *Odas*, traducidas por Magnasco y por Mitre, hacían furor. Parece lógico que a Rubén Darío le emocionara la obra del latino y entonces escribiera una prosa donde presentaba a un imaginario personaje Lucio Galo. El mismo año de 1893 publicó un poema, «Metempsicosis», donde el personaje varía ligeramente su nombre y se presenta: «Yo, Rufo Galo». El poema fue incluido en su libro *El canto errante,* de 1907. Consta de seis estrofas de tres versos cada una que terminan con un cuarto repetido al fin de cada estrofa: «Eso fue todo». El poema comienza: «Yo fui un soldado que durmió en el lecho / de Cleopatra la reina. Su blancura / y su mirada astral y omnipotente. / Eso fue todo». Y más adelante sigue: «Yo, Rufo Galo, fui soldado, y sangre / tuve de Galia, y la imperial becerra / me dio un minuto audaz de su capricho». Y termina: «Yo fui llevado a Egipto. La cadena / tuve al pescuezo. Fui comido un día / por los perros. Mi nombre, Rufo Galo. / Eso fue todo». En 1897, Lugones, en otra composición del mismo título, «Metempsicosis», lleva la acción a un extremo más terrible, el propio protagonista se convierte en perro. Borges alabó ambos poemas, el de Darío le parecía el mejor de los suyos, y del nicaragüense asimiló la fórmula: la reafirmación del propio nombre: «Yo, Rufo Galo» y la enumeración: «Yo fui soldado, yo fui llevado a Egipto», etcétera. Empleó la fórmula a menudo; uno de los poemas más convincentes es el inicial de *El oro de los tigres:* «Y yo soy Tamerlán. Rijo el Poniente / Y el Oriente de oro...». «Yo soy, yo seré siempre, aquella espada». «Yo, el rojo Tamerlán, tuve en mi abrazo...» «Yo, que fui un rabadán de la llanura.» Además, el poeta latino aparece en la obra de Borges; por ejemplo, en *Atlas,* dice: «He recordado a Horacio, que sigue siendo para mí el más misterioso de los poetas». A modo de burla y aludiendo a unas palabras dichas por Tamerlán, aclara Borges en las notas: «Mi pobre Tamerlán había leído a fines del siglo diecinueve la tragedia de Christopher Marlowe y algún manual de historia».

También en *El oro de los tigres* hay piezas muy disímiles: aparte del retorno a las espadas, figuran seis ejercicios de Tankas. Se trata de una estrofa japonesa de cinco versos que alternan líneas de cinco sílabas con otras de siete. El primero es más o menos erótico: «Alto en la cumbre / Todo el jardín es luna, / Luna de oro. / Más precioso es el roce / De tu boca en la sombra»; el último, decididamente quejoso: «No haber caído, / Como otros de mi sangre, / En la batalla. / Ser en la vana noche / El que cuenta las sílabas».

Siguen una serie de poemas breves y melancólicos titulados «Trece monedas», luego los magníficos versos dedicados a Susana Bombal, fechados en Buenos Aires el 3 de noviembre de 1970: «Alta en la tarde, altiva y alabada, / Cruza el casto jardín...». Después viene el soneto «A John Keats», muerto en Roma a los veintiséis años, que termina: «No eres hoy la ceniza. Eres la gloria». El libro continúa con una serie de sonetos; uno de desesperanzado amor en donde pide sólo la lápida de su tumba: «Sólo esa piedra quiero. Sólo pido / Las dos abstractas fechas y el olvido». Hay en el volumen prosas poéticas; poemas largos; más versos de amor no correspondido; otra pieza dedicada a la muerte de Facundo Quiroga; versos de cuchilleros; un recordatorio de Pedro Henríquez Ureña; otro de Islandia, que había visitado con su mujer, Elsa Astete; un soneto a un gato y, entre otros, el poema que da título al libro, «El oro de los tigres», donde además del homenaje al «poderoso tigre de Bengala» hay otro a la «Edda Menor», texto muy querido por Borges.

Promediando 1972, volvió a Estados Unidos, acompañado ahora por Donald Yates, para recibir un doctorado *honoris causa* más; el de la Universidad de Michigan. También inauguró un curso sobre literatura hispanoamericana en New Hampshire, Durham, y en Nueva York comentó sus poemas en el Poetry Center.

Borges se jubila

Al año siguiente, 1973, Borges sufrió una de las penas más grandes de su vida: perdió la Biblioteca Nacional. Poco tiempo después de que la Municipalidad de Buenos Aires lo nombrara «ciudadano ilustre de la ciudad», ganó las elecciones el partido peronista. Héctor J. Cámpora, llamado por los simpatizantes «tío», se hizo cargo del gobierno para ponerlo en manos de Perón, que volvió a la Argentina a desempeñar, según los ojos de quien lo mirara, el papel de «padre de la Patria».

Borges no podía seguir dirigiendo la Biblioteca bajo un gobierno peronista. Debía y deseaba renunciar, pero no se decidía a hacerlo. Leonor le rogó que se fuera, pero Borges seguía dudando. Por fin, el día 8 de octubre, a casi cinco meses de la reinstalación del gobierno peronista, pidió la jubilación. Previamente, en julio o principios de agosto, había pasado un momento desagradable; un funcionario minúsculo le inició un sumario administrativo, acusándolo de «sustracción de libros». José Edmundo Clemente, que de vicedirector de la Biblioteca había pasado a presidir la Dirección General de Bibliotecas (es decir, se convirtió en el superior de Borges), no sólo desestimó la denuncia, sino que llevó adelante, con éxito, una investigación por falso testimonio contra el empleado infiel y consiguió echarlo de la Administración. Duró poco la gestión de Clemente, por resolución ministerial 1.573 fue separado del cargo el 29 de agosto de 1973.

En aquel tiempo la concesión de las jubilaciones podía tardar años; se sabía cuándo se iniciaba el trámite, nunca cuándo llegaría a su fin. A la de Borges le dieron curso con verdadero entusiasmo; se la otorgaron el 11 de octubre, a tres días de haberla pedido. Pero él quedó mal, tan mal que se «olvidó» de cómo fueron las cosas y decidió que había renunciado.

Diez años después, llegó a decir en el libro *Diálogos con Jorge Luis Borges,* de Néstor Montenegro: «Cuando regresó el dictador, en 1973, renuncié porque no podía decorosamente servirlo. Hizo lo mismo un ordenanza cuyo nombre he olvidado. Todos los demás se quedaron». «Pero, claro [agregaría después], un padre de familia, como decía el doctor Johnson, debe pensar en el pan de sus hijos.»

El 11 de agosto de 1983 José Edmundo Clemente envió una carta de lector al diario *La Nación,* titulada «La memoria de Borges». Resumía los hechos, que acabo de contar, y contestaba al reproche de Borges: «Me importa clarificar estos acontecimientos porque las sombras siempre son más largas que las cosas. No faltarán quienes me asocien con los que se quedaron. Además, ¿por qué no habrían de quedarse? No entiendo esa unánime jubilación exigida por Borges al resto del personal de la Biblioteca, en su mayoría sin la edad requerida por la ley; salvo ese ordenanza casual, cuyo nombre casualmente ha olvidado. Es famosa la buena memoria de Borges y sólo cabe interpretar este olvido travieso como un alarde literario de querer entrar al cielo de la jubilación llevando a un jubilado desconocido de escolta». Con esta paráfrasis del último verso de «El general Quiroga va en coche al muere», terminaba la carta.

Nadie se explicó el porqué de la injusta actitud de Borges. La única que hubiera podido evitarla, su madre, había muerto.

El año 1973 terminó con un viaje a México; fue a recibir el Premio Alfonso Reyes. Lo acompañó una de sus amigas: Claude Hornos de Azevedo, una señora discreta y encantadora.

Otro año difícil, quizá sería mejor decir complejo, lleno de acontecimientos dispares, fue 1975. El 10 de enero se terminó de imprimir *Prólogos con un prólogo de prólogos,* una obra que reúne treinta y ocho prólogos (no son todos) escritos por Borges para diferentes obras de otros tantos autores y autoras.

El libro de arena

En marzo de 1975 apareció *El libro de arena,* colección de trece cuentos y un epílogo. En julio murió Leonor Acevedo; en agosto se publicaron treinta y seis poemas suyos reunidos bajo el título de *La rosa profunda.*

El libro de arena, volumen en el cual incluyó «El Congreso», se inicia con «El Otro», una especie de versión de «25 de agosto, 1983». Aquí, un Borges de setenta años se encuentra con el Borges juvenil que en 1918 vivía en Ginebra. Nadie se suicida en este texto, pero el joven y el viejo se despiden sin tocarse y sin saber si todo fue un sueño o una realidad. El segundo texto del volumen es «Ulrica». Lo precede una cita de la *Völsunga Saga:* «*Hann tekr sverthit Gram ok / leggr i methal theira bert*», *c*uya traducción, que Borges no incluye, según su costumbre, sería: «Él tomó su espada, Gram, y colocó el metal desnudo entre los dos».

El cuento «Ulrica» fue escrito entre 1968 y 1973. El protagonista masculino, Javier Otárola, un profesor colombiano de la Universidad de los Andes en Bogotá, es un hombre entrado en años y para quien «el ofrecido amor es un don que ya no se espera». (Un apellido parecido, intercambiando las consonantes, Otálora, usó Borges en el cuento «El muerto». Otálora tiene diecinueve años y es ignorante y pendenciero; un cuchillero. Huye al Uruguay y se pone al servicio de un caudillo, quien le hace creer que podrá suplantarlo en el mando de los hombres y en el cuerpo de su manceba. Por último, luego de humillarlo, lo matan de un balazo. Nunca se dice el nombre de la mujer, sólo que tiene el pelo colorado.)

De la protagonista de «Ulrica» se sabe que se llama Ulrikke, la variante noruega quizá de la Ulrike von Kühlmann que recibió de Borges tres extensas cartas de amor a fines de los años cincuenta y cuyo retrato físico corresponde a la protagonista del cuento: en ella, que vestía de negro, «estaban el oro y la suavidad. Era ligera y alta, de rasgos afilados y ojos grises». La joven se ofrece al viejo profesor, quien no puede creer en su buena suerte. Como Javier Otárola son sílabas difíciles de pronunciar en la lengua danesa, ella decide llamarlo Sigurd, como si él surgiera de la saga escandinava; Otárola la bautiza Brynhild y en un momento dado le dice: «Brynhild, caminas como si quisieras que entre los dos hubiera una espada en el lecho». Luego ella lo llamó por su verdadero nombre, Javier. «No había una espada entre los dos. Como la arena se iba el tiempo. Secular en la sombra fluyó el amor y poseí por primera y última vez la imagen de Ulrica.»

Este texto inquietó a algunos de los estudiosos de Borges: ¿Quién es Ulrica? ¿«La imagen» representa a una mujer de carne y hueso o es alguien entrevisto en un sueño? Entonces, ¿por qué la frase tan explícita: «Fluyó el amor»?

Por otra parte, se han tejido toda clase de hipótesis acerca de quién es verdaderamente Ulrica, si personaje real o sólo una ficción, nacida de un conjunto de personajes femeninos, queridos o deseados por Borges.

Osvaldo R. Sabino en su libro *Borges. Una imagen del amor y de la muerte* se demora evaluando los alternativos acercamientos a Eros y a Tánatos a través precisamente del texto encabezado por la cita de la *Völsunga Saga*. Sabino ha confesado que María Kodama le ha dicho que ella es Ulrica; cronológicamente es poco probable. La relación Borges-Kodama fue posterior a la redacción del cuento.

De los otros relatos que componen *El libro de arena,* había uno en especial que lo emocionaba mucho y tenía su origen en un hecho real, el protagonizado por Avelino Redondo, quien en 1897 mató de un balazo al entonces presidente del Uruguay, perteneciente al Partido Blanco, Juan Idiarte Borda. Avelino, que era colorado, se apartó de sus amigos, de su novia, vivió solo como un perro para que nadie creyera que tenía cómplices y se entregó luego de su crimen mansamente a la justicia.

En cuanto al titulado «Utopía de un hombre que está cansado» fue escrito originalmente para Franco María Ricci.

La muerte de Leonor

Los últimos dos años de Leonor Acevedo de Borges no fueron apacibles. Cercada por la vejez inexorable y la consiguiente decrepitud física, su peso se redujo al del esqueleto. Sólo los ojos inmensos y febriles observaban el mundo con desesperación; la que da la impotencia de no poder valerse por sí misma y de no poder morir. Nunca desvarió. Sus lúcidas facultades empezaron, sin embargo, a despreocuparse de las cosas. Ella, que hasta los noventa y siete años todavía se interesaba por la moda y que leía cada mañana, apenas se desayunaba, el diario *La Nación,* fue abandonando el mundo. Sólo podían visitarla sus amigas más íntimas, sus nietos. Todos la atendían con amor y abnegación. Fani Uveda de Robledo, que llevaba ya treinta años trabajando en lo de Borges, se ocupaba de ella con verdadera devoción. Cuando ya no pudo comer, le hacía papillas como a un bebé y se las daban Norah o Babo, la mujer de Miguel de Torre, su nieto, pero, la mayoría de las veces, lo hacía la propia Fani, con amor y solicitud.

Meses antes de su muerte, en noviembre de 1974, me mandó llamar por Borges. La encontré como siempre en cama, donde pasó los dos últimos años, en un estado de excitación extremo. El rostro crispado y con manchas rojizas, toda temblorosa y sollozando con grandes espasmos dolorosos, sólo le pedía a Dios la gracia de morir. Me acerqué a su cama y me senté en el borde, me tomó las manos entre la suyas, descarnadas y fuertes como ganchos, y con voz ronca y discordante, me apremió: «Decime, ¿quién se ha muerto? ¿Luis o Miguel? ¡No me mientas! Yo sé que uno de los dos ha muerto y nadie me dice nada. ¡Decime, decime! ¿Qué ha pasado aquí?».

De momento no supe qué hacer, aquella pobrecita moribunda, desesperada, mojado el rostro de lágrimas febriles, estaba pendiente de mi respuesta. Entonces con voz fuerte y llena de falsa alegría le contesté: «Le doy mi palabra de honor de que Luis y Miguel están muy bien. Y yo que no juro jamás, le ofrezco cualquier juramento que usted me exija». No mentía, ninguno de sus dos nietos había muerto; la que en noviembre de 1974 se había ahogado en la pileta de una quinta fue Angélica de Torre, la hija de Luis; tenía cuatro años y era una criatura encantadora.

Muy trastornado por esa muerte, tan injusta para el raciocinio de los hombres, Borges escribió un soneto, «En memoria de Angélica»: «¡Cuántas posibles vidas se habrán ido / En esta pobre y diminuta muerte, / Cuántas posibles vidas que la suerte / Daría a la memoria o al olvido! / Cuando yo muera morirá un pasado; / Con esta flor un porvenir ha muerto / En las aguas que ignoran, un abierto / Porvenir por los astros arrasado. / Yo, como ella, muero de infinitos / Destinos que el azar no me depara; / Busca mi sombra los gastados mitos / De una patria que siempre dio la cara. / Un breve mármol cuida su memoria; / Sobre nosotros crece, atroz, la historia». El soneto fue incluido luego en el libro *La rosa profunda* (1975).

La Navidad previa a la muerte de Leonor, ella tenía una sola ilusión, que Borges se confesara y comulgara para que ella pudiera morir tranquila, sosegada el alma. Nadie sabía cómo pedírselo y ella me rogó que lo convenciera. El momento era duro, yo no sabía cómo tomaría el pedido, además le tenía una rabia espantosa al sacerdote que venía cada mañana a confortar a Leonor. Y lo odiaba por una sola razón y era que el padre lo llamaba hijo. Llegaba y le preguntaba: «¿Cómo está hoy, hijo mío?». El cura tenía quizá más años que Borges, pero éste no toleraba ese trato «confianzudo», como lo llamaba. Después de mil vueltas le transmití el pedido de Leonor. Contra todas mis suposiciones, aceptó, diciendo: «Y, bueno, mal no puede hacerme». Debió de ser la confesión más breve que el cura escuchó en su vida; la penitencia, dos *Padrenuestros* dichos en anglosajón. En realidad, nunca supe quién le tomó el pelo a quién, pero Leonor quedó feliz. Cuando murió, el 8 de julio, a dos meses escasos de haber cumplido noventa y nueve años, mi marido y yo no estábamos en Buenos Aires. Sentí mucho no haber podido despedirla. Ella sabía que moriría muy pronto; cuando fui a saludarla a fines de mayo, días antes de partir para Roma, le llevé un ramo de rosas color té; con un hilito de voz, me advirtió: «La próxima vez, me las llevás a la Recoleta», y tuvo razón. Me contó el padre Daniel Zaffaroni (en la noche del velorio fue a rezar un responso) que le asombró oír a Borges y Bioy hablar largamente de literatura por encima del cadáver. Para el padre Daniel era algo extraño; sin embargo, a ella le habrá complacido ver que la vida seguía por los carriles normales.

La rosa profunda

En el mes de agosto de 1975 aparece *La rosa profunda;* el libro reúne treinta y tres poemas con un prólogo y fue ilustrado por Horacio Butler. Como casi siempre ocurre con los libros de Borges, el prólogo no tiene desperdicio; lo firmó en junio de 1975 y allí habla de la doctrina romántica de la Musa, de la misión del poeta y de la ceguera. «Por Musa debemos entender lo que los hebreos y Milton llamaron el Espíritu y lo que nuestra triste mitología llama lo Subconsciente», y más adelante nos advierte que la «misión del poeta sería restituir a la palabra, siquiera de un modo parcial, su primitiva y ahora oculta virtud. Dos deberes tendría todo verso: comunicar un hecho preciso y tocarnos físicamente, como la cercanía del mar.» Por último, al referirse a la pérdida de la visión, aclara: «Al recorrer las pruebas de este libro, advierto con algún desagrado que la ceguera ocupa un lugar plañidero que no ocupa en mi vida. La ceguera es una clausura, pero también es una liberación, una soledad propicia a las invenciones, una llave y un álgebra». No sé si es tan sencillo como lo presenta Borges; lo he visto en los desolados años de su última vejez: solo en la oscuridad del living, abandonado a una tristeza infinita, más patética porque era silenciosa, acompañándose a sí mismo con versos dichos a media voz y repitiendo la experiencia que él imaginaba en Spinoza: «Y la tarde que muere, es miedo y frío. / Las tardes a las tardes son iguales». Borges aborrecía la soledad en que vivía, soledad atenuada por la presencia de *Beppo,* ausente, astuto y terco como suelen ser los gatos, en especial con aquellos que no son sus dueños (el gato era de Manuel, el nieto de Fani).

Muchos de los poemas de este libro habían sido publicados ya en *El oro de los tigres;* acá aparece, como ya hemos dicho, el soneto a la memoria de su sobrina nieta, Angélica, y otro que le hizo decir: «La mayoría de la gente adolece de un infinito grado de estupidez». Se trata del titulado «La cierva blanca», cuyo primer cuarteto es interesante transcribir: «¿De qué agreste balada de la agreste Inglaterra, / De qué lámina persa, de qué región arcana / De las noches y días que nuestro ayer encierra, / Vino la cierva blanca que soñé esta mañana?». Pues bien, periodistas y gente de paso (los amigos nunca preguntan ese tipo de cosas) se le fueron encima y lo interrogaron acerca de qué simbolismo encerraban esas dos palabras: «cierva blanca». Fue inútil que Borges dijera una y otra vez que se trataba de una cierva blanca que lo había visitado en sueños. Sueño bello y fugaz, ya que en el segundo cuarteto nos señala: «Duraría un segundo. La vi cruzar el prado / Y perderse en el oro de una tarde ilusoria, / Leve criatura hecha de un poco de memoria / Y de un poco de olvido, cierva de un solo lado». ¿Por qué de un solo lado? Fue la otra pregunta que lo persiguió. «La razón es que uno sueña en imágenes planas, a lo mejor el lado oculto de la cierva era colorado pero yo no lo veía», contestaba Borges. Nadie le preguntó, en cambio, en quién pensaba al escribir el segundo verso del primer terceto: «Me dejaron soñarte pero no ser tu dueño».

El libro se cierra con otro poema a Susana Bombal: «The Unending Rose» (La eterna rosa), cuyos versos patéticos entrevén la profunda rosa que el Señor mostrará a sus ojos muertos. Como es costumbre en Borges el libro abunda en recuerdos de los sajones muertos en batalla y de los reyes valerosos de las *Eddas*.

Once

1984

Roma, 13 de octubre.

Acaba de recibir el doctorado *honoris causa* de la universidad de esa ciudad. Para la ocasión es obligatorio el uso de la toga negra, forrada y ribeteada en seda colorada, y del birrete académico, del mismo negro de la toga, y rematado en una especie de pompón colorado. Una ancha corbata de gasa blanca (un *jabot* dieciochesco), bordeada en encaje, le rodea el cuello y cae, abriéndose en volados, sobre el pecho. Dorados cordones de seda con borlas se entrecruzan a la altura de los hombros.

Borges está tan emocionado que sólo atina a decir: «Me siento lleno de asombro y honrado, Roma... Roma... Italia».

El rostro, elevado hacia un cielo invisible, aparece transfigurado como el de un santo. Ha cumplido ya ochenta y cinco años y conserva la piel fina y delicada, herencia de la abuela inglesa. Ha adelgazado y las facciones se han ennoblecido. El mentón proyectado hacia adelante recuerda el de Leonor. La mano derecha descansa abandonada en el mango del bastón rústico, su preferido.

El acto, lleno de pompa y solemnidad a la manera de un gran espectáculo, está por terminar. Y entonces, un muchacho se levanta de entre el público y se acerca a la tarima, guitarra en mano. En voz baja, que se va elevando a medida que canta, entona para Borges dos de sus milongas: la que recuerda a Nicanor Paredes y la titulada «A dos hermanos».

Lo insólito de la guitarreada no programada traspasa a Borges, que diciéndose la letra, acompaña con el movimiento de sus labios al improvisado cantor.

Roma, 16 de octubre 1932.

Anoche, en el el doctorado Borrit tuvo de la solemnidad de un ritual. Esta la ceremonia, el grande rector de la toga negra, forrada y abierta en seda celeste, y, sobre esta solemnidad del pasado ascetismo la toga, y rematado en una suerte de pompón morado, tenía extrema y grave tristeza, quien lo acogiera, bordeada en oro con los cordones, y tras ellos los celadores, vestidos de hábito. Celadores de esta, en aquel cuarenta en la antesala de las bombas.

Roma está tan entusiasmada que sus aromas a decir cifra sean un tanto de asombro y boato de Rúgalo... Sería el tejido.

El rector, elevado hacia sus cinco sesenta, mostró trabajando, menor de un santo. Ha cumplido su pelusillo y un setenta años, cuatro lo vio, flojo y débil, bastante de la cabeza mojada. Ha adelgazado y se han llorado, han ennoblecido su acción provocable haciendo algún recuerdo al de Leonardo... siente tirarlo al oscuro a media cara en el mango del báculo sobre sus pezuello...

El acto llegó de lo pomposo y solemnidad a la traspaso de un pensar periódico, está por actuarse... aumenta... su implante, se levanta de entre el público o se acerca en a tirabol, gulitero, en manos. En voz baja, que se eleva vendo a modula que caiga, entona paso Borges, las de sus palomas, la que recuerda a Máximo Luneda y la melodía de los hermanos.

La insobre de ella, guardando no preguntado llegaba a Rosa, y que dudándose la fui acompaña con el movimiento de sus labios a su im pro a lo cantor.

La década de los viajes y María Kodama - La moneda de hierro - Historia de la noche. Adrogué - *La soledad* - El último cuento: «La memoria de Shakespeare» - Un gobierno de caballeros - Una esperanza frustrada - La cifra - Las Malvinas. Intento de suicidio - El regalo de FMR - Los conjurados - *La enfermedad* - Casamiento y muerte - Fani - Una lápida compleja.

La década de los viajes y María Kodama

En septiembre de 1975, ninguno de los dos sobrinos de Borges podía acompañar al tío en un corto viaje, una semana apenas, a Estados Unidos; tenían su trabajo y sendas familias con niños chicos que atender. (Aunque en noviembre del 75, Miguel de Torre fue con su tío a Coronel Pringles y a Coronel Suárez.) En aquel septiembre tampoco estaba disponible ninguna de sus amigas más cercanas; Borges por su ceguera necesitaba alguien a su lado. Entonces Fani, a quien horrorizaba el avión, pensó que María Kodama, una de las alumnas de anglosajón, acompañara a Borges.

Fue así que, por primera vez, Kodama viajó con Borges al exterior. ¿Quién era esa muchachita callada, de rasgos orientales, que, vestida como una alumna de un colegio privado (pollerita escocesa, blusa blanca y mocasines marrones), podía pasar por una adolescente? La escritora Vlady Kociancich, por muchos años amiga de Borges, afirma que empezó a estudiar anglosajón en los cursos organizados en la Biblioteca Nacional alrededor de 1966 o 1967 o quizás en la Facultad de Filosofía y Letras, donde concurría como oyente. Cuando conoció a Borges, debía de tener cerca de los treinta años; había nacido el 10 de marzo de 1937. En aquel tiempo, Kodama, más abierta a las confidencias, contó que vivía sola en un pequeño departamento de la calle French y se ganaba la vida enseñando el castellano a japoneses llegados a Buenos Aires para trabajar en diferentes empresas. No les enseñaba desde el japonés sino desde el inglés. Borges suponía que no sabía el idioma de su padre, Yosaburo Kodama, muerto años atrás. La madre de María, que aún vivía, se llamaba María Antonia Concepción Schweizer y era hija de un judío alemán y de una señora de origen español, Dorila López. Cuando María nació su padre tenía treinta y tres años y su madre, veinticuatro; Borges no se explicaba por qué ella decía que el padre era mucho mayor que la madre cuando la diferencia era de nueve años escasos.

Este primer viaje que hicieron juntos fue muy satisfactorio y a la vuelta Borges comentó: «Sé cuando María está cerca o en el mismo cuarto no porque hable sino porque se oyen pequeños ruidos: el crujido de una silla, el sonido de una tos cercana». A partir de 1976 la vida de Borges se transformó en una vorágine de publicaciones y sobre todo de viajes. Refiriéndose a estas travesías, dijo en más de una ocasión: «Me he convertido en una especie de judío errante con otros inconvenientes y también otras ventajas». Dado el resultado positivo del primer viaje de 1975, María empezó a acompañarlo en los sucesivos. Recuerdo una reflexión de Silvina Ocampo: «Lo más raro de todo no es que salgan sino que encuentren el camino de regreso a casa», significando con esto que ninguno de los dos tenía el más mínimo sentido práctico. Luego se comprobó que no era exactamente así.

El domingo 21 de marzo de 1976, el suplemento literario del diario *La Nación* publicó la siguiente noticia: «La actual estada de Borges en East Lansing, invitado por la Universidad de Michigan en carácter de artista residente, no se ha limitado a esperar que cesen las copiosas nevadas que asolaron la región en enero y febrero. El 8 de este mes finalizó la primera parte de su programa de conferencias hablando sobre "La ceguera". Ahora está desarrollando un seminario para graduados sobre literatura argentina». Luego asistió a un simposio sobre su obra, organizado por la Universidad de Maine e, inmediatamente después, recibió el doctorado *honoris causa* de la Universidad de Cincinnati. Además «ha tenido la alegría y el asombro de haber sido nombrado Caballero de Mark Twain (Knight of Mark Twain)». Pero en un reportaje aparecido en *The State News* confiesa: «Cuando uno es ciego, debe pasar gran parte de la vida en soledad. No se puede esperar que la gente nos hable o se preocupe por nosotros todo el tiempo. Y cuando se está solo... se cae en el hábito de excederse. Quiero decir que las fantasías vienen y van. Entonces pienso que el tiempo está corriendo demasiado lento».

La moneda de hierro

También en 1976 aparecen dos nuevos libros suyos: *La moneda de hierro* y *Qué es el budismo*, este último escrito en colaboración con su amiga de toda la vida: Alicia Jurado.

La moneda de hierro, cuya primera edición fue ilustrada por Antonio Berni, consta de treinta y seis poemas: «Bien cumplidos los setenta años que aconseja el Espíritu, un escritor, por torpe que sea, ya sabe ciertas cosas. La primera sus límites. Sabe con razonable esperanza lo que puede intentar y —lo cual sin duda es más importante— lo que le está vedado», nos avisa Borges en el Prólogo del libro, firmado el 27 de julio de 1976. Y Borges a los setenta y siete años sabía no sólo sus límites sino que comprendía que todo lo suyo ya lo había escrito antes y, a veces, mejor. Sin embargo, el primer poema del libro, pese a haberlo expresado de otra forma, da la enormidad de la pena de este hombre insatisfecho con su destino, añorante de un pasado inasible, melancólico frente a una vida, la suya, llena de éxitos y fama y, al mismo tiempo, de soledad: «Qué no daría yo por la memoria / De una calle de tierra con tapias bajas (...). / Qué no daría yo por la memoria / De un portón de quinta secreta / Que mi padre empujaba cada noche (...). / Qué no daría yo por la memoria / De las barcas de Hengist, / Zarpando de la arena de Dinamarca (...). / Qué no daría yo por la memoria / De haber sido auditor de aquel Sócrates / Que, en la tarde de la cicuta, / Examinó serenamente el problema / De la inmortalidad. (...) / Qué no daría yo por la memoria / De que me hubieras dicho que me querías / Y de no haber dormido hasta la aurora, / Desgarrado y feliz».

Entre los poemas del libro hay uno titulado «El remordimiento», publicado antes, como casi todos los suyos, en el diario *La Nación*. Poco después, Antonio Carrizo, en una entrevista televisiva, se lo elogió con entusiasmo. Borges le contestó con bastante sequedad: «Me ha dicho María Esther Vázquez que es uno de los peores que he escrito». Me sentí un poco avergonzada por haberlo contrariado; la realidad es que cuando me preguntó si me había gustado (todo el mundo se lo alababa), le dije que no me parecía bien mostrar públicamente las penas y anunciar desde las páginas de un diario la infelicidad. Era algo así como «bajar la guardia» y me extrañaba esa confesión en él, que siempre había tenido el pudor de ocultar sus penas. Se trata del poema que empieza: «He cometido el peor de los pecados / que un hombre puede cometer. No he sido / Feliz...».

También se incluyó en este volumen un poema que lleva como título «A Manuel Mujica Lainez», escrito en 1974, durante la época del segundo peronismo; en los dos últimos versos, Borges reafirma su posición política de manera explícita: «Manuel Mujica Lainez, alguna vez tuvimos / Una patria —¿recuerdas?— y los dos la perdimos».

Islandia, los personajes de las sagas nórdicas, el padre, Juan Crisóstomo Lafinur, Heráclito, Baruch Spinoza, la fecha del combate de Maldon, famoso en inglés por la balada, y otros tantos temas queridos vuelven otra vez a sus versos. Como siempre hay un poema dedicado a Susana Bombal, «Signos», y que se refiere a una campana, vista en la terraza de un museo de Ginebra en 1915. En 1976 la recuerda y escribe los versos: «Indescifrada y sola, sé que puedo / Ser en la vaga noche una plegaria...».

«Una llave en East Lansing» fue dedicado por Borges a Judith Machado: «Hay una cerradura que me espera, / Una sola. La puerta es de forjado / Hierro y firme cristal. Del otro lado / Está la casa, oculta y verdadera». Por último, el breve poema «La luna», a María Kodama.

Invitado por el Primer Congreso Internacional sobre Shakespeare, organizado por la Biblioteca Forger en Washington, Borges debió viajar a esta ciudad para pronunciar un discurso magistral sobre el dramaturgo inglés. El episodio lo cuenta Emir Rodríguez Monegal y lo sitúa en abril de 1977, pero Borges nunca tuvo, hasta donde nosotros sepamos, el don de la ubicuidad; el 19 de abril de ese año viajó desde Buenos Aires a París y luego a Italia, invitado por Franco María Ricci. El «episodio Shakespeare» debe haber ocurrido en 1976. El acto se desarrolló en el hotel Hilton de Washington y así lo cuenta el escritor uruguayo: «El salón grande del hotel estaba lleno hasta el tope, cuando entró Borges ayudado, o inmovilizado, por dos acompañantes. Caminaban despacio por el escenario, sosteniéndolo por los brazos. Por un momento, pareció como si estuvieran trasladando un ídolo de madera. Finalmente lo colocaron frente al micrófono. Todos se pusieron de pie y lo ovacionaron por incontables minutos. Borges no se movió. Cuando los aplausos cesaron, Borges empezó a mover los labios. Sólo salía un susurro de los micrófonos. En ese monótono susurro se podía distinguir con gran esfuerzo una única palabra que volvía como el grito de un barco lejano que se estuviera hundiendo en el mar. "Shakespeare, Shakespeare, Shakespeare..." El micrófono estaba colocado muy alto. Pero nadie en el salón tuvo el coraje de adelantarse y bajar el micrófono frente al viejo y ciego escritor. Borges habló durante una hora, y por una hora sólo esa palabra repetida —Shakespeare— llegó a sus oyentes. Durante esa hora, nadie se levantó ni abandonó el salón. Cuando Borges terminó, todos se pusieron de pie y pareció que la ovación final no habría de terminar nunca».

La conferencia de Borges se titulaba «El enigma de Shakespeare», pero nadie supo ni cuál era el enigma ni cómo lo había resuelto nuestro escritor. Tampoco importaba, la gente había ido a presenciar el «espectáculo Borges».

El año se completó con un viaje a México y otro a Chile, donde recibió la condecoración de la Orden al Mérito Bernardo O'Higgins en el grado de Gran Cruz. Tuvo una larga conversación con Pinochet, en cuyo transcurso el dictador chileno le confesó que estaba muy solo y eso le producía un gran sufrimiento interior; se sentía incomprendido por el mundo. Cuando Borges me lo comentó a su vuelta, se lo conté a la chilena Gabriela Vergara, la coeditora de Javier Vergara y, pese a los años transcurridos, todavía me parece oír su gran carcajada, tan fuerte que hizo vibrar los vidrios de la ventana. Gabriela no podía creer semejante disparate.

Borges me confiaría años después: «Desde luego, yo obré mal. Sabía que estaba jugándome el Premio Nobel, pero pensé: qué absurdo juzgar a un escritor por sus ideas políticas. Además, en aquel momento confieso que me equivoqué: no me di cuenta de que no se trataba de una razón política, sino que se trataba de una razón ética. Ahora, por ejemplo, he recibido una invitación del Paraguay, que no acepté, porque si no apoyo a los militares de aquí, por qué voy a apoyar a los de allá. Además, no se entiende el hecho de que un militar tenga conocimientos y capacidad para gobernar; es absurdo, es como si el gobierno estuviera en manos de los dentistas o de los buzos o de los escritores. Los militares no tienen por qué saber cómo se gobierna, para eso están los políticos, que se han preparado toda la vida. Pero a los militares eso no les importa, quizá porque viven en un mundo artificial de órdenes, de obediencia ciega, de arrestos. Viven fuera de la realidad».

Y mientras Borges entra, cada vez más, en la vorágine sin fin de homenajes, premios y en especial de viajes, deja de ser el hombre privado, que había sido siempre, y se convierte en lo que se podría llamar «la marca Borges», casi como una industria.

Se multiplican las entrevistas, las ediciones especiales, los libros de todo tipo sobre su obra, tesis sobre cualquiera de sus temas, las películas basadas en sus cuentos y en él mismo; entonces y casi sin darse cuenta, el escritor se convierte en una especie de «espacio público» por donde todos se creen con derecho a transitar. He visto gente de todas las edades, desde niños de la escuela primaria, llegar a su casa con un grabador en una mano y en la otra una listita de preguntas muy elementales adaptables a celebridades en diferentes materias.

He visto entre los intelectuales extranjeros de alto nivel que lo visitaban entusiasmos desmesurados e incontrolables; una mañana llegó Domenico Porzio, jefe de prensa de la editorial italiana Mondadori y a cuyo cuidado estuvo posteriormente la edición de las Obras Completas en italiano. A esas alturas, Pórzio ya había traducido algunos cuentos de *El informe de Brodie*. Recuerdo un error lógico para alguien que nunca ha transitado estas latitudes; cuando el texto dice: «aceptó un mate», lo traduce como: «aceptó una tacita de mate».

Porzio estaba, más que ansioso, casi trastornado con la perspectiva de hablar con Borges; al entrar en la sala y verlo sentado en el sofá, acariciando el mango del bastón, corrió a arrodillarse a su lado, le tomó las manos entre las suyas y las besó con fervor, al mismo tiempo que con la voz entrecortada de emoción, repetía: «Maestro, maestro». Borges, molesto ante esa invasión admirativa, sacudía las manos y preguntaba: «Pero, ¿qué pasa? ¿Qué pasa?».

Cuando en 1977, invitado por Franco María Ricci, Borges fue a París (acompañado por María), se hospedó en L'Hôtel de Alsace de la Rue des Beaux Arts, donde vivió Oscar Wilde al salir de la cárcel y de Inglaterra, y en el cual murió en 1900. Sobre la puerta del albergue (que ahora se llama L'Hôtel), una placa indicaba que allí se había alojado el escritor irlandés. Después del paso de Borges, que volvió varias veces, se colocó otra chapa informando esta circunstancia. Se debe destacar que de la época de Wilde a la de Borges, L'Hôtel evolucionó favorablemente en todos los sentidos, incluyendo categoría y precio.

Venecia, Roma y Ginebra ven pasar a Borges. En la ciudad suiza reencontró a los amigos de juventud y revivió años olvidados. A su vuelta contaba que algunas cosas habían cambiado, por ejemplo, un cabaret que él recordaba bien, ya no existía. Nunca había entrado allí en su adolescencia, pero recordaba que en esos años había un tango, *El irresistible,* que estaba de moda. Los dueños del cabaret, por un error fonético, creyeron que el título del tango era *Lit résistible* y bautizaron así al establecimiento, sin saber que habían transformado a un don Juan apreciado por las mujeres, sin excepción, en una cama resistente.

En Milán Borges visitó a Eugenio Montale, quien lo había descubierto en 1959 («Borges es alguien capaz de meter el universo en una caja de fósforos»). Borges no quedó demasiado impresionado por el Premio Nobel italiano, al que calificó de «tenue», como dijimos antes. En cuanto a Montale —mayor que el argentino—, ya con ochenta años y enfermo del mal de Parkinson, nada le impresionaba. Quizás el más satisfecho haya sido el promotor de ese encuentro, Domenico Porzio.

Borges volvió a Buenos Aires, pero en octubre ya había regresado otra vez a París (hospedado en L'Hôtel seguramente), dispuesto a participar en un homenaje a Ricardo Güiraldes, dar una charla en la Sorbona e inaugurar una exposición de quien fuera su gran amigo de otras épocas, Xul Solar. Y ya que estaba, aprovechó el entrado otoño europeo para visitar Grecia, lejos de los calores abrumadores del verano.

Historia de la noche. Adrogué

En el mes de noviembre apareció *Historia de la noche*, ilustrado por Ricardo Supisiche, libro que reúne treinta y una piezas entre versos y algunas prosas poéticas; además de una «Inscripción» (fechada la víspera de su cumpleaños, el 23 de agosto de 1977), un «Epílogo» (del 7 de octubre del mismo año) y cinco notas. «Inscripción» recoge, en anglosajón, el verso 3139 del Beowulf: *«helmum behongen»*, «exornada de yelmos», y se refiere a una pira que sobre un promontorio del Báltico se ha formado con los despojos de los guerreros. En «Inscripción», un recordatorio de hechos, cosas y personas que lo han impresionado, hay de todo un poco: desde un gato de Manhattan a los grandes ríos amados, y desde la memoria de Leonor Acevedo a Kipling o una nave de Noruega, «que mis ojos no vieron». En el último renglón le dedica el libro a María Kodama. En el «Epílogo», Borges nos indica algo que ya había señalado anteriormente en otros textos suyos: «De cuantos libros he publicado, el más íntimo es éste». En realidad, no le falta razón, hay en el volumen dos o tres poemas que nos indican el estado de ánimo de este hombre anciano, cansado y solo. En «Sábado» dice: «Un hombre ciego en una casa hueca / Fatiga ciertos limitados rumbos / Y toca las paredes que se alargan / Y el cristal de las puertas interiores / Y los ásperos lomos de los libros / Vedados a su amor (...) está solo y no hay nadie en el espejo. / Ir y venir. La mano roza el borde / Del primer anaquel. Sin proponérselo, / Se ha tendido en la cama solitaria / Y siente que los actos que ejecuta / Interminablemente en su crepúsculo / Obedecen a un juego que no entiende...».

En el poema titulado «Things that might have been» (Cosas que pudieron haber sido), después de la primera línea: «Pienso en las cosas que pudieron ser y no fueron», hay una de esas largas enumeraciones previsibles en él, a las que era tan afecto, donde se incluyen Beda, Dante, la Cruz (donde padeció Cristo), Shakespeare, Irlanda, los vikingos. Pero en el último verso de esta lista de cosas infinitas que no fueron, hay una confesión dolorosa y personal: «El hijo que no tuve».

Otro de los poemas entrañables de *Historia de la noche* es la despedida al amigo muerto, «Manuel Peyrou»: «Suyo fue el ejercicio generoso / De la amistad genial. Era el hermano / A quien podemos, en la hora adversa / Confiarle todo o, sin decirle nada, / Dejarle adivinar lo que no quiere / Confesar el orgullo...». Y es la primera vez que Borges habla en un poema o en una prosa tan personal del vino (que en su vejez veía con sacro horror) como sellador de amistades: «propicio vino que conmemora y une».

El 30 de diciembre de 1977 aparece *Adrogué*, un librito encantador, que reúne trece poemas de Borges y nueve ilustraciones (una figura en la tapa) de su hermana Norah. El volumen fue el resultado de una idea de Roy Bartholomew y de la colaboración de quinientos sesenta y ocho suscriptores. Se imprimieron mil trescientos ejemplares. El ejemplar que conservo lleva, debajo de la firma del escritor, dos palabras escritas por su mano: «Sin Adrogué» y tres mayúsculas, que en ese momento debían expresar una broma secreta y, lamentablemente, hoy he olvidado.

Borges dio una conferencia en marzo de 1977, «Adrogué en mis libros». De esa charla, Roy Bartholomew rescató algunos fragmentos que reprodujo en el prólogo del volumen: «En cualquier parte del mundo en que me encuentre, cuando siento el olor de los eucaliptos, estoy en Adrogué. Adrogué era eso: un largo laberinto tranquilo de calles arboladas, de verjas y de quintas; un laberinto de vastas noches quietas que mis padres gustaban recorrer. (...) De algún modo yo siempre estuve aquí, siempre estoy aquí. Los lugares se llevan, los lugares están en uno...».

Los poemas que recoge el libro aparecieron, algunos antes y otros después, en sus libros; las ilustraciones de Norah eran inéditas. El dibujo de ella para el poema «A mi padre» recupera el frente de la casa de la avenida Quintana 222. Asimismo Norah trazó el perfil espléndido de Elvira de Alvear, Elvirita, como la sigue nombrando; otro de Susana Bombal con una flor en la mano, y un retrato de frente de María Kodama con un vestido de flores, un capullo en la mano izquierda, el pelo larguísimo y unos ojos vagamente orientales; el conjunto es angelical. (Faltaban todavía doce años para que María le confesara al *ABC* de Madrid —12 de julio de 1990— que la familia de Borges, Norah incluida, era «la hez de la canalla».)

El libro se cierra con «Página para recordar al coronel Suárez, vencedor en Junín», escrita en 1953. Cuando en el 77 Norah dibujó a Suárez, lo imaginó como un barbado adolescente de charreteras y medallas, rodeado de lanzas, y parecido al retrato de su hermano que había trazado en 1924; en éste faltan los atributos militares y la barba escueta.

Los viajes continúan; visitó México invitado por la televisión oficial y de vuelta se detuvo en Bogotá para recibir las llaves de la ciudad y ser condecorado, como corresponde, y también en Quito, donde asistió a un congreso de literatura hispanoamericana.

En febrero de 1978 regresó a París para recibir el doctorado *honoris causa* de la Sorbona; pocos días después volvió a Ginebra y ese año cruzó al continente africano y visitó Egipto. En El Cairo cumplió con todos los rituales turísticos posibles, inclusive hizo compras: «En El Cairo uno entra a una tienda e, inmediatamente, le ofrecen café, vino, frutas... Luego le dicen: "Bienvenido a Egipto". Después cuando uno pregunta el precio de algo, con toda cortesía le advierten: "¡No señor! ¡Es un regalo!". Pero se sobreentiende que esto es una convención y que no es un regalo que se deba aceptar. Enseguida viene el regateo, que puede durar media hora o tres cuartos de hora. Uno ofrece cinco y ellos piden veinticinco y todo eso para que, finalmente, el precio quede en diez. Y es una maravilla porque si uno no compra nada, igual son muy corteses. Ellos no han descubierto el mate, pero igual han encontrado una manera, casi más simpática, de perder el tiempo».

En Egipto subió a un camello, experiencia inédita hasta entonces pero también irrepetible porque el «olor que flotaba alrededor del animal no invitaba a un segundo paseo».

La soledad

A fines de abril de 1979, la tragedia que había empezado en la casa de Luis de Torre —el sobrino mayor de Borges— con la muerte de Angélica, no había terminado. Inés, la mujer de Luis, había perdido a otras dos criaturas y estaba muy deprimida. Entonces, por consejo del médico, decidieron mudarse; sentían que en ese lugar ya no eran felices ni la suerte los acompañaba. Para señar la nueva casa en la que iban a vivir, Luis libró un cheque sobre la cuenta conjunta que tenían el escritor, su madre, cuando vivía, Norah y sus dos hijos: Luis y Miguel. El cheque tenía una fecha adelantada y, como ha sucedido a menudo, quienes lo recibieron no respetaron el día señalado sino que lo depositaron enseguida. Veinticuatro horas después, llamaron a Borges del Banco de Galicia para avisarle que había librado un cheque sin fondos. La suma era importante, sin ser tampoco excesiva. Desconcertado al principio y enceguecido de furia después, Borges increpó a toda la familia, pero temiendo que Luis fuera a la cárcel, desesperado, llamó a a Carlos Frías, quien atendía sus asuntos en la editorial Emecé, y le pidió un adelanto sobre sus derechos de autor. Frías le aseguró a Borges que antes de tres días (el Banco les había acordado ese plazo) tendría el dinero en la cuenta. Pero cuando fueron a hacer el depósito, se les avisó que ya había sido hecho; Luis había sacado el dinero de donde pudo. No obstante, Borges seguía enojadísimo y no sólo excluyó a los sobrinos y a su hermana de la cuenta corriente (Norah y Miguel no habían tenido nada que ver), sino que una mañana fui testigo de cómo despidió a su hermana y a una de sus sobrinas políticas, Babo, la casada con Miguel, pidiéndoles que no volvieran nunca más.

Sus amigos Adolfo Bioy Casares y Silvina Ocampo intercedieron a favor de la reconciliación; Borges no cedió. Un día se encontró con Manuel Mujica Lainez y como el asunto había tomado estado público, Manucho le dijo: «¿Qué te importa que usen tu plata? ¡Lo importante es que no te dejen solo!». Borges ni siquiera le contestó.

Luego de algún tiempo reanudó las relaciones con su hermana, pero no con sus sobrinos. Me contó Borges que Kodama le advirtió, enérgicamente, que volverían a estafarlo y Borges se quedó solo con *Beppo:* «el gato blanco y célibe se mira / en la lúcida luna del espejo...». Añoraba, en especial, las charlas con Miguel y preguntaba, como al pasar, haciéndose el distraído, qué era de su vida.

No todas eran penas. En mayo volvió a París y participó en el homenaje a Victoria Ocampo organizado por la UNESCO. Ella había muerto el 29 de enero. Agosto fue un mes glorioso para Borges; los diarios y las cadenas de radio y de televisión de todo el mundo le consagraron grandes espacios con motivo de cumplir, el día 24, ochenta años. Incluso la República Federal Alemana lo condecoró con la Gran Cruz. Estaba contentísimo, sin embargo, comentó: «Creo que han exagerado. Al fin y al cabo, mi obra es una serie de vacilaciones, acumulaciones y también de reiteraciones. Casi desde el principio de este mes, cuando recibí la Gran Cruz de Alemania, me están persiguiendo aquellos versos de Bartrina: "En tiempos de las bárbaras naciones / colgaban de la cruz a los ladrones. / Pero ahora, en el siglo de las luces, / del pecho del ladrón cuelgan las cruces". Y si adaptamos este último verso a mi caso especial, yo diría: Del pecho del chambón cuelgan las cruces».

Para completar los festejos, la Academia Francesa le mandó una medalla de oro; Islandia lo condecoró con la Cruz del Halcón y la

República Dominicana le otorgó el premio Canoabo de oro, que no pudo recibir en Santo Domingo porque estaba bastante enfermo.

La Secretaría de Cultura de la Argentina también festejó su cumpleaños con un gran homenaje oficial en el Teatro Nacional Cervantes. Hablaron Mujica Lainez, Alicia Jurado y, especialmente invitado, el escritor venezolano Juan Liscano.

El 4 de septiembre fue intervenido quirúrgicamente de una prostatitis. Dada su avanzada edad lo operaron con anestesia local. Mientras lo hacían, el cirujano y su equipo escuchaban, atentos y divertidos, las explicaciones que les ofrecía Borges acerca de la etimología de la palabra quirófano. Durante el tiempo de su internación en el CEMIC, tuvo la compañía permanente de Silvina Ocampo y de Bioy Casares, además de su amiga de siempre, Vlady Kociancich, que estableció unos turnos de guardia rigurosa en el piso, para evitar todo tipo de visitas, incluyendo, en especial, las de los periodistas.

La convalecencia fue exitosa y breve; en octubre visitó por primera vez Japón, en compañía de María Kodama. A su vuelta estaba lleno de buenas impresiones, sólo se permitió una crítica: las tradicionales almohadas de porcelana le parecían poco confortables.

En ese mismo año, 1979, aparecieron las *Obras completas en colaboración*, que son francamente incompletas porque sólo recogen los volúmenes escritos con Bioy, Bettina Edelberg, Margarita Guerrero, Alicia Jurado, María Kodama *(Breve antología anglosajona)* y los dos libros en los que tuve participación.

Borges ha cambiado, se ha estilizado. Muy delgado, mejor vestido (Kodama le compraba buena ropa), cada vez más frágil y vacilante, con el pelo todo blanco, se parece más al personaje mítico creado por sus admiradores que a sí mismo, que al Borges de apenas diez años atrás. No obstante, entra y sale del país como llevado por un frenesí; en la última década de su vida hace más de cincuenta viajes al exterior, siempre acompañado por Kodama. ¿Tenía miedo de la soledad? Las parestesias se han agudizado. A veces para ir de su cuarto al baño debía ayudarlo Fani, la empleada doméstica que hacía las veces de secretaria (llevaba una agenda que sólo ella podía entender y, sin embargo, resultaba muy eficaz), económa, enfermera y en ocasiones amiga que daba buenos consejos. Borges decía que era una mujer muy inteligente y la estimaba en todo su valor.

La verdad, vivía muy solo. Muchos de sus amigos habían muerto y los pocos que le quedaban habían sido desplazados. A Vlady Kociancich, amiga incondicional, compañera de tantas gozosas tardes de anglosajón, le pidió por intermedio de Adolfito (él no se atrevió a verla y decírselo) que no volviera; se había visto obligado a elegir. Aunque hablaba por teléfono con Bioy ya no iba a su casa a comer, como solía hacerlo antes; Silvina se había vuelto persona *non grata*. Y como Borges abandonó a sus amigos, poco a poco sus amigos lo fueron abandonando. Entonces, para paliar su soledad, Borges viajó continuamente, aceptando todo tipo de homenajes.

El de 1980 fue un año bueno. El 23 de abril, el rey de España le entregó el Gran Premio de la Real Academia Española, el Cervantes, junto con Gerardo Diego; se trataba de cinco millones de pesetas para cada uno (setenta mil dólares). Los españoles olvidaron ciertas irónicas apreciaciones de Borges: «... No he observado jamás que los españoles hablaran mejor que nosotros. Hablan en voz alta, eso sí, con el aplomo de quienes ignoran la duda [...]. El español es facilísimo. Sólo los españoles lo juzgan arduo; tal vez porque los turban las atracciones del catalán, del bable, del mallorquín, del galaico, del vascuence y del valenciano; tal vez por un error de la vanidad; tal vez por cierta rudeza verbal (confunden acusativo y dativo, dicen *le mató* por *lo mató*, suelen ser incapaces de pronunciar *Atlántico* o *Madrid*, piensan que un libro puede sobrellevar ese cacofónico título: *La peculiaridad lingüística rioplatense y su sentido histórico)*». Por supuesto este era un ataque a Américo Castro. Pero también expresó, como dijimos: «García Lorca es un andaluz profesional» y dijo públicamente: «Revisando con Bioy la poesía española del XIX con el propósito de compilar una antología, llegamos al Duque de Rivas y en toda su obra no encontramos un momento de ternura, de emoción, ni siquiera de arrogancia. No hallamos nada; sólo una acumulación de palabras inexplicables (...). Eso no nos pasó con Rosalía de Castro ni con los orígenes ni con el Siglo de Oro ni con los barrocos. Pero los siglos XVIII y XIX fueron bastante pobres, pese a algunos nombres honrosos».

El último cuento: «La memoria de Shakespeare»

El jueves 15 de mayo de 1980, Borges publicó en el diario *Clarín* el que sería su último cuento, «La memoria de Shakespeare». Empezó a dictarlo en 1978 pero los muchos viajes interrumpían la redacción. Después de dictadas dos o tres carillas, lo abandonó. A fines de 1979 lo retomó, decidido a terminarlo: «Quizá sea el último», me dijo y no se equivocó. Rehizo muchas veces la primera frase: «Hay devotos de Goethe, de las *Eddas* y del tardío *Cantar de los Nibelungos*: Shakespeare ha sido mi destino». En este párrafo quiso establecer una especie de balanceo; pensaba que Goethe, mejor dicho, su *Fausto* era una «superstición alemana». Tampoco le interesaba demasiado el «tedioso» *Cantar de los Nibelungos*, «muy apropiado para el género operístico» (nunca apreció la ópera). Amaba, en cambio (y las sabía de memoria), las *Eddas* y las obras de Shakespeare. Por eso, al colocar estos textos queridos con el *Cantar* y con Goethe, que no lo eran tanto, cumplía con una simetría que, aseguraba, hacía más verosímil la primera frase.

En marzo de 1980 el cuento estaba terminado. Podría decirse que «La memoria de Shakespeare» es como un compendio, un resumen de lo que Borges escribió antes, pero reelaborado para demostrar algo terrible: a medida que transcurre el tiempo, el hombre está obligado a «sobrellevar la creciente carga de la memoria» como si se tratara de un peso insoportable que lo agobia. Y uno se pregunta si este anciano frágil y ciego, en el desolado centro de su laberinto, no habrá renegado de las muchas memorias que lo acosaban, memorias físicas, memorias personales y, por qué no, también memorias literarias. Aquel primer verso del soneto «Everness», «Sólo una cosa no hay, es el olvido», ¿no se habrá convertido para Borges en un presente aterrador? Borges indefenso frente a Borges, con cientos de escritores imitando su estilo; obligado a contestar, sin detenerse nunca, las imposibles preguntas de infinitos reportajes; sonriendo mecánicamente a los admiradores que lo agasajan y lo adulan, a veces con una evidente ignorancia de su obra; otras, con una pedantería abrumadora. Es decir, Borges recordando siempre a Borges, sin poder escapar ni a su fama ni a su obra ni a su ceguera ni a su pasado.

Refiriéndose a su pariente Juan Crisóstomo Lafinur, que murió joven (veintisiete años), Borges escribió en 1946: «Le tocaron, como a todos los hombres, malos tiempos para vivir». En ese irónico «como a todos los hombres» se incluye. Y precisamente la memoria de lo que considera malos tiempos, lo acompañará hasta el fin: «Pocas veces tuve lo que quise, aquello que deseé. Hoy el éxito me halaga, me permite ciertas satisfacciones, no lo niego, pero también me trae grandes incomodidades».

A principio de la década de los veinte, Borges leía a un crítico de Meyrink, Albert Soergel; sesenta años después le regala su nombre al héroe del relato, erudito alemán estudioso de Shakespeare, que comparte las preferencias literarias de Borges. Le entusiasman el idioma anglosajón y *Macbeth*, la obra que nuestro escritor más amaba. Soergel, además, está casi ciego; Soergel es Borges.

El segundo personaje, en importancia, del cuento se llama Daniel Thorpe y el tercero, Mayor Barclay (variación fonética de Berkeley), rinde un evidente homenaje al filósofo idealista irlandés. La acción transcurre en los años veinte. Los tres hombres se encuentran en un congreso sobre Shakespeare y Soergel se entera, no sin envidia, que accidentalmente Thorpe es poseedor de un don extraordinario: la memoria de Shakespeare «desde los días más pueriles y antiguos hasta los del principio de abril de 1616». Soergel quiere tenerla para sí y lo logra; el otro está deseoso de dársela.

Soergel-Borges de algún modo siente que es Shakespeare; sin embargo, no puede recuperar la totalidad del pasado: «Como la nuestra, la memoria de Shakespeare incluía zonas, grandes zonas de sombra». Y luego descubre algo más terrible; esa memoria «no podía revelarme otra cosa que las circunstancias de Shakespeare. Es evidente que éstas no constituyen la singularidad del poeta; lo que importa es la obra que ejecutó con ese material deleznable».

Borges-Soergel, que padecía la nostalgia de la memoria universal, cree enloquecer. Con un resto de lucidez regala la de Shakespeare y abjura de la memoria y de sus riesgos: «Todo nos dijo adiós, todo se aleja / La memoria no acuña su moneda».

Cansado de años y de literaturas, de viajes, de ciudades, de honores y desengaños, de derrotas y esplendores, Borges busca olvidar: «Absuelto de las máscaras que he sido, / seré en la muerte mi total olvido».

Un gobierno de caballeros

El 12 de agosto de 1980 se publicó en el diario *Clarín* una «Solicitada sobre los desaparecidos»; entre todas las firmas se destacaban la de Borges y la de Ernesto Sábato. En 1976, cuando los militares echaron a María Estela Martínez de Perón de la presidencia y se instalaron en ella a través de diferentes «Juntas», Borges saludó con satisfacción la interrupción del gobierno constitucional y llegó a decir: «Por fin tenemos un gobierno de caballeros». Hay una foto suya con el general Videla, que lo saluda en el *stand* de Emecé en la Feria del Libro, bastante ilustrativa de la convicción de Borges. En esa ocasión, estábamos a espaldas de Borges Carlos Frías y yo. Cuando Videla dijo que le encantaba la literatura de nuestro escritor me animé a preguntarle qué libro de Borges le gustaba más. La contestación fue lapidaria y dicha con tono de cuartel: «Todos, señora, todos».

No obstante, la opinión de Borges acerca de Videla está expresada en estas palabras dichas en 1984: «Videla, caramba, un señor tan agradable y tan insípido. Pero qué puede saber uno de alguien con quien sólo ha cambiado trivialidades corteses. Por ejemplo: "¡Qué honor estrechar su mano, Borges!" "No, el honor es mío"».

Al fin, se dio cuenta de que estos caballeros no eran tales y en mi libro *Borges, sus días y su tiempo* se expresó del siguiente modo: «... Una tarde vinieron a casa las Madres y las Abuelas de Plaza de Mayo a contarme lo que pasaba. Algunas serían histriónicas, pero yo sentí que muchas venían llorando sinceramente porque uno siente la veracidad. ¡Pobres mujeres tan desdichadas! Eso no quiere decir que sus hijos fueran invariablemente inocentes, pero no importa. Todo acusado tiene derecho por lo menos a un fiscal, para no hablar de un defensor. Todo acusado tiene derecho a ser juzgado. Cuando me enteré de todo ese asunto de los desaparecidos, me sentí terriblemente mal. Me dijeron que un general había comentado que si entre cien personas secuestradas, cinco eran culpables, estaba justificada la matanza de los noventa y cinco restantes. ¡Debió ofrecerse él para ser secuestrado, torturado y muerto para probar esa teoría, para dar validez a su argumento! La guerrilla y el terrorismo existieron, desde luego, pero, al mismo tiempo, no creo que sean modelos aconsejables».

Una esperanza frustrada

El Jueves Santo de 1980 entró en la casa de Borges una persona muy encantadora, Viviana Aguilar, que trabajaba enfrente, en la librería de La Ciudad, abierta hacia el lado de Maipú en la Galería del Este. Borges estaba muy ligado a la librería y a su dueña, a quien apreciaba mucho y trataba de ayudar en todo lo posible, luego de la muerte de su marido. Borges se instalaba a firmar libros del otro lado de la vidriera y la gente que pasaba por la galería, al verlo, entraba, compraba uno de sus textos y se lo hacía firmar. En la librería trabajaba un muchacho joven, Miguel, y al tiempo empezó a ayudar una jovencita, fresca, muy bonita, muy alegre, simpática y bondadosa. Como en la casa de Borges no había una máquina de escribir, cuando él se cruzaba a La Ciudad solían pasarle en limpio algunas cosas. Viviana empezó a ocuparse de esa tarea. Ese jueves 3 de abril, feriado de Semana Santa, Borges, después de muchas vacilaciones, le pidió a Viviana si podía venir a su casa para poder dictarle un poema; debía entregarlo al día siguiente para su publicación en un diario y no lo había terminado. Viviana fue; trabajaron toda la tarde hasta la noche, cuando Carlos Frías vino a buscarlo para comer. Se hicieron bastante amigos; Viviana lo acompañaba a veces a sus conferencias y empezaron a salir juntos a almorzar o a comer, además de ayudarlo muy a menudo, tomándole versos o prosas al dictado. Viviana resultó tan eficaz que él le preguntó si en vez de trabajar para la librería no podría ser su secretaria y, sobre todo, acompañarlo en sus viajes por Latinoamérica a los que María, que estaba muy cansada, no deseaba ir. Estaba muy interesado, tanto que le ofreció pagarle cuatro o cinco veces el sueldo que recibía en La Ciudad. Casi enseguida, anunció que había recibido una invitación de Germán Arciniegas para ir a Colombia a dictar un curso en la Universidad de Los Andes. El viaje se realizaría en septiembre de 1981.

Mientras Borges se ilusionaba con esta escapada a Colombia, volvió a partir con Kodama hacia París, donde el 5 de junio de 1980 recibió el premio Cino Del Duca, otorgado por una fundación privada y avalado con doscientos mil francos. Los primeros días de 1981 retornó a Estados Unidos; visitó Nueva Orleans y se entusiasmó con las asociaciones literarias y la música de esa ciudad.

Los viajes se sucedían sin pausa; el 6 de marzo el presidente de Italia, Sandro Pertini, le entregó el Premio Balzan, otorgado por esta fundación en Milán y compartido con Hasyan Fathy y Enrico Bombieri y consistente en una medalla y ciento cuarenta mil dólares. Borges se dio el lujo de decir: *Civis romanus sum* (Soy ciudadano romano), asegurando que, a tantos siglos de distancia, seguimos hablando en latín, algo cambiado y bastardo y corrupto, pero latín al fin. Ni los franceses ni los belgas ni los españoles ni los portugueses aceptaron de buen grado esta información dada por Borges; se tomó como una *boutade* más, producto de su sentido inglés del humor.

Regresó a Buenos Aires, pero el 3 de junio estuvo en Cambridge, dispuesto a recibir el doctorado *honoris causa* de la Universidad de Harvard. En junio le fue otorgada la misma distinción por la Universidad de Puerto Rico y en julio volvió a Italia, invitado por la Comuna de Milán y por Franco María Ricci, para presidir algo bastante raro que se dio en llamar el Congreso de los Laberintos y que fue una invención de Ricci, quizá para gozar una vez más de la presencia de Borges. Por último, el 25 de agosto (acababa de cumplir ochenta y dos años), el presidente de México, José López Portillo, le entregó el Premio Ollin Yoliztli, dotado de setenta mil dólares y otorgado por el Festival Internacional Cervantino «por su aporte a la literatura escrita en lengua española».

Como Borges siempre tuvo coraje cívico, firmó, en ese tiempo, con Adolfo Pérez Esquivel y otros, una declaración en la que se pedía al gobierno militar argentino «la vigencia del Estado de Derecho y el pleno imperio de la Constitución».

Durante el tiempo en que Borges, escoltado por María, gozaba de la estadía mexicana, en Buenos Aires Viviana Aguilar preparaba el viaje a Colombia, pero los días pasaban y Borges no regresaba. Los organizadores de la Universidad de los Andes empezaron a ponerse nerviosos y querían saber si el escritor se dirigiría directamente de un país a otro o si pasaría por Buenos Aires, para partir de acá con Viviana. La víspera de la fecha fijada en el pasaje para volar a Colombia, llegó Borges a Buenos Aires.

Muy nervioso, casi enfermo de angustia, le avisó a Viviana por teléfono que el proyectado viaje se suspendía y terminó diciéndole: «Soy un pobre infeliz que está atado a su destino».

El día de Navidad de 1981, Viviana Aguilar lo invitó a almorzar en su casa con su familia y con sus padres. Según afirmó Borges después: «Fue un almuerzo maravilloso, hacía tiempo que no lo pasaba tan bien». La experiencia se repitió el día de Año Nuevo.

La cifra

Borges y Viviana seguían trabajando juntos, él le dictaba poemas y hubo uno, «Al olvidar un sueño», que la emocionó mucho; él entonces le prometió dedicárselo cuando apareciera impreso en su próximo libro. Ese libro fue *La cifra*. Curiosamente el poema está en la edición española de Alianza (la primera en aparecer), dedicado a Viviana Aguilar, y no en la argentina de Emecé ni figuró tampoco en las posteriores Obras Completas.

El poema, inserto en la página 73 de la edición de Alianza, dice: «En el alba dudosa tuve un sueño. / Sé que en el sueño había muchas puertas. / Lo demás lo he perdido. La vigilia / ha dejado caer esta mañana / esa fábula íntima, que ahora / no es menos inasible que la sombra / de Tiresias o que Ur de los Caldeos / o que los corolarios de Spinoza. / Me he pasado la vida deletreando / los dogmas que aventuran los filósofos. / Es fama que en Irlanda un hombre dijo / que la atención de Dios, que nunca duerme, / percibe eternamente cada sueño / y cada jardín solo y cada lágrima. / Sigue la duda y la penumbra crece. / Si supiera qué ha sido de aquel sueño / que he soñado, o que sueño haber soñado, / sabría todas las cosas».

Según los editores, dedicatoria y poemas fueron eliminados por

María Kodama, que no admitía competencia. En esos momentos Viviana tendría veintitrés o veinticuatro años y estaba en el esplendor de su juventud; María había cumplido ya cuarenta y cuatro.

No obstante tantos inconvenientes, la amistad entre Borges y Viviana no se interrumpió. El la invitaba generalmente a comer. Una noche fueron fotografiados en un restaurante y pocos días después, la revista *La Semana* le dedicó una doble página: en la de la izquierda estaba el escritor, el día jueves 10 de marzo de 1983, en el restaurante Al Fondo comiendo con María Kodama; en la página de la derecha, el viernes 11 de marzo, al día siguiente, comía en Winner's con Viviana Aguilar (le habían cambiado el nombre, fue rebautizada María). La nota de la revista decía: «Cambió sus hábitos y hasta de humor, casi siempre cargado de melancólico fatalismo. Jorge Luis Borges sale de noche y el otro Borges debe quedarse al amparo de la penumbra de la calle Maipú. El 10 de marzo, cenó con su habitual compañera María Kodama (...). Al día siguiente la sorpresa: Borges cenaba en Winner's sin María Kodama. Esta vez su compañera era otra María [aquí está la equivocación del nombre de pila], María Aguilar. (...) Borges está a punto de convertirse en un personaje habitual de la noche, más o menos como cuando lo fue en sus acaso añorados años jóvenes».

Fue un poco antes cuando Borges, muy dolido y amargado, le había reprochado a Viviana que se burlara de él; acababa de volver de Nueva York (fines del 82) y allí se lo habían dicho y, además, le habían asegurado que ella lo «usaba». Viviana nunca supo quién había inventado lo que calificaba de infamia. Le aseguró que estas afirmaciones eran una calumnia y debía de tener razón porque, pese al «chisme», siguieron siendo amigos hasta que Borges emprendió su último viaje.

La cifra se inicia con una afectuosa «Inscripción», que es en realidad una dedicatoria: «... la dedicatoria de un libro es un acto mágico. También cabría definirla como el modo más grato y más sensible de pronunciar un nombre. Yo pronuncio ahora su nombre, María Kodama. Cuántas mañanas, cuántos mares, cuántos jardines del Oriente y del Occidente, cuánto Virgilio». No parece sensato que después de estas palabras, de por sí una verdadera prueba de amistad, se haya obstinado María en no permitir la inclusión del poema «Al olvidar un sueño» y de su dedicatoria.

La cifra incluye, entre otros, un poema al gato albino, *Beppo,* que al morir antes que Borges le dejó un vacío, la íntima pena de perder a alguien cuya sola presencia es un consuelo; incluye también un recordatorio a Francisco Luis Bernárdez, bastante cariñoso si se considera que Borges lo consideraba, al final de su vida, un poeta mediocre.

Hay un poema titulado «Las dos catedrales» en el cual rescata a Schiavo, el antiguo compañero de la Biblioteca Miguel Cané. Aquel que deseaba encerrar en un poema la catedral de Chartres. Un poema que dibujaría en palabras desde la primera piedra hasta el último capitel; es decir trazaría una «catedral tipográfica».

Por último desearía resaltar de entre la casi cincuentena de piezas del volumen, una titulada «El cómplice». Allí Borges confiesa que no le importan su ventura o su desventura personales; él, como *poeta*, por su condición de serlo, debe justificar las más diversas vicisitudes: «Mi alimento es todas las cosas, / El peso preciso del universo, la humillación, el júbilo».

En 1981 murió la madre de María Kodama, con quien hablé alguna vez por teléfono, pero que no conocí; tampoco Borges la vio nunca. La señora María Antonia Concepción Schweizer, viuda de Yusaburo Kodama, vivía en un departamento de un ambiente muy deteriorado en un tercer piso sin ascensor en la calle Junín a la altura del mil trescientos. Beatriz Seco, quien se lo alquilaba, comentó que no era un lugar cómodo ni apropiado para una señora; incluso había sido utilizado como depósito en otras épocas. Murió el 11 de octubre a los sesenta y nueve años de un paro cardiorrespiratorio. Trataron de avisar a María y como no sabían dónde ubicarla, llamaron a lo de Borges; en ese momento ambos estaban comiendo en un restaurante de la calle Paraguay. Finalmente consiguieron el teléfono del lugar y hablaron con María, quien les dio el número de su hermano Jorge para que él se hiciera cargo del asunto.

Lo curioso es que el 12 de septiembre de 1993 en la revista del diario *La Nación*, en un reportaje realizado por Hugo Beccacece, ella termina diciendo: «Sobre el resto de mis recuerdos, sólo puedo guardar silencio. En el corazón de cada ser humano hay una zona de silencio que no se comparte con nadie. Allí residen las cosas, las imágenes, los seres más queridos. Nunca hablo de mi madre que está viva y se encuentra en los Estados Unidos. Nunca les digo su nombre a los simples conocidos...».

Las Malvinas. Intento de suicidio

El 2 de abril de 1982, la Argentina invadió las islas Malvinas en un afán de recuperar un territorio que le había pertenecido ciento cincuenta años atrás. El anhelo reivindicatorio argentino constituía un verdadero desatino; Gran Bretaña no iba a permitir que su poderío y orgullo nacionales se vieran menoscabados, perdiendo unas islas que, si bien no son gran cosa, simbolizan el deshilachado Imperio Británico. Por otra parte su aliado natural, los Estados Unidos de América, le brindó el mayor apoyo posible. El territorio argentino fue observado y cuadriculado centímetro por centímetro desde los satélites norteamericanos y así los ingleses tuvieron claras las posibilidades de sus enemigos.

La primera en denunciar el despropósito de la Junta Militar argentina que llevó a cabo la ofensiva fue Silvina Bullrich, a quien se censuró mucho por estas opiniones. A Borges esta ocupación le pareció un verdadero disparate: «Además, seis personas no pueden decidir por todo un país», expresó en *Borges, sus días y su tiempo*. «Por otra parte, ellos no se dieron cuenta de que eso podía llevar a una guerra. El general Galtieri afirmó que no había pensado en esta perspectiva. Además se manejaron grandes palabras: patria, libertad o "juremos con gloria morir" y los pobrecitos que murieron no tuvieron tiempo de pensar si se morían con gloria. Palabras todas que tocan las fibras sensibles del nacionalista que cada uno lleva dentro. Pero no creo que ningún escritor ni ninguna persona seria los apoyara. En cuanto a Margaret Thatcher, no podía obrar de otro modo, se jugaba su prestigio político frente a los nacionalistas de allá, que también los hay. Por otra parte, si se hubieran reconquistado las Malvinas, posiblemente los militares se hubieran perpetuado en el poder y tendríamos un régimen de aniversarios, de estatuas ecuestres, de falta de libertad total. Además, yo creo que la guerra se hizo para eso, ¿no? Al mismo tiempo, para Gran Bretaña fue como un episodio victoriano porque si los militares argentinos pensaron que, como Inglaterra queda lejos, no iba a darse cuenta de la ocupación de las islas y confundieron entonces la lejanía en el espacio, los ingleses confundieron la lejanía en el tiempo.»

En el volumen *Atlas*, de diciembre de 1984, bajo el título «Madrid, julio de 1982», ilustrado con una fotografía de Borges sentado en un sillón con un pie vendado, descansando sobre una silla, el escritor dice: «Acabo de sufrir una quemadura de primer grado; el médico me dice que debo permanecer diez o doce días en esta impersonal habitación de un hotel en Madrid. Sé que esa suma es imposible; sé que cada día consta de instantes que son lo único real y que cada uno tendrá su peculiar sabor de melancolía...». Allí fueron a verlo Manuel Mujica Lainez y Oscar Monesterolo. Según confesó Mujica: «Lo encontramos en un estado lamentable, dolorido, quejumbroso y tan triste que lo visitamos más de una vez».

Ya en Buenos Aires, Borges confesó a los amigos más íntimos, incluyendo a Fani Uveda, su empleada doméstica, que había intentado suicidarse llenando la bañadera con agua hirviendo y metiéndose adentro. Por supuesto, al sumergir el pie, el dolor se impuso sobre su decisión y desbarató el intento. Este ineficaz (es probable que Borges buscara esa ineficacia) y quizá, según quien lo juzgue, ridículo modo de buscar la muerte fue considerado un accidente inexplicable por María. Se justificó después diciendo que ella misma tomó, como hacía siempre, la temperatura del agua; incluso comentó que el suyo era un trabajo agotador, de gran responsabilidad porque Borges estaba muy viejo y físicamente deteriorado. Adolfo Bioy Casares preguntó por qué no llevaban una enfermera.

Ese año viajó dos veces a Estados Unidos. En octubre, al emprender el segundo, no retornó a Buenos Aires, sino que desde el país del norte, invitado por la entonces República Federal Alemana, se dirigió hacia Munich, luego a Berlín y, como estaba en el continente europeo, antes de volver a casa se detuvo en Ginebra, donde visitó otra vez a los antiguos compañeros que aún vivían. Me pregunto, ¿qué habrá sentido Borges ante esos ancianos, fantasmas de un pasado tan lejano que le parecería ilusorio? Frente a esos hombres, él encarnaba la fama y el triunfo, insospechados en aquella edad primera, y ellos representaban la vida tranquila y ordenada del profesional exitoso y limitado. ¿Se habrá interrogado Borges acerca de si eran medianamente felices o estaban satisfechos con la vida que habían elegido? ¿Habrá pensado que esos destinos eran preferibles al suyo, a ser Borges? Según confesó en un momento de abatimiento y quizás injustamente, cualquier destino era preferible a ser Borges.

Es probable que esa depresión manifiesta lo haya llevado a tomar una decisión; previendo que su vida podría terminar en un plazo relativamente breve, asumió una actitud extrema y dictó el siguiente documento: «Por la presente, yo, Jorge Luis Borges, C.I. 662621 de la Policía Federal, autorizo a Sara Kriner de Haines a efectuar todos los trámites necesarios para que a mi muerte se proceda a la incineración de mi cuerpo. Este acto de disposición lo hago en pleno uso de mis facultades mentales y con carácter irrevocable, hoy 2 de septiembre de 1982 en presencia de mi fiel servidora Fanny, Epifanía Uveda, C.I. 4.437.067». (Sara Kriner de Haines es una antigua amiga de Leonor

Acevedo.) El documento está firmado por Borges y abajo se puede leer: «Firma certificada en la foja especial de certificación de firmas, número 1.106.423. Buenos Aires 2 de septiembre de 1982». Luego hay una enmienda salvada y debajo la firma del escribano, José González Pagliere. En hoja adjunta el prosecretario del Colegio de Escribanos, Ricardo A. Paurici, avala la legalización de la firma de González Pagliere con fecha del 18 de junio de 1987, bajo el número 139.657, serie L.

Según se sabe, esta disposición no se cumplió.

El 2 de diciembre de 1982 se presentó en Buenos Aires un nuevo libro firmado por Borges: *Nueve ensayos dantescos*, editado meses atrás por Espasa Calpe en Madrid. El definitivo encuentro con la *Divina Comedia* y con su autor se produjo para Borges a finales de la década de los treinta o principios de los años cuarenta en los solitarios viajes en tranvía que hacía desde su casa en Las Heras y Pueyrredón hasta la Biblioteca Miguel Cané en Carlos Calvo y avenida La Plata.

«El azar (salvo que no hay azar, lo que llamamos azar es nuestra ignorancia de la compleja maquinaria de la causalidad) me hizo encontrar tres pequeños volúmenes en la librería Mitchell's... Eran los tomos del *Infierno*, del *Purgatorio* y del *Paraíso*, vertidos al inglés por Carlyle. Eran libros muy cómodos, editados por Dent. Cabían en mi bolsillo. En una página estaba el texto italiano y en la otra el texto en inglés, vertido literalmente. Imaginé este *modus operandi:* leía primero un versículo, un terceto, en prosa inglesa; luego leía el mismo versículo, el mismo terceto en italiano, y así hasta llegar al fin del canto. Luego leía todo el canto en inglés y luego en italiano. En esa primera lectura comprendí que las traducciones no pueden ser un sucedáneo del original. La traducción puede ser, en todo caso, un medio y un estímulo para acercar al lector al original; sobre todo, en el caso del español.» Este texto fue incluido en la Introducción de la edición de Espasa Calpe y dejado de lado en las Obras Completas. En el Prólogo que antecede al libro, Borges nos da la clave de por qué ha elegido el número nueve a la manera de Dante. En realidad el libro, pequeño, está integrado por diferentes artículos publicados en el diario *La Nación* y en la revista *Sur*. El titulado «El último viaje de Ulises» apareció en el diario el 22 de agosto de 1948. En 1981, Borges le agregó una postdata de siete líneas.

Algo similar ocurrió con el volumen titulado *Siete noches*, una recopilación de las conferencias que dio Borges en el Teatro Coliseo en 1977 y que fueron publicadas casi inmediatamente en el diario *La Opinión*, cada una de ellas introducida por un estudio de Martín Müller. Tres años después aparecieron en forma de libro en el Fondo de Cultura Económica de México.

Mientras los homenajes públicos se multiplicaban, Borges recibió uno privado que nunca hubiera podido imaginar: el 15 de diciembre de 1982 apareció en el diario *Gazzetta del Sud* de Messina la participación de una misa por el alma de una señora muerta tiempo atrás. El aviso estaba encabezado por el primer cuarteto del soneto a Ricardo Güiraldes de Borges: «Nadie podrá olvidar su cortesía; / era la no buscada, la primera / forma de su bondad, la verdadera / cifra de un alma clara como el día». Luego los versos aparecían traducidos al italiano, seguía el nombre del autor y, por último, el aviso de la misa: «Ha transcurrido un mes del triste día en que el gran corazón de Mimma Ferraro dejó de latir. Sus hijos, más unidos aún en el acongojado duelo, dirigen un devoto, afectuoso pensamiento a esa incomparable madre (...). La misa será celebrada hoy, a las 18 horas, en la Parroquia de San Nicolás en el Arzobispado».

Le conté a Borges la historia y, como le parecía increíble, le leí el aviso. Escuchó, con la cabeza reclinada sobre el hombro, y repitiendo en voz baja los versos. Cuando terminé, quedó silencioso un rato, después me dijo: «Es uno de los homenajes más delicados que he recogido. Además, el hecho de que citen esos versos para algo tan íntimo y tan querido para ellos vale más que todos los premios del mundo, precisamente porque no está pensado como premio. El saber que he dicho algo que merece ser recordado por otros en estas circunstancias patéticas, me justifica. Se podría borrar todo el resto de mi obra y dejar esos cuatro versos como justificación de mi vida. Y, pensándolo bien, quizá me convenga, ¿por qué no?».

Las condecoraciones seguían lloviendo sobre Borges. El 19 de enero de 1983 el presidente Mitterrand le acordó la Orden de la Legión de Honor, que, por supuesto, fue a recibir a París. De regreso, se quedó poco en Buenos Aires; debía partir hacia España para participar en los cursos de la Universidad Internacional Menéndez y Pelayo y recibir la Gran Cruz de Alfonso el Sabio en el Palacio de la Magdalena en Santander. Cuando el primer ministro Felipe González le entregó la Orden, una banda morada y dos medallas de distinto tamaño, y las colocó sobre y cruzando su pecho, Borges, en vez de responder, se largó a llorar demasiado emocionado.

1983 fue un año de entrar y salir continuamente del país. En septiembre fue a Estados Unidos a dar un curso en Texas. A fines de octubre volvió al norte, a Madison, a dictar un seminario y a recibir un doctorado *honoris causa*. Allí se enteró del triunfo de Raúl Alfonsín.

Estaba en una fiesta y lo habían disfrazado con una careta de lobo y, con careta y todo, se puso a cantar el *Himno nacional* argentino. Borges había dejado atrás el radicalismo, incluso se había afiliado, ya lo dijimos, al Partido Conservador; sin embargo, el triunfo de Alfonsín significaba, en esos momentos, el retorno a la democracia. Cuando de regreso a Buenos Aires le pregunté qué opinión le merecía Alfonsín, me contestó: «Ninguna, pero debo decir que tengo la mejor. He conversado diez minutos con él y hemos cambiado corteses trivialidades, pero desde luego, estoy contento. Si uno piensa lo que hubiera sido el reverso, si hubieran ganado las elecciones los peronistas, se piensa directamente en el infierno, hubiera sido horrible».

En noviembre pasó unos días en Ginebra y de allí viajó por tercera vez en el año a Estados Unidos. Fue en Chicago donde la Fundación Rockford le entregó el Premio Internacional Ingersoll, dotado con quince mil dólares y con el nombre de T.S. Eliot. El premio se entregó el 8 de diciembre y Borges había prometido a los organizadores referirse al poeta Walt Whitman. Cuando llegó el momento, Borges se negó a hablar. Sin embargo, luego de muchos ruegos y con una sala repleta de gentes que habían desafiado una terrible tormenta de nieve para oírlo, tras algunas vacilaciones, habló y, como siempre, encantó al auditorio: «Hablé sobre Walt Whitman. La viuda de Eliot me mandó un telegrama. Ella era su secretaria y me contaron que le enseñó a bailar. Se trató de un vasto premio, quince mil dólares es una cifra. Pero, al mismo tiempo había otra cifra en Chicago: treinta y nueve grados bajo cero. Inmediatamente nos fuimos a New York, donde sólo había veinticinco bajo cero y entonces decidimos ir al sur a buscar el calor de New Orleans. Oímos excelente jazz, pero hacía un frío terrible, no se podía salir del hotel. El jazz en New Orleans es continuo, se oye permanentemente en las calles con todas sus variedades, desde los negros espirituales hasta el rock y a mí, que acá juzgaba horrible al rock, al oírlo allá me pareció lindísimo. Quizá sea que todo el jazz que se oye en New Orleans es excelente».

A principios de 1984 le pregunté si no se cansaba mucho, yendo de acá para allá, y Borges me contestó: «Sí, no sé. Pero sí, es cierto; a veces estoy terriblemente fatigado. Sobre todo porque me he dado cuenta de que casi todos los lugares son iguales y la gente es la misma con ligeras variantes; me preguntan las mismas cosas y respondo con idénticas palabras. He llegado a imaginar que vivo en el escenario de un teatro, rodeado de actores, repitiendo incansablemente la comedia previamente estudiada. Pero todavía me impresiona el pasado literario de algunos lugares: Schleswig, Reykiavik, Islandia, Escocia... Espero que este peregrinar por los cinco continentes y los siete mares termine alguna vez».

No obstante estas palabras, 1984 fue un año de grandes satisfacciones personales. El 21 de marzo inició un viaje de cuatro meses que comenzó en Palermo, en Sicilia. La universidad, que funciona en un antiguo palacio normando, le dio su correspondiente doctorado *honoris causa* y la editorial Novecento le ofreció una rosa de oro como homenaje a su sabiduría y que, gramos más o menos, pesaba medio kilo. De Sicilia fue a Venecia: «Alguna vez escribí en un prólogo "Venecia de cristal y de crepúsculo". Crepúsculo y Venecia son para mí dos palabras casi sinónimas, pero nuestro crepúsculo ha perdido la luz y teme la noche y el de Venecia es un crepúsculo delicado y eterno, sin antes ni después».

Abandonó Venecia para repetir la experiencia de las almohadas de porcelana y en Tokio recibió, por supuesto, el doctorado *honoris causa* de la universidad. De Tokio a Grecia, a Iraklión, la capital de Creta y al laberinto del Minotauro. En Iraklión, el 13 de mayo, fue honrado por la universidad de la ciudad y trajo a Buenos Aires, adonde llegó el 18 de mayo, un doctorado más para agregar a la lista de los existentes.

Al llegar a Buenos Aires hubo dos declaraciones contradictorias: María aseguró que se vendería el departamento de Maipú y ambos se establecerían en Japón; Borges, por su lado, dijo que se trataba de un país muy agradable, poblado por gente muy cortés, pero que no soñaba con moverse de Buenos Aires.

En el otoño de 1984 viajamos a Mar del Plata. Borges le pidió a Fani que ocultara el hecho y ella le contestó: «Pero señor, María se va a enterar por los diarios». En Mar del Plata hicimos un reportaje público. Le demostraron tanto afecto, tanta devoción, que la reunión fue muy emotiva. Lo aplaudieron más de diez minutos; la gente estaba llena de entusiasmo y Borges también. En la comida que le dieron luego se mostró distendido, feliz y divertido. Hizo chistes, recitó poemas, ni siquiera parecía cansado.

Nos hospedamos en un hotel frente al mar. Nuestros cuartos estaban separados por una sala de estar en la cual, a la mañana siguiente antes de regresar a Buenos Aires, tomamos el desayuno.

Todo iba muy bien y, de pronto, escondiendo la cara entre las manos, Borges empezó a llorar con grandes sollozos. Traté de consolarlo, de preguntarle qué le pasaba, incluso llegué a creer que se había enfermado. Me contestó ahogado en llanto: «Si todos los días fueran como éstos. Soy un desgraciado y lo peor es que no puedo hacer nada». Lo vi vulnerable, deprimido y angustiado.

El regalo de FMR

A fines de julio, recibió un regalo fastuoso. El editor italiano Franco María Ricci le ofreció una espléndida comida en Washington y un presente extraordinario. Borges me lo contó así: «La invención es realmente extraña. Resulta que desde que yo nací, sin saberlo y sin que nadie lo supiera tampoco, he ganado una libra esterlina por año. Eso no parece excesivo, pero cuando al cabo de ochenta y cuatro años uno recibe un cofre con ochenta y cuatro monedas de oro donde de un lado está san Jorge (...) con su dragón; del otro, efigies de Victoria, de Eduardo VII, de Jorge V, de Isabel II (además, el oro tiene un valor mítico), ochenta y cuatro monedas de oro dan la sensación de un capital infinito. ¡Caramba! uno piensa en la reina Victoria y la ve tan lejana en el tiempo y yo nací dos años antes de que ella muriera. El editor italiano, Franco María Ricci, dirige una revista de arte y literatura, *FMR*, cuyo nombre corresponde a sus iniciales; y bien, a él se le ocurrió que la revista me diera este premio rarísimo. Inició la campaña de *FMR,* que ahora se venderá en Estados Unidos, con una comida extrañísima en la Biblioteca Nacional de Washington. Para eso alquiló la sala de lectura. Había cuatrocientos cincuenta invitados. El importó, conociendo lo que es la comida americana, cuatro cocineros de Parma y se comieron unos *tortellini* no inferiores a los que nos había ofrecido en Italia. Hablaron muchas personas, me entregaron el premio y yo pensé: "Recibo un premio de Italia, un país que quiero tanto, me lo dan en Washington, una ciudad que quiero tanto, y me lo entrega Ricci, un viejo amigo y mecenas". Todo parecía un sueño. Agradecí, al final de esa comida espléndida, desde una alta tarima que me hacía recordar al patíbulo. Me sentí tan agradecido por lo singular de ese regalo. El cofre es muy lindo, del tamaño de un infolio y cada moneda tiene un nicho circular y las han puesto de tal manera que a veces se ve el santo y el dragón... Pero el dragón da lástima porque san Jorge parece tan grande y poderoso, tan poderoso con esa gran lanza matando a un gusanito. No me parece equitativa esa lucha».

A fines de septiembre viajó a España y a Portugal. Se corrieron rumores acerca de su mala salud que inmediatamente fueron desmentidos.

El 12 de octubre, en Roma, fue homenajeado por la Accademia dei Lincei; a su lado estaba el presidente de Italia, Sandro Pertini. El 13 recibió el doctorado *honoris causa* de la Universidad de Roma.

Cuatro días después, el mismo Pertini lo condecoró con las insignias de la Gran Cruz de la Orden de la República Italiana. Al día siguiente partió hacia Marruecos; en Marrakech lo esperaba el Congreso Mundial de Poetas. No se quedó demasiado porque el 22 llegó a Lisboa y el 23 de octubre el primer ministro portugués, Mario Soares, en nombre del presidente de la República, le ofreció en una recepción principesca el Gran Collar de la Orden de Santiago de Espada.

En noviembre de 1984, Borges me confesó que estaba contento porque en dos meses más iba a volver a Italia: «Podría repetir lo que dijo Chesterton: "Si alguien va a Roma y no piensa que vuelve a Roma, el viaje es inútil". Además, la genealogía, esa especie de literatura fantástica, asegura que desciendo directamente de un capitán Griveo, italiano, que militó a las órdenes de Mendoza en la primera fundación de Buenos Aires».

Mientras tanto un deseo no ajeno al pensamiento de la propia muerte se instaló en el ánimo de Borges; como le desagradaba la idea de que sus cenizas fueran a parar al último subsuelo de la bóveda familiar, le pidió a Alberto Paramidani, el cuidador de la Recoleta, que le averiguara si era posible agrandar la primera planta del recinto. El cuidador llamó a la firma Montesano y Cia. Construcciones, de la calle Concepción Arenal 2428/30, especialista en estos menesteres, y con fecha del 8 de noviembre 1984 le fue remitido a Borges un presupuesto con el detalle de la remodelación del altar, para dar lugar a la futura colocación de un segundo ataúd. Que yo sepa, la remodelación no se hizo nunca.

El 5 de enero de 1985 en Volterra, cerca de Pisa, recibió el Premio Etruria de Literatura por el primer volumen de sus *Obras Completas*, editado por el sello Mondadori, bajo el cuidado de Domenico Porzio. El presidente de la Radio-Televisión Italiana le entregó la distinción en la Sala Mayor del Congreso del Palacio de los Priores. Borges dijo: «Cada día se vive un poco de felicidad y hoy para mí, en esta Volterra y con la simpatía y la calidez de ustedes, he gustado anticipadamente un poco del paraíso». Todo el mundo quedó exultante. Porque Borges, convertido en un experto en el arte de recibir premios (pocos alcanzan ese honor), sabía encontrar para cada institución, mecenas o universidad el agradecimiento justo, las palabras que llenaban de satisfacción a quienes se lo habían otorgado, con el sentimiento, además, de haberlo entregado a la persona adecuada, por sus méritos y también porque apreciaba la distinción en un valor superlativo. Cuando las palabras no acudían, Borges, emocionado y conmovido, dejaba caer una oportuna lágrima, que producía similares efectos. Un día le pregunté si la emoción y el llanto eran reales; él, con fingido asombro, contestó, riéndose: «Yo soy asquerosamente sentimental».

Los conjurados

Cuatro o cinco días después de recibir el Etruria, pasó por Ginebra. Así lo testifica el prólogo del que sería su último libro, *Los conjurados*, firmado el 9 de enero de 1985. Borges confiesa en él sentir «que soy tierra, cansada tierra. Sigo, sin embargo, escribiendo». Y agrega con no disimulada tristeza: «¿Qué otra suerte me queda? (...) Toda obra humana es deleznable, afirma Carlyle, pero su ejecución no lo es». Unas nueve líneas más abajo, aparecerá la esperanza: «Sería muy raro que este libro, que abarca unas cuarenta composiciones, no atesorara una sola línea secreta, digna de acompañarme hasta el fin».

El volumen se abre con un poema a «Cristo en la cruz» e incluye a continuación emocionadas elegías a Maurice Abramowicz, a Haydée Lange, a Enrique Banchs, amigos que lo precedieron hacia el otro lado del umbral, el lado de la sombra. Luego Borges, tan dolido por la infausta guerra de las Malvinas, escribió un poema titulado «Juan López y John Ward», que, publicado primero en un diario, pasó a ser el penúltimo del libro. Ambos hombres, unidos por un destino de muerte, son cada uno el Caín del otro y al mismo tiempo el Abel.

Quizá la línea secreta a la que aspiraba Borges pueda hallarse en el poema «Piedras y Chile»: «Sólo me queda la ceniza. Nada».

En el libro se nombra a María Kodama, primero en la «Inscripción», donde se le dedica el volumen a la manera de *La cifra* y de *Atlas*, y luego en una prosa poética que evoca a Abramowicz.

Nunca supimos con Bioy Casares hasta qué punto Borges era feliz o desdichado. A veces él cedía a las exigencias con facilidad; otras, penosamente, pero siempre cedía. Se lamentaba conmigo de que Kodama lo amenazaba con irse y no volver. Si ella se enojaba abandonaba la casa de Maipú dando un portazo —según Borges—, dejándolo desesperado. No era fácil comunicarse con Kodama; había que llamar a la casa de un señor Ernesto (Annecou), amigo suyo, entre doce y catorce treinta.

En esa época, Borges me comentó un episodio bastante extraño en relación con Kodama. Según el escritor, ella le había propuesto darse una mutua prueba de afecto: un día prefijado y a la misma hora, cada uno de ellos debía matar a su gato. Borges cortésmente declinó la oferta, aduciendo que el animal no era suyo. En cuanto al otro gato, deseamos que haya dejado el mundo de muerte natural.

El mes de abril de ese año, siguiendo ya un hábito, Borges pasó días y noches en los diversos aviones que lo trasladaron de Buenos Aires a California primero, para dar una serie de charlas en Santa Bárbara y luego, cruzando el Atlántico, repetirlas en Milán, Barcelona y Madrid, ciudades estas últimas donde habló de *Los conjurados*.

Casi a fin de mes, presentamos juntos mi libro *Borges, sus días y su tiempo*. El volumen encerraba una serie de conversaciones que tuvimos a lo largo de los años entre 1963 y 1984. Borges gozaba con cada presentación, porque hubo tres o cuatro, y aunque decíamos más o menos lo mismo, él se divertía como si fuera la primera vez; es probable que lo sintiera así y en cada ocasión olvidara la anterior. Escribió un prólogo para el volumen, una de las frases finales decía: «Para mí este libro tiene (...) una irrefutable virtud: la de haberme reconciliado con Borges».

En mayo, invitado por la Fundación Fullbright, regresó a Estados Unidos a dar más conferencias; los temas eran los mismos, Whitman, la literatura gauchesca, la ceguera, Kafka, Swedenborg, la *Divina Comedia*...

Estela Canto volvió a llamarlo y a veces, algunos sábados, almorzaron juntos. Como culminación de esos encuentros —ya lo anotamos antes— la casa Sotheby's de Londres vendió el manuscrito de *El Aleph*. «Quién me hubiera dicho, cuando lo escribí, que llegaría a valer tantos dólares y que ese dinero haría, no sé si la felicidad, pero sí la estabilidad económica de Estela», confesó Borges. Pero claro, no sabía que esos veintisiete mil setecientos sesenta dólares serían el acicate para que Estela escribiera un libro, *Borges a contraluz*, en que no sólo lo denigraba, sino que también lo ponía en ridículo, contando verdades a medias y favoreciéndose con algunas mentiras. «Borges nunca tuvo suerte con las mujeres», sentenció Bioy, para agregar: «Yo creo que más que enamorarse, se obsesionaba y las obsesiones no son beneficiosas».

En junio vivió una extraña experiencia. Fue invitado a la presentación en Pittsburgh de un ballet titulado *Dream Tigers*, basado en uno de sus cuentos. Pudo conocer entonces una secta protestante cuya conducta lo impresionó mucho, los Amish. Esta gente rechazaba la electricidad y el conocimiento, vivía en Pensilvania y hablaba una especie de alemán primitivo. A Borges lo conmovieron su inocencia, su rusticidad y su bondad, «creo que con eso sólo no se puede vivir, pero ellos no piensan así y sus días transcurren felices; casi como si fueran niños. Son campesinos, amasan su pan, aman la paz, la violencia les es ajena y, algo curioso, se visten a la moda del siglo XIX».

A fines de ese invierno y en medio de tantas invitaciones que le llegaban de países lejanos, la Comisión de Cultura del Jockey Club de Rosario, por intermedio de un hombre extraordinario, el doctor Juan Manuel Vila Ortiz, le pidió que fuera a protagonizar un reportaje público. Aceptó y yo lo acompañé. Se acababa de morir *Beppo*, el gato, «cuya visita alegra la soledad de mis tardes», y estaba muy triste. Durante el viaje en avión, casi susurrando para no ser oído por gente extraña, confesó: «Hay un Borges personal y un Borges público, personaje que me desagrada mucho. Este suele contestar a reportajes y aparecer en el cinematógrafo y en la televisión. Yo soy el Borges íntimo, es decir, creo que no he cambiado desde que era niño, salvo que cuando niño, no sabía expresarme. El Borges público es el mismo que el Borges privado con ciertas desmesuras; énfasis, gustos y disgustos exagerados. Presentémoslo una vez más a la gente y pensemos en este diálogo, que hemos repetido tanto, como si fuera el primero de una serie que todavía no hemos hecho y así nos va a salir bien, muy bien». Efectivamente fue un éxito, Borges habló casi dos horas y lo dejó porque estaba ya muy cansado. Al terminar se le acercó una señora mayor y lo felicitó, no tanto por su obra, como por su excelente salud (en verdad, no era ya buena). Borges le advirtió: «Todos hablan de los supuestos beneficios que la salud aporta al individuo, pero yo, como Jules Romains, creo que la salud es un estado precario que no presagia nada bueno».

La segunda quincena de septiembre de 1985 se presentó un nuevo libro de Adolfo Bioy Casares, *La aventura de un fotógrafo en La Plata*. Borges no fue; estaba enfermo. (Si bien ambos simulaban que su «amistad inglesa» los eximía de acompañar al otro en este tipo de actos, cuando podían, estaban presentes.)

La enfermedad

Por ese tiempo Kodama le había cambiado no sólo de abogado —el doctor Amaro Pourciel fue reemplazado por Osvaldo Vidaurre, luego nombrado su apoderado en Ginebra— sino que también le cambió el médico de cabecera: el doctor Alejo Florín Christensen fue sustituido por Jorge P. Fellner. El doctor Florín lo trataba desde finales de la década de los setenta. Borges padecía de diabetes entre una serie de males menores y otros que no lo eran tanto, ya que el doctor Florín le había detectado un tumor abdominal posiblemente maligno y prescribía reposo, desaconsejando las fatigas de los largos viajes y las sucesivas presentaciones en público. Por otra parte, según sus declaraciones, estaba seguro de que Borges había vivido tanto tiempo y bien gracias a los cuidados de Fani, su empleada doméstica.

Poco después le hicieron una serie de estudios: centellograma hepático, ecografía abdominal y, por último, lo internaron en el Instituto del Diagnóstico para efectuarle una biopsia. Todo esto lo fui sabiendo por lo que el mismo Borges me contó: «Una médica me puso un tubito a la altura del estómago y me preguntó si me dolía, le dije que sí y ella me contestó que no era nada y que enseguida iba a terminar. ¿Para qué me hacen esto?, la interrogué, pero ella no supo decirme nada. Dice Fani que me quedó como una marca, un agujerito».

Nadie sabía de qué se trataba; Kodama no daba ninguna clase de explicación, ni siquiera dijo el nombre del nuevo médico. Borges, a fin de salir de dudas, lo llamó al doctor Florín para consultarle acerca de esos exámenes que le hacían y Florín se enteró de esa forma que había sido descartado como médico de cabecera.

Una mañana, Borges me recibió con la novedad de que tenía hepatitis. Bastante después nos enteramos de que sufría una metástasis hepática de carácter muy maligno. Cada día parecía más flaco y consumido, se cansaba mucho y, a veces, se quejaba: decía que se sentía mal. Borges tenía conciencia de estar muy enfermo.

A mediados de noviembre, debía partir hacia Italia: la Fundación Verdiglione de Milán le había hecho llegar una invitación y, en Venecia, firmaría un contrato. Sin embargo, y ya con la valija cerrada, se aplazó la partida porque le dio un ataque de fiebre. Mejoró y a fin de mes, la víspera del viaje, comió con Norah en el hotel Dorá, casi frente a su casa; pero luego se sintió tan mal que lo trajeron entre dos mozos, sosteniéndolo para que no se cayera.

En julio de 1993, como lo hacemos muy a menudo, hablábamos con Bioy de Borges. «Si pensás en él, ¿de qué te acordás? ¿De su rostro o de su voz?», le pregunté. Adolfito quedó un momento en silencio y luego me dijo: «Tal vez del color de la cara, tan transparente. Y recuerdo la melancolía de su voz, la última vez que conversamos. Me llamó por teléfono para despedirse. Yo le dije:

»—¡Que te vaya muy bien!

»—No me va a ir bien; estoy muy enfermo. El médico me ha desahuciado. Me moriré por ahí, no sé dónde —me contestó.

»—Pero, entonces, ¿por qué te vas? —insistí.

»—María no quiere irse sola. Me lleva. ¡Además cualquier lugar es bueno para morir!

»Y yo pensé que en esto tenía razón. Por otra parte, esta frase tan estoica es un hallazgo literario. Sin embargo, pensándolo bien, me he dado cuenta de que es preferible, más entrañable, morir en la cama de uno, rodeado de las cosas y de las gentes queridas y no en la pieza impersonal de un hotel o en un cuarto desconocido. ¡Pobre amigo! ¡Qué tristeza!».

Cuando llegaron a Italia, se dijo que uno de los responsables del Comité para la Salvación de Venecia había llegado a un acuerdo con el escritor para que éste redactara un guión de cine y que Borges había aceptado.

A finales de diciembre se instaló en el cuarto 308 del hotel L'Arbalète, pieza que ocupaba cada vez que llegaba a Ginebra (Kodama tenía el 309). El 26 de enero Borges enfermó de tal manera que una ambulancia debió trasladarlo al Hospital Cantonal Universitario; ingresó en el servicio de urgencia quirúrgica. Estuvo internado veintidós días, hasta el 16 de febrero, y parecería que desde ese momento tuvo una enfermera a su lado. No obstante, Kodama reiteró sus negativas ante cualquier sospecha de enfermedad e informó que sólo se lo había sometido a exámenes de rutina.

En marzo y abril, los rumores acerca del notable deterioro físico de Borges se multiplicaron y María volvió a desmentirlos.

Casamiento y muerte

Sorpresivamente, el 26 de abril de 1986 se anunció que Borges, de ochenta y seis años, y María, de cuarenta y nueve, se habían casado por poder en Colonia Rojas Silva, un poblado del Chaco Paraguayo de apenas tres o cuatro casas, un destacamento militar, un mínimo de habitantes y adonde llegaba un avión una vez por mes.

Hacía diez años y siete meses, desde septiembre de 1975, que Kodama lo acompañaba en su internacional destino de hoteles, de viajes y de premios y que administraba sus entradas.

Este casamiento tendría sus aspectos insólitos; Borges sólo había podido legalizar una separación de cuerpos y bienes con Elsa Astete, porque en la Argentina de entonces todavía no estaba establecido el divorcio; en Paraguay, tampoco. De tal modo, si Borges se casaba en cualquiera de los dos países, incurriría en bigamia, acto penado por la ley. Otra rareza es el acta de matrimonio: mientras con letra manuscrita se lee (tomo del registro 50, folio 34, acta 154) la hora, diez de la mañana del día 26, y la firma del juez, Julián Fretes, un sello en la parte superior del certificado y a la izquierda indica otra fecha, 24 de abril. Por otra parte, Fretes sería juez de paz de otra localidad, Fernando de la Mora, y no tendría jurisdicción en Colonia Rojas Silva. Todo esto lo afirmaron en el diario *La Opinión* de Asunción del Paraguay del 26 de julio de 1991 los periodistas César Avalos y Miguel Houdin, contratados a su vez por la revista *La Semana* de Buenos Aires, e incluyeron la fotocopia del certificado de matrimonio. Por último, aún hoy Kodama todavía se declara judicialmente de estado civil soltera.

Según lo señala el diario *Crónica* del 2 de octubre de 1986, «el abogado Pierre Mottu fue quien se encargó de arreglar los poderes para que María Kodama pasara a dirigir la cuenta bancaria secreta de Borges en la Banque Lombarde-Odier». Siempre ateniéndonos a la misma fuente, a nombre de Borges se habría alquilado un departamento en la Grande Rue 28, pocos días antes de su muerte. Según *Crónica*, la editorial española Alianza, a cargo de la obra de Borges, nombró un abogado inglés, T.G.S. Higson, para proteger el desenvolvimiento normal de los problemas legales y financieros provocados por una muerte que, si bien se esperaba, habría resultado prematura y le permitiría al fisco suizo quedarse con un cuarenta por ciento de la herencia de Borges. Por otra parte, el permiso de permanencia de Borges podría haber sido tramitado por un abogado suizo, Daniel Meyer, quien pese al secreto profesional, lo habría admitido ante *Crónica*, que lo entrevistó. Meyer habría dicho que vio muy pocas veces a Borges, de quien guardaba el recuerdo de un «hombre muy anciano, enfermo y fatigado». A la pregunta: ¿qué impresión le causó el casamiento?, Meyer habría respondido: «Me sorprendió, dado su edad y su estado de salud, que parecía delicado». Cuando el periodista le dijo si no le había extrañado que poco después muriera, Meyer habría contestado: «No, para nada».

El diario *Libération* de París publicó el 16 de junio de 1986 las palabras que contestó Norah Borges cuando, a principios de ese mes, le preguntaron su opinión acerca del casamiento de su hermano: «*La famille accepte ce malefice en silence, ce mariage a quelque chose de diabolique*».

Fani

Cuatro días antes de anunciarse el casamiento, el 22 de abril, alrededor de las cinco y media de la tarde, se presentaron en el sexto piso, departamento B de la calle Maipú 994, un oficial de Justicia; el abogado Osvaldo Luis Vidaurre en nombre del dueño de la casa, de quien al parecer tenía un poder, otorgado en Ginebra al notario Pierre Chisten; la escribana María Alicia Benedettelli de Ortiz, y Ernesto Clemente Pedro Annecou, el amigo de María, que según sostuvo Fani nunca había entrado antes en la casa. Venían a «verificar el estado de ocupación y conservación del departamento» y a levantar un inventario de los bienes muebles que contenía. Un detalle curioso es que el señor Annecou sabía exactamente el lugar en que se hallaba cada cosa.

En el primer momento Fani no los dejó pasar; luego, cuando el oficial de Justicia le informó que estaba facultado para pedir los servicios de un cerrajero, les abrió la puerta. Pero hicieron tanto alboroto que los vecinos llamaron por teléfono a la policía; creyeron que estaban asaltando la casa del escritor.

Una hora y media después, ya inventariadas las medallas, las condecoraciones, las monedas de oro, los libros, las togas vestidas por Borges cuando recibía los doctorados *honoris causa,* las bibliotecas, las cerámicas, las maderas, los muebles, un caracol horripilante de nácar, la palangana y el mate de plata del bisabuelo Suárez y todo lo demás que guardaban los cuartos, se fueron. Recuerdo un relicario pequeño de plata, que había sido de Leonor, y lo imagino también inventariado, como los libros y el aparato telefónico.

Antes de irse, clausuraron la puerta que unía la parte principal con la de servicio. Allí Fani quedó encerrada hasta el 15 de mayo —veinticinco días—, fecha en que, después de treinta y ocho años, dejó la casa para siempre. Como la escalera estaba ubicada en la parte de adelante y el ascensor de servicio (bajaba al subsuelo directamente) casi siempre estaba en arreglos, cuando éste no funcionaba Fani tocaba el timbre del departamento A, pedía permiso, lo atravesaba y salía a la calle por el acceso principal. Si la gente que ocupaba el A no estaba, no podía llegar abajo.

Ninguno de los amigos de Borges, que sabíamos cómo apreciaba y cómo confiaba el escritor en Fani, podía creer que hubiera mandado hacer este registro policíaco y uno podría preguntarse, aún hoy, si él se habrá enterado de este procedimiento, si se habrá enterado de tantas cosas que pasaron en los últimos meses de su vida. Si se habrá enterado, por ejemplo, de que había firmado un último testamento días antes de emprender ese postrer viaje.

El 28 de agosto de 1979 Borges había testado, dejando, además de pequeños legados, la mitad del dinero en efectivo y el depositado en bancos del país y extranjeros a Epifanía Uveda de Robledo. El resto sería para María Kodama y habría sido precisamente Fani quien lo habría aconsejado en este sentido.

El 22 de noviembre de 1985, en un segundo testamento, Borges dejaba todo a Kodama y a Fani 2500 australes (moneda creada por el presidente Raúl Alfonsín en 1983 y devaluada por la hiperinflación). Este «regalo» debía entregarse a Fani enseguida, en vida de Borges. Fani no lo aceptó y llevó el asunto a la Justicia pidiendo la anulación del segundo testamento. En junio de 1995 el Tribunal falló en su contra señalando, eso sí, que a Borges le «habría correspondido una caritativa expresión cuantitativa para Fani, en razón del tiempo y afanes que no dudo entregó al extinto autor, sino anteriormente a su madre, pero ellos, en feliz locución que no me pertenece, obraron en lo profundo de la conciencia de aquel, "y hoy quedarán en el arcano de su tumba"».

Al leer el fallo, recordé una observación de Borges: «Almafuerte dijo: "Sólo pide justicia, pero mejor será que no pidas nada". Creo que tendríamos que seguir ese consejo. Además, si se hace justicia, no debe hacerse como en 1853 cuando derrocaron a Rosas, que fusilaron a cuatro degolladores, unos infelices que cumplían órdenes. Se hizo justicia sólo con los de abajo».

Para subsistir, Fani, conminada a abandonar la casa Borges, casi enseguida volvió a emplearse en el servicio doméstico; ahora con la señora de Ortiz, vieja amiga de Leonor y que habitaba el departamento del séptimo piso B de Maipú 994, situado sobre el antiguo de los Borges. Desde el balcón de su nueva casa, Fani, con una fidelidad entrañable, regaba las plantas que habían sido de Leonor, que todavía consideraba de Leonor. Las cuidó a distancia hasta que la señora de Ortiz se mudó a otro departamento, siempre con Fani, de cuyos servicios no puede prescindir.

Raro destino el de Fani. Trabajó en lo de los Borges casi cuatro décadas. Llegó a la casa muy bien recomendada con su hijita de brazos (Robledo, su marido, la había dejado). El sueldo que cobraba era mínimo, casi inexistente; una persona en esas condiciones se empleaba en esos años sólo por casa y comida. Para ella los Borges fueron su familia; se ocupó de la madre y del hijo con amor, con abnegación aun en menesteres de enfermera más que de asistente. Y con detalles entrañables: le doblaba las medias a Borges de tal manera que él siempre podía ponérselas del derecho sin esfuerzo. De fidelidad y discreción notables abría la correspondencia, depositaba cheques, custodiaba valores, llevaba la agenda, tenía poder de Borges para cobrar jubilaciones. Por indicación del escritor, distribuía sumas pequeñas de dinero en los libros ingleses y anglosajones de la biblioteca de su dormitorio. Colocaba en cada uno billetes de distinto valor de modo que Borges podía tomar el dinero que necesitaba con sólo reconocer al tacto el lomo de los volúmenes. Compartían una broma privada que aludía al dibujo de un camello en uno de los libros; cuando Borges decía «el camello ha comido», Fani sabía que había gastado todos los billetes y los reponía.

El 27 de diciembre de 1985 la escritora Sara Gallardo escribía una nota en *La Nación* de Buenos Aires y decía: «Es un dolor ver el gran argentino llevado y traído como un ostensorio».

El 14 de junio el embajador argentino ante la ONU, Leopoldo Tettamanti, declaró que Borges había muerto a las 8,30 hora local, al parecer en el hotel donde residía (los diarios italianos aseguraron que murió a los tres días de mudarse al departamento de la Grande Rue 28). Y el cable de la Agencia EFE continuaba: «Según agregó el diplomático, "la noticia no sorprendió a quienes lo visitaban habitualmente. Tenía mucha edad y se encontraba muy agotado. Personalmente creo que no hay una causa concreta del fallecimiento, aunque pudiera ser un agravamiento del enfisema pulmonar que padecía desde hace años..."». Es raro que si tenía un enfisema, hubiera viajado hacia el frío, mortal para alguien que sufra de este mal, del invierno europeo.

Tanto Sara Gallardo como Domenico Porzio, que era doctor en medicina, y lo vieron en el depósito de cadáveres, horas antes del entierro, afirmaron que se le había efectuado una traqueotomía. Por supuesto, nada de esto trascendió de manera oficial; nunca se dijo la gravedad de la enfermedad de Borges. En un principio, según las afirmaciones de quienes estaban a su lado, podría deducirse que dejó la vida en óptimo estado de salud.

Cuatro días después de su muerte, Borges fue enterrado en el cementerio de Plain-Palais. Mientras algunos diarios europeos atribuyeron la muerte a un enfisema pulmonar y otros a un paro cardíaco, su apoderado en Buenos Aires habló de un cáncer hepático, anunciando al mismo tiempo que María Kodama era heredera universal de sus bienes y de sus derechos.

El mismo día del sepelio en Ginebra, apareció en el diario *La Na-*

ción de Buenos Aires una carta de Norah: «Me he enterado por los diarios que mi hermano ha muerto en Ginebra, lejos de nosotros y de muchos amigos, de una enfermedad terrible que no sabíamos que tuviera. Me extraña mucho que su última voluntad fuera ser enterrado ahí, ya que siempre quiso estar con sus antepasados y con nuestra madre en la Recoleta (no en el Cementerio Británico como dice el apoderado). Aunque él esté muerto, los recuerdos de toda una vida nos siguen uniendo».

Dos años después de la desaparición de Borges, la señora Sara Kriner de Haines, tras el envío de la documentación pertinente, pidió a Ginebra un presupuesto para cremar los restos del escritor, tal como había sido su voluntad. El Servicio de Pompas Fúnebres de Ginebra se lo hizo llegar, firmado por el asistente administrativo, Jean-Paul Larpin, con fecha 15 de septiembre de 1988. La serie de los diez pasos previos para hacer efectiva la cremación costaba dos mil quinientos francos suizos; el suplemento para formalizar la expedición de las cenizas a la Argentina eran otros quinientos. Se había dado curso al trámite, hasta que Kodama lo suspendió, invocando su carácter de viuda.

Una lápida compleja

La lápida erigida sobre los restos mortales de Borges es curiosa y complicada, sólo accesible a las pocas personas con conocimientos de las antiguas lenguas nórdicas y de sus literaturas. La ejecutó el escultor argentino Eduardo Longato en piedra gris de Punilla.

En una de las caras están grabados los dos versos, tomados del capítulo veintisiete de la *Völsunga Saga* (saga noruega del siglo XIII): «*Hann tekr sverthit Gram okk / leggr i methal theira bert*», o sea, «El tomó su espada, Gram, y colocó el metal desnudo entre los dos», que —ya lo señalamos— Borges puso de acápite en su cuento «Ulrica», incluido en *El libro de arena* (1975). Los versos aluden a las tres noches que el héroe, Sigurd, comparte el lecho con Brynhild. El héroe, para no tocarla, coloca la espada entre ambos. (Las espadas en los viejos textos tenían su propio nombre; ésta se llamaba Gram.) Debajo de los versos, puede leerse, también grabado en la piedra de Punilla «De Ulrica a Javier Otárola». (Javier Otárola es el protagonista del cuento «Ulrica».)

La piedra se completa con una nave vikinga de vela desplegada (¿será la nave ritual hecha con las uñas de los muertos que lleva a los héroes de las sagas a su destino de sombra?). En el reverso, arriba, se lee el nombre completo del escritor, algo más abajo en un medallón aparecen ocho guerreros. Las armas que portan, alzadas sobre sus cabezas, están rotas y la inscripción nos avisa: «*And ne forthedon na*» («las puertas del cielo se abrieron hacia él»). Finalmente, se grabó en la cara una pequeña cruz de Gales y a su derecha: «1899-1986».

El pedido de Borges: «Sólo pido / Las dos abstractas fechas y el olvido» no fue tenido en cuenta.

Doce

Esplendor y derrota

Conocí a Borges los últimos días de un invierno muy frío y lluvioso de hace demasiados años. Yo acababa de cumplir diecisiete y luchaba esforzadamente con el latín y el griego del primer curso de la Facultad de Filosofía y Letras, que todavía funcionaba en el antiguo edificio de la calle Viamonte, frente al convento de Las Catalinas cuyas campanas cortaban melancólicamente el tiempo de las piadosas monjitas de clausura, que aún lo habitaban, y con mucha menos melancolía nuestras clases de trabajos prácticos.

Mis compañeros eran todos mayores que yo, demasiado tímida para seguirlos, y se reunían en el bar Florida y en el Jockey, más para hablar de política que de literatura. Yo leía compulsivamente todo lo que caía en mis manos; la literatura era la única materia que me interesaba de verdad. En esa época ya conocía textos de varios escritores y poetas argentinos y mis últimas adquisiciones habían sido Borges y Mallea. Por eso, la mañana en que, por casualidad, oí cómo cuatro compañeros de mi curso se ponían de acuerdo para visitar a Borges, decidí ir yo también. Tomé nota de la dirección y de la hora, y quince minutos antes toqué por primera vez el timbre del sexto piso B de Maipú 994.

Durante unos años no volví a verlo, hasta que en 1957 o 1958 empecé a trabajar en la Biblioteca Nacional. Fue mi primer empleo. Pero no estuve mucho tiempo; emprendí un largo viaje por Europa y al regresar empezó, entonces, lo que sería una entrañable amistad y una larga serie de tardes y de mañanas de labor compartida.

Si pienso en aquella primera vez que estuve en su casa, debo confesar que no recuerdo casi nada de aquella visita, más allá de las miradas iracundas de mis compañeros al descubrirme ya instalada en el living, y de un té, servido por Leonor, que no pude tomar; estaba demasiado impresionada por Borges. Pensando en esa tarde, la veo como suspendida en el tiempo. ¿Qué se ha hecho de la muchacha que fui? ¿Dónde está aquel hombre que recitaba en voz alta y levantando la cabeza los versos de Hamlet: «¿Qué habré de temer? No le doy a mi vida más valor que el de un alfiler. En cuanto a mi alma, ¿qué podrá hacerle? Si es inmortal». Se los oí decir tantas veces a lo largo de los años; se los oí en la explanada del castillo de Elsinor en Dinamarca, me los dijo antes de emprender el último viaje.

¿Dónde está aquel hombre que recorría feliz los laberintos oscuros de la Biblioteca Nacional, tanteando con el bastón delante de sí para no tropezar, recitando versos en anglosajón?

Pienso en Borges y me parece que lo veo con asombrada alegría escudriñar el reloj de arena que acaba de dar vuelta con la esperanza de vislumbrar la lluvia dorada. Pienso en Borges y me parece oírlo hablar con sentida ternura de Beda el Venerable, a quien imaginaba con total precisión, hasta físicamente, traduciendo para los monjes de su convento los códices sagrados, a la luz de una vela en la helada celda de un invierno de doce siglos atrás.

Pienso en Borges y lo recupero en el esplendor de su genialidad creadora y, al mismo tiempo, en el árido dolor de sus derrotas sucesivas, tantas, que conformaron un rosario de penas. Borges, inmerso siempre en la literatura, decimonónico en la concepción del amor y de las mujeres, vio a ambos a través de los libros que había leído y, por eso, como aquellos trovadores de las cortes galantes, vivió siempre en estado de enamoramiento ideal; exaltando al objeto de su amor, cuanto más desdeñoso y lejano, tanto más querible.

No importaba —como en el texto de *Don Giovanni* de Mozart— que fuera linda o fea, simpática o sosa, graciosa o desgarbada; él veía (en especial después de que lo alcanzó la ceguera) a todas altas, rubias y de ojos azules, inteligentes, cultas y reservadas con sus sentimientos. Solía tener, sin embargo, una cierta intuición de la belleza y, por supuesto, coincidiendo con su visión idílica de las relaciones amorosas, prefería las púdicas e inexpertas a las veteranas. No obstante, se enamoró de algunas mujeres casadas y desdichadas en el matrimonio, generalmente por la conducta brutal del marido o su falta de sensibilidad.

Se enamoró de heroínas literarias sublimadas por su propia desventura. Adoraba a Edith, Cuello de Cisne, la desdeñada amante de Harold, príncipe de Inglaterra, que al ser abandonada se refugió en un convento y sólo dejó su retiro el día en que Harold murió en la batalla de Hastings. Salió para buscar el cadáver del amado despojado de sus ropas, de sus insignias, de sus joyas, desnudo entre los otros cuerpos exangües en el campo de la lucha. Emocionado por el amargo destino que le tocó vivir, la imaginaba a la luz de las antorchas, ahogada por el llanto, suelto el pelo largo y rubio, caminando entre los muertos.

Pero la verdad fue que desde aquella lejana Ulrica de Lugano, que perdió apenas la hubo encontrado, casi todas las mujeres lo abandonaron. Y cuando él las dejó, fue porque advirtió que la realidad distaba mucho del ideal imaginado. Precisamente por esa razón excluyó de su vida a las que se le ofrecieron o le confesaron su amor antes de que él notara sentimentalmente su existencia.

Lo más cruel fue que no se dio cuenta de que los años iban pasando; el mismo fervor juvenil que alentó su amor por la tímida Concepción Guerrero lo acompañó hasta la vejez. Detrás de ese anciano febril, conocedor de literaturas y de lenguas, dueño de una erudición sólo comparable a su memoria prodigiosa, burlón con quienes lo atacaban, duro y hasta cruel con quienes menospreciaba, se ocultaba un adolescente romántico, temeroso, encendido de pasión, que temblaba ante el contacto de la mano querida. Pero, al mismo tiempo, era el hombre que se avergonzaba de las necesidades de su cuerpo, odiaba su cuerpo, desdeñaba la carnalidad, se despreciaba por los oscuros deseos que le encendían la sangre. Era el hombre que en los años treinta y hasta ya avanzados los cuarenta, se acostaba vestido para ignorar el contacto de su propia piel. En esa época, cuando encontró el definitivo camino de la literatura, se sentía al mismo tiempo desgraciado: padecía de insomnio y de terribles dolores de muelas y en la larga noche no podía dejar de pensar en la lenta corrupción de su carne, en las caries que silenciosamente minaban sus dientes, en el cuerpo obeso y pesado que arrastraba y aborrecía.

Las sucesivas Ulrica, Beatriz Viterbo, Matilde Urbach, Teodelina Villar, aquellas que le llevaron a decir «me duele una mujer en todo el cuerpo» o a ofrecer «el núcleo de su ser», «su hombría», «la lealtad de un hombre que nunca fue leal» conforman un solo rostro inaccesible.

Borges triunfó y se vio envuelto en el esplendor de la fama, de los halagos, de los premios. Eso lo hizo feliz. Y, sin embargo, fue incapaz de lograr un amor entero en el momento adecuado.

Más allá del esplendor, encontró la derrota.

Apéndices

Bibliografía*

Aizenberg, Edna, *El tejedor del Aleph. Biblia. Kábala y judaísmo en Borges*, Altalena, Madrid, 1986.
Alifano, Roberto, *Conversaciones con Borges*, Atlántida, Buenos Aires, 1984.
—, *Borges, biografía verbal*, Plaza y Janés, Barcelona, 1988.
Bosco, María Angélica, *Borges y los otros*, Fabril, Buenos Aires, 1967.
Burgin, Richard, *Conversations with Jorge Luis Borges*, Holt, Rinehart and Wiston, Nueva York, 1968.
Carrizo, Antonio, *Borges el memorioso*, Conversaciones de J. L. Borges con Antonio Carrizo, Fondo de Cultura Económica, Buenos Aires, 1990.
Charbonier, George, *Entretiens avec J.L. Borges*, Gallimard, París, 1967.
Cozarinsky, Edgardo, *Borges y el cine*, Sur, Buenos Aires, 1974.
Ferrari, Osvaldo, *Diálogos*, Seix Barral, Barcelona, 1992.
Guadalupi, Gianni; Vázquez, María Esther, *Borges A/Z*, Franco María Ricci, Milán, 1985.
Irby, James; Murat, Napoleón y Peralta, Carlos, *Encuentros con Borges*, Galerna, Buenos Aires, 1968.
Jurado, Alicia, *Genio y figura de Jorge Luis Borges*, EUDEBA, Buenos Aires, 1964.
Matamoro, Blas, *Jorge Luis Borges o el juego trascendente*, A. Peña Lillo, Buenos Aires, 1971.
Meneses, Carlos, *Poesía juvenil de Jorge Luis Borges*, Calamus Scriptorius, Barcelona, Palma de Mallorca, 1978.
—, *Jorge Luis Borges. Cartas de juventud (1921-1922)*, Orígenes, Madrid, 1987.
Milleret, J. de, *Entretiens avec Jorge Luis Borges*, Belfond, París, 1967.

* Sólo se consignan los libros que fueron consultados para la biografía. No se incluye ningún ensayo crítico. *(N. de la A)*.

Molachino, Justo; Mejía Prieto, Jorge, *En torno a Borges,* Hachette, Buenos Aires, 1984.
Petit de Murat, Ulises, *Borges, Buenos Aires,* Municipalidad de la Ciudad de Buenos Aires, 1980.
Rodríguez Monegal, Emir, *Borges, una biografía literaria,* Fondo de Cultura Económica, México, 1987.
Sabino, Osvaldo, *Borges, una imagen del amor y de la muerte,* Corregidor, Buenos Aires, 1987.
Salas, Horacio, *Borges. Una biografía,* Planeta, Buenos Aires, 1994.
Sorrentino, Fernando, *Siete conversaciones con Jorge Luis Borges,* Pardo, Buenos Aires, 1974.
—, *Borges, fotografías y manuscritos,* Renglón, Buenos Aires, 1987.
Torre, Miguel de, *Un día de Jorge Luis Borges,* Buenos Aires, 1995.
Vallejo, Félix Angel, *El secreto de Borges,* Colina, Medellín, 1979.
Vázquez, María Esther, *Borges, sus días y su tiempo,* Javier Vergara, Buenos Aires, 1986.
Wolberg, Isaac, *Jorge Luis Borges,* ECA, Buenos Aires, 1961.

Revistas

Autobiography of New Yorker, Nueva York, 1970.
Europe. Revue Littéraire Mensuelle. Borges, París, mayo de 1982.
L'Herne (Cahiers). Jorge Luis Borges, París, 1964.

Glosario

a las cansadas: desganadamente.
achuras: entrañas de vaca asadas.
aguantadero: escondite de delincuentes.
amargo: mate sin azúcar.
aparcería: compañerismo, amistad.
apero: silla de montar.
arreo: acción de separar una tropa de animales y llevarla a otro lugar.
biaba: paliza.
biaba con caldo: paliza con sangre.
boliche: pequeño despacho de bebidas, generalmente alcohólicas, donde se juega.
borsalino: marca italiana de sombreros.
caer en la volteada: verse afectado por una situación ajena.
camalote: plantas acuáticas que crecen abundantemente en los ríos del litoral argentino. Suelen cubrir amplios sectores del agua, formando verdaderas islas flotantes que bajan con la corriente transportando toda clase de animales, incluso felinos de gran porte.
caña: aguardiente de paladar seco extraído de la caña de azúcar. La caña brasileña tiene un sabor más parecido a la ginebra.
capanga: en el noroeste argentino se denomina con esta palabra al capataz o encargado. En el sur de Brasil es sinónimo de valentón o guardaespaldas.
cebador: el que vierte agua en la calabaza con yerba (véase mate).
compadrada: fanfarronada.
compadrito, compadrón: individuo vulgar, jactancioso y pendenciero.
contra: opositor político.
conventillo: casa de vecindad.
cuchillero: individuo pendenciero que pelea con cuchillo, daga o puñal.
chacarero: granjero.
chacaritero: del barrio de Chacarita, donde se encuentra el cementerio más grande de Buenos Aires. Originalmente se llamó *chacrita* (gran-

jita) *de los colegiales* porque era un lugar de recreo para jóvenes estudiantes.

chambergo: sombrero.

chambón: torpe.

changador: mozo, peón, acarreador.

chiripá: (voz quechua) manta cuadrada que, pasándose entre los muslos y sujeta a la cintura por una faja o tirador, hace las veces de pantalón. Fue prenda del gaucho, que lo tomó del aborigen. Se usaba con calzoncillos largos.

empacado: participio de *empacarse,* resistirse un animal a andar. Figuradamente, referido a personas quiere indicar mostrarse enojado o reconcentrado y silencioso como expresión de disgusto. Proviene de *paco,* llama o alpaca, por la obstinación propia de ese animal.

estancia: hacienda de campo destinada a la ganadería y al cultivo.

estaño: mostrador de un despacho de bebidas.

forquero: asaltante.

gualichante: embrujador.

guarango, a: grosero, vulgar, mal educado.

guindado oriental: el guindado es una bebida alcohólica hecha de guindas maceradas en aguardiente. El oriental, es decir el uruguayo, es muy apreciado por los entendidos.

hueco: espacios desprovistos de edificación, donde luego se trazaron plazas.

mate: infusión de yerba servida en una calabaza pequeña y que se sorbe con una bombilla.

mazorca (la): organización terrorista del siglo XIX al servicio de Juan Manuel de Rosas.

miñango, a: trozo muy pequeño de cualquier cosa. *Hacerse miñangos* es romperse en mil pedazos.

orejear: descubrir poco a poco las cartas de la baraja.

oriental: uruguayo, oriundo de la República Oriental del Uruguay.

palenque: poste donde se atan las riendas del caballo.

paquetería: elegancia, estado o condición de *paquete:* persona bien vestida o cosa muy adornada.

patriada: campaña llevada a cabo a favor de la patria. Por extensión: hecho notable, cualquier empresa que suponga dificultades y riesgos o jornada fatigosa.

percanta: mujer, amante o concubina.

puestero: persona encargada de cuidar una de las partes en que se divide un establecimiento de campo argentino.

quillango: piel de la llama; manta de pieles cosidas que usan los indios.

requintado: el ala del sombrero levantada hacia arriba.
taita: matón.
tanguero: amante del tango.
tercero: así se denominaban los pequeños arroyos que cruzaban la ciudad.
tilingo: tonto.
tricota: jersey.
truco: juego de naipes muy popular en Argentina.
yeta: mala suerte.
zaino: pelo de yeguarizo formado por hebras negras y rojas. Es *zaino colorado* si priman los pelos rojos y *zaino oscuro* si son más abundantes los negros. *Zaino pardo* es aquel cuyo matiz no tiene brillo.

Indice onomástico

Abramowicz, Maurice, 48, 50, 60, 81, 82, 228, 322
Acevedo de Borges, Leonor, 21, 27, 28, 29, 30, 33, 35, 38, 39, 43, 47, 48, 60, 65, 66, 91, 96, 97, 109, 112, 160, 161, 167, 182, 185, 187, 197, 198, 208, 211, 214, 223, 224, 226, 228, 230, 235, 244, 247, 249, 251, 253, 255, 257, 260, 263, 266, 267, 279, 283, 284, 286, 287, 301, 316, 328, 329, 335
Acevedo Díaz, Eduardo, 177
Acevedo Laprida, Isidoro (abuelo), 27, 28, 265
Adler, Raquel, 137
Aguilar, Viviana, 309, 310, 311, 312
Aguirre, Manuel, 125
Alberti, Rafael, 130
Alegría, Ciro, 236
Alcorta, Gloria, 170, 177
Alfonsín, Raúl, 318, 329
Alfonso el Sabio, 69
Alifano, Roberto, 254
Alighieri, Dante, 183, 195, 278, 301, 316
Almafuerte, *véase* Palacio, Pedro Bonifacio
Alonso, Amado, 136, 138, 139, 196
Alvear, Diego de, 129, 176
Alvear, Elvira de, 129, 130, 131, 157, 221, 265, 302
Amorim, Enrique, 92, 96, 132, 133, 141, 177, 182, 196
Anderson Imbert, Enrique, 177
Annecou, Ernesto Clemente Pedro, 328, 323

Ansermet, Ernest, 119, 126
Anzieu, Didier, 174
Arciniegas, Germán, 236, 310
Ardisone, Antonio, 101
Aristóteles, 191
Arlt, Robert, 101, 139
Armani, Horacio, 102, 159, 180, 257
Ascasubi, Hilario, 47, 122, 126
Ashe, Herbert, 160
Astete Millán, Elsa, 110, 179, 187, 257, 258, 259, 260, 264, 267, 268, 282, 327
Asturias, Miguel Angel, 130, 148, 236
Avalos, César, 327
Ayala, Francisco, 170, 262
Azorín, 61

Banchs, Enrique, 150, 322
Barbieri, Vicente, 196
Barletta, Leónidas, 193
Baroja, Pío, 61, 63, 65, 113
Bartrina, Joaquín María, 304
Basaldúa, Héctor, 253
Bastos, María Luisa, 222, 223
Batholomew, Roy, 302
Baudelaire, Charles, 48, 50
Beccacece, Hugo, 313
Beckett, Samuel, 223
Beda el Venerable, 218, 219, 301, 336
Beerbohm, Max, 153
Beethoven, Ludwig van, 50
Benedettelli de Ortiz, María Alicia, 328
Bengolea, Raquel, 230
Berkeley, George, 30, 78

347

Bernárdez, Francisco Luis, 92, 94, 95, 101, 103, 109, 110, 114, 137, 156, 185, 191, 313
Berni, Antonio, 297
Bertolucci, Bernardo, 267
Berzosa, José María, 264
Bianchi, Alfredo A., 75, 84
Bianco, Pepe, 149, 162, 172, 177, 230
Bibiloni Webster de Bullrich, Beatriz, 143, 144
Bioy Casares, Adolfo, 15, 23, 29, 30, 35, 60, 107, 127, 128, 130, 133, 134, 146, 147, 151, 152, 153, 154, 155, 160, 161, 162, 168, 169, 170, 171, 172, 177, 183, 184, 196, 198, 199, 200, 211, 222, 223, 230, 233, 252, 257, 258, 260, 264, 280, 287, 304, 305, 306, 315, 322, 323, 324, 325, 326
Bioy, Adolfo, 184
Blake, Nicholas, 183
Blake, William, 106, 195
Blemey Lafont, Ricardo, 32
Bloy, Léon, 159
Bodoni, Giambattista, 278
Bombal, María Luisa, 170
Bombal, Susana, 158, 170, 211, 266, 282, 289, 298, 302
Bombieri, Enrico, 310
Bonnier, 246
Borges de Ramalho, 66
Borges Lafinur, Francisco, 26, 27, 34
Borges, Francisco, 26, 71, 80
Borges, Guillermo Juan, 74, 80, 81, 107, 141, 211
Borges, Jorge Guillermo, 26, 27, 28, 30, 43, 50, 51, 64, 65, 112, 131, 148, 149, 160, 184
Borges, Juan Crisóstomo, 26
Borges, Leonor Fanny (Norah), 15, 17, 25, 31-32, 32, 33, 34, 35, 39, 40, 43, 45, 46, 47, 48, 50, 57, 63, 72, 75, 80, 83, 84, 85, 91, 106, 107, 111, 112, 114, 119, 129, 130, 131, 134, 135, 137, 157, 160, 161, 197, 198, 211, 257, 266, 286, 302, 303, 304, 325, 328
Botana, Natalio, 140
Brahms, Johannes, 252
Breton, André, 150
Browne, Thomas, 99, 153
Buber, Martin, 195
Bullrich, Silvina, 107, 119, 170, 177, 178, 179, 183, 196, 257, 314
Bunge, Margarita, 124, 254
Burton, Robert, 30
Butler, Horacio, 288

Caillois, Roger, 198, 223
Calvino, Italo, 45
Cambaceres, Cotita, 129
Camoes, Luis de, 65, 66
Camp, André, 264
Campo, Estanislao del, 99, 100
Cámpora, Héctor J., 283
Camus, Albert, 127
Canal Feijóo, Bernardo, 177
Cané, Miguel, 156, 157
Cansinos-Asséns, Rafael, 61, 62, 76, 92, 147, 230
Canto, Estela, 28, 96, 170, 183, 184, 185, 186, 187, 190, 196, 256, 260, 323
Canto, Patricio, 170, 185, 187, 196
Capsas, Cleoh N., 218, 226
Caraffa, Brandán, 92, 93, 94, 97, 114
Carlyle, Thomas, 48, 51, 123, 171, 215, 316, 322
Carriego, Evaristo, 32, 33, 99, 101, 119, 122, 123, 124
Carril, Adelina del, 94, 95, 97, 127
Carril, B. del, 208
Carril, Delia del, 94
Carrizo, Antonio, 297
Casares de Bioy, Marta, 133, 151
Cassou, Jean, 230
Castro, Américo, 108
Castro, Fidel, 217, 229
Castro, Juan José, 192
Castro, Rosalía de, 306
Cervantes, Miguel de, 113, 195, 248

Chaplin, Charles, 101, 136
Chesterton, Gilbert Keith, 51, 150, 141, 196, 251, 321
Chisten, Pierre, 328
Chopin, Federico, 59, 60
Christie, Agatha, 173
Clemenceau, Georges, 209
Clemente, José Edmundo, 108, 189, 198, 2077, 208, 212, 213, 220, 251, 273, 283
Collins, Wilkie, 183
Conrad, Joseph, 195
Corcuera Ibáñez, Mario, 250
Corcuera, Ruth de, 250
Córdova Iturburu, 139
Cortázar, Julio, 196
Croce, Benedetto, 150, 195
Cruchaga Santamaría, Angel, 114
Cruz, Jorge, 186
Cúneo, Dardo, 208
Cynewulf, 219

Dabove, Santiago, 196
Daniélou, Alain, 280
Darío, Rubén, 61, 95, 113, 229, 281
De Gaulle, Charles, 227
De Quincey, Thomas, 51, 52
Delfino, Augusto Mario, 170
Di Giovanni, Norman Thomas, 261, 262, 265, 268, 274
Díaz Casanueva, 114
Díaz, José Pedro, 182
Dickens, Charles, 34, 183, 211
Diego, Gerardo, 61, 130, 306
Diehl de Moreno Hueyo, Sara (Pipina), 143, 170, 179, 256
Dondo, Osvaldo Horacio, 104
Dostoievski, Fiodor, 62
Drago Mitre, Enrique, 162
Drieu La Rochelle, Pierre, 126, 135, 136, 137, 138, 172, 230
Dumas, Alejandro, 48
Dunbar, William, 220
Dunham, Lowell, 265
Dunsany, Lord, 153
Duque de Rivas, 306
Durán de Ortiz Basualdo, Sara, 196, 197
Durero, Albert, 158

Eandi, Héctor, 130, 148
Echeverrigaray, Miguel Angel, 191
Eco, Umberto, 48, 49, 154, 160, 175, 176
Edelberg, Bettina, 199, 211, 305
Eliot, T.S., 127, 318
Emerson, 194
Enrique VIII, 242
Erfjord de Lange, Berta, 79, 80
Erfjord de Lange, Estela, 80
Erro, Carlos Alberto, 222
Escardó, Florencio, 139
España, José de, 101
Estrada, Monaco, 125, 128

Falbo, José Rubén, 250
Falú, Eduardo, 254
Fathy, Hasyan, 310
Faulkner, William, 29, 127, 160
Fellner, Jorge P., 325
Fernández Moreno, Baldomero, 152
Fernández, Javier, 17
Fernández, Macedonio, 28, 29, 75, 76, 77, 78, 94, 95, 101, 113, 114, 152, 265
Fernando, archiduque de Austria-Hungría, 45
Fidel López, Vicente, 125, 159
Fijman, Jacobo, 114
Fitzgerald, Scott, 65
Flaubert, Gustave, 48
Flemming, Charles, 241, 242, 243
Florín Christensen, Alejo, 325
Florit, Juan, 114
France, Anatole, 258
Franco, Luis, 92
Franco, Francisco, 248
Frank, Waldo, 126
Fretes, Julián, 327
Frías, Carlos, 183, 220, 267, 304, 308, 310
Frisch, Max, 276

Gable, Clark, 146
Gallardo, Sara, 330
Gándara, Carmen, 185
Gandía, Enrique de, 121
Ganduglia, Santiago, 92, 101
Gannon, Patricio, 170, 211

Garbo, Greta, 136
García Lorca, Federico, 62, 127, 147, 148, 306
García Morillo, Roberto, 196
Gardel, Carlos, 225, 228
Garfias, Pedro, 61
Garrastazu Médici, Emilio, 268
Gerchunoff, Alberto, 170
Ghiano, Juan Carlos, 78
Gibbon, Edward, 159
Gide, André, 195
Girondo, Oliverio, 92, 119
Girri, Alberto, 222
Glusberg, Samuel, 137
Gobello, José, 192
Goethe, 62, 226, 306, 307
Gómez de la Serna, Ramón, 63, 85, 92, 119, 137, 196
Gonçalves Días, Antonio, 39
Góngora, Luis de, 65, 99, 113
González, Felipe, 317
González Carbalho, 139
González Lanuza, Eduardo, 74, 81, 92, 93-94, 114, 150, 177, 222
González Pagliere, José, 316
González Trillo, 101
González Tuñón, Raúl, 92, 100, 101
Gordon, George (Lord Byron), 25
Gracián, Baltasar, 153
Grass, Günter, 236
Greene, Graham, 183
Gronchi, Giovanni, 222
Grondona, Adela, 197, 211
Grondona, Mariana, 211
Gropius, Walter, 126
Groussac, Paul, 208, 209, 212, 213
Guastavino, Carlos, 254
Guerrero, Concepción, 79, 80, 81, 83, 84, 85, 86, 337
Guerrero, Margarita, 199, 305
Guevara, Ernesto, Che, 229
Guibourg, 140
Guillén, Jorge, 138, 260
Guimaraes Rosa, Joao, 236
Güiraldes, Ricardo, 92, 93, 94, 95, 96, 97, 101, 103, 114, 127, 300, 317
Gurion, Ben, 263

Gutiérrez, Eduardo, 34

Haedo, Esther, 35, 36, 132
Haedo, Francisco, 34, 38
Haslam, Carolina, 65
Haslam de Borges, Fanny, 26, 27, 32, 37, 43, 148
Hawthorne, Nathaniel, 29, 194, 195
Heidegger, Martin, 127
Heine, Heinrich, 48, 195
Helft, Jorge, 17, 259
Helft, Marión, 17
Helft, Nicolás, 17
Henríquez Ureña, Pedro, 108, 110, 119, 152, 168, 170, 177, 282
Heráclito, 298
Hidalgo, Alberto, 113, 114
Higson, T.G.S., 327
Hinton, H., 173, 279
Hitler, Adolf, 181, 190
Hölderlin, J.C.F., 238
Homero, 215, 220
Horacio Flaco, Quinto, 281, 282
Hornos de Acevedo, Claude, 284
Houdin, Miguel, 327
Houssay, Bernardo, 192
Hugo, Victor, 195
Huidobro, Vicente, 113, 114, 130
Hume, David, 30
Hushfar, Farid, 260
Huxley, Aldous, 150

Ibarra, Néstor, 83, 104, 105, 110, 111, 112, 137, 141, 198, 239
Idiarte Borda, Juan, 286
Ingenieros, Cecilia, 154, 199
Ingenieros, Delia, 199
Ingenieros, José, 199, 209
Ingrao, Héctor, 260
Ivask, Ivar, 265

James, Henry, 150, 194, 225, 227
James, William, 30
Jichlinski, Simón, 48, 50, 228
Jiménez, Juan Ramón, 61, 65, 138, 197
Johnson, Samuel, 155, 227
Joyce, James, 99, 127, 140, 150
Juan Carlos I, 306

Juan XXIII, 108
Juliana, reina, 238, 239
Jurado, Alicia, 36, 48, 59, 60, 64, 170, 191, 211, 222, 223, 230, 296, 305

Kafka, Franz, 150, 176, 195, 201, 276, 323
Kant, Immanuel, 48
Keaton, Buster, 136
Keats, John, 30, 282
Keyserling, Hermann, 96
Khayyám, Omar, 65
Kipling, Rudyard, 34, 95, 141, 150, 153, 301
Knox, John, 245
Kociancich, Vlady, 159, 218, 219, 257, 305
Kodama, Jorge, 313
Kodama, María, 167, 208, 254, 258, 279, 285, 295, 296, 298, 301, 302, 304, 305, 310, 312, 313, 315, 322, 323, 325, 326, 327, 328, 329, 331
Kodama, Yosaburo, 295, 313
Kriner de Haines, Sara, 17, 187, 316, 331
Kühlmann, Ulrike von, 187, 285

La Rochefoucauld, François de, 51
Lafinur, Juan Crisóstomo, 297, 307
Lainez, Manuel, 128
Lainez, Pepita, 108
Lane, Edward William, 30
Lange, Haydée, 103, 165, 170, 322
Lange, Norah, 74, 79, 80, 81, 82, 103, 114, 141, 170
Laprida, 180
Larco, Joëlle, 230
Larco, Jorge, 230
Larpin, Jean-Paul, 331
Lawrence, D.H., 29, 251
Lawrence, T.E., 127, 150, 195, 251
Le Corbusier, 126
Ledesma, Roberto, 141
Lennon, John, 252
Levinson, Luisa Mercedes, 199, 211
Lida, Raimundo, 260, 261
Liscano, Juan, 305

Lloveras, María Lidia (princesa de Faucigny Lucinge), 130
Lonardi, Eduardo, 207
Longato, Eduardo, 331
López Merino, Francisco, 89, 92, 101, 112
López Portillo, José, 310
López, Dorila, 295
López, Trini, 252
Losada, Gonzalo, 170
Ludwig, Emil, 155
Lugones, Leopoldo, 37, 38, 78, 82, 92, 95, 122, 150, 160, 221, 226, 228
Lundkvist, Artur, 247
Lynch, Benito, 140

Machado, Antonio, 65
Machado, Judith, 298
Machado, Manuel, 65
Magrou, Alain, 267
Mallarmé, Stephane, 280
Mallea, Eduardo, 92, 119, 126, 129, 140, 170, 177, 179, 180, 181, 185, 189, 222, 236, 237, 267, 335
Malraux, André, 127, 227
Mansilla, Lucio V., 37, 100
Mantell, Harold, 264
Marechal, Leopoldo, 92, 94, 101, 106, 108, 114
Mariani, Roberto, 92
Marichal, Juan, 260
Marinetti, Filippo Tommaso, 107, 150
Marlowe, Christopher, 282
Martínez de Perón, María Estela, 308
Martínez Estrada, Ezequiel, 141, 153, 172, 196
Martínez Zuviría, Gustavo, 208
Martínez, Julián, 128
Marx, Jean, 216
Massuh, Víctor, 187
Mastronardi, Carlos, 101, 137, 139, 152, 153, 170, 172, 177
Matamoro, Blas, 280
Maupassant, Guy de, 48, 195
McKay, Neil, 227

351

Melián Lafinur, Alvaro, 32, 95
Melián Lafinur, Luis, 254
Melville, Hermann, 29, 194, 226
Méndez, Evar, 92
Menéndez Pidal, Ramón, 110
Meneses, Carlos, 17, 63, 64, 84
Meyer, Daniel, 327
Meyrink, Gustav, 48, 141, 176
Michaux, Henri, 130
Miguel, María Esther de, 80
Milleret, Jean de, 85, 178, 220
Milton, John, 37
Mistral, Gabriela, 196
Mitre, Bartolomé, 26, 27, 281
Mitterrand, François, 317
Modugno, Domenico, 256
Molina, Miguel de, 256
Molinari, Ricardo, 114, 196
Monesterolo, Oscar, 315
Montale, Eugenio, 159, 186, 222, 300
Montenegro, Néstor, 283
Montes, Eugenio, 61
Montherlant, Henri de, 150
Morrissette, Bruce, 262
Mosquera, Marta, 170
Morgan, Charles, 251, 252
Moyano del Barco, Silvia, 185
Mozart, 60, 336
Mugica, René, 222
Mujica Lainez, Manuel, 62, 109, 111, 125, 146, 189, 216, 257, 297, 304, 305, 315
Müller, Martin, 317
Muñoz del Solar, Carlos, 140
Muñoz Larreta de Mallea, Helena, 236, 237, 238
Murchison, John, 260
Murena, H.A., 127, 222
Mussolini, Benito, 127, 190

Nabokov, Vladimir, 127
Nadeau, Maurice, 230
Nalé Roxlo, Conrado, 139
Natale, Amadeo, 109
Neruda, Pablo, 92, 114, 127, 130, 147, 148
Nietzsche, Friedrich, 63
Noé, Julio, 113, 114

Novo, Salvador, 114

O'Neill, Eugene, 150
Obieta, Adolfo de, 170
Ocampo, Manuel, 125
Ocampo, Silvina, 23, 35, 60, 126, 128, 133, 134, 135, 160, 161, 162, 167, 168, 169, 170, 184, 187, 196, 222, 230, 233, 252, 253, 257, 280, 296, 304, 305
Ocampo, Victoria, 35, 63, 83, 95, 96, 103, 119, 125, 127, 128, 130, 133, 134, 136, 138, 149, 151, 155, 167, 169, 181, 194, 198, 207, 222, 227, 230, 233, 250, 252, 304
Olivari, Nicolás, 92, 101, 114
Oliver, María Rosa, 119
Olivera, Miguel Alfredo, 211
Onetti, Juan Carlos, 127, 141
Ordóñez, Manuel, 268
Ortega y Gasset, José, 62, 85, 96, 126, 127, 195
Ortelli, Roberto, 74, 81

Palacio, Ernesto, 92
Palacios, Pedro Bonifacio (Almafuerte), 33, 122, 268
Papini, Giovanni, 159
Paramadini, Alberto, 321
Pardo, Oscar, 162
Paredes, Nicolás, 109, 123, 141
Paurici, Ricardo A., 316
Payne, Thomas, 30
Payró, Julio E., 192
Paz, Juan Carlos, 92
Paz, Octavio, 127
Pellicer, Carlos, 114
Pereda Valdés, Ildefonso, 114
Pérez Esquivel, Adolfo, 311
Perón, Evita (Duarte de), 193, 195, 197
Perón, Juan Domingo, 180, 190, 191, 192, 193, 195, 199, 200, 207, 216, 230, 283
Pertini, Sandro, 310, 321
Petit de Murat, Ulises, 98, 101, 103, 105, 129, 139, 142, 152
Pettoruti, Emilio, 92, 107

Peyrou, Manuel, 72, 152, 170, 177, 211, 302
Pezzoni, Enrique, 222
Piazzola, Astor, 254
Picasso, Pablo, 126
Piñeiro, Ramón, 247, 248
Piñero, Francisco, 74, 81, 113, 114
Pinochet, Augusto, 246
Pirandello, Luigi, 195
Piranesi, 174
Platón, 30
Poe, Edgar Allan, 194
Pondal Ríos, Sixto, 101, 139
Portela Cantilo, Octavio, 103
Porter, Cole, 127
Porzio, Domenico, 299, 300, 301, 321, 330
Pourciel, Amaro, 325
Prebisch, Alberto, 92, 47
Prieto, Adolfo, 222
Primo de Rivera, Miguel, 111

Queen, Ellery, 150
Quevedo, Francisco de, 65, 81, 99, 113, 195, 261
Quiñones, Fernando, 247
Quiroga, Facundo, 106, 282, 284
Quiroga, Horacio, 140

Ramos, Abelardo, 199
Read, Herbert, 37, 243, 244, 245
Read, Lady, 243, 245
Redondo, Avelino, 286
Rega Molina, Horacio, 139, 196
Rest, Jaime, 216
Reyes, Alfonso, 81, 110, 124, 127, 152, 153, 172, 230, 284
Reyes, Salvador, 113, 114
Ricci, Franco María, 278, 279, 280, 286, 298, 300, 310, 320
Rimbaud, Arthur, 48
Rinaldi, Susana, 254
Ríos Patrón, José Luis, 222
Risso Platero, Emma, 161, 170, 230, 241, 256
Roa Bastos, Augusto, 236
Robbe-Grillet, Alain, 258
Rodó, José Enrique, 113
Rodríguez Monegal, Emir, 60, 61, 108, 143, 155, 161, 177, 182, 188, 189, 191, 192, 210, 226, 255, 273, 274, 275, 298
Rojas Giménez, 114
Rojas Paz, Pablo, 93, 94, 100, 101, 139
Rojas, Isaac, 207
Rolland, Romain, 50, 64
Romains, Jules, 324
Romero, Francisco, 119, 177
Rosas, Juan Manuel de, 27, 100, 201, 230, 255, 265, 273, 329
Rosendo, Antonio, 103
Rosseti, Dante Gabriel, 241, 242
Rossi, Vicente, 141
Ruiz Díaz, Adolfo, 222
Russell, Bertrand, 276

Sábato, Ernesto, 169, 177, 179, 187, 308
Sabino, Osvaldo R., 285
Sackville-West, Vita, 150
Salas Subirat, 140
Salinas, Pedro, 138, 191, 196
San Martín, José de (general), 100
Sandburg, Carl, 150
Sarmiento, Domingo Faustino, 26, 99, 125
Saroyan, William, 29
Sartre, Jean-Paul, 127
Saslavsky, Luis, 139
Schopenhauer, Arthur, 49, 64, 81, 222
Schultz Solari, Alejandro, *véase* Solar, Xul
Schweizer, María Antonia Concepción, 295, 313
Schwob, Marcel, 142
Scott, Walter, 27
Seco, Beatriz, 313
Séneca, Lucio Anneo, 154
Servet, Miguel, 155
Shakespeare, William, 78, 238, 240, 245, 262, 263, 298, 301, 306, 307
Shaw, George Bernard, 51, 99, 159, 184
Shelley, Percy B., 30
Silone, Ignazio, 276

Silva Valdés, Fernán, 114
Silvetti Paz, Norberto, 236
Siri, Ricardo, 192
Sócrates, 297
Soergel, Albert, 307
Solar, Xul, 92, 103, 106, 108, 129, 130, 141, 142, 152, 158, 169, 170, 172, 209, 301
Solzhenitsyn, Alexandr, 268
Spengler, Oswald, 150
Spinoza, Baruch, 288, 298
Stalin, Iosif, 167
Sternberg, Josef von, 135
Stevenson, Robert Louis, 34, 251
Stirner, Max, 63
Storni, Alfonsina, 113
Stravinsky, Igor, 125
Suárez Calimano, 101
Suárez de Acevedo, Leonor, 26, 27, 28
Suárez, general, 302, 328
Supisiche, Ricardo, 301
Sureda, Jacobo, 59, 61, 72, 79, 80, 81, 82, 84
Swedenborg, Emanuel, 195, 323
Sweeney, Mary, 138
Swinburne, A.C., 30

Tagore, Rabindranath, 95, 127
Tálice, Roberto, 139
Tallon, José Sebastián, 102
Tamayo, Marcial, 222
Tavares, Andrés, 65
Tettamanti, Leopoldo, 330
Thatcher, Margaret, 314
Thomas, Dylan, 127
Thoreau, Henry David, 194
Tiempo, César, 114
Torre Borges, Miguel de, 98, 157, 158, 194, 199, 211, 286, 287, 295, 303, 304
Torre Nilsson, Leopoldo, 222
Torre, Angélica de, 287, 288, 303
Torre, Guillermo de, 61, 63, 111, 119, 130, 132, 136, 137, 157, 161, 170, 196, 222
Torre, Luis de, 66, 199, 200, 211, 249, 286, 287, 303, 304
Torres de Peralta, Elba, 179

Trujillo, Rafael Leónidas, 110
Tryggvason, Olaf, 219
Turner, J.M.B., 242
Twain, Mark, 34, 194

Ugolino, conde, 278
Unamuno, Miguel de, 65, 77, 78, 150
Ungaretti, Giuseppe, 155, 240
Uriburu, José Félix, 121
Urquiza, Diógenes, 252
Urquiza, Justo José de, 26
Uveda de Robledo, Epifanía (Fani), 21, 255, 286, 295, 305, 315, 316, 325, 329

Valle, Adriano del, 61, 114
Valli, Alida, 267
Vando Villar, Isaac del, 61
Vasco de Gama, 65
Veblen, Osvaldo, 194
Vedia, Leónidas de, 185
Vergara, Gabriela, 299
Vergara, Javier, 299
Verlaine, Paul, 48
Vidaurre, Osvaldo Luis, 325, 328
Videla, Rafael, 308
Vignale, Pedro Juan, 114
Vila Ortiz, Juan Manuel, 324
Vila Ortiz, Manuel, 324
Villar, Amado, 114
Villarino, María de, 170
Virgilio, 60, 312
Voltaire, 48, 172, 258

Weinberg, Gregorio, 196, 212
Wells, H.G., 34, 141, 150, 153, 155, 188, 196
Whitman, Walt, 62, 63, 135, 194, 196, 224, 225, 251, 262, 318, 323
Wilcock, Rodolfo, 196
Wilde, Eduardo, 100
Wilde, Oscar, 32, 99, 196, 300
Wilkins, John, 106
Willard, Rudolph, 226
Woolf, Virginia, 29, 127, 149, 150
Wordsworth, William, 51

Yates, Donald, 282
Yrigoyen, Hipólito, 100, 101, 104, 121, 124, 229

Zaffaroni, Daniel, 287, 288
Zemborain de Torres Duggan, Esther, 194, 207, 253

Zenner, Wally, 170
Zola, Emile, 48
Zuleta Alvarez, Enrique, 218, 220, 226
Zweig, Stefan, 155